U0115032

高等學校創新能力提升計劃（2011計劃）

出土文獻與中國古代文明研究協同創新中心

"金文與青銅器研究"平臺集刊

青銅器與金文

第六輯

北京大學出土文獻研究所 編

上海古籍出版社

《青銅器與金文》

第六輯

顧　　問：李學勤　裘錫圭　李伯謙　林　澐

編輯委員會（以姓氏筆畫爲序，帶★者爲本輯執行編委）：

　　　朱鳳瀚　李　零　何景成　周　亞　陳　絜

　　　陳英傑　張昌平　董　珊　劉　源★韓　巍

主　　編：朱鳳瀚

編輯助理：劉　麗　楊　博　趙慶淼　[捷]石安瑞　楊　坤

封面集字：王　鐸

　　　★★　本刊嚴格實行雙向匿名審稿制度

目　録

北京師範大學藏毃甗試釋

——兼論彝銘"有斁""取諯"和"用事"

晁福林[*]

毃甗銘文載於劉體智《小校經閣金石文字》,[1]朱鳳瀚先生在考證西周金文一個較常用的辭例時,曾提及此器銘文,他説:"從拓本看,字畫較軟,但字形、文字皆無硬傷。因原器下落不明,無從目驗,暫收入作參考。"[2]近檢北京師範大學文物博物館藏品,適有此器。今特在朱鳳瀚先生研究的基礎上,對這件青銅器進行粗淺研討,提出拙見,敬請專家教正。

一、毃甗的形制和時代

毃甗作連體式,甑、鬲連鑄,通高 42 釐米,上口徑 31 釐米。甑體稍内收。甑器侈口方唇立耳,深腹束腰。束腰部有箅,下部鬲腹有三分襠,分襠下有蹄足。甑器口下飾竊曲紋,鬲腹飾稍凸起的大型目紋,疑作側視的象形(圖一)。

青銅甗從商晚期至春秋戰國時期一直沿用,分爲鬲、甑合鑄的聯體甗與鬲、甑分鑄的分體甗兩類,商周時期多聯體甗,春秋以降則分體甗居多。據朱鳳瀚先生研究,聯體甗的 Ⅵ式(如戜甗[4])鬲作蹄形足,足根較矮,爲西周中期器。其Ⅶ式(如屖甗[5])鬲的蹄足根則較高,爲西周晚期器。[6] 北京師範大學文物博物館藏毃甗的形制與西周中

圖—[3]

* 北京師範大學歷史學院教授。

[1] 毃甗,《小校經閣金石文字》三・九八,大通書局,1979 年,第 609 頁。

[2] 朱鳳瀚:《西周金文中的"取徽"與相關問題》,臺北中研院歷史語言研究所編印:《古文字與古代史》第一輯,2007 年,第 196 頁。

[3] 毃甗器物照片,采自施建中、周啟迪主編:《北京師範大學文物博物館藏品選》,北京師範大學出版社,2002 年,第 30 頁。

[4] 戜甗器形見《文物》1976 年第 6 期第 58 頁圖 20。

[5] 屖甗,《銘圖》第 7 卷,第 199 頁。

[6] 朱鳳瀚:《中國青銅器綜論》,上海古籍出版社,2009 年,第 119 頁。

圖二

期的虢伯鬲、王人鬲、叔伐父鬲、[1]南姞鬲[2]相近，亦與西周晚期的叔蒂鬲、應監鬲、鄭邢伯鬲、[3]伯大父鬲[4]等類似。由器的形制上看，斝鬲應當是西周中、晚期器。特別要指出的是，除形制與朱鳳瀚先生所列屬於西周晚期的Ⅶ式青銅鬲諸器相同以外，斝鬲鬲腹所飾雙目紋與西周晚期的犀鬲(圖二)還非常相似，并且其所飾的竊曲紋也是西周晚期流行的紋飾，再加上其銘文所示册命的格式與内容，與西周晚期者相近，所以定其爲西周晚期器似較妥當。再從銘文字體看，確如朱鳳瀚先生所言，"字畫較軟"，然其字體已現西周中晚期的風格。此器銘文三用"王"字，其三橫畫粗細勻稱，其下畫兩端稍上揚，但并無肥筆之狀。"宗""寶"兩字的"宀"頭皆爲弧肩圓折。這些均爲西周中期後段以降的彝銘文字特徵，亦可爲此器斷代的旁證。

斝鬲銘文所載作器者"斝"，多見於彝銘。斝在西周前期爲地名，召卣銘文記載周王曾在此地舉行賞賜典禮。[5] 此地在今河南洛陽西，或當爲斝族聚居處。西周早期有稱"斝"者製作的鼎、方尊，[6]西周中期有名"殷斝"者所作的"沬盤"，[7]西周晚期有虢叔爲"叔殷斝"製作的尊、鬲，[8]有名"叔斝"者自作的匜，[9]還有稱"斝父"者自作的鬲。[10] 這些西周中後期器銘中的"斝"與斝鬲的"斝"，是否爲一人，因爲缺乏人物繫連關係的彝銘資料，也無考古材料佐證，所以尚無法論定。我們根據這些材料可以略作推測的是，從西周初期開始，"斝"應當就是周王朝諸族之一，西周中期又有所發展，到西周後期名"斝"者還與著名的虢氏家族有了一定的關係，名"斝"者還親受周王册命而成爲受王再命的貴族，并到奠(鄭)地任刑獄

---

[1] 西周中期器虢伯鬲、王人鬲、叔伐父鬲的器形圖，依次見《銘圖》第 7 卷，第 157、230、202 頁。

[2] 南姞鬲(西周中期器)，田率：《中國國家博物館館藏文物研究叢書·青銅器卷·西周》，上海古籍出版社，2020 年，第 97 頁。

[3] 西周晚期的叔蒂鬲、應監鬲、鄭邢伯鬲，依次見《銘圖》第 7 卷，第 173、207、211 頁。

[4] 伯大父鬲，《銘圖續》第 1 卷，第 376 頁。

[5] 召卣，《集成》10360。

[6] 斝鼎，《集成》1489；斝作父乙方尊，《集成》5964。

[7] 殷斝盤，《集成》10127。

[8] 虢叔尊，《集成》5914；虢叔鬲，《集成》603。

[9] 叔斝匜，《集成》10219。

[10] 斝父鬲，《集成》929。

之職。到了春秋初年，名"毃"者曾嫁女給陳國君主之子。[1] 以上這些關於"毃"的彝銘記載，雖然可以推論有"毃"族之人，但與毃甗所載之名"毃"的關係是沒有辦法確定的。唯有一件西周晚期的斷簋所載册命之事與毃甗之載接近。斷簋拓片見圖三，銘文如下：

圖三

　　唯廿又八年正月既生霸丁卯，王在宗周格大室，即位，毛伯入右斷立中廷，北鄉，王令乍册憲尹易斷鑾旂，用胥師毃嗣（司）田（甸）人。斷拜稽首，對揚天子休，用乍（作）朕文孝（考）敏父寶尊簋，孫子萬年寶用。[2]

從銘文看，此有二十八年的紀年，故疑爲属世器。銘文字體與毃甗一致，對比兩器字體，兩器的"宗""王""易""用""毃""寶"等皆相同，可以判斷爲同時期的彝銘文字。有可能是同時期所製作。銘文載名斷者受册封爲"師毃"的助手，管理甸人，則"師毃"應屬農官，與毃甗作爲刑獄之官的毃似非一人。但也不排除作爲刑獄之官的名毃者因職守改變而爲農官之可能。此一問題尚待新的材料出現來論定。

二、毃甗銘文的"奠（鄭）""有舜"與"取邋"

　　毃甗的甗内壁鑄銘文八行 38 字。館藏此器的銘文，與《小校經閣金石文字》所收者完全一致（圖四爲北京師範大學文博館藏器銘文拓片，圖五爲《小校經閣金石文字》所收銘文拓片），可知館藏此器正是朱鳳瀚先生所説的毃甗。細審兩圖，特別是銘文中的"毃""赤"等字的些微差別，知非一本之異，而應當是不同時期所拓的出自同器的兩個拓本。銘文八行，共38 字。參照《小校經閣金石文字》的釋文和朱鳳瀚先生文章所引此器銘文的釋文，并附以已意，將其楷寫如下：

　　隹（唯）三月初吉

---

[1] 春秋早期器陳子匜銘云"陳子子作庤盂，爲毃母（女）媵匜"，可以推測此銘中的"毃"當爲毃族之女嫁於陳國者。母與女二字同源，彝銘稱"母"者有些指"女"，郭沫若説"稱'某母'當是女名"（《兩周金文辭大系圖録考釋》，科學出版社，1958 年，第 178 頁）。

[2] 斷簋，田率：《中國國家博物館館藏文物研究叢書·青銅器卷·西周》，第 209－210 頁。按：此器銘文拓片，亦采自此書。

圖四　　　　　　　　　　　　圖五

戊寅,王在宗
周,王易(錫)毃赤
市(韍)、幽黄,用[事],
邑于奠(鄭)。諫[嫚](訊)
有粦,取端十
鋝。毃對揚王
休,子孫永寶。

銘文需要説明的是,銘文第4行"用"字以下、第5行"諫"字的左半和其下部分皆漫漶不清,依文例,當補"事""嫚(訊)"二字。我們先將銘文大意概述如下:

三月初吉的戊寅這天,周王在宗周,周王賞賜名毃者,賜給他赤色的韍和微青黑色的繫帶,以此爲職事的標識。還讓他到鄭地任職。名毃者的職守是統理鄭地的刑獄案件,因爲他有憐憫之心,因此可以領取十鋝之金(銅)的賞賜。名毃者頌揚周王美善,并且鑄這件甋以作紀念,子孫永遠珍藏。

現將需要特別解釋的地方分述如下。

其一,銘文第5行的"邑于奠(鄭)"。

"邑"有居住義,《楚辭·大招》"田邑千畛",朱熹謂:"邑,居也。"[1]是爲其例。此銘的"邑于鄭",并非簡單地讓名毃者居住於鄭地,疑當爲到鄭地任職,從銘文讓名毃者"諫[嫚]

---

[1]　朱熹:《楚辭集注》卷七,上海古籍出版社,2001年,第146頁。

(訊)有粹,取遣十鋝”的情況看,應當是讓他到鄭地任刑獄之官。

銘文的“奠”習見於青銅器銘文,除用作奠定義外,大多作地名,讀若“鄭”。奠(鄭)是西周中晚期非常重要的地方。古本《紀年》有“穆王所居鄭宫”[1]之説,《漢書·地理志》京兆尹鄭縣下臣瓚注:“自穆王以下都於西鄭。”[2]彝銘記載周穆王曾在“下淢”[3]居住,淢與“棫林”的“棫”當爲一地之異。奠(鄭)是鄭桓公初封之地。《左傳》昭公十六年正義引《世本》云:“鄭桓公封棫林。”[4]陳夢家先生説:“此鄭可能最初在雍縣……其後徙於京兆鄭縣。”[5]雍縣即今陝西鳳翔縣。唐蘭先生説:“西鄭不是《地理志》的鄭縣,而應是鄭桓公始封的棫林,其地在涇水以西,當即《史記·秦本紀》所説秦德公所住的‘雍城大鄭宫’,在今陝西省扶風縣到鳳翔縣一帶。”[6]綜合史載,西周時期的“奠(鄭)”地,或當在今陝西鳳翔,陳、唐兩家的説法比較可信。

西周早期的彝銘載周王曾到“奠(鄭)新邑”,[7]居住兩旬之久,稱“新邑”,可見周王朝曾在此建有城邑。西周中期,周王在“奠(鄭)”舉行册命禮、饗禮。[8] 由於周王時常臨幸,所以這裏也是貴族們薈萃聚居之地。這些在西周中期以後居於奠(鄭)地的貴族,如“井(邢)叔”“伯筍父”“義伯”“義羌父”[9]等,彝銘中均有記載。周王册封名毀者到“奠(鄭)”地任職,讓其居於此地,反映了周王對於名“毀”者的重視。

其二,銘文的第5-7行的“諫[嗼](訊)有粹,取遣十鋝”。

這句銘文指明了名毀者到奠(鄭)地之後所任的職事。與這個記載相近的青銅器銘文見下:

王呼作册尹册,雷(申)命親曰:“更乃祖服,作塚司馬,汝迺諫嗼(訊)有粹,取遣

---

[1] 方詩銘、王修齡:《古本竹書紀年輯證》,上海古籍出版社,1981年,第45頁。

[2] 《漢書·地理志》,《漢書》卷二十八上,中華書局,1962年,第1544頁。

[3] 見長由盉,《集成》9455。

[4] 《左傳》昭公十六年,阮元校刻:《十三經注疏·春秋左傳正義》卷四十七,中華書局,1980年,第2080頁。

[5] 陳夢家:《西周銅器斷代》,中華書局,2004年,第182頁。

[6] 唐蘭:《西周青銅器銘文分代史徵》,中華書局,1986年,第369-370頁。按,學者或認爲西鄭,亦即棫林,在今陝西扶風縣東北處,并舉三年瘭壺銘文所載“王在奠(鄭),乎虢叔召瘭,賜羔俎”(《集成》9726)爲證,三年瘭壺出土於扶風莊白村,此處即史牆家族聚居之地,王召賜俎之處,當距此不遠。因此,推測此處“設有天子行宫,是穆王以下天子時常臨幸之地,以致被有的文獻説成是‘周自穆王以下都於西鄭’”(杜勇、王玉亮:《〈左傳〉棫林考》,《廊坊師範學院學報》2017年第4期)。另外,還有學者説作爲西周後期周王都的“奠(鄭)”即古本《紀年》所説的穆王築祇宫的“南鄭”,地在“今陝西漢中市區”(周宏偉:《西周都城諸問題試解》,《中國歷史地理論叢》2014年第1期,第76頁)。

[7] 見柬鼎,《集成》2682。

[8] 見免卣(《集成》5418)、三年瘭壺(《集成》9726)。

[9] 依次見鄭井(邢)叔鐘(《集成》21)、鄭伯筍父鬲(《集成》730)、鄭義伯盨(《集成》4391)、鄭義羌父盨(《集成》4392)。

十鋝。"[1]

　　乍册尹册命羚，錫鑾，令邑于奠（鄭），喿（訊）訟，取遣五鋝。[2]

　　前舉第一例與毀甗銘文相同之處在於兩者皆有"諫喿（訊）有粦，取遣十鋝"，後一例與之相同的是兩者皆稱"邑于奠（鄭），喿（訊）"。彝銘"諫喿（訊）"中的"諫"字又作"諫"。"諫"字與敕、敕、勅、飭等音同字通。《廣雅·釋詁》"敕、統，理也"，"敕，書也"；又《釋言》"諫、督，促也"。[3] 在彝銘裏"諫（諫）"字有整治、統理之意。上舉第二例銘文裏"訊訟"連用，可見"訊"和刑獄案件的審理有關。

　　彝銘"諫訊"，猶言統理獄訟案件的審問。"有粦"的"粦"字，諸家解釋甚多。舊多以《説文》所訓"鬼火"爲解，以爲彝銘"粦"字是粦火著身之形。近年專家提出新説，謂係沐浴或潛水之形，[4]頗有啟發意義。然而，這個字從字形演變的角度看，與《説文》粦字小篆"粦"字相同，所以本文暫從舊説，釋爲"粦"。從此點出發考慮，彝銘這個字有"瞵"（表聰明）、"令"若"靈"（表善）、廉（表廉潔）、嫌（表嫌疑）等讀法，驗之文意，皆有可取之處。但也有再議的餘地。這個字與訴訟相關的辭例有如下三例："諫訊有粦"、"訊庶有粦"、[5]"訊小大有粦"。[6] 審理刑獄，讓雙方爭訟，非必只訊問嫌疑人。并且粦字前加"有"字，所以讀若"嫌"的可能性不大。這個字應當表示刑獄審理者的一種態度，并且是值得肯定的良好之態度。故而將這個字讀若瞵、令、廉等似皆可取。唯有如此，才可以與下面的獎賞意思有相承繼的邏輯關係。否則，若只是訊問嫌疑人，是分内之事，也就不值得獎賞了。愚以爲此銘文的"粦"字當讀若"憐"，《説文》云："憐，哀也。"對於弱者應有哀矜憫惜之心，是先秦時期普遍的深入人心的社會觀念，特別是對於刑獄案件的處理要懷有憐憫之心。《尚書·吕刑》篇"皇帝哀矜庶戮之不辜"，意謂上天哀矜那些受刑戮的無辜之人。《論語》載，曾子弟子陽膚將任理刑獄的"士師"之職時，向曾子請教，曾子説："上失其道，民散久矣。如得其情，則哀矜而勿喜。"强

［1］ 親簋，《中國歷史文物》2006 年第 3 期；又見田率：《中國國家博物館館藏文物研究叢書·青銅器卷·西周》，上海古籍出版社，2020 年，第 215－217 頁。

［2］ 羚簋，吳鎮烽：《商周青銅器銘文暨圖像集成續編》第 2 卷，上海古籍出版社，2016 年，第 130 頁。按：此簋 2004 年入藏中國國家博物館，器形和拓片見田率：《中國國家博物館館藏文物研究叢書·青銅器卷·西周》，上海古籍出版社，2020 年，第 125－127 頁。

［3］ 《廣雅·釋詁》、《釋言》，王念孫：《廣雅疏證》卷二下、四下、五上，中華書局，1983 年，第 58、131、142 頁。

［4］ 陳斯鵬先生説這個字"象人潛泳水中之形，爲'潛'字表意初文"（《舊釋"粦"字及相關問題新解》，《文史》2019 年第 4 期），其説甚有理致。

［5］ "訊庶有粦"除見於牧簋外，還見於《四十三年逨鼎》。逨鼎十件，唯《四十三年逨鼎（六）》一件稱"訊庶人有粦"，餘皆作"訊庶有粦"（劉雨、嚴志斌：《近出殷周金文集錄二編》，中華書局，2010 年，第 362－391 頁），是可證"訊庶"的"庶"爲"庶人"的簡稱。

［6］ 此處的"小大"當與《左傳》隱公十年所言"小大之獄"相同。

調即使審明案件實情，不必爲自己的明察善斷而喜，而應當有哀矜之心，"哀其致刑，矜其無知"。[1]《孔叢子》載有儒家述孔子所言刑獄當有哀矜之心的論述，頗爲典型，今引之如下：

> 《書》曰："哀矜折獄。"仲弓問曰："何謂也?"孔子曰："古之聽訟者，察貧窮，哀孤獨及鰥寡老弱不肖而無告者，雖得其情，必哀矜之。死者不可生，斷者不可屬。若老而刑之，謂之悖；弱而刑之，謂之克；不赦過，謂之逆；率過以小罪，謂之枳。故宥過赦小罪，老弱不受刑，先王之道也。……古之聽訟者。惡其意不惡其人。求所以生之，不得其所以生乃刑之。君必與衆共焉，愛民而重棄之也。今之聽訟者，不惡其意而惡其人，求所以殺，是反古之道也。"[2]

儒家所强調的刑獄案件處理時的哀矜之心，就是對於弱者的同情和顧念，儒家的這種觀念自謂"古之道"，可見源起甚早。從《吕刑》的"哀矜"之語看，西周時期已有此種觀念。毀甂銘文稱"諫[噯]（訊）有粦（憐）"，意即審理案件時有哀矜之心。這樣來解釋恐怕是近乎銘文原意的。

"遄"在彝銘裏表示資財。彝銘有"取遄"之辭者，除去異器同銘者，今見有 12 例。這些銘文裏，"取遄"之辭直接與訴訟有關者 8 例，無關者 4 例。具體情況見以下兩表：

表一　與訴訟有關而稱"取遄"的彝銘情況表

編號	器名	出　處	時　代	相　關　內　容	同賜之物
1	親簋	[3]	西周中期	諫訊有粦，取遄十鋝。	赤市幽黃、金車金勒、旂。
2	羚簋	[4]	西周中期	訊訟，取遄五鋝。	鑾。
3	揚簋	《集成》4294	西周中期	訊訟，取遄五鋝。	赤⊗市、鑾旂。
4	畯簋	[5]	西周中期	訊訟、取遄十鋝。	邑卣、赤市、幽黃、攸勒。
5	牧簋	《集成》4343	西周中期	訊庶右(有)隣(粦)……取遄口鋝。	秬鬯一卣、金車、旂、馬四匹。
6	鱻簋	《集成》4215	西周晚期	訊訟罰，取遄五鋝。	夷臣十家。
7	遣簋	《集成》4266	西周晚期	訊小大有粦，取遄五鋝。	赤市、幽亢、鑾旂。
8	毀甂	[6]	西周晚期	諫[訊]有粦，取遄十鋝。	赤市、幽黃。

[1]　劉寶楠：《論語正義》卷十九引張氏説，中華書局，1980 年，第 747 頁。

[2]　王鈞林、周海生：《孔叢子・刑論》，中華書局，2009 年，第 59 - 60 頁。

[3]　《中國歷史文物》2006 年第 3 期。

[4]　田率：《中國國家博物館館藏文物研究叢書・青銅器卷・西周》，上海古籍出版社，2020 年，第 125 - 127 頁。

[5]　吳鎮烽：《商周青銅器銘文暨圖像集成》第 12 卷，上海古籍出版社，2012 年，第 176 頁。

[6]　《小校經閣金文拓本》三・九八；北京師範大學文物博物館藏器。

表二　與訴訟無關而稱"取遣"的彝銘情況表

編號	器名	出　處	時　代	相關內容	同　賜　之　物
1	楚簋	《集成》4246	西周中期	取遣五鋝。	赤⊘巿、鑾旂
2	㱃簋	《集成》4255	西周晚期[1]	取遣五鋝。	織衣、赤⊘巿、鑾旂、楚走馬。
3	番生簋蓋	《集成》4326	西周晚期	取遣二十鋝。	朱巿、悤黃、鞞鞍、玉環、玉琮、車……朱旂。
4	毛公鼎	《集成》2841	西周晚期	取遣三十鋝。	秬鬯一卣、祼圭、瓚寶、朱巿、悤衡、玉環、玉琮、金車……馬四匹。

　　關於"取遣"之義諸家的相關釋解甚多。大體說來主要有以下四種:其一,向爭訟者徵取的罰金,或謂訴訟費用;[2]其二,給予受册封官員的固定俸祿,或者是兼職之俸祿;[3]其三,受册封者領取的辦公經費;[4]其四,給予受册封者的儀禮性質的一次賞賜。[5]

　　對於以上四種解釋,我們可以依據以上兩表對"取遣"辭義進行一些分析。其一,上列表一的8例"取遣"之辭皆與訴訟有關,謂其義是罰金,自無不妥,但是,表二的4例則與訴訟無關,因此說它是訴訟罰金,似難理解;其二,依數量排列,賞賜物品越多,位高權重者,其"取遣"亦多,表二的"番生"和"毛公"受賜多達二、三十鋝,爲他人所不及,是爲顯例。由此而言,若說"遣"是官員之俸祿,亦無不可,但受王册命者人數衆多,記己之俸,乃光彩之事,所以應當有大量的"取遣"彝銘記載,不大可能僅有此12例。因此"遣"爲俸祿之說,尚有可疑之處。其三,周王册封之官員夥矣,然僅12例有"取遣"之載,那麽其他衆多官員皆無"辦公經費",亦頗難理解。其四,就册命典禮言之,王所賞賜的衣服、玉器之類,受賜者或可當場捧受,但若干鋝的"遣",[6]則不大可能當場捧受,而只能典禮後到某處領取。這類彝銘的"取"字,應當是領取之意。[7]　彝銘"取遣"若干鋝之義,蓋指一次性的賞賜,所賜的若干鋝銅塊,與其

---

[1]　關於㱃簋的時代,郭沫若定爲宣世器(《兩周金文辭大系圖錄考釋》第三冊,科學出版社,1958年,第150頁),陳夢家定爲共世器(《西周銅器斷代》下冊,中華書局,2004年,第721頁),馬承源定爲孝王世(《商周青銅器銘文選》317),吳鎮烽定爲"西周中期"(《銘圖》第11卷第421頁)。今依《集成》說暫定爲西周晚期器。

[2]　陳夢家說取遣若干鋝,"爲審理訟事得取罰鍰"(《西周銅器斷代》上冊,中華書局,2004年,第193頁)。

[3]　郭沫若說取遣若干鋝,"蓋言月取若干以爲薪俸"(《兩周金文辭大系圖錄考釋》,科學出版社,1985年,第57頁)。

[4]　王冠英先生引是說,見王冠英《親簋考釋》,《中國歷史文物》2006年第3期。

[5]　朱鳳瀚先生引松丸道雄說,見朱鳳瀚:《西周金文中的"取徽"與相關問題》,臺北中研院歷史語言研究所編印:《古文字與古代史》第一輯,2007年,第206頁。

[6]　關於"鋝"的重量,朱鳳瀚先生據相關考古材料指出,"一鋝,重約1 500克","1981年第8期發表的大冶湖邊出土的含銅91.8%的銅餅,每塊重約1 500克"(《西周金文中的"取徽"與相關問題》,臺北中研院歷史語言研究所編印:《古文字與古代史》第一輯,2007年,第204頁)。

[7]　西周晚期的大鼎(《集成》2807)銘文載名"大"者受王册封受賞,"取犅馬三十二匹","犅馬"即赤色公牛,32匹牛自然是到養馬場之類的地方領取,不可能當場發放。這條材料可以作爲"取遣"情況的一個旁證。

他所賞賜者（如服飾、玉器、鬯酒等），性質相同，應當皆爲賞賜之物。只是所賜的若干鋝銅塊要到某處領取而已。觀彝銘所載"取遗"之鋝數，皆以5爲進階，其中是否寓有某種含意，雖然尚不得知，但高官者賞鋝多，而官階低者則少，似可肯定。要之，關於"取遗"之義的釋解，上述最末一種可能是比較妥當的。名毅者雖非王朝大員，但也有"取遗十鋝"之賜，可見其受周王青睞的情況。

三、從毅甗銘文看彝銘習語"用事"之義

銘文第3－4行的"王錫毅赤市（紱）、幽黄，用［事］"。"赤市"，彝銘或作"赤 ⊗（雍）市（芾）"，[1] 即禮服的赤色蔽膝。"幽黄"的"黄"當讀若橫，假爲衡，銘文的"黄"字或作"橫"，[2] 黄與"市"合用，知黄爲繫市之帶。此帶除繫市之外，亦可懸挂玉佩，所以銘文"黄"字又通作"珩"。[3] "幽黄"即微青黑色的繫市的衣帶。此銘"用"下一字漫漶不清，依彝銘文例，此處當有"事"字。

所謂"用事"，爲西周中後期的金文習語。"用事"的"用"當讀若"以"。"用"與"以"，古音皆喻母四等字，所以王引之說這兩個字"一聲之轉"，經傳中常爲"互文"。[4] "用事"的"事"指職守、官階。蓋即用此所賜之服爲王辦事，所賜之服類似後世區別官階高低的官服。《説文》訓"事"，謂"職也"，[5]《國語·魯語上》"諸侯祀先王、先公，卿大夫佐之，受事焉"，韋注"受事"云："事，職事也。"[6]《孟子·離婁下》"養生者不足以當大事"，焦循說："《説文·史部》云：'事，職也。'謂人子之職，惟此爲大。"[7]《荀子·大略》"臣道知事"，楊倞注："事謂職守。"[8]《左傳》哀公十一年："吴子呼叔孫曰：'而事何也？'對曰：'從司馬。'"王引

［1］彝銘"市"之義，有釋爲"環"、"蛤"、"紆"等說，皆不若釋爲"雍"爲優。"赤市"，即彝銘習見的"赤 ⊗ 市"。《詩經·小雅·斯干》"朱芾斯皇"，鄭箋："芾者，天子純朱，諸侯黄朱。"孔疏："同色而有差降。……朱深於赤。"（阮元校刻：《十三經注疏·毛詩正義》卷十一之二，中華書局，1980年，第437－438頁）⊗ 字，古人或據其形，釋爲"環"，于省吾釋這個字爲"雍"，解釋爲禮服的朱黄色蔽膝。見氏著：《雙劍誃古文雜釋·釋朱 ⊗ 市》，劉慶柱、段志洪、馮時主編：《金文文獻集成》第二十八册，第457頁。郭沫若說："余謂 ⊗ 當是蛤之初文，象形，假爲帢。……疑是戎裝之韡。"（《兩周金文辭大系圖録考釋》第三册，科學出版社，1958年，第78頁）。陳漢平說："⊗ 字乃合字初文或異體，帢字係表示賜市形制之文字。"按："赤 ⊗ 市"止見於西周中期。今所見的有"赤 ⊗ 市"的南季鼎、楚簋等13器，均爲西周中期器。"赤市"於西周中期較少見，而多見於西周後期。蓋"赤 ⊗ 市"指赤色之市上繪有 ⊗ 形紋飾者。"⊗"仍以舊釋爲"環"爲妥。西周晚期的赤色之市上爲何不再繪製"⊗"形紋飾，其原因有待探討。

［2］師訇鼎，《集成》2830。

［3］王念孫說："《玉藻》云'三命赤韍葱衡'，衡與珩同。"（《廣雅疏證》卷八，中華書局，1983年，第272頁）

［4］王引之撰：《經傳釋詞》卷一，岳麓書社，1982年，第17頁。

［5］《説文·史部》，段玉裁：《説文解字注》三篇下，上海古籍出版社，1988年，第116－117頁。

［6］《國語·魯語上》，徐元誥撰，王樹民、沈長雲點校：《國語集解》卷四，中華書局，2002年，第146頁。

［7］《孟子·離婁下》，焦循：《孟子正義》卷十六，中華書局，1987年，第558頁。

［8］《荀子·大略》，王先謙：《荀子集解》卷十九，中華書局，1988年，第504頁。

之引此以證"事"即"職",并謂《尚書・甘誓》"六事之人","六事,六職也"。[1]　總之,彝銘所謂"用事"是以此賞賜之物爲擔任某種職守的標識。彝銘裏有無"用事"之辭,爲區分周王對於臣下是普通賞賜,抑或是彰顯所封職守標識而賞賜的一個界限。由於西周官制尚處於初創階段,官司職守界限并不明晰,册命職官時所賜物雖然已有彰顯其職的用意,但賜物的品種和數量并無嚴格規定。

可堪與毃甗所載名毃者受賜情況類比的是西周中期器遣簋,其銘文如下:

> 王若曰:遣,命汝作齒師塚司馬,嫡官僕射士,訊小大有粦,取遣五鋝。賜女(汝)赤市,幽亢(黃)、鑾旂,用事。[2]

與名毃者相同的是,名遣者亦得到赤市、幽亢(黃)之賞,亦有訊訟之職事,雖然只得到五鋝之賞,但也多了鑾旂之賜。若謂兩人職守的等級相近,應當是可以的。彝銘記載的賜服及車馬器,在西周時期本無定制,到春秋戰國時期方分貴賤等差爲九,稱爲"九命"。[3]　其中有"再命受服"之説,依《禮記・玉藻》所言,"再命赤韍幽衡",[4]再命所賜的"赤韍",亦即彝銘所載的"赤市"。毃甗銘文所載名毃者所受的"赤市幽黃",即《玉藻》所説再命者所受的"赤韍幽衡"。從所受賜服的等級看,名毃者應當是與曶鼎所載名曶者的地位相當,即周王朝的接受"再命"的普通職官。

四、簡短的結語

從形制、紋飾及銘文字體和内容推測,北京師範大學藏毃甗當是西周晚期器。"毃"屢見於彝銘,從銘文内容看,可以推測從西周初期開始,毃族就一直在發展,雖非王朝權貴,但也是周王朝的中層貴族。毃甗所記載的受周王册封的名"毃"者,可能是西周後期毃族之長。他受封到鄭地任刑獄之職事,表明了周王對他的重視。毃甗銘文是一篇非常簡略的册命彝銘,其所提到内容,增加了彝銘習見用語,如諫"[嗋](訊)""有粦""取遣""用事"等用例,爲解決彝銘釋解中的一些疑難,提供了較爲重要的材料。

---

[1]　王引之:《經義述聞》卷三,江蘇古籍出版社,2000年。

[2]　遣簋,《集成》4266。

[3]　關於册命制度下的"九命",《周禮・春官・大宗伯》謂:"壹命受職。再命受服。三命受位。四命受器。五命賜則。六命賜官。七命賜國。八命作牧。九命作伯。"其所謂的"則",鄭衆謂指"法",鄭玄説即"地"(阮元校刻:《十三經注疏・周禮注疏》卷十八,中華書局,1980年,第761頁)。

[4]　《禮記・玉藻》,阮元校刻:《十三經注疏・禮記正義》卷三十,中華書局,1980年,第1481頁。

待兔軒筆記(六則)

李 零[*]

一、五年琱生尊

尊彝是禮器通名,并非具體器名。今之所謂尊,并非同一種器物,從器形看,至少可以分爲"罍形尊""瓠形尊""觶形尊"三種,可分别歸入罍、瓠、觶三類。

此器最近在中國國家博物館"宅兹中國"展覽中展出(圖一),[1]器形很特别,不僅與上述三種所謂尊不同,而且與所有常見器形也不同。其自名是"盧",上從虍,下從皿。《説文解字·豆部》:"盧,古陶器也。從豆虍聲。"許慎可能是據漢代器形立説。此器與通常所見豆類銅器也不一樣。

圖一　五年琱生尊及其自名

---

* 北京大學人文講席教授。

[1] 王春法主編:《宅兹中國——寶雞出土青銅器與金文精華》,北京時代華文書局,2020 年,第 326 - 327 頁。

虞,古音與錡近似。錡是群母歌部字,戲是曉母歌部字。此器器形,要説相似,恐怕最像甗的上部,即所謂甑,或秦器的喇叭口罐,但器身較高。

錡與釜、甑是類似器物。《詩·召南·采蘋》:"于以湘之? 維錡及釜。"毛傳:"錡,釜屬,有足曰錡,無足曰釜。"《詩·檜風·匪風》:"誰能亨魚? 溉之釜鬵。"鬵同甑。古書常以釜、甑連言。《文選》卷八《上林賦》李善注引司馬彪曰:"甋,甑也。錡,敧也。上大下小,有似敧甑也。"釜、甑的特點恰好就是"上大下小"。

這件器物會不會是釜類器物的前身? 闕疑待考。(2020 年 9 月 30 日)

二、榮監叔趙父再

最近,中國國家博物館舉辦"宅兹中國"展,有件久違的小銅器勾起我對往事的回憶(圖二)。[1]

圖二　榮監叔趙父再

1981 年秋,我在寶雞西高泉發掘。有一天,盧連成的老朋友羅西章拿來件東西讓我們看,正是這件器物。它兩面有字,一面作"榮監",一面作"叔趙父作旅再,其寶用",字很清楚,他問我這是幹什麼用的,我答不上來。第二年,此器在《考古與文物》上發表,被定爲劍鞘末端的飾物。[2] 這件銅器,似乎從未見於展覽。這次展覽,圖録仍然沿用羅西章的定名。這件東西到底是幹什麼用的? 現在考慮,"榮監"應連後讀,他是榮氏家族負責核准衡具的官員,叫"叔趙父",叔是行輩,趙父是字,這是作器者,"旅再"則是器名。器物應是西周秤杆上的飾件:秤杆扁平,兩頭包銅,中間有個小方孔,用來穿釘固定。中國古代度量衡,衡具以權爲重,以衡爲平。權分兩種,錘權類似今之秤砣,主要用來稱糧食,故稱字從禾。環權類似今之砝碼,主要用來稱比較輕的東西,如金銀貨幣。衡相當今之秤杆或天平的臂。《説文解

---

[1] 王春法主編:《宅兹中國——寶雞出土青銅器與金文精華》,第 376 頁。
[2] 羅西章:《扶風溝原發現叔趙父再》,《考古與文物》1982 年第 4 期,第 106 – 107 頁。

字·爪部》:"爯,并舉也。"《禾部》:"稱,銓也。"强分稱舉之稱和稱量之稱爲二字。楚國金版貨幣有自名"郢爯"者,估計是以環權稱重,漢代楚地出土泥版冥幣作"郢稱",爯字加了禾旁,其實是同一字。學者多已指出,秤即稱之俗字。中國歷代度量衡的實物,西周時期一直是空白。我想,這是目前發現最早的衡具飾件,與劍無關。可惜,這一時期的權尚未發現。(2020年9月30日)

三、吴王夫差矛

希臘石刻、瓶畫常見持槍、矛類兵器的投擲者。標槍(Javelin)是奥林匹克運動自古就有的項目。中國有這類兵器嗎?有。吴越兵器,有兩件最漂亮,一件是越王句踐劍,一件是吴王夫差矛(圖三)。吴王夫差矛估計就是這類兵器。

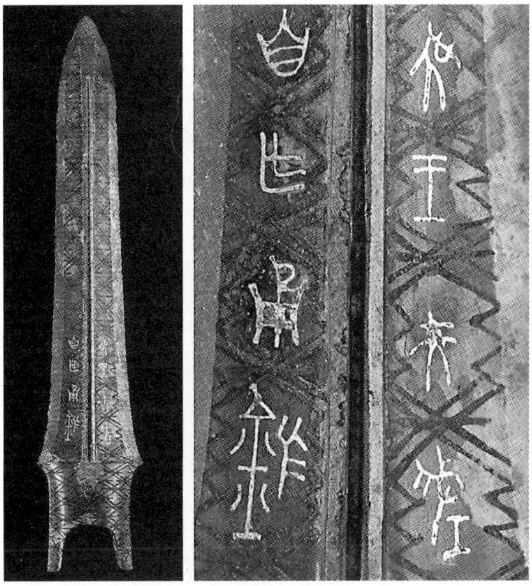

圖三　吴王夫差矛

此矛,乍看與常見之矛無異,唯骹口分叉。銘文作"吴王夫差自作甬(用)鈼",末字从金从於,不是鉅字,展覽説明牌多誤釋爲鉅。古代魚部與元部,關係比較近,鈼與鋋可能是旁轉通假字。

我懷疑,此矛可能相當《急就篇》提到的"矛鋋"之"鋋",顔師古注:"鋋,鐵把小矛也。"《説文解字·金部》:"鋋,小矛也。"小矛是步兵或騎兵使用的短矛,不同於車兵使用的長矛(酋矛),鐵把可以增加投擲的衝擊力。《方言》卷九:"矛,吴揚、江淮、南楚、五湖之間謂之鍦,或謂之鋋,或謂之鏦,其柄謂之矜。"《説文》鍦作鉈,曰"短矛";鏦,或體作錄。錄是喻母元部字,鏦字可能傳鈔有誤。這三個字也見於《廣雅·釋器》,可能皆屬短矛。《晋書·朱伺傳》:"伺既入,賊舉鋋擿伺,伺逆接得鋋,反以擿賊。"擿同擲。可見這類短矛,可投擲,如標槍。(2020年9月30日)

四、燕侯腏石磬銘文

2018年,魏承敏同志來京,以臨淄古城出土石磬的資料和他的文章見示。[1] 這件器物是一件燕國石磬(圖四),内容很重要。他要我寫一點意見。我把我的初步認識寫在下面,供他參考。

[1] 魏成敏、韓偉東、王國坤:《山東臨淄齊故城出土燕侯腏磬及相關問題》,《文物》2020年第10期,第59–63頁。案:此文是給魏成敏信,原附魏成敏文後,被《文物》月刊的編輯删掉。

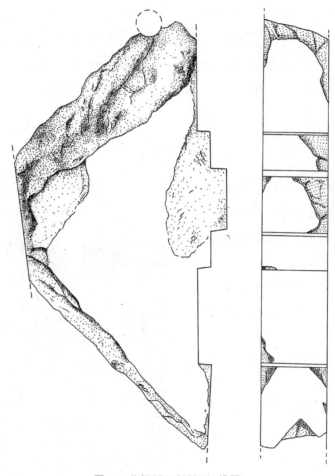

圖四　燕侯脮石磬器形(綫圖)

銘文刻於石磬博部的脊背(圖五),可釋文如下:

唯郾疾脮,乍(作)硜(磬)山鬣。永思甬(用)懇(賢),恵(克)左(佐)氒(厥)
身。朕傳咨(文)武,台(以)祀皇考命。命□□子孫,永保大玄。

第一句:郾疾即燕侯,西周燕君例稱燕侯,燕易王(前332-前321年)始稱王,但易王稱
王後,仍有稱侯之例,如燕王職(前311-前279年)的兵器,銘文既稱燕王職,也稱燕侯職。脮
是燕侯自稱,顯然是私名。此人是文獻記載的哪一位燕君,學者有多種猜測,我懷疑,器主可能
是燕王噲(前320-前312年)。燕王噲,見於戰國古書,如《孟子》《韓非子》《吕氏春秋》《戰國
策》,又作子噲,中山王大鼎和方壺作"郾君子噲",子噲顯然是他的字,脮、噲可能是一名一字。

第二句:指山形磬脊。硜同磬,《説文解字·石部》以硜爲磬字的古文寫法,有別於秦系
的篆籀。鬣,字亦作鬛,本指馬鬃一類項上之毛,這裏與山字相連,可能指磬脊的山形凹凸。

圖五　燕侯脮石磬銘文（照片和拓本）

第三句：與尚賢有關。第三字，上從甬，下從山，疑讀用。第四字，上從臣、人，下從心，疑讀賢。燕王噲尚賢，把王位讓給子之，正是齊宣王伐燕的藉口。

第四句：指思得賢臣，輔佐其身。克字，下從心，訓能。

第五句：指燕侯脮之血統出自燕國的文、武二公。傳，人旁在右，各讀文。燕國有兩個燕文公，一個在春秋晚期（前 554－前 549 年），爲燕武公（前 573－前 555 年）之子，年代太早；一個在戰國時期（前 361－前 333 年），繼位者爲燕易王。此外，《竹書紀年》還提到一個燕文公，其實是燕湣公的異寫。易王都易，易是臨邑（在今河北雄安新區古賢村），而非謚號。[1] 他的謚號或許爲武。

第六句：疑指燕侯朕傳續其皇考祭祀文、武二公之命。台讀以。皇字殘，從拓本看，上半還保留自旁右側的弧綫，下半是王。燕王噲的父親是燕易王。

第七句：疑指授命其子孫。命下二字，第一字殘，從拓本看，上面似有一圓弧，下面看不清；從照片看，其右側有兩道粗綫，仔細辨認，似是劃痕，不是筆畫，第二字缺，也有一道劃痕。

第八句：疑指永保燕國。玄字，兩個圓圈内各有一圓點，仍是玄字。此銘鄻字、身字和祀字都有這種圓點。大玄即太玄，太玄爲北方之色，有幽遠之義。這裏代指燕國。《爾雅·釋地》：“燕曰幽州。”《釋名·釋州國》：“幽州在北，幽昧之地也。”

以上八句，身、玄爲真部字，命爲耕部字，與真部合韵，三字押韵，可據以斷句。

此磬出土於齊地，當是齊宣王伐燕所獲，正與作者的判斷吻合。（2018 年 11 月 1 日）

五、中山王墓工官題銘與寧壽令戟

中山王墓出土銅器多工官題銘，其中多次出現“左徒（使）車嗇夫孫固”（圖六），共 23 件：長銘圓壺 1、圓壺 1（東庫：7）、提鏈圓壺 1（東庫：8）、扁壺 1（東庫：14）、有翼神獸 4（東庫：35、36；西庫：58、59）、帳杆母扣 15（車馬坑：30、32）。[2]

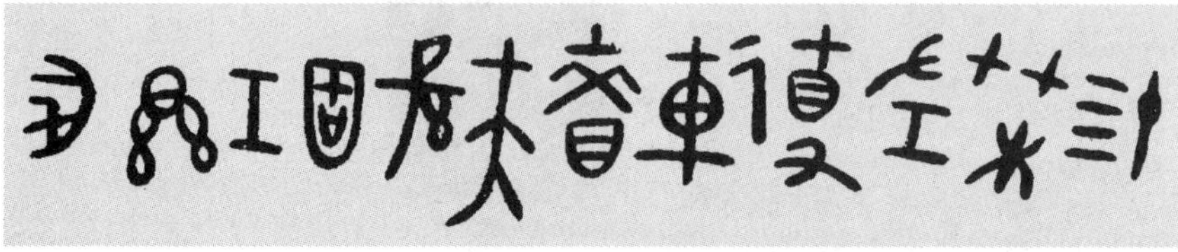

圖六　中山王墓出土有翼神獸的工匠題銘

1986 年，山西高平縣永錄鄉長平古戰場出土過趙國的寧壽令戟（圖七）。銘文作“十六年窬（寧）壽伶（令）余麿（慶）、上庫工帀（師）卓遙、工固執齊”。[3]

材料發表者指出，此戟是趙惠文王十六年器，銘文“寧壽”即戰國中山國的都城，靈壽古城。趙滅中山，靈壽成爲趙邑。

案：“上庫工師”，其氏名不是卓字，其私名從辵從業不從共。“靈壽”改稱“寧壽”，情況類似秦惠文王奪魏陰晋（魏邑，在今陝西華陰東和潼關），改名寧秦。“工固”會不會就是中山王墓工匠題銘中的“孫固”

圖七
十六年寧壽令戟

[1] 陳平：《燕史紀事編年會按》上册，北京大學出版社，1995 年，第 329 頁。

[2] 參看張守中：《中山王嚳器文字編》，中華書局，1981 年，第 122-134 頁。

[3] 郭一峰、張廣善：《高平縣出土“寧壽令戟”考》，《文物季刊》1992 年第 4 期，第 69-71 轉 66 頁。

呢？存疑待考。（2020 年 10 月 21 日）

六、徑 路 刀

《史記·匈奴列傳》："其長兵則弓矢,短兵則刀鋋。"這是講匈奴最常使用的兵器。

刀與劍不同。劍是雙刃,早期多爲短劍。短劍也叫匕首。春秋戰國,吳、越和楚地流行長劍,尺寸約在 55－65 釐米之間。漢高祖嘗言"吾以布衣提三尺劍取天下"（《史記·高祖本紀》）,漢宣帝在未央宮立劍寶祠,據説就是祭這把劍。古尺三尺約合 70 釐米。後來的劍更長,可達一米。刀是單刃,刃分曲刃、直刃,曲刃又分内弧、外弧,利於劈砍。《釋名·釋兵》描述刀,有所謂"其末曰鋒……其本曰環……其室曰削（鞘）"。刀,前有斜鋒,與劍鋒不同,後有環首,與劍首不同,没有劍鐔式護手。

西漢高等級墓常以刀劍入殮,置於身旁。如滿城漢墓 1 號墓,有長劍 3 把,都在 1 米以上,長刀 1 把（圖八,1）,殘長 62.7 釐米,環首以金片纏裹,刀鞘有金帶銙。此外,還有一件錯金銀環首鐵匕首（圖八,2）。[1]

漢代的劍是吳越式劍,特别是玉具劍,形制直接繼承春秋戰國的劍;環首刀則與匈奴有關,主要流行於戰國晚期和秦漢以降。受環首刀影響,劍和匕首也有做成環首者。

《漢書·郊祀志下》："雲陽有徑路神祠,祭休屠王也。"《漢書·地理志上》："雲陽有休屠、金人及徑路神祠三所。"徑路神是祭祀休屠王所用刀劍的神祠。

1. 滿城漢墓出土 環首長刀　　2. 滿城漢墓出土 環首匕首

圖八

《逸周書·克殷》提到周武王用"輕吕劍"割取殷紂王的頭顱。高去尋考證,"輕吕劍"即"徑路劍",[2]以徑路爲劍。師同鼎銘文也提到戎人用劍。[3] 但《漢書·匈奴傳下》"昌、猛與單于及大臣俱登匈奴諾水東山,刑白馬,單于以徑路刀金留犁撓酒,以老上單于所破月氏

---

[1] 中國社會科學院考古研究所等編：《滿城漢墓發掘報告》上册,文物出版社,1980 年,第 101－106 頁。

[2] 高去尋：《徑路神祠》,收入《包遵彭先生紀念論文集》,臺北歷史博物館,1971 年,第 99－102 頁。

[3] 中國社會科學院考古研究所編：《殷周金文集成》（修訂增補本）第二册,中華書局,2007 年,第 1446 頁：02779。

王頭爲飲器者共飲血盟”，則提到“徑路刀”，“金留犁”或即其金環首？

尹灣漢簡還提到“涇路匕首”。[1]

值得注意的是，2004 年山東青州西辛大墓（戰國末年墓）出土了金環首（圖九）。[2]此器爲草原風格，以鳥喙獸蹄（偶蹄動物的蹄）爲飾，應即環首刀的環首。

 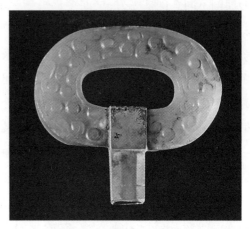

圖九　西辛大墓出土的金環首　　　　圖十　太原趙卿墓出土的玉環首

西辛大墓出土的金環首是否即徑路刀的環首？滿城漢墓 1 號墓出土的環首長刀和環首匕首是否即徑路刀、徑路匕首？存疑待考。（2020 年 10 月 24 日）

補記：1988 年山西省太原市金勝村趙卿墓出土玉環首（圖十），年代屬春秋晚期，是更早的例子。

---

[1]　連雲港市博物館等編：《尹灣漢墓簡牘》，中華書局，1997 年，第 109 頁。

[2]　山東省文物考古研究所等：《山東青州西辛戰國墓發掘簡報》，《文物》2014 年第 9 期，第 4-32 頁。

談談所謂賓婦丁父辛卣銘文的釋讀*

謝明文**

賓婦丁父辛卣是一件商代晚期青銅器,現藏上海博物館,該卣蓋、器同銘,[1]各6字(參見圖一),銘文曾著録於《集成》04972,《三代》12.54.1－2,《綴遺》11.3.3－4(摹本),《殷存上》32.3－4,《小校》4.22.2－3,《蔭軒》1.4,《總集》5162,《鬱華閣》237.2－3,《國史金》251(蓋),《銘圖》13023等。

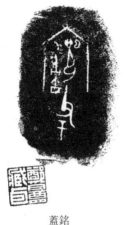

蓋銘　　　　　　　　　器銘

圖一　父辛卣銘文,蓋銘采自《集成》(修訂增補本),器銘采自《鬱華閣》

卣銘中除去"父辛"以外的部分,《釋文》《商代青銅器銘文分期斷代研究》等作爲一個未釋字處理,[2]四版《金文編》摹作"𩰫",并提及:"高景成釋作寢乃寢之異體。"[3]《商周圖形文字編》隸作"𩰫",[4]《引得》《集成》(增補本)釋作"賓婦丁",[5]《銘圖》13023釋作"宷

* 本文受到國家社科基金青年項目"商代金文的全面整理與研究及資料庫建設"(項目編號16CYY031)、國家社科基金冷門絶學研究專項學術團隊項目"中國出土典籍的分類整理與綜合研究"(批准編號:20VJXT018)"的資助。

** 復旦大學出土文獻與古文字研究中心副研究員。

[1]《三代》蓋器順序與《集成》等相反,此依後者。

[2] 中國社會科學院考古研究所:《殷周金文集成釋文》第4卷,香港中文大學中國文化研究所,2001年,第46頁;嚴志斌:《商代青銅器銘文分期斷代研究》,社會科學文獻出版社,2014年,第146頁。

[3] 容庚編著,張振林、馬國權摹補:《金文編》,中華書局,1985年,第1153頁。

[4] 王心怡編:《商周圖形文字編》,文物出版社,2007年,第385頁。

[5] 張亞初:《殷周金文集成引得》,中華書局,2001年,第102頁;中國社會科學院考古研究所:《殷周金文集成(修訂增補本)》第4册,中華書局,2007年,第3165頁。

(賓)帚(婦)丁”三字。[1] 這些釋法皆忽視了“卩”形右上方的“▨”。我們曾在博士論文中討論此器,把卣銘釋作“匚(報)宀(賓)帚(婦)丁父辛”,認爲:

> 比較匚賓鼎(《集成》02132)“▨”、賓匚爵(《集成》08277)“▨”、乃孫鼎(《集成》04231)“▨”,可知銘文應該釋作“匚(報)宀(賓)帚(婦)丁父辛”,其中“賓”字從“宀”從“卩”從“万(丐)”,而“万”形在“卩”形左上角,近似爪形,但仍可辨識。[2]

葛亮先生在一部未刊書稿中亦談及此器,他把卣銘釋作“匚(報)帚(婦)丁父辛”,然後加注解釋説:

> 此卣現藏上海博物館,其銘文除去“父辛”及所謂“帚(婦)丁”的部分,可據實物摹作:
>
> 宀(蓋)
>
> 《引得》《銘圖》等將其釋作一個字——“賓”(甲骨金文“賓”字均有從“卩”作“宀”者,如《集成》2431 之 ▨ 等)。
>
> 謝明文先生指出,釋“賓”之説忽視了“卩”形左上方的 ▨ 和右上方的 ▨ 兩部分。他認爲,結合習見之“報賓(作‘匚宀’或‘匚宀’)”銘文看,當將此卣銘之 ▨ 釋作“匚(報)”,而將 ▨ 看作聲旁“万(丐)”,與“宀”合起來釋爲“賓”,即將 ▨ 釋作“報賓”二字(《商代金文的整理與研究》上編第 202 號。關於“報賓”,參看于省吾《商周金文録遺·序言》第 2 頁,科學出版社,1957 年)。
>
> 按,謝説釋 ▨ 爲“匚(報)”,當可從。而仔細觀察實物,可知卣器、蓋銘文之 ▨ 均寫作明確的“爪”形,將其看作“万”,恐不可信。因此,我們暫將 ▨ 中除“匚”以外的部分隸定作“宀”。需要説明的是,從左“爪”右“卩”的位置關係看,兩者的組合更近於表示以手托人頭使其仰首的“印”,而非以手抑人使之跪跽的“印”(關於“印”“印”之別,參看本書第 57 號“戍䣄鼎”注一)。
>
> 所謂“帚(婦)丁”之“丁”徑作一方框,近乎甲骨文刻畫習慣,而與金文中筆道圓潤或内部填實之“丁”形有别。此字或許并不是“丁”,也不與“帚”連讀,而是

---

[1] 吳鎮烽:《商周青銅器銘文暨圖像集成》第 23 卷,上海古籍出版社,2012 年,第 448 頁。
[2] 謝明文:《商代金文的整理與研究》上編第 202 號,復旦大學博士學位論文(指導教師:裘錫圭),2012 年,第 256 頁。

"方"字。如此則"帚"亦未必表示"婦"。

河南安陽大司空南商代墓 M29 曾出土四件"帚(寢)印爵"(《考古》1989 年第 7
期第 593 頁,《銘圖》6985－6988),銘文如下:

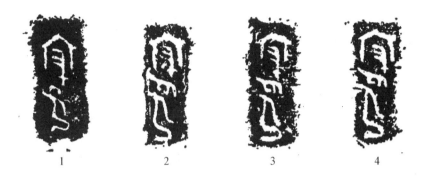

對照來看,似不能排除卣銘之"帚"當與"宀"合爲"帚(寢)"字,"爪"則與"卩"
則合爲"印"字的可能。[1]

1986 年安陽大司空村 M27 出土了一件殷墟四期的
鼎,器口内壁鑄有陰文三字(參見圖二),《殷墟青銅器全形
拓精粹》一書釋作"寢印耴"。[2] 研究者認爲這一族徽銘
文是過去没有著録的,爲商代青銅器銘文和社會組織關係
研究提供了新的材料。[3]

比較所謂賓婦丁父辛卣與寢印耴鼎兩器銘文,可知卣
銘中除去"父辛"以外的部分與鼎銘"寢印耴"所指當相同,
兩器當爲同人所作,由後者可推知前者的時代亦應屬於殷
墟四期。成鼄鼎(《集成》02694)" "、印爵(《集成》
07361)" "、印尊(《考古與文物》2012 年第 1 期第 93 頁)

圖二　寢印耴鼎銘文,采自《殷墟青
銅器全形拓精粹》,第 252 頁

" "等,我們曾改釋作"印"。[4] 卣銘之" "即鼎銘之" ",從字形看,它們應是"印"而
非"印"。1986 年河南安陽大司空村商代墓 M29 曾出土四件所謂寢印爵(《銘圖》06985－
06988),其中所謂"印"字分别作" "" "" "" ",從它們所從"卩"形的頭部明顯往後

[1] 葛亮:《方介堪藏金石拓片集》(未刊書稿)第 158 號器。該書 133－231 號器部分的電子版蒙葛亮先生
2015 年惠贈,謹致謝忱!
[2] 中國社會科學院考古研究所編:《殷墟青銅器全形拓精粹》,上海書畫出版社,2018 年,第 251 頁。
[3] 岳洪彬、岳占偉、牛世山、王祁:《談近十年殷墟青銅器的發現、研究和資料公布》,《殷墟青銅器全形拓
精粹》,上海書畫出版社,2018 年,第 5－11 頁。
[4] 謝明文:《商代金文的整理與研究》上編第 131 號,復旦大學博士學位論文(指導教師:裘錫圭),2012
年,第 172 頁。

仰來看，它們亦皆當釋作"卬"而非"印"。[1] 聯繫大司空村 M29 出土的四件所謂寢印爵的銘文"宀（寢）卬"來看，安陽大司空村 M27 出土的寢印耴鼎銘文應釋作"宀（寢）卬耴（聽）"。

甲骨文中，"卬"有用作國族名或人名之例，如《合》21708"丙申余卜，卬奉妝（妝）"、[2] 21710"壬辰余卜，卬奉妝（妝）"。出組卜辭《合》22590"庚子卜，出，貞：令卬□允☒"（《合》25020 是同文卜辭），"出""卬"兩人同辭，且是貞人"出"占卜命"卬"之事。安陽市大司空村商代墓葬 M539 出土寢出爵（《集成》08295）、豆寢出簋（《集成》3238）。寢出諸器與前引寢卬爵諸器都屬於殷墟二期，與出組卜辭的時代大體相近，且它們皆出於大司空村一帶，由此推測寢出、寢卬或他們代表的族氏可能分別與上引出組卜辭中的出、卬有關。

四件寢卬爵出土於大司空村 M29，它們屬於殷墟二期，寢卬耴鼎出土於大司空村 M27，它屬於殷墟四期。聯繫出土墓葬的位置，寢卬爵與寢卬耴鼎中的"宀（寢）卬"顯然當統一看待。寢卬耴鼎中的"寢卬"顯然是族名，説明"卬"族曾有人擔任商王寢官一職，故以"寢卬"爲族名，寢卬耴鼎中的"耴（聽）"則應是器主私名，它應是四件寢卬爵器主的後人。

根據寢卬耴鼎"宀（寢）卬耴（聽）"，我們贊成所謂賓婦丁父辛卣之"帚"當與"宀"合爲"宀（寢）"字的意見。卣銘"卬"右上方的"🐵"當據鼎銘看作是"耳"形，其寫法與耳衛父丁鼎（《集成》01853）"🐵"、耳衛父癸簋（《集成》03340）"🐵"、耳衛父庚爵（《集成》09074）"🐵"等"耳"字以及取父癸尊（《集成》05670）"🐵"所從"耳"形寫法相近，而卣銘中舊所謂的"丁"當看作是鼎銘"耳"下"口"形之變，也就是説，鼎銘之"耴"的兩個偏旁，在卣銘中被離析爲兩部分，又被其他文字間隔開來，且"口"形變作"丁"形。保言斝（《集成》09121）"🐵"，舊或未釋，或釋作"鄉"，或釋作"饗"。我們曾指出該字左側是"子"形，右側是"人"形，它應與"🐵"（《薛氏》2.18）、"🐵"（《集成》01350）、"🐵"（《殷墟新》234）等是同一族名，可釋作"保言"二字。[3] 金文中習見的族名"弓臺"，"臺"字既有在"弓"形内者，也有在"弓"形外者，更有甚者，"臺"的兩個偏旁其中一個在弓形内，而另一個在弓形外，如弓臺父己鼎（《集成》01876）。婦好正壺（《集成》09509）蓋銘"🐵"、婦好爵（《集成》08129）銘文"🐵""🐵"，"好"的兩個偏旁皆析書。也就是説上述保言斝、弓臺父己鼎、婦好正壺、婦好爵銘文中的"保"字、"臺"字、"好"字的兩個偏旁均被其他文字間隔開來，所謂賓婦丁父辛卣"耴"的兩個偏旁被其他文字間隔開來與它們同例。

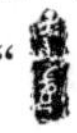

---

[1] 鞠焕文先生在沒有注意到我與葛亮先生把成�̇鼎等舊所謂一些"印"改釋作"卬"的情況下，主張把所謂寢印爵的"印"以及甲骨文舊所謂的"印"改釋作"卬"。參看鞠焕文：《釋甲骨金文中的"卬"字》，"紀念徐中舒先生誕辰 120 周年國際學術研討會"論文，四川大學，2018 年 10 月 20-21 日。

[2] 《合》21709"丙申余卜，䢇奉妝（妝）"是爲同一件事占卜，這兩條卜辭是占卜在䢇與卬兩人之間選擇一個去執拿妝。

[3] 謝明文：《商代金文的整理與研究》上編第 428 號，復旦大學博士學位論文（指導教師：裘錫圭），2012 年，第 487 頁。

"聑"即"聽"之初文,在商代文字中,它常用作"庭"。《合》23265""字,王子楊先生認爲其主體是"聑(聽)","丁"是在"聑"的基礎上添加的聲符,它可以視作"庭"的另一種寫法。[1] 屬於出組一類的《東文研》B0645 +《合》16050、《合》23340 上有""字,應隸作"㝔"。它從"丁"聲,應釋讀作"庭"。[2] 這些皆可證"聑""丁"音近。因此鼎銘"聑"所從"口"形在卣銘中變作類似"丁"形,也可能與變形聲化有關。

綜上所述,所謂賓婦丁父辛卣銘文應釋作"帚(寢)印聑(聑,聽)父辛",説明該卣是寢印族私名叫"聑(聑)"的人爲日名爲辛的父輩所作。寢印聑鼎"寢印聑",則説明該鼎是寢印族私名叫"聑"的人所作。

2019 年 8 月 2 日寫畢

附記: 本文曾提交給《中國史研究動態》編輯部與浙江大學歷史系中國古代史研究所聯合主辦的"古代文明與學術"研討會并在會上宣讀(杭州,2019 年 9 月 21 - 22 日)。

---

[1] 王子楊:《釋甲骨文"庭"的一個異體》,《上古漢語研究》第 2 輯,商務印書館,2018 年,第 15 - 18 頁。

[2] 謝明文:《談談甲骨文中可能用作"庭"的一個字》,《出土文獻綜合研究集刊》第六輯,巴蜀書社,2017 年,第 27 - 34 頁。

金文"圖室"考[*]

劉卓異[**]

西周晚期的《無叀鼎》銘文云"唯九月既望甲戌,王格于周廟,灰于圖室,司徒南仲右無叀,内(入)門,立中廷,王呼史翏册命無叀曰:'官司穆王正側虎臣……'"(《集成》2814),[1]《善夫山鼎》銘文云:"唯卅又七年正月初吉庚戌,王在周,格圖室。南宫乎入右膳夫山,入門立中廷,北向。王呼史秦册命山,王曰:'山,命汝官司㱃獻人于㽠……'"(《集成》2825)。二銘均爲典型的册命金文,較爲特殊的就是兩篇銘文中都出現了"圖室"一詞。"圖室"僅見於此二銘,傳世文獻與其他銘文中均不曾見到。

歷來學者對此"圖室"有很多解釋,大體多是讀"圖"如本字,釋作圖像、圖畫之義,但具體釋義有所不同。阮元云"圖室二字無可考。竊謂即明堂太廟也……周之河圖藏于祖廟,必有其室矣……天府以藏球圖故,又曰圖室也",[2]此説較爲含混,且攀扯河圖,近乎虚妄。黄公渚云"圖室,祭天之室也。古者祭天,必圖三辰次敘之位,故曰圖室",[3]然前引銘文明言周王在圖室是行册命,而非祭天。

黄盛璋先生推測"圖室"爲收藏軍政機要地圖之處。[4]西周時期固然已有地圖,但有地圖不意味着此"圖室"就是存放地圖之室。據《無叀鼎》銘文可知,"圖室"位於周廟中,倘"圖室"爲儲存地圖的屋子,則與宗廟的建築性質不合。從古至今關於周代廟制的研究已非常豐富,但恐怕沒有任何記載或任何研究可以説明宗廟中有專門存放地圖的屋舍。而且,册命禮儀是需要一定空間的,一般在大室庭院内舉行,存儲地圖的房間很顯然是沒有足够的空間舉行册命的。另外,上舉《無叀鼎》與《善夫山鼎》銘文,被册命的職事分别是"官司穆王正側虎臣"和"官司㱃獻人",即周王身邊的近衛武官和庖廚之官,與地圖毫無關聯。黄先生釋"圖"爲地圖,釋"圖室"爲存放地圖之室,恐怕與銘文内容和周代廟制都是難以相合的。

---

[*] 本文係中國博士後科學基金第 67 批面上資助項目(2020M670193)及北京師範大學青年教師基金項目(中央高校基本科研業務費專項資金資助)階段性成果。

[**] 北京師範大學歷史學院講師、博士後。

[1] 中國社會科學院考古研究所:《殷周金文集成》,中華書局,1984 - 1994 年。

[2] 阮元:《積古齋鐘鼎彝器款識》卷四,第 222 頁;收入《叢書集成初編》,第 1545 - 1548 册,商務印書館,1937 年。

[3] 黄公渚:《周秦金石文選評注》,商務印書館,1935 年,第 43 - 44 頁。

[4] 黄盛璋:《銅器銘文宜、虡、矢的地望及其與吴國的關係》,《考古學報》1983 年第 3 期。

自清末以來,將"圖室"之"圖"解釋爲先王圖像之説頗爲流行。鄭業斅云:"《家語·觀周》篇:'孔子觀乎明堂,覩四門墉,有堯舜與桀紂之象,而各有善惡之狀,興廢之誡焉。'《淮南子·主術訓》'文王周觀得失,遍覽是非,堯舜所以昌,桀紂所以亡者,皆著於明堂'高誘注:'著,猶圖也。'是明堂太廟,自有畫圖之室,於古歷有可徵,安用附會河圖耶?"[1]此説明確提出"圖室"爲收藏先王圖畫之室。徐同柏説與鄭説相近,但又言"圖室即太室"。[2] 日本學者白川靜也基本認同此説,但兼用阮元舊説。[3] 近來也有學者贊同此説,并據此推斷"周王朝宗廟裏爲先祖繪製圖像的禮俗已經是常見的了"。[4]

將"圖室"釋作放置祖先圖像之室,固然可以與"周廟"聯繫起來,但西周春秋時期是否存在繪製祖先圖像的現象,以及太廟中是否有專門放置祖先圖像的房間,都有很大的疑問。顧炎武在《日知録》"像設"條中已經提出"古之於喪也,有重;於祔也,有主以依神;於祭也,有尸以象神;而無所謂像也……宋玉《招魂》,始有'像設君室'之文。尸禮廢而像事興,蓋在戰國之時矣"。[5] 姜亮夫先生認爲顧炎武的説法"最爲有理"。[6]

檢索先秦典籍,并無材料提及周禮體系下的宗廟中有祖先畫像。前引鄭業斅説雖有《孔子家語》和《淮南子》材料爲證,但《孔子家語》素有僞書的嫌疑,其部分記載縱然有一定的價值,但在此問題上也很難認爲它反映了春秋時期的實情;而《淮南子·主術訓》并未明確記載明堂中繪有先王圖畫,釋"著"爲"圖",只是高誘的注解。縱然承認這兩則史料的價值,也只是説明了明堂中有堯、舜、桀、紂等先代君王的圖像。《無叀鼎》銘曰"王格于周廟,灰于圖室",知"圖室"在周廟中,周禮體系下"神不歆非類,民不祀非族"(《左傳》僖公十三年),周廟中供奉祭祀的只是周代先公先王,與堯、舜、桀、紂等先朝他族君王無涉。從明堂中繪有別族先代君王的圖像,到宗廟中繪有本族祖先畫像之間,尚有巨大的邏輯缺環,不可等同而論。

通過分析,筆者認爲,西周春秋宗廟中應當没有祖先畫像。

首先,"三禮"中對西周春秋宗廟祭祀有非常詳盡完備且成體系的記載,其中并無片語提及周禮體系下的宗廟中有祖先畫像。雖然先秦典籍流傳至今的非常稀少,但宗廟祭祀方面的典籍大體成系統地流傳到現在,但這批材料中完全没有提及宗廟中有祖先畫像的存在。譬如《周禮》,是對理想狀態下周禮體系的職官的記載,應當比實際的周代職官系統還要完備

[1] 鄭業斅:《獨笑齋金石文考(第一集)》卷三,收入《金文文獻集成(第十八册)》,綫裝書局,2005 年,第 36－37 頁。
[2] 徐同柏:《從古堂款識學》,第 12 頁;收入《叢書集成初編》第 1549 册,商務印書館,1936 年。
[3] [日]白川靜:《金文通釋 3(上)》,平凡社,2004 年,第 350－351 頁。
[4] 王暉:《從西周金文看西周宗廟"圖室"與早期軍事地圖及方國疆域圖》,《陝西師範大學學報(哲學社會科學版)》2012 年第 1 期。
[5] (清)顧炎武著,陳垣校注:《日知録校注》,安徽大學出版社,2007 年,第 819 頁。
[6] 姜亮夫:《姜亮夫全集三:楚辭通故(第三輯)》,雲南人民出版社,2002 年,第 350 頁。

整齊。已有學者對《周禮》中的各種“圖”進行系統的研究,均爲地圖或田地、民衆圖籍,并無任何關於祖先圖像的内容。[1] 雖然從邏輯上講,證明某一事物之無是非常困難的,尤其是在今存先秦典籍已相當稀少的情況下,貿然因文獻未載而推斷某一事物之無,難免落入濫用默證之詰難。但先秦典籍中關於禮制的材料不可謂稀少、不可謂斷爛殘缺,甚至可以説是極豐富且成體系的,在這樣的材料條件下,尚不見任何關於祖先圖像的記載,以此推斷西周春秋宗廟中没有祖先畫像,應當合乎使用默證之尺度。

其次,周禮體系下的宗廟祭祀,雖然祭祀的對象是一代代先祖,但這些先祖的形象卻大抵是千人一面的完美模樣。已有學者指出,“周人敬拜祖先,祭之如儀之時,祖先的形象必定浮現於眼前。周人祖先的形象,不具有個體色彩,他是理想情境下祖先所應當具有的完美形象”。[2] 周人自我描述其祖先都是不具個體色彩的,這與認爲周人宗廟中有描繪歷代祖先樣貌畫像的觀點是背道而馳的。

再者,西周春秋時期祭祀活動中用“尸”,是人們將“尸”作爲“神象”,[3] 即人們認爲“尸”的形象是與神的形象相近的。譬如《左傳》襄公二十八年載齊人在齊太公廟中舉行嘗祭,“麻嬰爲尸”。雖然從血緣上講麻嬰也是齊國公族,但此時距離齊太公已經五百年左右,至少相隔十幾代人,麻嬰的樣貌體態已絶無可能與齊太公相似。但他還可以作爲齊太公的“神象”,説明時人早已不清楚齊太公是什麽樣貌體態,他們頭腦中的齊太公只是一個抽象化的理想形象,而作爲其尸的人只需扮演好這一抽象的端莊完美的形象即可。倘若宗廟中保存繪有歷代先祖樣貌的畫像,那麽在祭祀活動中扮演歷代先祖的“尸”則會很明顯地呈現出與先祖的外貌形象不同,基本没有可能具備做到“神象”的客觀條件。

綜上,將“圖室”釋爲存放祖先圖像房間的觀點在文獻中找不到佐證,在已知的周禮體系中没有相關的依據,在邏輯上也很難説得通。諸多學者以爲“圖室”之“圖”爲周王祖先畫像,大抵是受到近古以來太廟中多有祖先畫像的影響,恐屬以今規古之誤。要想給金文中的“圖室”一個合理圓融的解釋,還需另做分析。

從册命金文辭例上看,此處的“圖室”讀爲“大室”最爲適宜。《無𢑒鼎》和《善夫山鼎》銘文均爲典型的西周册命金文,銘文中的“圖室”,在其他册命金文中相同的位置基本作“大室”,如《敔簋》“王在周,格于大室”(《集成》4166),《師𡘇簋》“王在周,格于大室”,《七年趞曹鼎》“王在周般宮,旦,王格大室”(《集成》2783),《揚簋》“王在周康宮,旦,王格大室”(《集

---

[1] 曲柄睿:《〈周禮〉諸圖研究》,《孔子研究》2015 年第 2 期。

[2] 羅新慧:《祖先形象與周人的祖先崇拜》,《南開學報(哲學社會科學版)》2015 年第 5 期。

[3] 鄭玄注,孔穎達疏:《禮記正義》,阮元校刻:《十三經注疏》,中華書局,1980 年,第 1457 頁。

成 4295》),此類例子不勝枚舉。而作"圖室"者僅此二器。通過最簡單的對讀和歸納,就會得出"圖室"極有可能是"大室"的推想。而"圖"、"大"二字在音韻上確有密切的聯繫,具備音近通假的條件。

"圖"爲定母魚部字,"大"爲定母月部字,二字同紐,韻部也不遠。但魚部爲陰聲韻,月部爲入聲韻,韻腹雖同,韻尾却不同,因此讀音上確有較大的差異。陰、入對轉雖有其例,但魚、月對轉并非常例。且論證二字通假,對轉終究不如叠韻有力。如果二字雙聲叠韻,至少從讀音上講,兩個字通假就沒有大的窒礙了。

陰聲的魚部(a)與入聲的月部(at),所差者不過一個韻尾 t。換言之,"圖"與"大"二字,在讀音上只是因爲相差了一個韻尾 t 才導致讀音有一定的差別。倘若入聲字"大"沒有韻尾 t,就與陰聲字"圖"的讀音基本一致了。

自顧炎武以降的上古韻部研究,以古韻文的韻字繫聯爲主要方法。從邏輯上講,運用這一方法構擬出的某字上古韻部,反映的只是該字在現存韻文中作爲韻字時的讀音,而無從得知該字在這些韻文之外是否還有其他讀音。研究上古音韻還有一種方法,即"譯音對勘法",就是用古代外族拼音文字保留下的讀音,對勘同時期用於音譯該詞的漢字,從而直接得到該字在當時的大致讀音。研究先秦時期"大"字的讀音,也可以使用"譯音對勘法",由此得出的結果與傳統方法擬音有微妙的差別。

"吐火羅"是上古時期居住在塔里木盆地,并向東、西兩方遷移的國族。向東遷移,與華夏發生聯繫;向西遷移,則與古希臘發生聯繫。因此,在先秦漢文典籍和古希臘典籍中都出現了對"吐火羅"這一國族名稱的音譯。

位於中土西方的"大夏"在戰國文獻中就已經出現。《逸周書・王會解》有"大夏兹白牛",[1]《王會解》後所附《伊尹獻令》有"空同、大夏、莎車……"。[2]《山海經・海內東經》:"國在流沙外者,大夏、竪沙、居繇、月支之國。"[3] 從這三種文獻中與"大夏"同出的地名看,三者所言之"大夏"都是位於中土以西極遠之地的國族,即漢代以後所説的西域。因"大夏"與"吐火羅"的希臘羅馬讀音近似,因此早有學者提出漢文典籍中的"大夏"就是對"吐火羅"的音譯。[4] 但僅有讀音相近爲證據是比較薄弱的,楊共樂先生在讀音相近之外又提出了三點有力的證據,證明《史記》記載張騫所訪的"大夏"確爲"吐火羅"的音譯。[5] 目

---

[1] 黄懷信等:《逸周書匯校集注(修訂本)》,上海古籍出版社,2007 年,第 884 頁。
[2] 黄懷信等:《逸周書匯校集注(修訂本)》,第 919 頁。
[3] 袁珂:《山海經校注(修訂本)》,巴蜀書社,1992 年,第 380 頁。
[4] 近代以來持此觀點的學者甚多,此處不再一一列舉,可參看王欣:《吐火羅之名考》,《民族研究》1998 年第 3 期;余太山:《大夏與大月氏綜考》,《西域研究(第三輯)》,中華書局,1990 年。
[5] 楊共樂:《張騫所訪大夏考》,《北京師範大學學報(社會科學版)》2005 年第 6 期。

前,這一結論基本已成爲中外學界的共識。[1]

在古希臘文獻中,對"吐火羅"有不同的寫法。英國學者塔恩在 20 世紀 30 年代就總結過古希臘文獻中"吐火羅"的各種寫法,其中時代較早(公元前或公元元年前後)的寫法有 Tocharoi、Thocarorum、Thodarorum、Thoclarorum、Toclarorum、Thocaroi、Thogaroi、Togara 等。[2] Togara 這一寫法見於古希臘地理學家托勒密的著作《地理志》,英國于闐語專家貝利曾對"Togara"進行分析,并將之與"大夏"對讀。他將 Togara 一詞分爲兩部分,即"to-"和"gara-",分別與"大"和"夏"對應。[3] 雖然我們已經不知道古希臘和中國先秦典籍中共同音譯的"吐火羅"族名的原詞是什麽,但其讀音一定與"Togara"基本相同。至少,其第一音節一定是不帶尾音的"to-"或"tho-",這在諸多音譯"吐火羅"的古希臘詞彙中可以得到反復印證。那麽,漢文典籍中將該詞的第一音節"to-"音譯爲"大",而不選用其他音"to"而無韻尾的字,説明當時"大"讀音脱去韻尾 t 而直接讀爲陰聲字是很常見的。[4] 如上文所説,脱去韻尾 t 的"大"字,在讀音上就與陰聲字"圖"極爲接近了。

通過以上分析可知,先秦時期"大"字讀音有脱去韻尾直接讀爲陰聲字的情況,其讀音與"圖"基本相同。古音相同是古書中兩個字通假互用的有力條件,"圖""大"二字通假互用,至少從讀音上講是順理成章的。

在《尚書》中的一些時代較早的篇章中"圖"字的用法可以作爲金文"圖室"讀爲"大室"的佐證。如《大誥》多見"圖功""圖事",如"今蠢今翼日民獻有十夫予翼,以于敉寧武圖功""無毖于恤,不可不成乃寧考圖功""天閟毖我成功所,予不敢不極卒寧王圖事""予曷其不于前寧人圖功攸終",以僞孔傳、孔疏、[5]《書經集傳》[6] 爲代表的傳統説法將"圖"釋爲"圖謀"。然而,其一,這些注家均不知"寧"乃"文"之訛誤,對整句話的大意理解就有偏差,對句

---

[1] 筆者所見,只有王炳華先生反對"大夏"與"吐火羅"可以對音并做出較爲詳細的論證(王炳華:《"吐火羅"譯稱"大夏"辨析》,《西域研究》2015 年第 1 期)。他認爲是張騫借用了漢文典籍中固有的"大夏"一詞以翻譯"吐火羅",目的是"喚起劉徹及其上層統治精英們親切、與華夏歷史文化認同的心理,在政治、經濟層面上,進一步推動與'大夏'聯絡的願望"。筆者認爲王先生的論證推測成分較多,張騫向漢武帝等人介紹西域諸國時有何心理狀態,於文獻無徵,難以證實也難以證僞;而且,"大夏"一詞在張騫出使西域前早就存在,其所指就是"流沙外"之一國,并非張騫所發明,王先生論述的前提正是張騫有意發明了用"大夏"一詞轉譯"吐火羅",但這一前提本身就是難以成立的。

[2] William Woodthorpe Tarn, "The Greek Names of the Tochari", *The Greeks In Bactria and India*, Cambridge University Press, p.516. 爲便於説明和理解,文中的希臘字母均轉寫爲拉丁字母。

[3] Harold Walter Bailey, "Tokharika", *Journal of the Royal Asiatic Society*, April 1970, pp.121–122.

[4] 在歷史語言的變化中,韻母讀音的變化是相對隨意且頻繁的。塔恩的文章中提到古希臘文獻中"吐火羅"的音譯還有寫作 Thagouroi 的情況,同理,"大"讀爲 to 或 ta 并無本質的區別。

[5] 僞孔傳、(唐)孔穎達疏:《尚書正義》卷十三,阮元校刻:《十三經注疏》,中華書局,1980 年,第 198–199 頁。

[6] (宋)蔡沈:《書經集傳》,上海古籍出版社,1987 年,第 84 頁。

法的判斷也受到影響;其二,這幾句話中的“圖”倘解釋爲“圖謀”,不僅迂曲難解,而且須增字解經,“圖謀功業”本爲“動+賓”結構,但於此句中須增字解爲“所圖謀之功業”方才合乎句法。因此,後世學者對此“圖”的解釋有不同的觀點,如王引之在《經傳釋詞》中云:

> 《大誥》曰:“予曷其不于前寧人圖功攸終?”圖功,大功也。言曷不于前寧人大功用終也。上文曰:“敷前人受命,兹不忘大功。”又曰:“不可不成,乃寧考圖功。”圖功,即大功也。寧考圖功,即此所謂前寧人圖功也。《傳》訓“圖”爲“謀”,“攸”爲“所”,皆失之。[1]

王引之通過文意和用詞,將“圖功”釋爲“大功”,其說甚辯。清末金文研究興起後,吳大澄等學者依據金文字形,發現《大誥》之“寧”字實爲“文”字訛誤,此說遂成學者廣泛接受的定說。[2] 將《大誥》中的“寧武”“寧考”“寧王”“前寧人”換成“文武”“文考”“文王”“前文人”後,王引之所論更增說服力。因此,近代《尚書》大家楊筠如、[3]顧頡剛、[4]劉起釪[5]等學者均采信王引之此說,讀“圖”爲“大”。另外,《尚書·盤庚上》有“古我先王亦惟圖任舊人共政”,此“圖”劉起釪先生也讀作“大”。[6]《盤庚》和《大誥》中的“圖”讀爲“大”,文從字順,句法和諧,無須做任何曲說即能文意通達。[7]

綜上,《大誥》《盤庚》篇中的“圖”字與《無叀鼎》《善夫山鼎》“圖室”的“圖”字讀爲“大”均文從字順,在文意和制度上均十分圓融。而“圖”“大”二字讀音又相同,通假互用并無障礙。因此,金文中“圖室”當直接讀爲“大室”,而不必再做其他迂曲之解。

---

[1]（清）王引之:《經傳釋詞》,中華書局,1956年,第12頁。

[2]參見程元敏:《尚書寧王寧武寧考前寧人寧人前文人解之衍成及其史的觀察(上)——并考周文武受命稱王》,《中國文哲研究期刊》(創刊號)1991年第1期。

[3]楊筠如:《尚書覈詁》,陝西人民出版社,1959年,第162頁。

[4]顧頡剛:《尚書大誥譯證》,收入《顧頡剛古史論文集》,中華書局,2011年,第397-398頁。

[5]顧頡剛、劉起釪:《尚書校釋譯論》,中華書局,2005年,第1270頁。

[6]顧頡剛、劉起釪:《尚書校釋譯論》,第936頁。劉先生此處舉《唐蕃會盟碑》中漢文以“大蕃”對譯“吐蕃”一詞,作爲“圖”讀如“大”的證據。但《唐蕃會盟碑》中“大蕃”之“大”,并非tu-之音譯,而是與“大唐”對應的用法,係顯示國力強大之義。“吐蕃”與“大蕃”的對應,實屬巧合,而非同音對譯。參見姚大力:《“吐蕃”一名的讀音與來源》,《元史及民族與邊疆研究集刊》2013年第2期。

[7]《尚書·多方》中有“洪惟圖天之命”“厥圖帝之命”“圖厥政”“圖忱于正”,僞孔傳亦釋爲“謀”,但都頗爲費解。于省吾先生將“圖”讀爲“鄙”,困難遂迎刃而解(于省吾:《雙劍誃尚書新證》,收入《于省吾著作集》,中華書局,2009年,第246-247頁)。頗疑“圖謀”爲“圖”字引申義,在西周時期尚不常用此引申義,周初文獻中“圖”無用作“圖謀”之義者。

試論周代女性稱名方式

吳鎮烽*

　　傳世文獻對於先秦古國、古族的姓氏有許多記載，如今有些已經佚失，有的互相矛盾。兩周青銅器銘文中包含大量的女性稱名，這對於判斷諸侯國族姓有着重要的意義。但由於女性稱名在銘文中非常複雜，同一位女子自名是一回事，別人稱呼又是一回事；這個人這樣稱呼，那個人那樣稱呼。一個人就有好多種稱名。其實，男性也是這樣，本文討論女性的稱名，故男性的稱名問題暫不涉及。學者們對於女性稱名做過許多研究，但由於沒有抓住要害，同樣一條資料，却會得出不同的結論，甚至於得出相反的結論。

　　由於古代彝銘往往很簡約，當事人在當時的場合所用的稱名，他們很容易區分，而我們面對的却是西周到春秋戰國，將近一千年中衆多的諸侯國和不斷增加的族氏，還有一些未搞清的古國、古族和古姓，要正確區分某　女子的族氏，除了符合常規以外，還需要具體問題具體分析，并要得到旁證才能下結論。

　　一個人的稱名，關鍵點在於站在哪種立場來稱呼他。在傳世文獻或者青銅器銘文中出現的女性稱名，同一位女子，由於稱呼人立場不同，就會形成幾種不同的稱名。筆者把古代女性的稱名分爲兩大類。一類是他稱，是別人稱呼的名稱；另一類是自稱，就是女性自己作器使用的名稱。

　　傳世文獻中見到的女性稱名，一般都是他稱，有未婚女子，也有已婚婦人，但都是他稱，因爲文獻是古代史官的記錄，或者是書籍作者的記述，所以都是他稱。如《左傳·襄公十二年》載"秦嬴歸於楚"中的"秦嬴"，又如《左傳·僖公四年》"晋獻公欲以驪姬爲夫人"中的"驪姬"等。這種稱謂一般都是由女子的族氏和姓組成，基本上都不會有女子私名。

　　他稱可分爲父母、祖父母、兄弟爲女子鑄造的媵器銘文中對女兒、孫女或姊妹的稱謂；丈夫爲妻子、兒子爲母親鑄造青銅器在銘文中對妻子或母親的稱謂，以及其他作器者在銘文中對他人妻子或其他女性的稱謂等。自稱是婦女爲自己鑄造青銅器，或者爲其丈夫、長輩鑄造青銅器列舉的自己的名稱。下面我們分別來進行討論。

壹　女性的他稱

一、父母爲女兒鑄造媵器中對女兒的稱名

　　父母爲女兒鑄造媵器對女兒的稱名方式，在青銅器銘文中目前見到 10 種。其中第一種

---

* 陝西省考古研究院研究員。

是父母爲女兒鑄造媵器較爲完整、正式的稱名通例。而省去排行、姓名等部分則是其變例。

1. 婿家族氏+排行+自家的姓+女兒名字。如：楚王鼎"楚王媵隨仲羋加飤䀇"（《銘圖》02318）。[1] "隨"是女兒丈夫的族氏，即曾，"仲"是女兒的排行，"羋"是楚國王室的姓，"加"是女兒的私名。"羋加"亦可稱"加羋"，2012 年湖北隨州市公安局偵破盜墓案件所繳獲文物中有 4 件簋，銘文爲"加羋之行簋，其永用之"（《銘續》0375）。[2]

另外，傳世的王子申盞（《銘圖》05960），銘文有"王子申作嘉羋盞盨"，"嘉羋"即"加羋"，均與羋加爲同一位女子。

2. 婿家族氏+排行+自家的姓。這是第 1 式的變例之一，稱謂中省去女子的名字。如曹伯盤"曹伯媵齊叔姬盤"（《銘圖》14394）。"曹"是文王第六子曹叔振鐸的封國，姬姓，嫁女於姜姓的齊國，稱女兒爲"齊叔姬"。"叔"是女兒的排行。鄭伯匜"鄭伯作宋孟姬媵匜"（《銘圖》14946）。鄭伯的女兒嫁於宋，故用其婿家的族氏和自家的姓，再加上排行來稱呼女兒。又如賈伯簋"賈伯作世孟姬尊簋"（《銘圖》05130）。賈伯將大女兒嫁給世氏，稱女兒爲"世孟姬"。另外，還可以在婿家氏名之後加上"氏"字。如：毛叔盤"毛叔媵彪氏孟姬寶盤"（《銘圖》14489）。有的還在婿家氏名之後加上表示身份的"婦"，如芮公䀇"芮公作鑄京氏婦叔姬媵䀇"（《銘圖》02989）。又如仲白匜"魯大司徒子仲白作其庶女厲孟姬媵匜"（《銘圖》14993）。"厲"是女兒丈夫家的族氏，"姬"是作器者子仲白家的姓，其中還標明"孟姬"是其庶女。

3. 婿家族氏+自家的姓+女兒名字。這是第 1 式的變例之二，稱謂中省去女子的排行。如魯伯愈父䀇"魯伯愈父作邾姬仁媵羞䀇"（《銘圖》02902）。"邾"是女兒丈夫的族氏，"姬"是魯伯愈父的姓，"仁"是魯伯愈父女兒的私名。

4. 婿家族氏+自家的姓。這是第 1 式的變例之三，稱謂中省去女子的排行和名字。如蔡侯鼎"蔡侯作宋姬媵鼎"（《銘圖》02144），"宋"是女兒丈夫的國家，也就是族氏；"姬"是蔡侯的姓，故蔡侯稱女兒爲"宋姬"。宋眉父䀇"宋眉父作豐子媵䀇"（《銘圖》02811）。宋爲子姓，嫁女於豐氏，故宋眉父稱女兒爲"豐子"。還有倗仲鼎"倗仲作畢媿媵鼎"（《銘圖》01961），倗氏媿姓，嫁女於姬姓的畢氏，倗仲稱女兒爲"畢媿"。邾友父䀇"邾友父媵其子胙曹寶䀇"（《銘圖》02938）。邾是曹姓，邾友父的女兒嫁於姬姓的胙氏，稱女兒爲胙曹。

5. 自家族氏+婿家族氏+自家的姓+女兒名字。這一式是在第 1 式基礎上增加了自家的族氏。如眞侯簋蓋"眞侯作眞邢姜妢母媵尊簋"（《銘圖》04939）。"眞"是父家的國氏，"邢"

[1] 吳鎮烽：《商周青銅器銘文暨圖像集成》，上海古籍出版社，2012 年，簡稱《銘圖》，後面的數碼爲該器的編號。爲行文方便，銘文釋文均采用通行漢字。

[2] 吳鎮烽：《商周青銅器銘文暨圖像集成續編》，上海古籍出版社，2016 年，簡稱《銘續》，後面的數碼爲該器的編號。

是夫家的國氏,"姜"是自家的姓,"妢母"是女兒的字。這是一個既有父家族氏又有夫家族氏和女兒姓名的稱謂。當然也可以加上女子的排行,成爲最繁複的父母對出嫁女兒的稱名。

6. 排行+自家的姓+女兒名(或字)。這一式稱謂中既没有婿家的族氏,也没有自家的族氏。如曹公簠"曹公媵孟姬念母篋簠"(《銘圖》05929),楚屈子赤目簠"楚屈子赤目媵仲芈璜飤簠"(《銘圖》05960),魯太宰原父簠"魯太宰原父作季姬牙媵簠"(《銘圖》04919)。"孟"、"仲"、"季"是女子的排行,"念母"、"璜"、"牙"是女子的字或名。又如王伯姜鼎"王伯姜作季姬福母尊鼎,季姬其永寶用"(《銘圖》02074)。前面稱女子爲"季姬福母",後面稱"季姬",省略了女子的字"福母"。另外,也可以加上親屬稱謂"子"、"孫"等,表示與作器者的親屬關係。如:番匊生壺"番匊生鑄媵壺,用媵厥元子孟改乖"(《銘圖》12416),長子沫臣簠"長子沫臣擇其吉金,作其子孟芈之母媵簠"(《銘圖》05973),養仲盤"養仲作其孫叔嬴䣄媵盤"(《銘續》0943)。"子"、"孫"均親屬稱謂,表示與作器者的親屬關係。"乖、之母、䣄"分別是番匊生的長女、長子沫臣的長女和養仲的三孫女的私名。又如薛仲蕾簠"薛仲蕾作仲妊兹母媵伯同媵簠"(《銘續》0503－0505)。薛仲蕾爲女兒做媵器,稱名中"仲"是排行,"妊"是自家的姓,"兹母"是女兒的字。另外,銘文中還加上了婿家的族名"滕"和女婿的名字"伯同"。

7. 排行+自家的姓。這一式没有夫家的族氏,也不加女字的名字,是父母對出嫁女兒稱名的簡略式之一。如胡叔胡姬簠"胡叔胡姬作伯媿媵簠,用享孝于其姑公"(《銘圖》05057),蔡侯簠"蔡侯媵孟姬寶筐簠"(《銘圖》05933)。伯家父鬲"伯家父作孟姜媵鬲"(《銘圖》02900),復公仲簋"復公仲若我曰:其擇吉金,用作我子孟媿寢小尊媵簋"(《銘圖》05105),荀侯盤"筍侯作叔姬媵盤"(《銘圖》14419)。其中"伯"、"孟"、"叔"是這些女子的排行。"伯"和"孟"都表示姊妹中排行居長者,一個是嫡長女,一個是庶長女。《白虎通·姓名》:"適長稱伯,伯禽是也;庶長稱孟,魯大夫孟氏是也。"另外,也可以在姓之前加上親屬稱謂"子"、"元子"等。如齊侯盂"齊侯作媵子仲姜寶盂"(《銘圖》06225),樊伯可忌豆"樊伯可忌作厥元子仲姞媵敦"(《銘圖》06152)。"子"和"元子"僅表示受器者與作器者之間的關係,不是女子稱謂的組成部分。

8. 自家的姓與女兒的名(或字)連稱。既没有婿家的族氏,也不加排行。這也是父母對出嫁女兒稱名的簡略式之一。如魯伯愈父簠"魯伯愈父作姬仁媵簠"(《銘圖》05862)。陳侯鼎"陳侯作鑄嫣四母媵鼎"(《銘圖》02212),榮有司再鼎"榮有司再作盨鼎,用媵嬴龏母"(《銘圖》01971)。其中"姬"、"嫣"、"嬴"都是女兒父家的姓。"仁"是女兒的名,"四母"、"龏母"分別是陳侯和榮有司再女兒的字。魯伯愈父簠共3件,同組器還有6件鬲、3件盤和1件匜,均爲魯伯愈父爲女兒姬仁所作的媵器。在鬲、盤、匜銘文中,稱女兒爲邾姬仁,帶有丈夫的族氏"邾",此則省却。此式中也可以把女婿的名字放在女兒名字的前面。如:辛王姬簋"辛王姬作叔西父姬西母媵簋"(《銘圖》05017)。"叔西父"是其女婿,"姬"是自家的姓,"西母"是女兒的字。

9. 僅稱自家的姓。這一式最簡單，只有女子的姓，也就是作器者的姓。如楚季苟盤"楚季苟作芈尊媵盥盤"（《銘圖》14465）。另外，也可以在姓之前加上"子"。如公子壓父鼎"公子壓父作子姜媵鼎"（《銘續》0183）。"子"是親屬稱謂，表示受器者是壓父的女兒。"子"在古代兼指兒女。《儀禮·喪服》："故子生三月，則父名之，死則哭之。"鄭玄注："凡言子者，可以兼男女。"《史記·淮南衡山列傳》："衡山王賜，王后乘舒生子三人，長男爽爲太子，次男孝，次女無采。又姬徐來生子男女四人。"

10. 僅稱女兒的名或字。這一式也最簡單，只有女子的名字，如夒膚簠"夒膚擇其吉金，爲駤兒鑄媵簠"（《銘續》0501）。杞伯雙聯鬲"杞伯作車母媵鬲，用享孝于其姑公"（《銘續》0263）。許孝魯生鼎"許孝魯生作壽母媵鼎"（《銘圖》02127）。這三件器物也是父親爲女兒所作的媵器，其稱名與女子出嫁前在家的稱名相同。

據統計，《銘圖》與《銘續》中父母所作媵器中對女兒的稱名共230條，除去情況不明者25條外，其中列舉婿家族氏者93例，不列舉婿家族氏者112例。不列舉婿家族氏者占到總數的一半還多。

有人認爲只有用"丈夫的氏名（即宗族名）+自己的姓"這種稱名，才能方便父親區分嫁給同姓族氏的幾個女兒。其實，這是多餘的假想。現實生活中情況并不是這樣。固然可以用這種方式來稱呼出嫁給幾個同姓宗族的女兒，但也可以像第9種和第10種方式，只稱呼自家的族姓或女兒的名字，或者只用自家的姓+女兒私名，同樣也可以區別，不論有幾位女兒，不論她嫁到哪個國家或宗族，都不會造成混亂。這是爲什麼呢？因爲媵器是父母所作給出嫁女兒使用的，媵器也要隨着女兒送到夫家。自己知道哪個女兒嫁給了哪個國家、哪個宗族，女婿家族也明白她是來自哪個國家、哪個宗族，在這種特定的場合、特定的時段內，不會發生混亂。所以，父家在媵器銘文中對女兒的稱謂加上夫家的族氏，并不是爲了區別，更不應把加載女兒夫家族氏看作是宗法制度下女子稱名的一條原則，其實它就是一種女性稱名方式而已。

二、父母爲女兒鑄造媵器中對隨嫁媵女的稱名

文獻記載，周代諸侯間嫁女往往有隨嫁的媵女。《左傳·成公八年》："衛人來媵共姬，禮也。凡諸侯嫁女，同姓媵之，異姓則否。"《公羊傳·莊公十九年》說："媵者何？諸侯娶一國，則二國往媵之，以姪娣從。"《儀禮·士昏禮》也有："婦徹于房中，媵御餕，姑酳之。"鄭玄注："古者嫁女必姪娣從，謂之媵。姪，兄之子；娣，女弟也。"從青銅器銘文中得知，媵女除同姓者外，異姓也從媵，與《左傳》所說不同。

父母爲女兒鑄造媵器，有的在女兒的媵器銘文中也列具媵女的稱名，有的還單獨給隨嫁媵女鑄造媵器。其稱名方式目前見到的有3種。

1. 媵女的族氏+媵女的姓（也可加媵女的排行和名字）。這是最常用的一式。如楚王鐘"楚王媵邛仲羋南龢鐘"（《銘圖》01247）。邛與楚同姓"羋"，楚王嫁女，邛國女子從媵。楚王爲她鑄造媵器，稱他爲"邛仲羋南"。"邛"是其所在國的族氏，"仲"是其排行，"羋"是其姓，"南"是媵女之名。這是同姓國從媵。對此銘文也有不同理解。有人認爲此爲楚王嫁女於邛，邛即江，文獻記載江爲嬴姓，故"邛仲羋南"是楚王之女。"邛"與"江"是否一國，尚有爭論。筆者認爲"邛"與"江"二字雖可通假，但它不是一個國家。從下面的曾侯簠可知邛與楚是同姓國，而非嬴姓江國。

曾侯簠"叔姬霝乍黄邦，曾侯作叔姬、邛羋媵器鬗彝"（《銘圖》05936）。"叔姬霝乍黄邦"即叔姬霝嫁往黄國，曾侯爲其女叔姬作媵器，邛國羋氏女來媵，曾侯并鑄之於器。邛與楚同姓，春秋時期的小國，或爲楚之附庸。又如許子妝簠"許子妝擇其吉金，用鑄其簠，用媵孟姜、秦嬴"（《銘圖》05962）。許爲姜姓，"孟姜"是許子妝的大女兒，"秦嬴"來自秦國的媵女，嬴姓，故稱秦嬴。這是異姓國女子從媵。還有上鄀公簠"上鄀公擇其吉金，鑄叔羋、番改媵簠"（《銘圖》05970）。文獻記載鄀國是允姓，但鄀國被秦占領後，鄀國一部分居民逃到湖北宜城稱爲上鄀，有人説是楚國的附庸，實際上它就是楚國的一個縣邑。楚國所封的縣公一般都是楚國公族或王子。所以，筆者認爲這個上鄀公是羋姓，這件媵簠是上鄀公爲自己出嫁的女兒叔羋所作的媵器，番氏之女從媵，番爲改姓，故稱番改。

2. 媵女的排行+媵女的姓。如魯伯大父簠"魯伯大父作孟姜媵簠"（《銘圖》04861）。我們知道魯國是姬姓，此女姜姓，她肯定不是魯伯大父的女兒，應是從媵魯伯大父女兒的一位姜姓女子，但在稱名中没有提及女子的族氏，只稱排行和姓。另外有一件魯伯大父爲季姬婧鑄造的媵簠，形制、紋飾與魯伯大父爲孟姜鑄造的媵簠相同，大小相若，銘文除女子之名不同外，其餘完全相同，也證明了孟姜就是季姬婧的從嫁媵女。相同的例證還有4件陳侯簠，形制、紋飾相同，大小相若。其中兩件陳侯簠銘文是"陳侯作王仲嬀鼎媵簠"（《銘圖》05937、05938），這是陳侯爲嫁往周王室的次女仲嬀所作的媵器；而另外兩件陳侯簠銘文是"陳侯作孟姜媵媵簠"（《銘圖》05939、05940）。陳國嬀姓，此女姜姓，這位姜姓國女子肯定是王仲嬀的從媵女子，陳侯也爲她單獨鑄造了兩件相同的媵器。

3. 媵女名字+媵女國的姓。如曾夫人匜"曾夫人作仲姬、辛姬盥匜"（《銘圖》14964），銘文中雖然没有"媵"字，但從銘文内容可知這應是曾夫人爲女兒和媵女所作的媵器。曾夫人稱自己的女兒爲仲姬，説明是二女兒，稱媵女爲"辛姬"。這裏"辛"不會是族氏，因爲從中伯作辛姬變人媵壺可知"中"氏是姬姓，女兒姬變人嫁於辛宗族，證明辛宗族不是姬姓。所以此處的"辛"應是媵女之名。周代女子同時稱私名和姓，名在姓前與姓後，均是可以的。史書就有例證，如《國語·晉語》的"殷辛伐有蘇，有蘇以妲己女焉"。《史記》索引説"有蘇氏女，妲字，己姓也"。青銅器銘文的例證如季宫父簠"季宫父作仲姊孃姬媵簠"（《銘圖》05889）。"仲"是排行，"姊"是親屬稱謂，"姬"是自家的姓，"孃"是私名，就是放在姓之前的。又如隨州市棗樹林曾侯寶夫人墓(M169)出土的楚王爲女兒所作的媵盤、缶稱"隨仲芈加",而夫人自作的一套編鐘就自稱"加芈"。還有鄔子孟青嬭簠(《銘圖》05795),器銘云"鄔子孟青嬭之飤簠",蓋銘云"鄔子孟嬭青之飤簠",其他例證還有許多,此處就不多舉了。

三、兄弟爲姊妹鑄造媵器中對姊妹的稱名

青銅器銘文中,兄弟爲姊妹鑄造媵器對姊妹的稱名,基本上和父母爲女兒作媵器的稱名方式一樣,只是其中有對姊妹的親屬稱謂。目前見到的有5種方式。

1. 姊(或妹)+夫家族氏+夫人+排行+自家的姓。如宋公欒簠"有殷天乙唐孫,宋公欒作其妹句吳夫人季子媵簠"(《銘圖》05904)。"句吳"也就是吳國,姬姓。據考證此句吳夫人就是吳王光的夫人。"季"是宋公欒妹妹的排行,"子"是宋公的姓,故稱"季子"。這一式中間的"夫人"二字可有可無,也可以再加上女子的名字。

2. 排行+姊(或妹)+夫家族氏+自家的姓。如邢公簠"邢公作仲姊婁姬寶尊簠"。其中"姊"是親屬稱謂,"婁"是邢公姐夫家的族氏,"姬"是邢公的姓。婁國或者婁氏見於婁伯簠(《銘續》0509),是一個妊姓族氏。這一式也可以再加上女子的名字。

3. 姊(或妹)+排行+自家的姓+姊妹的名字。這一式沒有夫家的族氏。如養伯受簠"養伯受用其吉金,作其元妹叔嬴爲心媵饙簠"(《銘圖》05941)。"妹"表示親屬稱謂,"叔"是其妹的排行,"嬴"是自家的姓,"爲心"是其妹的私名。

4. 姊(或妹)+女子名字。如西替簠"西替作其妹斳尊簠"(《銘圖》05799),銘文中雖然沒有"媵"字,哥哥爲妹妹所作之器,即便不是出嫁時所作,但也要送往妹夫家使用的,等同於媵器。

5. 僅稱親屬稱謂(妹、姊),也可以在親屬稱謂之前加上尊隆之詞。如芮伯盂"芮伯拜稽首,敢作王姊盂,其罙倗伯萬年,用饗王逆覆"(《銘續》0979)。這是芮國國君爲嫁給倗伯的姐姐所作的媵器,銘文中雖然沒有"媵"字,稱名中既不加姐夫倗伯的族氏,也没有自家的姓,僅僅稱其爲"姊"。"王"在此應讀爲"皇",義爲大、爲美。它和史伯碩父鼎"史伯碩父追孝于皇考釐仲、王母泉母尊鼎"中的王母一樣,是對其長輩的尊稱、美稱。當然,像伯康簠"伯康作寶簠,用饗朋友,用饋王父、王母"中的王父、王母的稱名,有人就以《爾雅·釋親》的"父爲考,母爲妣;父之考爲王父,父之妣爲王母;王父之考爲曾祖王父,王父之妣爲曾祖王母;曾祖王父之考爲高祖王父,曾祖王父之妣爲高祖王母"之説來解釋銘文中的"王父"就是"祖父","王母"就是"祖母"。表面上看似有道理,其實不然。《爾雅》成書於漢初,資料來自《楚辭》、《列子》、《莊子》、《吕氏春秋》等書,其中的親屬稱謂已與商周時期不同。在商周金文中祖父一般稱爲"祖",祖母稱爲"妣",如戜鼎(《銘圖》02448)"其用夙夜享孝于厥文祖乙公,于文妣日戊"。又如復丰壺(《銘圖》12447)"復丰及仲子作爲寶壺,用享用孝于其皇祖、皇妣、皇考、皇母,用祈眉壽久歲難老,其萬年無疆"。所以,芮伯盂的"王姊"應讀爲"皇姊";伯康簠中的

"王父"、"王母"應讀爲"皇父"、"皇母",他們是伯康的父母,而不是祖父母。"王父、王母"意爲偉大的美好的父親母親。

四、丈夫作器對妻子的稱名

青銅器銘文中丈夫爲妻子作器,或者丈夫自作器,對妻子的稱謂有 6 種方式。

1. 岳父家族氏+妻子的排行+岳父家的姓。如仲生父鬲"仲生父作邢孟姬尊鬲"(《銘圖》03005),善夫旅伯鼎"善夫旅伯作毛仲姬尊鼎"(《銘圖》02210),大祝追鼎"伯大祝追作豐叔姬鑄彝"(《銘圖》02396)。這是最基本的方式,其中還可以增加女子的名字。去掉姊妹間排行,則爲變例。

2. 岳父家族氏+岳父家的姓。如倗伯鼎,其銘文云"倗伯作畢姬用鼎"(《銘圖》01821),這是倗伯爲來自姬姓畢氏的夫人作器,對夫人的稱名用岳父家(妻子的父家)的族氏和姓。伯碩父鼎"伯碩父作尊鼎,用道用行,用孝用享于卿事、辟王、庶弟、元兄……伯碩父、申姜其受萬福無疆"。這是伯碩父自作用器,在銘文中爲自己和妻子祈福,稱妻子爲"申姜"。"申"是其妻父家的族氏,"姜"是申國的姓。《左傳·隱公元年》曰:"鄭武公娶于申,曰武姜。"《國語·周語中》云:"齊、許、申、吕由大姜。"韋昭注:"四國皆姜姓。"又如伯猶(yín)父鬲"伯猶父作邢姬、季姜尊鬲"(《銘圖》02830)。伯猶父爲二位夫人作器。第一位夫人用岳父家的族氏和姓稱"邢姬"。第二位夫人用姊妹間排行和岳父家的姓稱"季姜"。

3. 自家的族氏+岳父家的姓。如虢仲鬲"虢仲作虢改尊鬲"(《銘圖》02739)。另外,1993年三門峽 2009 號墓出土四件虢仲盨(《銘圖》05577、05578)銘文是"虢仲作虢改寶盨"。"虢"是姬姓,這位"虢改"必是改姓族氏的女子嫁於虢仲者。這一式稱名曾出現了許多奇奇怪怪的解釋。如有人認爲"虢改"與墓主虢仲的關係可能是公公與兒媳的關係,也有人認爲她更可能是虢仲的母親,這是虢仲爲母親所作的祭器帶入了自己墓中。

兒子爲父母鑄作祭器都是爲了享祀父母,崇敬父母。凡是兒子爲母親鑄造的祭器,不管用何種方式,其前必然都有修飾詞"皇母"或"文母"之類,如果一件器物同時是給父親和母親鑄造的祭器,那麼在其父母稱謂之前分別貫有"皇考"、"皇母",或者只有"皇考"、"文考"之類的修飾詞,以統領父母,而虢仲鬲、虢仲盨則没有。況且,虢仲鬲銘文是"尊鬲",虢仲盨銘文是"寶盨",也看不出是祭器,説明虢改不是虢仲的母親。

認爲虢仲鬲、虢仲盨是虢仲爲兒媳鑄造,這更是一種不着邊際的猜想。在青銅器銘文中至今尚未見到公公給兒媳作器的確鑿例證。虢仲盨一套四件都出土於三門峽虢仲墓(即 2009 號墓)內。丈夫爲妻子作的器物,埋進自己的墳墓,表示夫妻關係和諧,兒子爲母親作的器物,埋進自己的墳墓説明兒子懷念母親,而公公爲兒媳作器的用意是什麼? 而且還把一整套盨都埋到自己的墳墓裏,這恐怕不合常理吧! 所以"虢改"只能是虢仲的妻妾,這個例證不應該受到懷疑。只是此種對妻子的稱謂使用的是自家的族氏+夫人的姓。

4. 自家的國氏+妻子姊妹間排行+岳父家的姓。如黃子盤"黃子作黃孟姬行器"(《銘圖》14455)。這件盤和黃子鼎、黃子鬲、黃子豆、黃子罐、黃子盉、黃子匜等,都是1983年河南光山縣寶相寺上官崗同墓出土的一組器物。有的稱其妻為"黃夫人孟姬",有的稱"黃夫人",有的稱"黃孟姬",顯係同一人。

5. 妻子的排行+岳父家的姓。如鄭邢叔甗"鄭邢叔作季姞甗"(《銘圖》03320),鼃叔盨"鼃叔作仲姬旅盨,鼃叔其萬年,永及仲姬寶用"(《銘圖》05609)。國子碩父鬲"虢仲之嗣國子碩父作季嬴羞鬲"(《銘圖》03023)。這幾件都是丈夫為妻子所作的器物,對妻子的稱名未用其妻父家的氏稱,也沒用自家的氏名,僅用妻子姊妹間的排行和姓。

6. 僅稱其妻的姓。如伯寉父鬲"伯寉父作姞尊鬲"(《銘圖》02779)。有的還在姓之後加上"氏"字。如散車父壺"散車父作皇母醒姜寶壺,用逆(迎)姞氏"(《銘圖》12404)。這是散車父為母親作器,也用此方式稱其妻為"姞氏"。

另外也有一些男性為女性作器,在婦女的姓之前加上身份(婦),如召樂父匜"召樂父作婦改寶匜,永寶用"(《銘圖》14906),女性姓前加"婦"字,有可能女性身份是宗婦。仲宮父盨"仲宮父作姬氏旅盨,其萬年永寶用"(《銘圖》05585),伯燗簋蓋"伯燗作媿氏旅,用追孝"(《銘圖》04556)。銘文中在姓後綴以"氏"字,可能是作器者的妻子,也有可能是其宗婦,這就不好判斷了。

在談到丈夫為妻子作器的稱名時,有人認為丈夫為妻子作器的稱名原則是"稱她所來的宗族的氏名(正好與女子父親對她的稱呼相反),以及她所來的宗族的姓。"也就是上述1、2兩種方式,但是第3、4兩種方式恰巧與之相反。他在為妻子作器時也和岳父對女兒的稱名完全相同,用的是自家族氏和岳父家的姓。第5種方式也和岳父作媵器時對女兒的稱名的第7種方式完全相同,甚至於還簡化到只稱妻子的姓。所以,丈夫為妻子作器時對妻子的稱名以父家族氏和姓來稱呼并不是什麼原則,只是其中的一種方式而已。

如果,同一人或者同一家族有兩位婦女來自同姓宗族的稱名,是用大、小(少)或者長、幼來區別。這在青銅器銘文中比較少見,但也有其例。如伯沀父鬲"伯沀父作大姬齍鬲,子子孫孫永寶用"(《銘圖》02913)。此銘稱夫人為"大姬",不言而喻,他還有一位年紀小的夫人或者如夫人稱為"小姬"或"少姬"。又如2020年新發現的孟簋,銘文是"孟肇作靜寶簋,用日祀于厥祖戊公于妣大娷、少娷"(見圖一),其中"大娷""少娷",就是戊公的兩位夫人,來自同一宗族或者同姓兩國的女子。"娷"就是兩位夫人的

圖一

姓,這個字可能就是曹姓邾國的"曹"字。還有,芮公叔盤銘文"唯十又一月,王至于祈,芮公賜貝百朋,芮妣賜貝卅朋。芮公叔用作芮少妣,孫子永寶"（《銘圖》14514）。銘文中芮公與芮公叔是兄弟倆,芮公夫人與芮公叔夫人同爲妣姓,於是器銘中稱芮公夫人爲"芮妣",而稱芮公叔夫人爲"芮少妣"。這説明在同一家族中同姓妯娌也是要用長幼來區別的。

　　同一人的幾位夫人有的來自幾個同姓國家,有的來自同一個國家,金文中尚未見到,傳世文獻中有其例證。來自幾個同姓國家,即用夫人父家族氏+夫人的姓來稱呼。如果是來自同一個國家,其稱謂是夫人父家族氏+夫人的姓,并在其前加上長、幼來區別。如《左傳·僖公十七年》:"齊侯之夫人三,王姬、徐嬴、蔡姬,皆無子。齊侯好内,多内寵,内嬖如夫人者六人,長衛姬生武孟,少衛姬生惠公,鄭姬生孝公,葛嬴生昭公,密姬生懿公,宋華子生公子雍。"齊侯三位夫人,兩位是姬姓。一位是來自周王室,一位來自蔡國,分別稱爲王姬、蔡姬。一位來自徐國,稱"徐嬴",稱名的組成都是父家族氏+自己的姓。如夫人六人,四位姬姓,來自衛、鄭、密三國者,分別以國名（也就是族氏）加以區別,來自衛國的兩位如夫人,再以長幼區分,大的稱長衛姬,小的稱少衛姬。

五、兒子爲父母作器對母親的稱名

　　青銅器銘文中,兒子爲父母作器大多數都是爲過世的父母所作的祭器,也有爲在世的父母作器,銘文中對母親的稱名方式目前見到的有 7 種。

　　1. 母家族氏+母家的姓。如伯頵父鼎"伯頵父作朕皇考屖伯、吳姬寶鼎"（《銘圖》02249）。這是伯頵父爲過世的父母所作的祭器,"屖"同於"遟",是謚號。伯頵父稱父親爲遟伯,稱其母親爲吳姬,説明母親姓前沒有用謚號而是用的族氏。吳國姬姓。吳姬應是來自吳國的姬姓女子。還有遣小子𣪘"遣小子𤔲與其友作魯男、王姬䵼彝"（《銘圖》04728）。銘文中的"友"不是一般的朋友,而是同宗族的兄弟。魯男是魯國國君,顯然是大宗宗主,𤔲是小宗,王姬是周王室的女子嫁給魯男,是宗婦。這件𣪘是𤔲和兄弟們（肯定都是小宗）一起爲宗主魯男和他的夫人所作的用器。雖然魯男和王姬不是𤔲的親生父母,對於他們的稱名方式應該與親生父母同等看待。

　　有人認爲兒子爲母親作器是稱自己的氏與母親的姓,與丈夫對她的稱法是完全相反。這種看法并不完全正確。上述例證中的吳姬、王姬都是兒子稱呼自己母親,與其父親稱呼自己的夫人（即兒子的母親）方式中的"岳父家族氏（兒子母親的族氏）+岳父家的姓（兒子母親的姓）"完全一樣。目前青銅器銘文中兒子爲父母作器,還沒有見到對母親的稱謂用自己的族氏+母親的姓這一方式。

　　2. 母親的排行+母家的姓。如叔皮父𣪘"叔皮父作朕文考菲公眔朕文母季姬寶𣪘"（《銘圖》05080）,家伯束邘𣪘"家伯束邘作其公𤰈、叔姜寶𣪘"（《銘圖》0452）。叔皮父稱被祭祀的母親爲季姬,家伯束邘稱自己的宗婦爲叔姜,都只用母親（或者宗婦）的排行和姓,也没有尊隆之辭。

3. 謚號+母家的姓。在家伯束邘簋中,家伯束邘還説"用享用孝于其丕顯皇祖文太子、皇妣太師氏姜、皇考武公、皇母武姜"。銘文中家伯束邘稱父親爲武公,母親爲武姜。"武"是父親的謚號,在古代婦女的謚號一般隨從丈夫,所以稱其母爲"武姜"。又如師趛鼎"師趛作文考聖公、文母聖姬尊鼎"(《銘圖》02317),頌壺"頌敢對揚天子丕顯魯休,用作朕皇考恭叔、皇母恭姒寶尊壺"(《銘圖》12451)以及六年琱生簋"亦我考幽伯、幽姜令"(《銘圖》05341)等,"聖、恭、幽"均謚號,是兒子用謚號和母親的姓來稱呼過世的母親。

4. 謚號+母親的排行+母親的姓。如禾簋"禾肇作皇母懿恭孟姬饋彝"(《銘圖》04811)。"懿恭",雙謚號。

5. 謚號+母親身份(夫人)。如鄭莊公之孫盧鼎"余鄭莊公之孫,余刺疢之子盧,作鑄鬻彝,以爲父母……曰:嗚呼哀哉,烈叔、烈夫人,萬世用之"(《銘圖》02408)。"烈",謚號。父母同謚"烈"。《逸周書·謚法解》:"有功安民曰烈;秉德遵業曰烈。"

6. 僅稱母親的名或字。如史伯碩父鼎"史伯碩父追孝于皇考釐仲、王母泉母尊鼎"(《銘圖》02424)。這是史伯碩父爲父母所作的祭器。同樣,"王"讀爲皇,義爲大、爲美。"泉母"是其母親的字。在周代並没有過多的尊卑禁忌,兒子可以直呼其父母的名字、侄兒直呼姑母之名(見應侯視工簋,《銘圖》05311),由此可見一斑。

7. 母家的姓+"氏"字。如黿盤"黿作王母媿氏沬盤,媿氏其眉壽,萬年用"(《銘圖》14452)。這是黿爲在世的母親鑄造的盥洗用盤。"媿"是黿的母親的姓,所以稱媿氏。

六、孫子爲祖父母作器對祖母的稱名

孫子爲祖父母作器都是祭器,銘文中對祖母的稱名方式目前見到的僅有2種。

1. 祖母娘家的族氏+祖母的姓(有的也可以帶有其祖母的名字)。如詢簋"詢……用作文祖乙伯、凡姬尊簋"(《銘圖》05378)。師詢簋"師詢……用作朕烈祖乙伯、凡益姬寶簋"(《銘圖》05302)。這兩件簋是同一人爲同一祖父母所作的祭器。作器者"師詢"與"詢"是同一個人,區别只是稱名中一個帶有官職,一個没有官職,對於祖母的稱謂前者稱"凡姬",後者稱"凡益姬"。"凡"是其祖母的族氏、"姬"是其姓,"益"是其母的名或者謚號。"凡"是周公兒子的封國,姬姓。《左傳·僖公二十四年》:"凡、蔣、邢、茅、胙、祭,周公之胤也。"又如家伯束邘簋銘中,家伯束邘説"用享用孝于其丕顯皇祖文太子、皇妣太師氏姜、皇考武公、皇母武姜"。家伯束邘稱祖母爲"太師氏姜",是用祖母娘家的氏名(太師)和姓來稱呼祖母。"太師"在這裏是氏稱,是某位擔任周王朝太師職官的後裔以官爲氏。

2. 祖母的排行+祖母的姓。如不其簋"用作朕皇祖公伯、孟姬尊簋"(《銘圖》05387)。銘文中不其稱自己的祖母爲"孟姬"。稱名中僅用祖母的排行和姓,没有祖母娘家的族氏。李學勤先生考證不其是西周宣王時期的秦莊公,那麼不其是嬴姓,其母來自姬姓之國。

七、侄兒爲姑母鑄造媵器中對姑母的稱名

青銅器銘文中有侄兒爲姑母鑄造媵器,與父母爲女兒鑄造媵器的稱名基本相同,區别在於稱名之前有親屬稱謂——姑,其方式有 3 種。

1. 姑夫家族氏+姑母的排行+自家的姓。如復公子白舍簋"復公子白舍曰:啟親,作我姑鄧孟媿媵簋"(《銘圖》04932)。"鄧"即鄧國,也就是孟媿夫家的氏名。

2. 姑夫家族氏+自家的姓。如應侯視工簋蓋銘"……余用作朕王(皇)姑單姬尊簋,姑氏用賜眉壽永命,子子孫孫永寶用享"(《銘圖》05311)。這件簋的銘文雖然没有"媵"字,它不是媵器,但他是給出嫁後的姑母所作的用器,等同於媵器。應侯爲姬姓,應侯視工的姑母嫁到單族,應侯視工稱她爲"單姬",是用姑夫家族氏和自家的姓。伯庶父簋"伯庶父作王姑凡姜尊簋"(《銘圖》04904)。凡是姬姓。伯庶父是姜姓,姑母嫁到姬姓的凡國,故稱其爲凡姜。

3. 自家的姓+姑母的名字。同一件應侯視工簋,器銘則爲"應侯作姬原母尊簋,其萬年永寶用"(《銘圖》05311)。銘文中的姬原母的稱名是自家的姓和姑母的字組成,與蓋銘中的單姬顯然是一個人。蓋銘的祝福語又稱其姑母爲"姑氏",可見古人對同一個人的稱名,還可以采取多種方式以避免在同一篇文中重複。

八、女性作器對婆母的稱名

女性爲婆母作器,青銅器銘文見到的不多,對婆母的稱謂有下列 3 種方式。

1. 婆母的父家族氏+父家的姓。最近新見的仗佳尊(《銘三》1011),[1]銘文是"仗佳作厥姑召姬尊彝"(《銘三》1007)。"召"族姬姓,説明仗佳的婆母是來自召族的婦女。

2. 日名。如姬鼎"姬作厥姑日辛尊彝"(《銘圖》01803)。

3. 僅用尊隆字+身份(姑)字。如庚嬴卣"庚嬴對揚王休,用作厥文姑寶尊彝"(《銘圖》13337)。"文",文德。"文姑"即有文德的婆母。

父親的姊妹(侄兒稱姑母)和丈夫的母親(兒媳稱婆母)在銘文中都稱"姑",兩者如何區别呢? 作器者是男性,銘文中"姑"必是其姑母;作器者是女姓,該"姑"便是婆母,因爲未出嫁的女子受經濟社會地位的局限不可能給姑母製作媵器或者用器,出嫁後的婦女爲娘家姑母作器目前尚未見到。

九、一般作器者對他人妻子或其他女性的稱名

在青銅器銘文中,我們還看到作器者在一篇銘文中提到他人的妻子或其他女性,其稱名

---

[1] 吴鎮烽:《商周青銅器銘文暨圖像集成三編》,上海古籍出版社,2020 年,簡稱《銘三》,後面的數碼爲該器的編號。

有 4 種方式。

1. 他人的族氏+他人妻子的姓。如九年衛鼎"矩取省車……乃捨裘衛林孤里。叡厥唯顏林，我捨顏陳大馬兩，捨顏姒嬴昏，捨顏有司壽商貈裘、盞幃"（《銘圖》02496）。銘文中的顏姒是顏陳的妻子，作器者矩稱她爲"顏姒"，使用的是顏陳的族氏"顏"和他妻子的姓"姒"。珊生尊"唯五年九月初吉，召姜以珊生緆五尋、壺兩以君氏命曰……"（《銘圖》11816）。這是召族小宗的珊生因事求見宗君，首先通過給宗婦送禮，以求宗君的指示。召族爲姬姓，此稱宗婦爲召姜，用的是宗君的族氏和宗婦的姓。

2. 他人妻子父家族氏+他人妻子的姓。如蔿簋"王命蔿眔叔絲父饋吳姬饋器，師黃賓璋一、馬兩，吳姬賓帛束"（《銘圖》05205）。例銘中蔿稱師黃夫人爲吳姬。我們知道吳國爲姬姓。所以這個稱名中沒有師黃的氏名，而用的是師黃夫人父家的族氏和姓。

以上説明別人稱叫自己妻子時，可以用自己的氏名和妻子的姓，也可以用妻子父家的氏名和姓。

3. 姓後綴以"氏"字。如蚋鼎"唯三月初吉，蚋來遘于妊氏，妊氏令蚋事保厥家，因付厥且僕二家"（《銘圖》02405）。"遘"同"覯"，《説文》："遘，遇也。"《爾雅·釋詁》："覯，見也。"在這裏有晋見的意思。妊氏應是蚋所在宗族的宗婦。這是對宗婦的尊稱。鑄叔鼎"鑄叔作嬴氏寶鼎，其萬年眉壽，永寶用"（《銘圖》02095），鼠季鼎"鼠季作嬴氏行鼎"（《銘圖》02142）。這兩件鼎也應是鑄國小宗的鑄叔和鬃族小宗的鼠季爲宗婦作器，僅稱宗婦的姓。

4. 尊稱婦氏。如五年珊生簋"珊生有事，召來合事，余獻婦氏以壺……余黿于君氏大璋，報婦氏帛束、璜"（《銘圖》05340）。"君氏"即召族的宗君，婦氏是召族的宗婦。"婦氏"也是對宗婦的一種尊稱。

貳　女性自稱

一、女性自己作器的自稱名

青銅器銘文中見到的女性作器的自稱名方式，并不是"和她兒子一樣，稱她丈夫的氏名和自己的姓"那麼簡單，其實女子自稱名很複雜，基本方式有 3 種（即 1－3 種，第 4 種與第 3 種基本相同，只是把夫家族氏與父家族氏的順序前後調換而已），加上簡稱和其他衍生出來的稱謂共 22 種，現列述如下。

1. 夫家族氏+父家的姓。這是已婚女子站在夫家的立場自稱名方式。如晋姞盤（《銘圖》14461），銘文是"晋姞作鑄旅盤匜"。晋是姬姓，這位女子自己作器，自稱"晋姞"，説明她是嫁到晋的姞姓族氏女子。又如楚嬴盤（《銘圖》14493），銘文是"楚嬴鑄其寶盤"。楚爲芈姓，此是嬴姓女子嫁於楚者，自作器自稱楚嬴。還有芮姞簋（《銘續》04330），銘文是"芮姞作旅簋，⧖"。"芮"是姬姓諸侯國，同樣説明此女子是來自姞姓宗族。銘文最後還綴以族徽"⧖"。女性器主帶族徽標記的不多，一般是帶夫家的標記，但芮國不用族徽，此標記必爲芮姞父家的族徽。

2. 父家族氏+父家的姓（也就是女子的姓）。這是已婚女子作器，强調父家地位的稱名方式。如齊姜鼎（《銘圖》01615），銘文是"齊姜作寶尊鼎"。"齊"是姜姓，"齊姜"之名是齊國女子的自稱不成問題。這種自稱與其丈夫對她的稱呼是一樣的。還有魯姬鬲"魯姬作尊鬲"（《銘圖》02801），吴姬簋"吴姬旅簋"（《銘續》0170），祭姬爵"祭姬作彝"（《銘圖》08426）。魯、吴、祭都是姬姓。南宫姬鼎"南宫姬作寶尊鼎"（《銘圖》01698）。南宫族的始祖是南宫括，又稱南公，輔佐周文王、武王，革殷之命，安定了天下，周王封他於曾，南宫族是姬姓無可置疑（見曾侯與編鐘）。南姬盂"南姬作彝"（《銘圖》14685）。南氏也是南宫括的後裔，自然是姬姓。晋姬盨"晋姬作寶盨"（《銘續》0464）。晋爲姬姓，晋姬作盨用的就是父家族氏和自己的姓。觴姬簋"觴姬作稻嬭媵簋"（《銘圖》04901）。這件簋雖然屬長輩爲出嫁女子所作的媵器，但有婦女的自稱，故在這裏加以引用。觴讀爲唐。唐氏是唐叔虞的後裔，自然是姬姓。唐姬的夫家爲嬭姓，她爲嫁給稻氏的女兒作媵簋自稱名中没有夫家的氏名，而有父家的氏名。曾姬無卹壺（2件，《銘圖》12424、12425）"唯王廿又六年，聖桓之夫人曾姬無卹，吾兹漾陲、蒿間之無匹，用作宗彝尊壺，後嗣用之，職在王室"。這對壺是曾姬無卹的自作器，曾是姬姓，自稱"曾姬"，稱名的方式是父家族氏和父家的姓。吕姜簋"吕姜作簋"（《銘圖》04075）。會妘鼎"會妘作寶鼎，其萬年子子孫永寶用享"（《銘圖》02056）。文獻記載吕是姜姓、會是妘姓，正好符合。

上述魯姬、吴姬、祭姬、南宫姬、南姬、晋姬、唐姬、曾姬、吕姜、會妘都是以"父家族氏+父家的姓"自稱，與"夫家氏名+自己的姓"自稱正好相反。南宫姬鼎、南姬盂、祭姬爵、吕姜簋都是西周早期器，齊姜鼎是西周中期器，魯姬鬲、晋姬盨、唐姬簋、會妘鼎，還有下面提到的吕季姜壺、許季姜簋（《銘圖》04724）都是西周晚期器，叔姜簋是春秋晚期器，從西周早期一直貫穿到春秋晚期。可不要小看這些國家和族氏，特别是魯、齊、祭、南宫、南、晋、唐、吕、申、許都是周代"姬姓"和"姜姓"兩大婚姻集團的最爲重要的成員，是周王朝的重要支柱，如果"夫家氏名+自己的姓"是一個女性自稱的原則，爲什麼姬姜婚姻集團的成員首先就不遵守呢？可見其説不確。

3. 父家族氏+夫家族氏+父家的姓。這是已婚女子作器，以父家的立場并兼顧夫家的自稱名方式。如蘇衛改鼎"蘇衛改作旅鼎"（《銘圖》01870）。衛爲姬姓，蘇是改姓，她是蘇氏女子嫁到衛國者。南宫倗姬簋"南宫倗姬自作寶尊旅簋"（《銘圖》04603）。上面已經説過南宫族是姬姓。傳世的倗仲鼎（《銘圖》01901），時代爲西周中期，銘文是"倗仲作畢媿媵鼎，其萬年寶用"。可知倗是媿姓。

4. 夫家族氏+父家族氏+父家的姓。這是已婚女子作器，以夫家的立場并兼顧父家的自稱方式，正好與第3種方式相反。如郳華妊鬲，銘文是"郳華妊作羞鬲"（《銘圖》02763）。由郳慶鬲銘文的"郳慶作華妊羞鬲"（《銘圖》02782）可知，郳慶就是郳君慶，小郳國國君。"郳"

是華妊丈夫邾君慶的族氏，邾是曹姓，“華”是父家的族氏，妊姓。此華是與邾國相近的山東境内的妊姓華氏。

以上是已婚女子自稱名的基本方式，下面是在基本方式中增添女子的排行、名字、身份、職官，或者減少夫家、父家族氏等成分所形成的稱名變例。

5. 夫家族氏+排行+父家的姓。京叔姬簋“京叔姬作寶簋，其永用”（《銘圖》05800）。從京叔作孟嬴縢盤可知京氏宗族嬴姓。所以，京叔姬是姬姓女子嫁到京氏宗族者。

6. 父家族氏+排行+父家的姓。如吕季姜壺“吕季姜作醴壺”（《銘圖》12283）。吕氏是姜姓，人所共知。吕季姜作壺自稱中也是没有列舉夫家族氏，而是列舉了父家的族氏。許季姜簋“許季姜作尊簋”（《銘圖》04724）。許爲姜姓，男爵，季姜是某代許男的小女，自作器使用的是父家族氏。曾仲姬壺“曾仲姬之尊壺”（《銘圖》12190）。曾是姬姓，自稱名中也没有用夫家族氏。有人認爲這種以領有格爲語法結構的銘文雖然在大多數情況下可以認爲“之”前的名字就是器主，但是究竟它是器主自己作的，還是别人爲她（特别是在女子的情況下）作的祭器或用器，這從銘文本身是看不出來的。

筆者認爲銘文本身看不出來，但可以通過分析來認證。曾仲姬壺文中没有“縢”字，明顯不父母爲她作的縢器，可以排除。另一種可能是丈夫爲妻子作器，上面我們在丈夫爲妻子作器中已經討論過了。丈夫爲妻子作器，銘文中都會有丈夫自己的稱名，曾仲姬壺則没有，看來這也不是丈夫爲她所鑄造的壺。再一種可能是兒子爲母親所作的祭器或用器。這也説不通，一是没有兒子的自稱，二是没有把曾仲姬稱爲“皇母”或者“文母”，所以此種可能也就被否定了。除此之外。一個人爲另一個人作器，銘文中都會標示作器者的稱名或者身份，曾仲姬壺則没有，説明此壺就不是别人給她鑄造的。器主之前不出現作器者就説明器主就是作器者。

7. 父家族氏+女子名字+父家的姓。如齊巫姜簋“齊巫姜作尊簋”（《銘圖》04801）。“巫”是該婦女的名字。“齊”是女子父家的族氏，“姜”是父家的姓，“巫”是女子的名，名在姓前。周代女子同時稱私名和姓，名在姓前與姓後，均是可以的（詳見父母爲女兒鑄造縢器中對隨嫁縢女的稱名第3條）。

8. 夫家族氏+父家族氏+父家的姓+女子名字。如辛中姬皇母鼎“辛中姬皇母作尊鼎”（《銘圖》02173）。從中伯壺“中伯作辛姬變人縢壺”（《銘圖》12361）銘文可知“中”宗族是姬姓。“中”是該女子父家的族氏，“姬”是其姓，“皇母”是其字，“辛”則是夫家的氏名。

9. 排行+父家的姓+女子名或字。如孟芈玄簋“孟芈玄之行簋”（《銘續》0481），仲姞義母匜“仲姞義母作旅匜”（《銘圖》14948），季嬴霝德盤“季嬴霝德作寶盉”（《銘圖》14738）。孟、仲、季是女子的排行，芈、姞、嬴是女子的姓，玄、義母、靈德是其私名。

10. 父家的姓+女子名或字。如嬴霝德鼎，銘文説“嬴霝德作小鼎”（《銘圖》01622），姜休母鋪“姜休母作羞鋪”（《銘圖》06119），姬隽母鼎“姬隽母作鮨鼎”（《銘續》0153）。這些都是女子爲自己鑄器,既没有標明丈夫的氏名,也没有父家的族氏,只是用了自己的姓名嬴霝德、姜休母和姬兒母。

11. 排行+父家的姓。如伯姜簋"伯姜作寶簋"(《銘續》0348),孟姒鬲"孟姒作寶鬲"(《銘圖》02722),仲姬鬲"仲姬作鬲"(《銘圖》02691),叔姞盨"叔姞作旅盨"(《銘圖》05550),季姬匜"季姬作匜"(《銘圖》14853)等。另外有的還在前面加上顯赫的祖先稱號,如叔姜簋"申王之孫叔姜,自作飤簋"(《銘圖》05897)。申王之孫,表明父家的祖上是申國國君,炫耀自己顯赫的出身。

12. 僅用自己的名或字。如嬳盤"唯曾八月,吉日唯亥……嬳擇其吉金,自作浣盤"(《銘續》0948)。華母壺"華母自作薦壺"(《銘圖》12297),考母簠"考母作胡璉"(《銘圖》04243),帛母鬲"帛母作齍鬲"(《銘圖》02725)。嬳是女子的名,華母、考母、帛母均爲女子的字。

13. 夫家族氏+丈夫名+身份。如上都猲妻鼎"上都猲妻自作尊鼎"(《銘續》0176)。"上都"是其丈夫的族氏,"猲"是丈夫的私名,"妻"是自己的身份。

14. 職官+婦女名字。如保侃母簋蓋"保侃母賜貝于南宫,作寶簋"(《銘圖》04625)。保姼母簋"保姼母錫貝于庚姜,用作旅彝"(《銘圖》04658)。在古代"保"是后宫女官名。《禮記·内則》注:"保,保母也。"侃母、姼母是作器婦女的私名。

15. 僅用其姓。如姞簋"姞作寶尊彝"(《銘圖》04152),或者姓後面綴以"氏"字。如嬴氏鼎"嬴氏作寶鼎"(《銘圖》01434),姞氏簋"姞氏自作爲寶尊簋"(《銘圖》04873),媿氏盨"媿氏作旅盨"(《銘續》0464)。

或以爲上面提到齊姜、魯姬、吴姬、祭姬、曾仲姬以及伯姜、嬴霝德、姜休母、加芈、孟芈玄等可能都是未出嫁女子的自稱名。筆者認爲未出嫁女子在家無論是長輩對其稱呼,或者女子自稱,只須稱其名字即可,不必稱呼族氏和姓,稱呼族氏和姓者必然是出嫁的女子。更重要的是未出嫁的女子經濟地位和社會地位也不允許自己作器。自作器的女子必然都是已婚女子,且在家族中地位較高,不是宗婦,便是丈夫已經去世,操持家務的主婦。下面列舉三例,以作證據。

其一,南姬爵"南姬作公寶彝"。此南姬與南姬盉的南姬爲同一個人。"南"與周王同姓,南姬爲公父(丈夫的父親)作器,使用父家的族氏和姓自稱。其二,祭姬簋"祭姬作父庚尊簋"。"祭"爲周公之子的封國,祭姬爲父庚作祭器,説明她嫁給了一個非姬姓宗族,她和祭姬爵的祭姬是同一個人,而其公父使用日名。所以南姬、祭姬可以肯定是已嫁女子。其三,傳世的姬奂母豆(《銘圖》06159),銘文云"姬奂母作太公、庸公、埶公、魯仲、憲伯、孝公、静公豆,用祈眉壽,永命多福,永寶用"。姬奂母爲其祖先鑄造祭器,也僅用自己的姓和名來自稱。姬奂母豆中這些列祖列宗與1992年陝西扶風縣召公鎮巨浪海家村出土的師𤲹鐘中師𤲹的列祖列宗完全相同。説明師𤲹和姬奂母不是夫妻關係便是兄妹(或姐弟)關係,能够爲祖先鑄造祭器,可以肯定她具有一定的社會地位和經濟地位。她不是某宗族大宗宗婦,至少也是小宗宗婦則是無可置疑。

16. 夫家族氏+自己身份。如喬夫人鼎"喬夫人鑄其饋鼎"(《銘圖》02863)。

17. 夫家族氏+自己身份+名或字。如鄔夫人嬭鼎"鄔夫人嬭擇其吉金,作鑄沐鼎,以和御湯"(《銘圖》02425)。"嬭"是鄔夫人之名。又如坪夜君夫人戈"坪夜君夫人妖之造"(《銘續》1288)。"妖"是坪夜君夫人的私名。妖,義爲艷麗、嫵媚。《玉篇・女部》:"妖,媚也。"《文選・宋玉〈神女賦〉》:"近之既妖,遠之有望。"李善注:"近看既美,復宜遠望。"三國魏曹植《美女篇》詩:"美女妖且閑,采桑歧路間。"這件戈也是目前見到的第一件女性鑄造兵器的範例,極有可能坪夜君夫人也像婦好一樣是一位帶兵打仗的女將。

18. 夫家族氏+自己身份+父家族氏+自己的姓。如曾姬盤"鄔夫人曾姬之盤"(《銘圖》14375)。

19. 夫家族氏+自己身份+自己的姓+名字。如樊夫人龍嬴鼎"樊夫人龍嬴自行鼎"(《銘圖》01743)。樊夫人即樊君的夫人,"嬴"是其姓,"龍"是其私名。

20. 自己身份+夫家族氏+自己的姓。如宗婦鄁嬰簋"王子剌公之宗婦鄁嬰,爲宗彝肆彝,永寶用,以降大福,保辥鄁國"(《銘圖》05037)。這是女性爲宗廟所作的祭器。"宗婦"是這位婦女的身份,"鄁"是其丈夫(即王子剌公)的族氏,"嬰"是該婦女的姓。

21. 丈夫身份+自己身份+自己的姓+名字。如昆君婦媿霝壺"昆君婦媿霝作旅壺,其萬年子子孫孫永用"(《銘圖》12353)。"昆君"是其丈夫的身份,"婦"是自己的身份,"媿"是自己的姓,"霝"是自己的名。

22. 丈夫身份+自己身份。如宋君夫人鼎"宋君夫人自作饋鼎"(《銘圖》02222)。

二、女性爲丈夫作器中的自稱名

目前,青銅器銘文中見到女性爲丈夫作器的自稱,有如下4種方式。

1. 夫家族氏+父家族氏+父家的姓。如胡應姬鼎(《銘續》0221),這是胡應姬受到周昭王接見和賞賜之後,爲丈夫公叔所作的祭器。銘文是"唯昭王伐楚荆,胡應姬見于王,辭皇,賜貝十朋,玄布二乙,對揚王休,用作厥嫡君公叔乙尊鼎"。"胡"即胡國,從胡叔胡姬作伯媿縢簋可知胡國媿姓;"應"即應國,應國姬姓。應國女子嫁到胡國,作器時自稱"胡應姬",雙方的族氏都用上了。這例與上述婦女自作器自稱名的第4種方式相同,而與第3種方式相反。

2. 排行+自己的姓+名字。如孟姬脂簋"孟姬脂自作饋簋,其用追孝于其辟君武公、孟姬其子孫永寶"(《銘圖》05015)。這件簋是姬姓婦女爲丈夫鑄造的祭器。"辟君"是古代祭祀時妻子對丈夫死後的稱呼。《禮記・曲禮》:"夫曰皇辟。"鄭玄注:"更設稱號,尊神異於人也。"銘文中作器婦女的自稱没有用父家的族氏,僅以姊妹間排行、自己的姓和私名自稱。

3. 排行+自己的姓。如叔姬鼎"叔姬作陽伯旅鼎"(《銘圖》01878)。這位姬姓女子爲丈夫陽伯作器,自稱中没有父家的族氏,也没有夫家的族氏。又如2006年陝西韓城市昝村鎮梁帶村芮國墓地出土的仲姜簋"仲姜作爲桓公尊鼎"（《銘圖》04532）。這位仲姜就是《左傳·桓公三年》提到的芮伯萬的母親芮姜。她爲其亡夫芮國國君（謚號桓公）所作的祭器，在銘文中没有使用丈夫的國氏稱芮姜，而是使用自己的姓和姊妹間排行自稱"仲姜"。

4. 僅用自己的姓自稱。如妊鼎"妊作孟恒父尊鼎"（《銘續》0112）。這是一位妊姓女子爲丈夫孟恒父作器，自稱中僅用其姓。

三、女性爲女兒作媵器的自稱名

女姓單獨爲女兒鑄造媵器的自稱名方式，目前僅見一種，即父家族氏＋自己的姓。如唐姬簋蓋"唐姬作稻嬚媵簋"（《銘圖》04901）。我們知道唐氏的來源有兩個。一個源於唐堯，是爲祁姓，商代立國，地在今山西省的中心地域，爲周所滅。另一個是周成王滅唐之後分封其弟叔虞於唐，稱唐叔虞，是爲姬姓，後來改稱晋，其後裔有一支便以唐爲氏。唐姬簋蓋的唐應是晋國的唐氏，夫家是一個嬚姓宗族，女兒丈夫的族氏是"稻"，所以稱爲"稻嬚"。這個唐還見於1986年西安市長安區張家坡西周墓出土的唐仲簋（《銘圖》01452）和唐仲多壺（《銘圖》12179）。

四、女性爲父家人（祖父母、父母、兄弟、侄女等）作器的自稱名

婚後女性爲父家人作器的自稱目前僅見2種方式。

1. 夫家族氏＋父家的姓。如蔡姞簋"蔡姞作皇兄尹叔尊肆彝，尹叔用綏多福于皇考德尹、惠姬"（《銘圖》05216）。蔡爲姬姓，此爲姞姓女子嫁到蔡宗族者，爲兄長尹叔作器，求福於父母，其兄必爲同胞兄長，德尹、惠姬也就是蔡姞的生身父母。

2. 夫家族氏＋父家族氏＋父家的姓。如辛王姬簋"辛王姬作姬西母媵簋"（《銘圖》05017）。"辛"是其丈夫的族氏。"王"雖然不是氏名，但也是指其父家，即周王室，"姬"是其姓。説明辛王姬是周王室之女嫁到辛宗族者。又由伯逆車作辛姒媵簋（《銘續》0382）可知辛宗族是姒姓。這件簋的受器者是姬西母，也是一個姬姓女子，與辛王姬同姓，所以她不可能是辛王姬的女兒，應當是辛王姬父家兄弟的女兒，即辛王姬的侄女，也就是説作器者辛王姬是姬西母的姑母。辛王姬爲侄女鑄造媵器，自稱中既有夫家族氏，也有父家的族氏。

叁　結　語

兩周青銅器銘文中的女性稱名很複雜，通過以上梳理，可以歸納爲他稱和自稱兩大類。他稱又可分爲父母對女兒、父母對女兒的隨嫁媵女、兄弟對姊妹、丈夫對妻子、兒子對母親、孫子對祖母、侄兒對姑母、兒媳對婆母和一般人對他人妻子的稱名等。父母爲女兒鑄造媵器對女兒的稱名方式有10種，完整的方式是"婿家族氏＋排行＋自家的姓＋女兒名字"，最簡單的方式只是稱女兒的名字或者自家的姓。還有一種方式是"自家族氏＋婿家族氏＋自家的姓＋女

兒名字"。《銘圖》與《銘續》中父母所作媵器中對女兒的稱名其中列舉婿家族氏者 93 例,不列舉婿家族氏者 112 例。不列舉婿家族氏者占到總數的一半還多。

父母爲女兒鑄造媵器中對隨嫁媵女的稱名方式有 3 種,一是"媵女的族氏+媵女的姓(也可加媵女的排行和名字)",二是"媵女的排行+媵女的姓",三是"媵女名字+媵女的姓"。

兄弟爲姊妹鑄造媵器中對姊妹的稱名和父母爲女兒作媵器的稱謂方式基本一樣,只是其中增加了對姊妹的親屬稱謂,最簡單的僅稱"妹(或姊)"。

青銅器中丈夫作器對妻子的稱名基本方式有兩種。一種是"岳父家族氏+岳父家的姓",另一種是"自家的族氏+岳父家的姓",這兩種種方式中都可以增加妻子在姊妹間的排行。另外,還有一種最簡單的方式就是只稱其妻的姓。

兒子爲父母作器大多數都是爲過世的父母所作的祭器,也有爲在世的父母作器,銘文中對母親的稱名方式目前見到的有"母家族氏+母家的姓"、"母親的排行+母家的姓"、"諡號+母家的姓"、"諡號+母親的排行+母親的姓"、"諡號+母親身份(夫人)"以及僅稱母親的名或字。商周時期沒有過多的忌諱,兒子在銘文中可以直書長輩的名字。

青銅器銘文中見到侄兒爲姑母鑄造媵器,與父母爲女兒鑄造媵器的稱謂基本相同。

青銅器銘文中孫子爲祖父母作器目前見到的都是祭器。銘文中對祖母的稱名方式有兩種。一種是"祖母娘家的族氏+祖母的姓(有的也可以帶有其祖母的名字)",另一種是"祖母的排行+祖母的姓"。

兒媳爲婆母作器,青銅器銘文見到的不多,目前僅見 3 種,一是"婆母的父家族氏+父家的姓",二是"尊隆字+身份(姑)字",三是稱其日名。

女性自稱名可以分爲女性自己作器的自稱名,女性爲丈夫作器中的自稱名,女性爲女兒作媵器的自稱名以及女性爲父家人(祖父母、父母、兄弟、侄女等)作器的自稱名等。女性自作器的自稱名最爲複雜,基本方式有 3 種,加上簡稱和其他衍生出來的稱謂多達 22 種。基本方式一是"夫家族氏+父家的姓",二是"父家族氏+父家的姓",三是"父家族氏+夫家族氏+父家的姓",這是已婚女子作器,以父家的立場并兼顧夫家的自稱名方式。這種方式可以顛倒過來,夫家族氏在前,父家族氏在後,即"夫家族氏+父家族氏+父家的姓",這是已婚女子作器,以夫家的立場并兼顧父家的自稱方式。在這三種基本方式的任何一種方式中都可以增加女子自己的名字、身份、職官,或者減少夫家、父家族氏等成分。

目前,青銅器銘文中見到女性爲丈夫作器的自稱最繁複的方式是"夫家族氏+父家族氏+父家的姓",大多數則采用"排行+自己的姓+名字"、"排行+自己的姓"或者僅用自己的姓自稱。

女姓單獨爲女兒鑄造媵器的自稱名方式,目前僅見一種,即"父家族氏+自己的姓"。

婚後女性爲父家人作器的自稱名目前僅見 2 種方式,一種是"夫家族氏+父家的姓",另一種是"夫家族氏+父家族氏+父家的姓"。

　　總之,女性稱名的方式是多種多樣的。無論是女性自稱還是他稱,大多數并不帶有宗族氏名。女子自稱中有的帶有父家的氏名,有的帶有夫家的氏名,有的父家和夫家的氏名都有,要區別金文中一位女性的國別、族別,不能設定一個什麼原則,或者什麼模式,而是既要看這個名稱是自稱還是他稱,同時還要看所帶族氏與姓的關係,并結合文獻記載以及金文中的内在聯繫,甚至於還要注意器物出土地點及墓葬的國別、族別等等,綜合進行分析研究,才能得出正確的判斷。

新見義器、韋卣及黿器銘文反映的周承殷制現象

劉　源*

　　西周早期包括穆王之世，周王朝繼承殷王朝的内外服政體、寧風等重要祀典，并任用殷人史官，其文化制度形成周承殷制現象。[1]　學者通過考古學的觀察與分析，認爲直到恭懿之際，西周國家才在器用制度、禮制文化、日常生活秩序方面發生明顯的變化，考古學文化從多樣、面貌複雜轉變爲以周文化爲主導。[2]　西周早期，周王朝繼承殷制的做法，也具體落實在青銅禮器的製作方面。李學勤先生指出，西周早期青銅器的形制、紋飾等均爲商末的直接延續，是正確的論斷。[3]　西周早期金文也保留諸多殷文化特徵，朱鳳瀚先生曾從章法布局、字形、筆畫等方面加以論述；[4]白川静先生揭示，殷代金文所載賜與之物一概用貝，父祖之廟號皆稱干名，記年言祀，以大事紀年形式代替紀年等，不限於殷末如此，進入西周時期之後還屢見不鮮。[5]　我們從社會組織、國家形態、文化特性三個層面，較系統地梳理、概括了殷金文的特點，也指出族徽、日名、賜貝、小臣、作册、作尊彝、大事紀時等現象，仍保留在西周早期金文中。[6]　最近，學界披露了幾件内容重要的西周早期青銅器銘文材料，也很能説明周承殷制問題，現略做討論，請同行專家批評指正。

一、義　　器

　　新見的義器，包括義尊和義卣(學界通稱義方彝，詳見下文)，已經得到學界的高度重視，韓炳華、張昌平先生率先在《江漢考古》上發表了文章，[7]張懋鎔先生在 2019 年 12 月 7 日"李學勤先生學術成就與學術思想國際研討會"上，又宣讀了《新出義方彝、義尊的年代學意

　　* 中國社會科學院大學教授、中國社會科學院古代史研究所研究員。

[1]　劉源：《周承殷制的新證據及其啟示》，《歷史研究》2016 年第 2 期。
[2]　曹斌：《恭懿之際西周國家的轉型》，《中國人民大學學報》2017 年第 3 期。此文采用西周兩分法，即武、成、康、昭、穆、恭爲西周前期，懿、孝、夷、厲、宣、幽爲西周後期。
[3]　李學勤：《青銅器入門》，商務印書館，2013 年，第 39 頁。
[4]　朱鳳瀚：《中國青銅器綜論》，上海古籍出版社，2009 年，第 627 頁。
[5]　白川静著，温天河、蔡哲茂譯：《金文的世界》，臺北聯經出版事業公司，1989 年，第 31 頁。
[6]　劉源：《論殷金文的特徵體系》，《故宮博物院院刊》2020 年第 11 期。
[7]　韓炳華：《新見義尊與義方彝》，《江漢考古》2019 年第 4 期；張昌平：《談新見義尊、義方彝的年代及裝飾風格》，《江漢考古》2019 年第 4 期。

義——重温李學勤先生關於西周銅器斷代的論述》一文,對義器的時代和形制問題做了很好的研究,基本同意義器時代屬於西周早期前段,指出其器形特徵(弧壁)反映出早於昭王時代令器的面貌,即器壁没有像令器那樣凸出。我們認爲,義器銘文有助於進一步説明周承殷制問題,現在上述研究基礎上再做論述。

首先,要討論的是,學界通稱的義方彝,其造型很有特色,即有一提梁,前所未見,朱鳳瀚先生説方彝流行於殷代中期至西周早期,將其分爲直腹與曲腹二型,也未提到有提梁者。[1] 過去學者對於提梁壺是否稱卣,有過討論,意見不太一致,大多數學者認爲凡有提梁的酒器一概可稱卣。朱鳳瀚先生指出卣的共性是:斂口,碩腹,頸部兩側有提梁,上有蓋,蓋上有鈕,下有圈足,[2] 所謂義方彝的形制大致符合上述特徵。按此意見,我們將義方彝,改稱爲義卣。西周早期,青銅酒器的鑄造繼承殷制,常見尊、卣組合,如近出疑尊、疑卣即是如此,可以參考。[3] 其次,我們同意張昌平等先生的意見,認爲義器銘文中的“武王”是謚號,西周早期文武成康諸王謚號,都沿用殷代帝乙帝辛時期對武丁、康丁、文丁(文武丁)、武乙等先王日名的美稱,肯定是用作死去周王的稱號,絶無可能是生稱。義尊内底銘義,“斌”字不從止,應是書寫時遺漏所致。第三,如韓炳華先生所言,器主義屬於殷遺“丙”族,故可推測銘文書寫者爲殷人史官,銅器鑄造也應爲殷人之工匠。義卣蓋内銘文,其末尾没有“丙”這一族徽,應是書寫空間有限所致,末行“尊彝”二字已寫得較小,故没有地方再寫族徽。

義尊與義卣,均爲酒器,主體紋飾是獸面紋,義尊頸部飾有成組的鳥紋,義卣頸部與足部,分别飾有成組的龍紋與顧首鳥紋,其造型及紋飾有鮮明的殷式風格。在形制、紋飾承襲殷式這一點上,西周早期絶大多數銅器其實也概莫能外,無論器主屬於殷遺貴族,抑或屬於姬姓周人貴族集團。然義卣器腹,確不像令方彝那樣鼓凸,反映了成王時的特點。義器銘文與令器銘文相比,筆畫波磔更加明顯,文字横排不對齊,也是西周早期前段的典型布局章法。義尊與義卣器銘的文字布局與書寫風格較爲一致,銘末均有族徽,斌字所從之戈,其“内”都朝向左邊的“王”,二銘的細微區别僅在於,尊銘的斌字不從止,卣器銘的父乙分書;義卣蓋銘的章法則獨具一格,亥、斌、卅朋合文等字形,與器銘和尊銘明顯不同。

義器的作器者爲殷遺貴族,其銘文內容,具有顯著的殷式風格:其一,賞賜爲賜貝,是典

---

[1] 朱鳳瀚:《中國青銅器綜論》,第 197 頁。

[2] 朱鳳瀚:《中國青銅器綜論》,第 201 頁。

[3] 董珊:《疑尊、疑卣考釋》,《中國國家博物館館刊》2012 年第 9 期。

型的殷王朝行政機制,我們已指出在西周中期(具體在穆王晚期或共王之世)建立冊命制度之前,周王朝行政體制仍沿用殷之賜貝制度,作爲天子或上級貴族建立與維護對下級貴族控制的重要手段。[1] 義器言"武王賜義貝卅朋"正是西周王朝創建之初,繼承殷王朝政治制度的體現。卅朋,數量不菲,可見武王對義之重視。義器出土於山西霍山西南麓,西距汾河6公里,其族氏銘文屬於著名的丙族,[2]説明武王爲控制山西南部汾河谷地,采取了懷柔殷遺貴族的政治方針。其二,銘末云"用作父乙寶尊彝",父乙爲典型殷人日名,毋庸贅述,作尊彝是殷式銅器銘文慣用習語,即不稱器物專名,統稱彝或尊彝。寶尊彝之稱,已見於殷金文,但西周早期更爲流行,義器即爲佐證。此外,器銘開頭直接説"唯十有三月丁亥",時間中没有出現月相這一周人文化因素,也反映了器主殷遺貴族的身份。

當然,殷遺貴族在作器鑄銘時,也有吸收姬姓周人文化因素的情況,如紀時采用月相之例,典型者如子方鼎(又稱榮仲方鼎,銘圖2412)。這個方鼎可能出土於滕州前掌大墓地,[3]其主人爲"史"氏的族長"子",[4]對祖先的稱呼使用日名"父乙",綜合族徽、日名、族長自稱子等因素來看,其文化面貌具有顯著的殷制風格,但其銘文紀時又稱"在十月又二月生霸吉庚寅",出現了"生霸吉"(即初吉)這一姬姓周人的文化因素。據其銘記載,子作爲史氏宗子,與姬姓大族榮仲、芮伯及媿姓聜侯往來密切,他接受周制亦屬合理。可見在西周早期,殷遺貴族群體内部,諸氏(分族)的政治角色有異,對姬姓周人文化的接受程度也是不同的。

二、韋　卣

接下來,再談談新見韋卣。此卣器主之名,其字從韋從攴,爲行文方便,暫寫作韋。此器曹錦炎先生在"李學勤先生學術成就與學術思想國際研討會"上率先公布,材料重要。曹先生業已指出,韋卣與晋侯墓地M114出土韋甗,銘文内容一致。李學勤先生曾考證韋甗爲昭王時器,[5]可從。韋卣銘文内容簡單,逐寫於下:

唯十有一月,王命南宮伐犾方之年。唯正月既死霸庚申,王在宗周,王朝令韋使于繁,賜貝五朋。韋敢揚對王休,用作寶尊彝。子子孫孫其永寶用。

[1] 劉源:《論殷金文的特徵體系》,《故宮博物院院刊》2020年第11期。

[2] 山西晋中地區靈石旌介商墓出土銅器,族氏銘文多爲"丙",發掘者認爲屬於丙國,我們認爲稱丙族即可。海金樂、韓炳華編著:《靈石旌介商墓》,科學出版社,2006年,第202頁。

[3] 李學勤:《論榮仲方鼎有關的幾個問題》,《黄河文明與可持續發展》2008年第1期。

[4] 何景成:《關於〈榮仲方鼎〉的一點看法》,《中國歷史文物》2006年第6期;陳絜:《淺談榮仲方鼎的定名及其相關問題》,《中國歷史文物》2008年第2期。

[5] 李學勤:《再談青銅器與山西古代史的關係》,《山西大學學報(哲學社會科學版)》2013年第4期。

銘文中的犾方,從吳鎮烽、朱鳳瀚先生的考釋意見。[1] 中方鼎銘文開頭所云的"唯王命南宫伐反虎方之年",所謂虎字摹作（集成 2751）、（集成 2752）二形,現已没有原器可兹查驗,此字是否也即犾字,值得進一步探討。

　　韋卣銘文字體波磔不太明顯,横排文字對得較爲整齊,已與西周早期前段有顯著區别。但王之賞賜,仍言賜貝,顯然仍使用殷式行政制度。五朋之數量,曹先生云規模較低,反映韋之地位不高,可從。銘末云用作寶尊彝,也明顯是受殷文化影響所致。實際上我們在金文整理與研究過程中,完全可將"寶尊彝"視作西周早期金文的主要特點之一。值得重視的是,此器銘文出現了周文化之因素:其一,在干支前出現月相"既死霸",而殷人絶無使用月相之例;其二,出現嘏詞"子子孫孫其永寶用",這也是不見於典型殷金文的内容,反映了西周中期前後,文化制度轉變過渡的風格。

三、毳　　器

　　最後,談談毳尊、毳卣銘文所見的周承殷制現象。毳尊、毳卣是曹錦炎先生在《古文字研究》上率先向學界介紹,[2]其學術價值很高。毳器也是尊卣組合,同於上述疑尊、疑卣,義尊、義卣,其時代曹先生斷定爲成王五年,是結合何尊銘文得出的意見,結論可信。毳尊、毳卣器銘章法布局、字形字體、書寫風格完全一致,均爲 5 行,器主寫作毳;毳卣蓋銘則改爲 4 行,字體更爲古樸,筆畫更多肥筆,波磔明顯,如王字最下面的一横更象斧鉞之形,尊彝二字筆畫較粗;毳卣蓋銘字形亦有特色,如隹(唯)字鳥羽下垂、足外翻,又如宗、寶所從的宀部上面兩斜筆不出頭,再如器主毳徑寫作毛,均與尊銘與卣之器銘不同,但據易(賜)字寫法來看,應係同一史官所書。毳尊、卣銘文内容相同,也無難字,抄寫如下:

　　　　唯四月王初延祼于成周,丙戌,王各于京宗,王賜宗小子貝,毳眔麗(邐)賜。毳
　　　對揚王休,用作薛公寶尊彝,唯王五祀。

曹先生已對銘文内容,做了很好的解釋。這裏需要補充説明的是,銘文中的麗,并非人名,而是用作動詞。殷周金文中麗字常見,或從辵旁作邐,見於以下材料:

[1] 吳鎮烽:《敔壺銘文補釋》,復旦大學出土文獻與古文字中心網站(http://www.gwz.fudan.edu.cn/Web/Show/4501),2019 年 12 月 11 日;朱鳳瀚:《新見金文兩篇讀後》,北京大學出土文獻研究所編:《青銅器與金文》第四輯,上海古籍出版社,2020 年。
[2] 曹錦炎:《毳尊卣銘文考釋》,《古文字研究》第 33 輯,中華書局,2020 年。

乙亥,王諫在橐次,王饗酒,尹光邐,唯各,賞貝,用作父丁彝。唯王征井方。丙 (尹方鼎,集成 2709,殷帝辛時代)

辛巳,王飲多亞,聽(廳)亯,京邐,賜貝二朋,用作大子丁。(京簋,集成 3975,殷帝辛時代)

唯王既燎,厥伐東夷,在十有一月,公反自周。己卯,公在虜*,保員邐,儵公賜保員金車,曰用事。隊(施)于寶簋,簋用饗公逆洀(造)吏(使)。(保員簋,銘圖 5202,西周早期)

丁巳,王大袚。戊午,荆子蔑曆,敞(賞)白牡一。已未,王賞多邦伯,荆子麗(邐),賞夨(秬*)鬯卣,貝二朋,用作文母乙尊彝。(荆子鼎,銘圖 2385,西周早期)

以上材料中,邐、麗用法相同,均爲動詞。何琳儀先生認爲京簋(何先生定名爲聽簋)、尹方鼎(何先生認爲光爲器主)銘文中的邐,均讀爲列,指列於其位;[1]何先生後又指出麗字本從鹿從雙角,會美麗之意,引申有對偶、旅(侶)行等義;[2]李晶女士曾總結、辨析前人諸説,結合文獻,提出麗、邐有佐匹、襄助之義,[3]可以參考。今按:麗、邐二字相通,表示的詞義相同,二字如直接訓爲就列、佐匹,與西周金文常見的即位、佐匹(或讀爲仇匹)易混淆。麗、邐基本出現於殷代、西周早期金文中,其所述之事的歷史背景,既有商王舉行酒宴,又有周王賞賜內外服貴族,故將麗、邐理解爲以下事上、襄助是有道理的。考慮到邐字本身就從辵,尹光邐時強調有“各”的行爲,且故訓麗有侶行義,我們認爲麗、邐應指貴族前往陪同商王、周王或公之舉動。毳器銘文中的麗,既爲動詞,則其前的罙字,則可能亦爲動詞,與麗構成連動用法;或用爲連詞,連帶出麗這一行爲,這些用法在西周金文中也有先例,如五祀衛鼎銘文中“邦君厲罙付裘衛田”(集成 2832),小臣謎簋銘文中“小臣謎蔑曆罙賜貝”(集成 4238)等皆是。“邦君厲罙付裘衛田”中的罙,發掘者讀爲逮(遝),[4]唐蘭先生訓爲到場,[5]學者多從之。[6]“小臣謎蔑曆罙賜貝”中的罙,唐蘭先生讀爲暨,訓爲同、并。[7] 要之,毳器銘文中“毳罙麗賜”,應理解爲在周王賞賜宗小子的場合,毳前往陪同,也受到賞賜,其情形大致同於荆子鼎

[1] 何琳儀:《聽簋小箋》,《古文字研究》第 25 輯,中華書局,2004 年。

[2] 何琳儀:《説麗》,《殷都學刊》2006 年第 1 期。

[3] 李晶:《“尹光方鼎”與“聽簋”的補釋與定名問題》,《中原文物》2017 年第 1 期。

[4] 龐懷清、鎮烽、忠如、志儒:《陝西省岐山縣董家村西周銅器窖穴發掘簡報》,《文物》1976 年第 5 期。

[5] 唐蘭:《陝西省岐山縣董家村新出西周重要銅器銘辭的譯文和注釋》,《文物》1976 年第 5 期。

[6] 馮時:《裘衛鼎盉銘文與西周土田移轉》,北京大學出土文獻研究所編:《青銅器與金文》第三輯,上海古籍出版社,2019 年;張世超、孫凌安、金國泰、馬如森:《金文形義通釋》,京都中文出版社,1996 年,第 810 頁。

[7] 唐蘭:《昭王時代青銅器銘五十三篇的考釋》,《古文字研究》第 2 輯,中華書局,1981 年,第 33、37 頁;唐蘭:《西周青銅器銘文分代史徵》,中華書局,1986 年,第 239 頁。

銘文所載之事,即在周王賞多邦伯的場合,荆子前往陪同,也受到賞賜。

　　毳器銘文合乎殷代制度與文化者有三。一是王賜宗小子貝,反映周初在政治制度上仍舊沿用殷王朝賜貝的機制。二是毳冞邁賜,與尹方鼎、京簋等殷金文所見邁賞、邁賜等記述方式也完全一致,上文已有論述。三是用作薛公寶尊彝,使用尊彝這一禮器之通稱,仍保留了殷文化的特點。此外,唯王五祀的筆法,如白川靜先生所言,也是繼承殷制,不過入周之後,殷王室的周祭制度被廢止,周初紀年曰祀,遂無周祭紀日的記録了。

　　以上,我們主要從周承殷制的視角,利用新見的義器、韋卣、毳器銘文幾則重要材料,探討殷周之際文化傳承及演進問題。事實上,絶大多數西周早期銘文,均有殷代制度之烙印。無論是殷遺貴族,還是姬姓集團爲核心的周人貴族,所作銅器銘文,都反映出周初主流文化帶有强烈的殷制特徵,如賜貝之政治機制,仍在當時王朝運轉中發揮着主導作用;如貴族祭祀祖先之儀式,仍重視禮器的組合使用,故食器、酒器、水器統稱爲寶尊彝,而不提其專名等等。反過來,我們亦可以把賜貝、尊彝等殷文化因素,作爲斷代的標準與參照,來判定有銘西周青銅器的時代是否屬於西周早期,這對於相關材料整理的實踐工作,應有一些幫助。

2020 年 1 月 8 日初稿

2020 年 10 月 9 日二稿

2021 年 1 月 7 日三稿

2021 年 1 月 15 日修訂

　　附記:2020 年 1 月 10 日,我與學生組織小型討論會,曾講過此文。此後略有修改,於 11 月 1 日在中國古文字研究會第 23 屆年會上宣讀,會後增補了曹錦炎先生公布的毳器資料。最後修訂,吸收了審稿專家提出的寶貴意見,謹致謝忱!

　　附録:金文著録書簡稱表

　　1. 中國社會科學院考古研究所編:《殷周金文集成》,中華書局,1984 - 1994 年。(簡稱"集成")

　　2. 吳鎮烽編著:《商周青銅器銘文暨圖像集成》,上海古籍出版社,2012 年。(簡稱"銘圖")

西周時期西土邊域的軍政態勢

張　海[*]

周人自稱“西土之人”,[1] 此“西土”主要指今關中西部及陝甘寧交界一帶。又據史籍記載及考古發現,其地西北之涇、渭兩水上游的甘隴地區爲西周王朝之西土邊域。“侯”是商周王朝建在邊域的軍事職官,[2] 西周時王朝向邊域地區有重要軍事價值之邦的邦君授予“侯”職,是爲“建侯”。[3] 周人在其王國的北、東、南三個方向的邊域皆建有“侯”以成守及開拓疆土。對周人興起之地關中地區的安全有重大軍事意義的西土邊域在西周早中期時則無建侯的迹象。這一方面與未曾發現相關資料有關,另一方面則又與當時周人在西土的軍政布置密切相關。

一、已知西土各族邦的軍政作用

今關中西部爲周人興起之地,早在周文王之時,周人便據此擴張并占有了今甘肅東部的隴東部分地區和整個關中地區。進入西周時期後,此地作爲王朝的西土及西北邊域,亦有相應的族邦分布。

（一）矢邦與汧水河谷

汧水發源於甘肅省華亭市境內,由西北向東南流,在陝西省寶雞市境內匯入渭水。汧水河谷是一條由甘隴地區進入關中地區的重要通道,這在商周時期早已爲時人所熟知。今陝西省境內沿汧水有隴縣和千陽兩縣,矢邦就在此兩縣之間或陳倉區西北部一帶的某地。[4]

陳倉區鬥雞臺遺址溝東區墓地曾出土銘有“矢”字的銅器。1963 年,陳倉區賈村曾出土“矢王”之器。1974 年,隴縣曾發現矢仲墓地,出土一批銅器。現存的矢邦之器數量不少,所

---

　* 河北大學歷史學院講師。

[1]《尚書·牧誓》:“逖矣,我西土之人!”《尚書正義》卷十一《牧誓》,阮元校刻《十三經注疏(清嘉慶刊本)》,中華書局,2009 年,第 388 頁。

[2] 關於侯的性質及職能,請參看裘錫圭:《甲骨卜辭中所見的“田”、“牧”、“衛”等職官的研究——兼論“侯”、“甸”、“男”、“衛”等幾種諸侯的起源》,《文史》第十九輯,中華書局,1983 年,第 1–13 頁及朱鳳瀚:《殷墟卜辭中“侯”的身份補證——兼論“侯”、“伯”之異同》,《古文字與古代史》第四輯,中研院歷史語言研究所,2015 年,第 12 頁。

[3] 張海:《西周建侯制度與王朝邊域政治地理研究》,北京大學歷史學系博士論文,2017 年。

[4] 盧連成、尹盛平:《古矢國遺址、墓地調查記》,《文物》1982 年第 2 期。

屬時代爲西周早期到西周晚期。[1] 下面以其中較重要者對矢邦的相關問題進行討論。

矢伯鬲(《銘圖》02700),現藏寶雞青銅器博物院,西周早期器,1981 年出土於陝西寶雞市金臺區紙坊頭 1 號西周墓,[2]同出一件,銘文爲:

矢白(伯)乍(作)旟(旅)鼎。[3]

又有矢伯甗(《銘圖》03251),亦是西周早期器,則早期的矢氏宗子尚與其他周人貴族家族一樣,稱"伯"。

矢仲戈(《銘圖》16391),現藏寶雞青銅器博物院,西周早期器,1974 年出土於陝西隴縣曹家灣鎮南坡 6 號西周墓,[4]戈内部銘有"矢中(仲)"二字,知是矢氏小宗矢仲氏的兵器。

矢叔簋(《銘圖》04231),現藏岐山縣博物館,西周中期偏晚器,1984 年出土於陝西岐山縣丁童村,[5]銘文爲:

矢弔(叔)乍(作)旅殷(簋)。

是矢氏又分出小宗矢叔氏一支。

矢氏在銘文中又稱"矢王"。其器有: 矢王鼎蓋(《銘圖》01550),現藏上海博物館,應是西周早期偏晚器,銘文爲:

矢王乍(作)寶尊彝。

矢王觶(《銘圖》10587),現藏上海博物館,應爲西周早期偏晚或中期偏早器,銘文爲:

矢王乍(作)寶彝。

矢王簋蓋(《銘圖》04823),1974 年 5 月出土於今陝西寶雞市陳倉區賈村鎮上官村,[6]

---

[1] 盧連成:《西周矢國史迹考略及相關問題》,《人文雜志叢刊》第二輯《西周史研究》,1984 年,第 232 - 248 頁。

[2] 胡智生、劉寶愛、李永澤:《寶雞紙坊頭西周墓》,《文物》1988 年第 3 期。

[3] 西周銘文中多作"旟(旅)寶"、"旟(旅)簋"、"旟(旅)壺"等。此處作"旟",車部广,從車,旅(旅)省聲。

[4] 見盧連成、尹盛平《古矢國遺址、墓地調查記》一文。

[5] 龐文龍、崔玫英:《陝西岐山近年出土的青銅器》,《考古與文物》1990 年第 1 期。

[6] 盧連成、尹盛平:《古矢國遺址、墓地調查記》。

現藏寶雞青銅器博物院,西周中期偏晚器,銘文爲:

矢王乍(作)奠(鄭)姜尊殷(簋),子子孫孫其邁(萬)年永寶用。

矢氏貴族從西周早期偏晚就已開始稱"王"。[1] 矢邦所在之地與岐山地區相鄰,其邦君於周初稱"伯",而於稍後便稱"王"。在西周王朝中,只有周天子才能稱"王"。但在宗周所屬的範圍内,居然有邦君在王朝進入穩定期而稱"王",史籍和古文字材料皆没有周人對其進行干涉或懲罰的記載。周王對矢王的存在是默許的態度,且據散氏盤(《銘圖》14542)銘文的内容,矢邦是以周人的規則向散氏交付土地,參與的官員也可説明其官制亦屬周王朝系統,則其邦君稱"王",地位高於其他邦君或貴族,但仍要受到周王朝的節制。[2] 矢邦及其統治家族在西周王朝具有特殊的地位,這可能與其在當初周人興起的過程中起到的作用有關,可算作曾與周人友盟的舊族。

據目前所掌握的考古材料來看,矢邦控制着寶雞盆地内的汧水河谷。汧水河谷是連接甘隴和關中地區的重要通道,從這個意義上,矢邦是爲西周王朝把守西北方向的一個門户,其邦的存在對周人具有相當的地緣價值。

(二)西周時期寶雞市區周圍的邦、族情況

1974－1981年間,寶雞市博物館的考古人員先後在屬於寶雞市區的茹家莊、竹園溝、紙坊頭等地發現和發掘一批西周早期的墓葬和遺址。因墓葬出土的青銅器銘文中有"強伯",故知此三處的墓葬是西周早期一個以"強"爲氏的貴族家族的族墓地。根據出土器物的特性及銅器的形制,可知紙坊頭墓地最早、竹園溝墓地次之、茹家莊墓地最晚。[3]

由三個強氏墓地的總體年代來看,強氏作爲貴族家族,從商末周初到西周中期偏早,維繫了近百年,亦可能是在周人翦商過程中起到過助力作用的友盟舊族。紙坊頭墓地位於渭

[1] 關於青銅器銘文中稱"王"的現象,前輩學者多有議論。王國維先生最先提出"古諸侯稱王説",即各邦邦君在其邦内稱王,見《古諸侯稱王説》,《觀堂集林(附别集)》,中華書局,1959年,第1152－1153頁。張政烺先生不同意"古諸侯稱王説",認爲當時稱王非同兒戲,稱王者大多是異姓之邦,且處在較爲偏遠之地,與周的關係是時服時叛,其邦并非周人所建,同姓稱王者只有"吴王",見《矢王簋蓋跋——評王國維〈古諸侯稱王説〉》,《古文字研究》第十三輯,中華書局,1986年。劉雨先生則認爲西周時期銘文中的王稱多是周王的别稱,如豐王、畢王、幽王分别是西周早期某王、懿王、孝王的别稱,見《金文中的王稱》,《故宫博物院院刊》2006年第4期。

[2] 李峰先生認爲矢極可能處在西周國家的體制之外,是一個坐落於周西北邊疆的獨立小國,見《西周的滅亡——中國早期國家的地理和政治危機》,上海古籍出版社,2007年,第214頁。

[3] 盧連成、胡智生:《寶雞強國墓地》,文物出版社,1988年,第413頁。下文所涉及此墓地的信息皆據此文。朱鳳瀚先生通過對三個墓地所出青銅器的分析,認爲紙坊頭墓地中的M2、M3時代屬商末周初,竹園溝墓地中的墓葬年代分屬成、康、昭時期,茹家莊則已到穆王時期,參見《中國青銅器綜論》,上海古籍出版社,2009年,第1520－1529頁。

水北岸的今金臺區境內,竹園溝墓地和茹家莊墓地則位於今渭水南岸的渭濱區,這説明強氏貴族的領地跨渭水兩岸。竹園溝和茹家莊兩地相距不足2公里,而對岸的紙坊頭亦不遠,僅相隔5公里,故強伯的封地并不大,可能只是一個身份較高的宗周附近畿内的采邑性貴族,但没有"邦君"的身份。

強氏墓地附近的石鼓山墓葬出土器物較爲豐富。此墓地大致爲南北向,三座墓葬皆出土有青銅器。除銅器外,M1和M3還出土有玉器、蚌器,惟M3出土有一件陶器。[1] 墓主的族屬尚不能判定。[2]

周初周人貴族墓葬中普遍有商式青銅器,石鼓山墓葬也是其中一例。此墓的墓主在生前可能没有自鑄器,而是一直使用從伐商戰争中分到的器物,這些分器也隨主人的死而入土,惟器物的組合與數量只是在一定程度上表明了墓主的身份和等級,并不能説明其族屬。所以,對於石鼓山墓地,我們不要急於判斷其墓主的出身族屬,而是要暫且存疑,留待日後有新的發現再來做更爲接近事實的認定。[3]

石鼓山墓葬的墓主也應是宗周畿内高等級功臣貴族,其領地範圍應不會太大,可能僅有一個邑,其地也靠後,向北不遠便是岐山周原,亦屬西土的腹地,爲不必建"侯"的區域。

又文獻中的所謂"西虢"亦在今寶雞地區。顧棟高在《春秋列國爵姓及存滅表》中分列東虢、西虢,以東虢爲虢仲所封,地在今河南省滎陽市汜水鎮,東周初被鄭滅,淪爲其制邑;又以

---

[1] 有關石鼓山墓地的考古資料均參考石鼓山考古隊:《陝西省寶雞市石鼓山西周墓》(《考古與文物》2013年第1期)及《陝西寶雞石鼓山西周墓葬發掘簡報》(《文物》2013年第2期)。有人據此高領袋足鬲認爲墓主出身於姜戎族的户氏,見王顥、劉棟、辛怡華:《石鼓山西周墓葬的初步研究》,《文物》2013年第2期;辛怡華、王顥、劉棟:《石鼓山西周墓葬出土銅器初探》,《文物》2013年第4期。其後,考古人員又對M4進行發掘,其主人是女性,應是M3主人的夫人,其陪葬情況與M3相類似,見陝西省考古研究院、寶雞市考古研究所、寶雞市渭濱區博物館:《陝西寶雞石鼓山商周墓地M4發掘簡報》,《文物》2016年第1期。

[2] 關於其族屬參見王顥、劉棟、辛怡華《石鼓山西周墓葬的初步研究》及辛怡華、王顥、劉棟《石鼓山西周墓葬出土銅器初探》兩文;李學勤:《石鼓山三號墓器銘選釋》,《文物》2013年第4期;劉莉、劉明科:《也談石鼓山西周M3墓主及相關問題》,《寶雞社會科學》2013年第2期。

[3] 關於石鼓山墓主的問題尚有多種觀點。有學人認爲墓主是周人大貴族虢仲,見彭曦:《蠡測寶雞石鼓山西周早期M3主人》,《寶雞社會科學》2013年第3期。有學者認爲石鼓山墓地的主人與周人不同族,是當地的土著,但没具體指出是何族屬,見張懋鎔:《寶雞石鼓山墓地文化因素分析》,《寶雞社會科學》2014年第3期。有學人認爲石鼓山墓地屬殷遺民貴族,任雪麗:《百年牽手·同氣連枝——新出寶雞石鼓山銅器與戴家灣銅器的對比研究》,收入陝西省考古研究院、寶雞市文物旅游局、上海博物館編:《周野鹿鳴——寶雞石鼓山西周貴族墓出土青銅器》,上海書畫出版社,2014年,第30-40頁。有學者認爲石鼓山墓地屬於劉家文化的後裔户氏,見張天恩:《石鼓山户氏青銅器相關問題簡論》,《文物》2015年第1期。有學者認爲戴家灣墓地爲矢的一軍事將領的族墓地,石鼓山墓地爲姜太公的家族墓地,見尹盛平、尹夏清:《關於寶雞市戴家灣、石鼓山商周墓地的國别與家族問題》,《考古與文物》2016年第2期。

西虢爲虢叔所封,原在清代的陝西鳳翔府寶雞縣東五十里(今寶雞市陳倉區境内),隨周室東遷於上陽,即清代的河南陝州東南(今河南省三門峽市陝州區境内),春秋早期偏晚被晋滅。[1] 虢氏似於商末之時便已立族,西周時期其家族居於宗周畿内,今寶雞陳倉區境内的虢地應是指西虢,其領導者爲虢叔氏(或虢仲氏)。[2]

西虢所在之地比強伯墓地和石鼓山墓地還要靠東,屬西土腹地,亦無建"侯"之必要。其地應只是虢氏一支的采邑,以目前的材料來看,其各支的宗子經常參與中央政權,在王朝任職,未見被建爲"侯"的情况出現。

今屬寶雞市區的渭水沿岸一帶,在西周時期曾分布有強、虢等異姓或同姓高級貴族的封邑。此處的大小貴族雖起着爲西周王朝控制渭水中游一帶的作用,但其地因是西土腹地,多分布有高等級貴族的采邑。且遠在更西幾百里之外的秦所在的渭水上游的甘隴地區才算邊域地帶,故寶雞盆地内在政治上與軍事上皆無建"侯"的必要。[3]

(三) 西周時期涇水上游的族邦

涇水發源於今寧夏六盤山東麓,有南、北兩源,分别在今涇源縣、固原市大灣鎮境内。其由西北向東南流經甘肅平涼和慶陽兩地,過陝西長武、彬縣、淳化、涇陽等地,於西安市高陵區境内注入渭水。涇水上中游貫穿寧甘高原地區,其幹流與支流的谷地也是進入關中平原的重要通道,史籍記載有周人在涇水流域活動的事迹,考古發現亦有周人沿其河谷經略的證據。

今甘肅省靈臺縣有密邦,商末周初時稱"密須",原爲姞姓,後被文王所滅,邦君轉爲姬姓。[4]

《漢書·地理志下》云安定郡陰密縣即是"《詩》密人國"。[5] 此後文獻皆以陰密爲古密城之地望,如《括地志》涇州鶉觚縣條下"陰密故城在涇州鶉觚縣西,其東接縣城,即古密國也";[6]《元和郡縣圖志》卷三涇州靈臺縣條下"今縣理西陰密故城,東接縣城,即古密國之地是也",東漢以後安定郡的行政區劃屢經變改,唐天寶元年始置靈臺縣,[7]《重修靈臺縣

---

[1] (清)顧棟高輯,吳樹平、李解民點校:《春秋大事表》,中華書局,1993年,第571、572頁。

[2] 參見朱鳳瀚:《中國青銅器綜論》,第1542–1544頁。

[3] 在其南,周人已越過秦嶺到達今漢中地區,此處離邊域也較遠,且有秦嶺天險,亦無在寶雞盆地内建"侯"的必要。

[4] 相關内容可參考(漢)司馬遷撰《史記》卷四《周本紀》第四,中華書局,1959年,第140頁;《毛詩正義》卷十六之四《大雅·皇矣》,第1121頁;《春秋左傳正義》卷五十四,定公四年,第4637頁;《國語集解》,第9–10頁;《史記·周本紀》亦有有相似記載,見《史記》卷四《周本紀》第四,第140頁;(漢)宋衷注,(清)秦嘉謨等輯《世本八種》之雷學淇校輯本,中華書局,2008年,第46頁;馬承源主編:《上海博物館藏戰國楚竹書(二)》,上海古籍出版社,2002年,第285–286頁等。

[5] 《漢書》卷二十八下《地理志》第八下,第1615頁。

[6] 《史記》卷四《周本紀》第四,第140頁。

[7] 李吉甫撰,賀次君點校:《元和郡縣圖志》,中華書局,1983年,第56頁。

志》曰:"在距縣城五十里之百里鎮,即周密須故城。"[1] 今百里鎮周圍的考古發掘也爲此説提供了一些證據。[2]

除有疑似的密須城址之外,百里鎮周邊幾十里範圍内確實發現了不少西周時期的墓葬,這包括有名的潶伯墓和㥅伯墓。[3] 其周圍有時代爲西周早期和中期的墓葬,[4]且族氏不同,級别不同。這説明百里鎮周圍在西周時也有若干族氏和一定的人口規模。

白草坡 M1 是潶伯墓,以其葬俗和出土銅器及其銘文來看,潶氏應是來自東方族屬的一支。而與之相鄰的㥅伯墓雖没有出土有力的證據,但其銘文語氣和銅器器形與潶伯墓中的十分相似,故其極有可能也屬東方遷來之族。周公東征之後,周始大規模經營四土,殷遺民和被征服的東方各族則被拆分,用於王朝向四方擴張的重要力量。魯、衛和成周皆有殷遺民。此處則又出現了兩個來自東方的族氏,説明有的商人以及其他東方族屬之人被遠徙到了西周王朝的西陲地帶,爲周人戍守西土邊域。

潶、㥅二氏被遷徙到密邦附近,充實了周人在此處抵禦異族和開拓邊疆的力量。他們與密邦的關係是隸屬關係還是平行關係? 所謂隸屬關係,當是二氏隸屬於密氏,即密氏宗子爲他們的君主,是其上級貴族,因密氏爲姬姓貴族,故有此懷疑。所謂平行關係,便是三者之間并無隸屬關係,三氏各有屬邑轄區。小臣鼎銘(《集成》02678)中有"密伯"之稱,可見密氏宗子并無王朝的"侯"職。迄今爲止,我們尚没有發現有關密氏被建"侯"的相關文獻記載和文物證據。

與密氏有關的銅器,有小臣鼎,西周早期器,其銘爲:

唯十月,使于曾,密伯于成周休毗小臣金,弗敢喪,易(揚),用乍(作)寶旅鼎。

趩簋(《集成》04266),西周中期器,現藏日本東京書道博物館,其銘爲:

唯三月,王在宗周,戊寅,王各(格)于大(太)朝(廟),密叔又(佑)趩,即立

---

[1] 楊渠統等修,王朝俊等纂:《重修靈臺縣志》,臺北成文出版社,1976 年,第 50 頁。

[2] 李仲立和劉得楨兩位先生認爲密須國建立在今甘肅省靈臺縣百里鎮,其版圖較大,密須氏立國前就定居於此。文王伐密乃至共王伐密後,密須國尚存,大致在春秋時期秦國建立密縣後,密須國便不復存在。他們還認爲史書所謂密須爲殷商屬國,文王伐密後改姞姓密國爲姬姓密國之説是不可信的,是混淆了不同時期不同地域的兩個密國所致。白草坡墓地所屬之族氏是周人用來監視密須的,見《密須國初探》,《陝西師大學報(哲學社會科學版)》1989 年第 4 期。

[3] 甘肅省博物館文物隊:《甘肅靈臺白草坡西周墓》,《考古學報》1977 年第 2 期。

[4] 甘肅省博物館文物隊、靈臺縣文化館:《甘肅靈臺縣兩周墓葬》,《考古》1976 年第 1 期;劉得楨:《甘肅靈臺兩座西周墓》,《考古》1981 年第 6 期;劉得楨:《甘肅靈臺紅崖溝出土的西周銅器》,《考古與文物》1983 年第 6 期。

（位），内史即命……

密姬簋（《集成》03569），西周中期器，其銘爲：

密姬乍（作）寶尊簋。

密姒簠（《集成》04522），西周晚期器，1976 年出土於陝西扶風縣莊白村二號窖藏。[1]
其銘爲：

密姒乍（作）旅簠，其子子孫孫永寶用。

紳鼎（《銘圖》02441），西周中期器，其銘記有：

隹（惟）八月初吉庚寅，王才（在）宗周，斿（游）於比，密叔右（佑）䲦（紳）……

虎叔簋蓋（《銘圖》05399），西周中期器，銘文有：

隹（惟）卅年四月初吉甲戌，王才（在）周新宫，各（格）于大（太）室，密叔内（入）
右（佑）虎，即立（位）。……

此六器銘文，密姬簋可以與文獻記載相印證，密氏確爲姬姓族氏；密姒簠則説明姬姓密
氏曾與某姒姓族氏聯姻；小臣鼎證明密氏的宗子與其他貴族一樣，稱"伯"，密伯是密氏家族
宗子的稱呼。趞鼎、紳鼎及虎叔簋説明密氏亦有分支，其銘文中的密叔便是密氏家族的成員
之一，而且這位密叔在西周中期時活躍於政壇，直接爲王室服務，有相當高的地位。

此外，密康公之母被收入《列女傳》，《史記集解》引《列女傳》"康公母，姓隗氏"，[2]《列
女傳》卷三亦云："密康公之母，姓隗氏"，[3] 是其母出身於隗姓的某個族氏。密氏聯姻的對
象涉及姒、隗兩姓，則説明入周後此二姓下的若干族氏遷居到了宗周畿内及西土邊域地區。

史籍關於商周時期密氏的記載：

---

［1］ 陝西周原考古隊：《陝西扶風縣雲唐、莊白二號西周銅器窖藏》，《文物》1978 年第 11 期。

［2］ 《史記》卷四《周本紀》第四，第 140 頁。

［3］ 張敬注譯：《列女傳今注今譯》，臺灣商務印書館，1994 年，第 89 頁。

密人不恭,敢距大邦,侵阮徂共。王赫斯怒,爰整其旅,以按徂旅,以篤于周祜,以對於天下。[1]　　(《詩·大雅·皇矣》)

分唐叔以大路、密須之鼓、闕鞏、沽洗、懷姓九宗,職官五正,命以《唐誥》而封于夏墟,啟以夏政,疆以戎索。[2]　　(《左傳》定公四年)

恭王游於涇上,密康公從,有三女奔之。其母曰:"必致之于王。夫獸三爲群,人三爲衆,女三爲粲。王田不取群,公行下衆,王御不參一族。夫粲,美之物也。衆以美物歸女,而何德以堪之? 王猶不堪,況爾小丑乎? 小丑備物,終必亡。"康公不獻。一年,王滅密。[3]　　(《國語·周語上》)

密須氏。商時姞姓之國。[4]　　(《世本》)

密須之民,自縛其主而與文王。[5]　　(《吕氏春秋·用民》)

王不聞湯之伐桀乎? 試之弱密須氏以爲武教,得密須氏而湯之服桀矣。[6]　(《戰國策·魏策四》)

周西伯政平,及斷虞芮之訟,而詩人稱西伯受命曰文王。伐崇、密須、犬夷,大作豐邑。[7]　　(《史記·齊太公世家》)

　　上述記載給我們的信息并不多,學界解讀起來也有異。在商晚期時,密須的貴族乃是姞姓,如果《魏策四》的記載屬實,則密須在夏末之時曾被商人征服過一次,但直到商末它還是一獨立的小邦。周文王興翦商大業,它對周并不友好,采取的是親商和擴張政策,侵伐與周人友好或者就是周人屬地的阮與共,這樣就與周人直接對抗而産生了尖鋭矛盾。於是,周人(學界公認此時周人之首領爲周文王)出兵將之攻滅,獲得不少戰利品。《左傳》昭公十五年"密須之鼓與其大路,文王所以大蒐也"[8]可證。這"密須之鼓"和"大路"也爲後來的周王賞賜給了唐叔虞。周原甲骨第136號卜甲有"今秋,王西克往密",應指周文王伐密須之事。[9]　總之,周人對姞姓密須是發動過戰爭的。

　　另外,上海博物館藏楚竹書《容成氏》提到的"九邦叛紂"中之"九邦"也包括密須氏。[10]

[1]《毛詩正義》卷十六之四《大雅·皇矣》,第1121頁。
[2]《春秋左傳正義》卷五十四,定公四年,第4637頁。
[3]《國語集解》,第9-10頁。《史記·周本紀》亦有相似記載,見《史記》卷四《周本紀》第四,第140頁。
[4]《世本八種》之雷學淇校輯本,第46頁。
[5]《吕氏春秋集釋》卷第十九《用民》,第525頁。
[6]《戰國策》卷二十五,魏四之《獻書秦王》,第887頁。
[7]《史記》卷三十二《齊太公世家》第二,第1479頁。
[8]《春秋左傳正義》卷四十七,昭公二十五年,第4512頁。
[9]徐錫臺編著:《周原甲骨文綜述》,三秦出版社,1987年,第127頁。
[10]馬承源主編:《上海博物館藏戰國楚竹書(二)》,上海古籍出版社,2002年,第285-286頁。

"九邦"只有豐、鎬二邦不服周,密須氏屬於服周的"七邦"之一。有人認爲《容成氏》所記與傳統史籍内容相左,與史實不符。[1]《容成氏》之内容確有許多疑問,但其内容是否真假的問題還可以再討論。此處的記載說明周人在伐商以前的文王時期,其周圍地區是邦方林立的狀態,周人若要東進滅商,首先要把這一地區征服平定。據簡文,文王是"師行",即以周人的武力作爲後盾而威懾諸邦,達到令諸邦不戰而降的目的。結果是有七個邦迫於其軍威而直接降服,只有豐、鎬二邦不服而做了抵抗,被周人武力征服。密須氏、崇等"七邦"的臣服可能也非真心實意,隨着形勢的發展和各方利益的爭奪,其再度叛周而被伐滅也是情理中之事。

攻伐密須一戰,是周人鞏固後方的一次重要戰役。依當時的情況看,統治密須的姞姓貴族不是被屠殺就是被周人强迫遷到周人眼前以便監視。密須處於後來的周王畿的西北邊陲,今靈臺境内有一原(什字原)一山(南部山區)兩道川(達溪河、黑河川區),屬黄土高原溝壑區,東南與陝西長武、彬縣、麟游、千陽、隴縣接壤,西北與本省崇信、涇川縣毗鄰,在當時應具有重要的軍事意義。又從《左傳》的記載來看,西周時期的密邦是王朝的同姓邦,説明周代的密氏就是出自周人。韋昭在《國語·周語上》注曰:"康公,密國之君,姬姓也。"[2]雖不知其何據,但所言并非虛妄。

上述密康公之事,恐怕不是因爲他不獻三女而被殺那麽單純。周共王時已是西周中期,各級貴族藉助王朝的强盛,也在不斷發展自己,各邦及各貴族家族利益必然會與周王室的利益發生衝突。密邦也是如此。密康公敢於不獻周共王親眼所見的"三女",是地方貴族與周王在個人利益對抗上的表現。這除了周共王自身不被貴族尊敬外,也應有密邦長期處於邊境,其自身實力自周初以來有了較大發展,產生了一定的離心力的因素。周共王去涇上,游玩極可能是一藉口,實際上是去巡邊,既刺探了異族的情況,又驗證了密康公的不臣之心,爲一年後的軍事行動做情報和法理上的準備。共王伐密和康公的被殺并不是偶然的。

那麽,密康公死後,密是否就此滅亡,還是被轉封?上古時期講究"滅國而不絶祀",何況密氏作爲同姓貴族,更是不會被滅掉。共王伐密,只是因爲密康公這一代宗子有罪而已,其他密氏貴族必有忠於周室之人。康公被殺後,周王應該會立其兄弟或子侄輩繼任密氏之宗子。此在史書中即有一例。《史記·齊太公世家》:"哀公時,紀侯譖之周,周烹哀公。而立其弟静,是爲胡公。"周王擁有對王國之内大小各邦邦君的生殺予奪的大權,其有罪邦君即使被處死,也要由其近親來接替邦君之位。所以,密氏和齊邦之事可以讓我們看到在周天子尚有威儀的時代,王朝對獲罪貴族處置及善後的方式。所謂"刑不上大夫"是有例外的,高等級貴

---

[1]　馬衛東:《〈容成氏〉"文王服九邦"考辨》,《史學集刊》2012 年第 1 期;李春利:《"文王服九國"辨》,《滄桑》2012 年第 2 期。

[2]　《國語集解》,第 10 頁。

族也不能爲所欲爲,否則會受刑,甚或丟掉性命。

從共王伐密事件中,我們可以看出,周王朝經過百年多的發展,其支庶也越加繁茂,但壯大之後的支庶未能成爲使王朝更加鞏固的因數,却削弱了周王對地方的控制力,是西周王朝衰落的重要因素之一。這與周人"封建親戚以藩屏周"的初衷走上了相反的道路。周王不得不動用自己的力量去消滅有異心的貴族,此種行爲其實是内耗,雖然穩固了邊陲并震懾了其他蠢蠢欲動的貴族,却可能因爲事情的起因和同姓相煎的事實而造成内外貴族的離心離德,周王與各級貴族之間的芥蒂愈加深結。

正在成長壯大中的各級貴族希望擺脱周王朝對他們發展的束縛,不想被周王過多的干預,雙方在利益上的矛盾也反映到了王朝政治上。史書記載顯示,從共、懿二王始,大小貴族已顯露出對周王的不敬,并且對王位的繼承也横加干預。孝王本共王之弟,[1]不應立,却在其侄懿王死後被衆多貴族擁立爲王。儘管有周室已危機四伏,而夷王尚幼沖的正當理由,却暴露出王室内部以及各貴族利益集團之間的勾心鬥角與政治態勢。此次王位繼承的異象,使得本來威信就在下降的王權進一步下沉,夷王在藉助畿外諸侯的力量恢復王位後,不得不在接受朝覲時而"足下堂"。[2] 不過,夷王能烹地位重要的齊侯(哀公),應是其地位日益鞏固和王權有一定回升的反映。

共王伐密并誅殺密康公的性質是周王處罰具有不臣之心的貴族之行爲。它符合周王室維護王權和王朝穩定的利益,但爲了安撫人心以及傳統的慣性,共王應另立了密氏的其他人爲宗子,密氏還在原地繼續生存和發展,而文獻所記"滅密"可能是戰國以後人的曲解。

白草坡墓地位於涇水的南源支流之一——達溪河附近,周人在此地建邦設邑,其目的應是控制和守衛由今達溪河和黑河一帶進入宗周畿内的通道。

1972 年,在同屬靈臺縣的姚家河、西嶺兩地皆發現了西周墓。姚家河墓時代爲西周早期,出土有乖叔鼎;西嶺墓時代爲西周中期偏早,出土有吕姜簋。[3]

乖,應是邦名,尚有共王時器乖伯簋(《銘圖》05385)傳世,現藏中國國家博物館。何浩、羅運環二位先生參考了王國維、郭沫若、陳夢家等人的説法,再結合以乖叔鼎的出土地點,認爲乖是參加周武王盟津之會却不見於文獻記載的西域"諸侯"的後裔,其國名爲乖,其地望不出秦隴,當在今陝、甘邊的靈臺、麟游一帶。[4] 若此,則乖與密同是涇水上游之邦,且是當年

---

[1] 此采《史記·周本紀》説。見《史記》卷四《周本紀》第四,第 141 頁。

[2] (明)李贄:《史綱評要》,中華書局,1974 年,第 30、34 頁。

[3] 甘肅省博物館文物隊、靈臺縣文化館:《甘肅靈臺縣兩周墓葬》,《考古》1976 年第 1 期。

[4] 何浩、羅運環:《論乖伯簋的年代及其國別》,載楚文化研究會編:《楚文化研究論集》第三集,湖北人民出版社,1994 年,第 205 頁。

參與武王伐紂的"友邦",後成爲西周王朝在西土邊域的一個非侯邦。[1]

呂,姜姓,東方的齊、許爲之分支,宣王時曾爲穩定南國地區的局勢,將在西土的呂(甫)和申又建於今河南南陽地區。然在西土一直有呂氏大宗存在。除上述呂姜簋外,疑似西土呂氏的器有西周早期的呂甗簋(《銘圖》04335)、西周中期的呂伯簋(《銘圖》04902)、西周中期的呂服余盤(《銘圖》14530)、西周晚期的呂雔姬鬲(《銘圖》02878)、西周晚期的呂仲生匜(《銘圖》14931)、春秋早期的呂王鬲(《銘圖》02877)及呂王之孫戈(《銘圖》17062)。

上列諸器,只有呂雔姬鬲有具體的出土地點,其他皆是傳世器。[2] 呂伯簋中的"呂伯"亦出現於穆王時器班簋(《銘圖》05401)銘文之中,又據《尚書·呂刑》,則此代呂伯乃是穆王時期重臣。"呂王"之稱可能是幽王與宗周附近的姜姓集團矛盾激化而西周滅亡,周室東遷導致的異姓族邦稱王的現象。[3] 又呂姜簋出土於靈臺境內的西周墓,故西土之呂氏城邑的地望亦可在涇水上游今陝甘交界一段尋找。

《詩·大雅·皇矣》:

> 密人不恭,敢距大邦,侵阮徂共。王赫斯怒,爰整其旅。以按徂旅,以篤于周祜,以對于天下。依其在京,侵自阮疆,陟我高岡。無矢我陵,我陵我阿。無飲我泉,我泉我池。[4]

此記周文王之時,古密須邦曾與周邦發生軍事衝突,侵擾到阮和共兩地。毛《傳》曰:"國有密須氏侵阮,遂往侵共。"鄭《箋》曰:"阮也,徂也,共也,三國犯周而文王伐之。"[5]孔穎達疏曰:"《箋》以上言四國於此宜爲國名,下云徂旅則是徂國師衆。故以阮、徂、共三者皆爲國名,與密須而四也。"[6]毛氏以密須所侵之地爲阮、共。鄭玄、孔穎達則皆將"徂"亦算作邦名。朱熹《詩集傳》云:"阮,國名,在今涇州。徂,往也。共,阮國之地名,今涇州之共池是

---

[1] 辛怡華認爲甘肅靈臺一帶是西周時期一個重要聚落中心,古乖國可能坐落在今涇河上游,其支流達溪河兩岸,從先周開始就是周人的同盟軍曾協助周人克商,參見《甘肅靈臺姚家河墓地與古乖國》,《寶雞文理學院學報(社會科學版)》2017年第2期。

[2] 陝西省博物館、陝西省文物管理委員會編:《陝西省博物館、陝西省文物管理委員會藏青銅器圖釋》,文物出版社,1960年。

[3] 張政烺先生認爲當時稱王非同兒戲,稱王者大多是異姓之邦,且處在較爲偏遠之地,與周的關係是時即時叛,其邦并非周人所建,同姓稱王者只有"吳王",見《矢王簋蓋跋——評王國維〈古諸侯稱王説〉》,《古文字研究》第十三輯,中華書局,1986年。

[4] 《毛詩正義》卷十六之四《大雅·皇矣》,第1121頁。

[5] 《毛詩正義》卷十六之四《大雅·皇矣》,第1121頁。

[6] 《毛詩正義》卷十六之四《大雅·皇矣》,第1122頁。

也。"[1]是以阮爲邦,而共只是阮邦的一邑,并考定其兩地在宋金時期的涇州(今甘肅省平涼市涇川縣境内)。

今有學者據《通志》及《路史》的記載,認爲阮原是東方夷人的一支,於晚商時入岐渭間立邦,并列舉在涇川境内出土的商周時期的青銅器與墓葬爲證,[2]可備一説。

涇水上游南源之一的黑河流經涇川縣,一些相關的考古發現就在其沿岸和幾處。阮、共之地在白草坡的西北方向,其地應是周人控制今黑河谷地的兩個據點。

1981 年,原固原縣文物工作站在中河公社(今中河鄉)孫家莊林場發現西周早期的一座車馬坑和一座中小型墓葬,共出土玉器4件、骨器12件、陶器1件、青銅器21件。[3] 墓葬出土的簋、鼎爲西周早期風格,説明周人的勢力在王朝早期曾達到今寧夏南部固原市區以西的地方。

2017 年4月,寧夏固原彭陽姚河塬發現商周遺址,遺址包括城址和墓葬,其中包括高等級墓葬。[4] 擁有高等級墓葬,則其地應是由具有"邦君"級别的高級貴族統治。從墓葬的葬俗、陶器及青銅器作坊的工具等方面來看,此處遺址當時居住着商遺民、周人及其他未知人群,而最高統治者却屬商遺民中的高級貴族。[5] 以文獻記載和目前的考古發現,固原一帶應該已是西周王朝的西北極致,且周人較早地便已經營至此,可能在西周中期以後,由於周人與西北異族的戰事起,此地才失守湮滅。[6] 周人在商晚期將自己的勢力發展到涇水發源地一帶,并在其後於此建邦,其邦君是商遺民貴族,又一次證明了周人遷徙分化、懷柔商人,亦用商人去鞏固和戍守邊遠之地的政策的實施及有效。然此處作爲西周王朝西北邊域邦君的商人高級貴族,有否爲"侯",則有待相關材料的進一步披露。

涇水上游尚有如馬蓮河等重要的支流,周人若向西北發展或防禦來自西北的威脅,必然要在這些河道的沿岸地帶建立一系列據點。除史籍記載的密、阮等邦外,一定還有不少史籍不載且在考古學上未經發現的若干邦或中小型的軍事據點。總之,關於西周王朝西土邊域西北方向的情況,需要大量的考古工作的探索。

密、阮所在的涇水上游屬隴東地區,已爲西周王朝西土的邊域地帶。西周早期周人的勢力曾一度達到今寧夏固原以西,可能自中期偏早的穆王時期因與獫狁等西北族屬的交惡而

[1] 朱熹注:《詩集傳》,上海古籍出版社,1980 年,第 185 頁。

[2] 梁雲:《隴山東側商周方國考略》,《西部考古》第 8 輯,科學出版社,2015 年,第 100－104 頁。

[3] 固原縣文物站:《固原出土的西周早期銅器》,《寧夏師範學院學報》1982 年第 3 期。

[4] 李政:《商周考古的重要發現——寧夏彭陽姚河塬遺址發現西周早期諸侯級墓葬、鑄銅、制陶作坊等重要遺迹》,《中國文物報》2017 年 12 月 5 日第 002 版。

[5] 寧夏回族自治區文物考古研究所、彭陽縣文物管理所:《寧夏彭陽縣姚河塬遺址鑄銅作坊區 2017－2018 年發掘簡報》,《考古》2020 年第 10 期。

[6] 李伯謙:《周人經略西北地區的前哨基地——姚河塬遺址》,《華夏文明》2018 年第 4 期;許子瀟:《從姚河塬新獲卜骨看西周王朝早期的西北邊疆》,《中國文字研究》第三十一輯,華東師範大學出版社,2020 年,第 54－64 頁。

有所退縮。然無論是涇水上游，還是渭水上游，屬周的邦君或中小貴族皆無被建爲"侯"的迹象。

二、"師"與西土邊域的防禦

"師"在西周銘文中，作"某師"是地名，示其地爲有駐軍的軍事要塞。作"師某"則是其人擔任王朝的"師"職，爲帶兵的軍事職官。此外，尚有"西六師"、"殷八師"等作爲軍事編制的稱呼。"師"在西周王朝西土邊域的防衛中應起到主要作用，與未建"侯"之事似有關聯。

（一）王師——以"西六師"、"殷八師"爲主的常備軍

周王能維護其"天子"的地位，最根本的是要有一支足够强大的常備軍。而這支常備軍被稱作"王師"，應該便是禹鼎銘（《銘圖》02498）中出現的"西六師"和"殷八師"。[1] 在能看到的其他銘文中，這兩支王師多稱"六師"、"八師"，尤以"六師"出現的爲多，有南宮柳鼎（《銘圖》02463）、盞方尊/盞方彝（《銘圖》11814/《銘圖》13546）、吕服余盤（《銘圖》14530）和焂戒鼎（《銘圖》02279），而"八師"只出現在盞器之中。另，曶壺蓋銘（《銘圖》12446）中亦出現"成周八師"，其與"殷八師"應是同一支武裝。[2]

典籍中則只記載有"六師"。《尚書·康王之誥》：

今王敬之哉！張皇六師，無壞我高祖寡命。[3]

---

[1] 關於"西六師"和"殷八師"的性質，學界曾有討論。于省吾先生認爲"六師"、"八師"有關我國歷史上最初出現的軍事屯田制，參見《略論西周金文的"六𠂤"和"八𠂤"及其屯田制》，《考古》1964 年第 3 期以及《關於〈論西周金文中"六𠂤"、"八𠂤"和鄉遂制度的關係〉一文的意見》，《考古》1965 年第 3 期。楊寬先生認爲"六師"、"八師"是在農業生産之基礎上組織的軍事集團，具有"兵農合一"的性質，參見《論西周金文中"六𠂤"、"八𠂤"和鄉遂制度的關係》，《考古》1964 年第 8 期以及《再論西周金文中"六𠂤"和"八𠂤"的性質》，《考古》1965 年第 10 期。常徵先生認爲"西六師"和"殷八師"都是西周王室的直轄武裝部隊，參見《釋"六師"，兼述西周王朝武裝部隊》，《河北大學學報》1981 年第 2 期。孫曉春先生認爲"成周八師"是指西周王朝的東方各國軍隊，其主要活動時間在成王至孝、厲時期，參見《成周八師爲東方各國軍隊説》，《史學集刊》1986 年第 4 期。李學勤先生認爲，西周金文中的"六師"、"八師"不僅指軍隊，也通指出軍的鄉，參見《論西周金文的六師、八師》，《華夏考古》1987 年第 2 期。李道明先生認爲"六師"和"八師"是西周王朝的野戰軍，參見《六師、八師新探》，《四川師範大學學報（社會科學版）》1992 年第 5 期。

[2] 郭沫若先生認爲，"殷八師"駐於衛地，"成周八師"駐於成周，參見《金文叢考》，人民出版社，1954 年，第 64 頁。楊寬先生同意郭沫若先生的説法，并進一步指出"殷八師"駐屯於殷之故都，參見《再論西周金文中"六師"和"八師"的性質》，《考古》1965 年第 10 期。于省吾先生則認爲由於"殷八師"經常駐扎在成周，故也稱爲"成周八師"，參見《略論西周金文的"六𠂤"和"八𠂤"及其屯田制》，《考古》1964 年第 3 期。李道明先生也認爲兩者爲同一支武裝部隊，參見《六師、八師新探》，《四川師範大學學報（社會科學版）》1992 年第 5 期。此從于、李二先生之觀點。

[3]《尚書正義》卷十九《康王之誥》，第 519 頁。

《詩·小雅·瞻彼洛矣》：

　　　　靺鞈有奭，以作六師。[1]

《大雅·棫樸》：

　　　　周王于邁，六師及之。[2]

《大雅·常武》：

　　　　整我六師，以修我戎。[3]

《國語·周語下》：

　　　　王以黃鐘之下宫，布戎於牧之野，故謂之厲，所以厲六師也。[4]

朱熹在"以作六師"下注云："六師，六軍也。天子六軍。"[5]《周禮·夏官》序官云："凡制軍，萬有二千五百人爲軍，王六軍。"[6]是周王直屬的軍隊有六個軍也。然則銘文中尚有駐防於東方的"八師"，所以周王直接控制的軍隊應爲十四個軍，故西周王朝的常備軍可能有十數萬之衆。這在當時已是十分龐大的軍事力量，足以震懾整個王朝境内及對外經略。

　　此外，略談一下"王行"的問題。盠器銘中，周王命盠掌管六師、王行、三有司。關於"王行"，張亞初、劉雨二位先生認爲："王行即由王族組成的軍隊。它本應是軍隊名。此銘文中的王行可能已轉化成管理王行的職官名，猶如中行、右行那樣。當然，'王行'有可能就是指周王的直屬部隊。"[7]他們點出了"王行"的兩種可能性，即或是職官名稱，或是軍隊的名號。"行"，《説文》："人之步趨也。"段玉裁注曰："引申爲巡行、行列、行事、德行。"[8]依卜辭和銘

［1］《毛詩正義》卷十四之二《小雅·瞻彼洛矣》，第 1028 頁。
［2］《毛詩正義》卷十六之三《大雅·棫樸》，第 1107 頁。
［3］《毛詩正義》卷十八之五《大雅·常武》，第 1241 頁。
［4］徐元誥撰，王樹民、沈長雲點校：《國語集解》，中華書局，2002 年，第 127 頁。
［5］朱熹：《詩集傳》，第 158 頁。
［6］《周禮注疏》卷二十八《夏官司馬》，第 1792 頁。
［7］張亞初、劉雨：《西周金文官制研究》，中華書局，1986 年，第 19 頁。
［8］許慎撰，段玉裁注：《説文解字注》，上海古籍出版社，1988 年，第 78 頁。

文,《説文》之説失去其原義,段注之引申則是也。"王行"中之"行"應具有"巡行、行列"之意,尤爲側重在"行列"。"行"應爲步兵之屬,《左傳》昭公元年:

> 晋中行穆子敗無終及群狄于大原,崇卒也。將戰,魏舒曰:"彼徒我車,所遇又阨,以什共車,必克。困諸阨,又克。請皆卒,自我始。"乃毀車以爲行,五乘爲三伍。[1]

是説晋軍與無終及群狄戰,爲制勝,因地形而改車兵爲步兵,即"行",且重新將車兵按步兵的單位來編制。又早在僖公二十八年時便有:

> 晋侯作三行以禦狄。[2]

魯僖公二十八年當晋文公五年。是晋邦在春秋早期偏晚時便建立以"行"爲名號的軍隊來專門應對狄人。杜注曰:"晋置上、中、下三軍,今復增置三行以辟天子六軍之名。"[3]杜預認爲以"行"命名軍隊是晋人避僭越周天子之口實的行爲,這雖有此意味,但晋擴充其軍事力量,已造成僭越的事實,不必以此種方法來遮掩,晋邦之"行"主要是針對狄人作戰而組成的步兵部隊。故"行"應是兩周時對步兵部隊的叫法,"王行"極有可能是直屬於周王的步兵軍種,然從盨器銘文來看,其人數不會太多。

周王對"六師"和"八師"是牢牢掌控的。禹鼎銘有:

> 王迺命西六師、殷八師,曰:剿(撲)伐噩(鄂)侯馭方,勿遺壽幼。

是周王直接命令"西六師"和"殷八師"去討伐反叛的噩侯馭方。又南宮柳鼎銘:

> 王乎(呼)乍(作)册尹册令(命)柳:司六師牧場、大友,司羲夷場佃史(事)。

此記周王任命南宮柳管理有關"六師"的牧、農之事。則保障"六師"的後勤之事,周王也要親自過問。又盨方尊銘:

---

[1]《春秋左傳正義》卷四十一《昭公元年》,第4392－4393頁。
[2]《春秋左傳正義》卷十六《僖公二十八年》,第3966頁。
[3]《春秋左傳正義》卷十六《僖公二十八年》,第3966頁。

王册令(命)尹,易(賜)盠:赤市(韍)幽亢(衡)、攸(鋚)勒,曰:用司六師、王

行、三有司:司土、司馬、司工。王令(命)盠曰:䚄司六師眔八師执(執、藝)。

周王先是命盠管理六師、王行和三有司,此處的"王行"和"三有司"之性質,學界向來有爭

議。[1] 上文已指出"王行"爲周王直屬的步兵部隊。而"三有司"不是王朝的,應是王朝軍

事機構内部的,專門負責有關王朝軍事的各項行政工作。"䚄"字多有異説,可能爲"總"字,

爲統領之義。[2] "执"可能爲"埶"的初字,而"埶"和"設"二字上古音相近可通,是爲"建

設"之義,[3] 即周王又命盠總管"六師"和"八師"相關軍事設施的建設。[4] 盠總管"六師"

的各項工作并兼管"八師"的軍事設施建設,是爲平時的軍事行政長官。又吕服余盤銘:

王曰:服余,令(命)女(汝)更乃且(祖)考事,疋(胥)備仲司六師服,易(賜)女

(汝)赤韍、幽黄(衡)、鋚勒、旂。

此記周王命吕服余賡續其祖考的事業,爲王朝"司六師服",即爲"六師"提供軍服事務,[5]

也爲軍隊之後勤保障之屬。又㽙戒鼎銘:

韐白(伯)慶易(惕)㽙戒賸弜、弜(句)膺、虎裘、豹裘。用正(政)于六師。用桴

于比,用獄次。

此記高等貴族韐伯對其下級貴族㽙戒進行賞賜以慰勞其"用政于六師"之功。㽙戒有可能是

韐伯的家族成員,他在王師中任職。這次賞賜也有可能是由周王發起,但由於㽙戒的級別較

低,所以由韐伯代替周王賞賜之。[6] 又智壺銘:

---

[1] 木村秀海先生認爲"王行"與"三有司"皆爲"六師"的内部組織,參見《六師の官構成について——盠
方尊銘文中心にして》,《東方學》69,1985 年。李學勤先生則認爲"王行"、"三有司"應該不是軍事組
織,而是六鄉的内部組織,參見《西周金文的六師、八師》,《華夏考古》1987 年第 2 期。還有學者認爲此
"三有司"是王朝之"三有司",參見伊藤道治:《中國古代國家の支配構造——西周封建制度と金文》,
東京中央公論社,1987 年,第 236–240 頁以及李裕杓:《西周王朝軍事領導機制研究》,上海古籍出版
社,2018 年,第 133 頁。

[2] 李學勤:《由沂水新出盂銘釋金文"總"字》,《出土文獻》第 3 輯,中西書局,2012 年,第 120 頁。

[3] 裘錫圭:《釋殷墟甲骨文的"遠"、"狱"(邇)及有關諸字》,《古文字研究》第十二輯,中華書局,1985 年。

[4] Li Feng, "Office in Bronze Inscriptions and Western Zhou Government Administration", *Early China* 26–
27, 2001–2002, p. 35.

[5] 李學勤:《論西周金文的六師、八師》,《華夏考古》1987 年第 2 期。

[6] 李裕杓:《西周王朝軍事領導機制研究》,上海古籍出版社,2018 年,第 134–135 頁。

王乎(呼)尹氏册令(命)智,曰:更乃且(祖)考乍(作)塚司土于成周八師。

銘文中的"塚"訓爲"大",是王命智繼承其祖考的世職爲"成周八師"的"大司土"。這是王師中重要職官由周王任命的又一例。

通過上舉諸銘文的情況,"六師"、"八師"中的各類職官之任命權和賞賜權在周王手中,并以此牢牢地控制着西周王朝最根本的軍事力量,從而使周王擁有統馭四方的堅強後盾。這也體現中央王朝在軍事部署上"内重外輕"的原則。

"西六師"應是平時分散駐防於西土邊域的王朝軍隊。上文所提到的"京師"極有可能便駐有"西六師"所屬之軍隊。"西六師"在戰時雖根據需要可調往他處作戰,但其主要任務還應是在西土邊域防守。西土作爲周人興起的根本之地,保持有"西六師"這樣的重兵自是情理之中的事("殷八師"應主要駐防於成周周圍以控馭北、東、南三方)。這可能是西周王朝初未在西土邊域建"侯"設防的最根本的軍事因素。

(二) 師酉及師詢諸器銘文反映的史實

師酉簋(《銘圖》05346),西周中期偏晚時器,[1]其銘文曰:

佳(惟)王元年正月,王才(在)吴,各(格)吴大(太)廟。公族𤔲釐入右師酉,立中廷。王乎(呼)史牆册命:師酉,嗣乃且(祖)啻(適)官邑人、虎臣:西門尸(夷)、𥅏尸(夷)、秦尸(夷)、京尸(夷)、弁瓜(狐)尸(夷)。……

器主師酉,"師"是其官職,"酉"爲私名。"吴大廟",郭沫若先生解爲"吴大之廟",[2]恐非。陳夢家先生認爲"吴"即"虞",在今山西境内,"吴大廟"就是"虞地的天子廟"。[3] "公族𤔲釐"是一位王室大臣,"𤔲釐"爲其名。銘文中的"公族"有身份和官名兩種意義。[4]在此應是官名[5]周王命史牆宣讀册命,其内容是令師酉繼承其祖先的職官及所屬部下。"官邑人",應是指師酉下屬的各級辦事官吏及其采邑之人。"虎臣"則可能是由幾個夷人族氏組成的師酉的直屬軍隊。由此可見,有西周王朝"師"職的貴族也有采邑及管理的相關官

[1] 郭沫若先生定爲懿王時器,見《兩周金文辭大系圖録考釋(二)》,第 194-196 頁;陳夢家先生定爲孝王時器,見《西周銅器斷代》,第 244-245 頁;唐蘭先生定爲共王時器,見《西周青銅器銘文分代史徵》,中華書局,1986 年,第 426-428 頁;朱鳳瀚先生將之定爲孝王元年時器,見《師酉鼎與師酉簋》,《中國歷史文物》2004 年第 1 期。

[2] 郭沫若:《兩周金文辭大系圖録考釋(二)》,第 195 頁。

[3] 陳夢家:《西周銅器斷代》,第 244 頁。

[4] 陳夢家:《西周銅器斷代》,第 298 頁。

[5] 陳夢家:《西周銅器斷代》,第 244 頁。

吏,周王還爲其配屬有一定的軍事力量。

詢簋(《銘圖》05378),爲西周晚期器,其銘文曰:

> 王若曰:詢!不(丕)顯文、武受令(命),則乃且(祖)奠周邦,今余令(命)女
> (汝)啻(適)官司、邑人、先虎臣後庸:西門尸(夷)、秦尸(夷)、京尸(夷)、巢尸
> (夷)、師笭、側新(薪)、□華尸(夷)、弁狐尸(夷)、厥人、成周走亞、戍秦人、降人、服
> 尸(夷)……用乍(作)文且(祖)乙白(伯)、同姬尊毁(簋)……佳(惟)王十又七祀,
> 王才(在)射日宫,旦,王各(格),益公入右詢。

"詢"即"詢",又有師詢簋(《銘圖》05402),應是同一人所作。師酉稱乙伯爲"文考",詢
稱乙伯爲"文祖",説明兩人爲父子關係。[1] 兩器中的"啻官",當爲主管之官司之意。[2]
乙伯、師酉、師詢祖孫三代爲世官,應是"師"職,是軍事職官。其下屬有"邑人"、"虎臣"。
"邑人"指居住在城邑之人;[3]"虎臣"則指那些本出於異族,在周的對外戰爭中充當先頭部
隊,地位低於"邑人"的人衆。[4] 而"秦尸(夷)"似在"虎臣"序列之中。"戍秦人"是指戍守
秦地之人,似屬"庸",地位要比"虎臣"低。[5] 周王所命師詢之屬衆與其父師酉之衆大同小
異,但多出師笭、側薪、成周走亞等類人,表明師詢比其父的下屬要多,職權有所擴大。此處
之"秦夷"與"戍秦人"是否與秦人有關,尚不得而知,惟兩者皆是師詢下屬的軍事力量,尤其
是"戍秦人",應是在邊地戍守的秦人,故前加"戍"字。這也表明西周王朝的"師"類職官亦
負責邊域的防禦,可能其西土邊域的安全皆是由"師"所保障,故不在此處建"侯",而是由
"師"下屬的各部分散於各要地駐防。

三、西周晚期與玁狁的對抗中建侯於西土邊域

穆王之前的西周早期,王朝將精力主要放在經營"東國"和"南國"地區上,尤其是昭王
時期,周王御駕親征"南國"且殁於征途。依史籍與西周銅器銘文的記載,西周早期,王朝
的西土邊域較爲平静,幾無戰事。直到西周中期的穆王時期,王朝才開始與其西北的異族

---

[1] 陳夢家:《西周銅器斷代》,第245頁。
[2] 朱鳳瀚:《西周金文中的"取徽"與相關諸問題》,陳昭容主編《古文字與古代史》第一輯,中研院歷史語
　　言研究所,2007年,第191-211頁。有學者認爲"啻官"是指"世襲之官",見王人聰:《西周金文"啻
　　官"一詞釋義》,《故宫博物院院刊》1991年第1期。又有學人認爲"啻"可釋作"嫡",有"正"、"直系"
　　之意,故"啻官"就是"主管之官",王治國:《詢簋新探》,《華夏考古》2013年第1期。
[3] 張亞初、劉雨:《西周金文官制研究》,中華書局,1986年,第52-53頁。
[4] 裘錫圭:《説"僕庸"》,《古代文史研究新探》,江蘇古籍出版社,1992年,第366-386頁。
[5] 見王治國《詢簋新探》一文。

發生軍事衝突,且愈演愈烈。此一事態不僅使宗周直接面臨着威脅,也最終導致了西周王朝的滅亡。

（一）西周中期周人與西北異族的戰争

以目前材料來看,西周王朝與西北異族發生戰争開始於穆王時。《國語·周語上》云:

> 穆王將征犬戎,祭公謀父諫曰:"不可。……吾聞夫犬戎樹,惇帥舊德,而守終純固,其有以禦我矣。"王不聽,遂征之,得四白狼四白鹿以歸。自是荒服不至。[1]

是説周穆王意欲征伐犬戎,祭公謀父勸諫不要輕啟戰端,穆王不聽,出兵征伐,有斬獲却使"荒服不至",即在"荒服"之地的異族不再向周人朝貢。此段記載有勸誡後世帝王不要窮兵黷武之意。然與犬戎的戰争局面應不是由周人單方面造成的,應是犬戎的日益發展威脅到了周人的西土邊域的安全,才使得西周王朝出兵對其進行壓制。

又古本《竹書紀年》載:

> （穆王）西征犬戎,取其五王以東,王遂遷戎於太原。[2]

此應與《周語》所記爲一事,然對戰争結果描述更詳。"取其五王以東",是謂俘獲了犬戎的五位首領,并將之帶回周朝。"太原",其地應不在今山西省境内,而應在今寧夏固原一帶,[3]是謂周人將戰敗的犬戎部衆强迫遷往此地居住,以便於監視和控制。

"犬戎",在史籍中亦作"獫狁"、"玁鬻"、"獫狁"、"熏育"、"葷粥",[4]據下文所要討論的内容,其是一個力量强大的族群,爲西周中晚期來自西北方向的主要威脅。

除獫狁外,亦有"奴虜之戎"威脅周人的西土邊域。清華簡《繫年》第三章有云:

> 成王屎伐商邑,殺錄子耿,飛廉東逃于商蓋氏,成王伐商蓋,殺飛廉,西遷商蓋之民于邾虖,以禦奴虜之戎,是秦先人,世作周虐。周室既卑,平王東遷,止于成周,

---

[1] 徐元誥撰,王樹民、沈長雲點校:《國語集解》,中華書局,2002年,第1－9頁。此事亦見於《史記》卷四《周本紀》第四,第135－136頁。

[2] 王國維:《古本竹書紀年輯校》,《王國維遺書》第12册,上海古籍書店,1983年。

[3] 李峰著,徐峰譯,湯惠生校:《西周的滅亡——中國早期國家的地理和政治危機》,上海古籍出版社,2007年,第194－197頁。

[4] 王國維:《鬼方昆夷獫狁考》,《觀堂集林》(附別集),中華書局,1959年,第605頁。獫狁與熏育的叫法僅在漢代文獻出現過,李峰先生認爲"犬戎"一詞發明於東周時期,用來指稱西周銘文中的"獫狁",參見《西周的滅亡——中國早期國家的地理和政治危機》,第167頁。

　　秦仲焉東居周地,以守周之墳墓,秦以始大。[1]

　　此段記載涉及秦人從商末到東周初的史事,較爲簡略。“屎”,清華簡的整理者認爲是“粊”的或體“傸”,義爲“繼”。[2] 有學者言其字應讀如“矢”,并引《釋名·釋兵》曰:“矢,指也,言其有所指向,迅疾也。”[3] 應得其意。“飛廉”即《秦本紀》中的“蜚廉”。“商蓋”即“商奄”,[4] 西周早期的禽簋(《集成》04041)銘中有“王伐蓋侯”,㸚劫尊(《集成》05977)銘有“王伐蓋”,皆指此文中的“商蓋”。“邾虖”,清華簡整理者認爲即《尚書·禹貢》中之“朱圉”,《漢書·地理志》天水郡冀縣條下之“朱圄”,是山名,在今甘肅省天水市甘谷縣境内。[5]

　　“奴虘之戎”,李學勤先生認爲是甲骨卜辭中的“𡧛方”,本在今甘肅省東北部的涇河上游,由於受到周人的討伐,向西退到今甘肅省中部的渭水源一帶。[6] 又有學人認爲“奴虘”與秦封泥中的“奴盧”,文獻中的“卜盧”和“都盧山”是同一詞的不同音譯形式,其地約在今涇河上游的茹河、蒲河流域,故“奴虘之戎”是在此一地域的一支古戎族,可能是玁狁的一部。[7] 然以秦人建于渭水上游地區的情況來看,將“奴虘之戎”的居地定在今朱圉山附近爲宜,秦人正是爲防止其沿渭水河谷向宗周進犯而封。

　　“㞷”,清華簡整理者認爲是《說文》中的“仚”,在此讀爲“扞”。[8] 又有學者以爲其可隸作“㞷”,從山弓聲,“似可讀爲肱,肱臂也”。簡文“世作周肱”即世代爲周王朝輔弼之意。[9]

　　簡文最後一句是說西周滅亡後,周平王東遷,秦仲由渭水上游東遷至原岐周之地居住,爲周人守墳墓,以此發展壯大起來。《史記·秦本紀》云:

　　　　西戎犬戎與申侯伐周,殺幽王酈山下。而秦襄公將兵救周,戰甚力,有功。周避犬戎難,東徙雒邑,襄公以兵送周平王。平王封襄公爲諸侯,賜之岐以西之地。曰:“戎無道,侵奪我岐、豐之地,秦能攻逐戎,即有其地。”與誓,封爵之。襄公於是始國,與諸侯通使聘享之禮,乃用騮駒、黄牛、羝羊各三,祠上帝西畤。十二年,伐戎

[1] 清華大學出土文獻研究與保護中心編,李學勤主編:《清華大學藏戰國竹簡(貳)》,中西書局,2011年,簡一三-簡一六。
[2] 《清華大學藏戰國竹簡(貳)》,第142頁。
[3] 朱鳳瀚:《清華簡〈繫年〉所記西周史事考》,李宗焜主編:《第四屆國際漢學會議論文集——出土材料與新視野》,中研院,2013年,第4頁注腳4。
[4] 《清華大學藏戰國竹簡(貳)》,第142頁。
[5] 《清華大學藏戰國竹簡(貳)》,第142頁。
[6] 李學勤:《清華簡〈繫年〉“奴𡧛之戎”試考》,《社會科學戰綫》2011年第12期。
[7] 王偉:《清華簡〈繫年〉“奴𡧛之戎”再考》,《出土文獻》第3輯,中西書局,2012年,第35-40頁。
[8] 《清華大學藏戰國竹簡(貳)》,第143頁。
[9] 朱鳳瀚《清華簡〈繫年〉所記西周史事考》,第5頁注腳6。

而至岐,卒。生文公。文公元年,居西垂宫。三年,文公以兵七百人東獵。四年,至
汧渭之會。曰:"昔周邑我先秦嬴於此,後卒獲爲諸侯。"乃卜居之,占曰吉,即營
邑之。[1]

是犬戎殺幽王滅西周後,秦襄公護送周平王東遷有功,被平王封爲"諸侯"。以目前的材料來
看,平王是否授予秦君以"侯"職,尚無法確定。爲"諸侯"是指秦君從襄公始擁有了"邦君"
的地位,秦人此時才立"邦",其族的地位有所提升。襄公之子文公東居汧渭之會,這與"秦仲
爲東居周地"相合。惟"秦仲"本爲襄公祖父之稱,當宣王時,似是秦之宗子自其時起由秦仲
一支擔任,故史書亦以"秦仲"稱其後世邦君,如春秋時期的"趙孟"之例。

秦人獲得"秦"之名號,是在西周中期偏晚的孝王時期。《秦本紀》云:

> 非子居犬丘,好馬及畜,善養息之。犬丘人言之周孝王,孝王召使主馬于汧渭
> 之間,馬大蕃息。……於是孝王曰:"昔伯翳爲舜主畜,畜多息,故有土,賜姓嬴。今
> 其後世亦爲朕息馬,朕其分土爲附庸。"邑之秦,使復續嬴氏祀,號曰秦嬴。[2]

"秦"作爲一個獨立的族氏,其首位宗子是非子,因養馬之功,由周孝王所册命。"分土爲
附庸"、"邑之秦",説明非子只領有一個邑,且爲"附庸",僅算中下級貴族,級別較低。秦邑,
《後漢書·郡國志》漢陽郡隴縣條下:

> 獂抵聚有秦亭。[3]

南朝梁劉昭注曰:"秦之先封起於此。"[4] 東漢的漢陽郡即西漢時的天水郡。《史記集解》引
徐廣曰:"今天水隴西縣秦亭也。"又《史記正義》引《括地志》云:"秦州清水縣本名秦,嬴姓
邑。"[5]徐廣爲東晉及南朝初年人,當時只有隴縣,無隴西縣。又據《括地志》所云,則秦邑在
唐代的清水縣境内。故有今之學者依此認爲秦邑在今甘肅省天水市清水縣境内。[6] 近年

---

[1]《史記》卷五《秦本紀》第五,第 178–179 頁。

[2]《史記》卷五《秦本紀》第五,第 177 頁。

[3]《後漢書志》第二十三《郡國五》,(南朝宋) 范曄撰,(唐) 李賢等注:《後漢書》,中華書局,1965 年,第
　　3517 頁。

[4]《後漢書志》第二十三《郡國五》,第 3518 頁。

[5]《史記》卷五《秦本紀》第五,第 178 頁。

[6] 呂思勉:《先秦史》,上海古籍出版社,1982 年,第 158 頁;林劍鳴:《秦史稿》,上海人民出版社,1981
　　年,第 26、34 頁。

又有學者據相關的歷史地理文獻和考古學材料,論證秦邑在與清水縣相鄰的張家川回族自治縣縣城以東或附近地帶。[1]《水經注·渭水注》記有"秦水",流經今清水和張家川兩縣之地,[2]"秦"應得名於此水,非子所邑之"秦",在兩縣間的某條河谷之中無疑。周孝王將非子建於秦邑,既是賞功,又有以其加強渭水上游防禦的意圖。此時直到西周滅亡之際,秦宗子的地位只是周人西方邊域的一個邊邑長官。西周滅亡後,宗周及其周邊地區經過幾十年的變亂,最終平王鞏固了周王之位并東遷洛邑。在這過程中,秦襄公有功於周平王,故平王將之晋升爲"邦君"一級的高級貴族,從此秦由邊域的一個邑變成一個邦,其轄區及所享權益範圍也大爲拓展。自東周初年始,原周人的"西土"區域內逐漸演變成由秦一家獨大,經營拓展并最終形成一個中央集權的區域國家的政治地理態勢。[3]

西周王朝西北的涇水、渭水上游源頭一帶的廣大地區爲獫狁、奴虜之戎等族群所占據。西周中期以後,周人與獫狁等發生軍事對抗,西北的敵對族群應是主要沿着大小河流的谷地向宗周進犯,令周人面對着巨大的安全壓力。

(二)多友鼎等器銘文所記西周晚期周人與獫狁的戰爭

西周晚期周人與獫狁戰爭的銘文,主要有多友鼎(《銘圖》02500)、兮甲盤(《銘圖》14539)、虢季子白盤(《銘圖》14538)、不嬰簋(《銘圖》05387)等器銘文。

多友鼎,[4]屬王時器,[5]銘文曰:

> 唯十月,用獫狁放(方)興,廣伐京師,告追于王,命武公:"遣乃元士,羞追于京師。"武公命多友率公車,羞追于京師。癸未,戎伐筍,衣孚(俘),多友西追。甲申之晨,搏于郗(漆),多友右(有)折首執訊:凡以公車折首二百又□又五人,執訊廿又三人,孚(俘)戎車百乘一十又七乘,衣復筍人孚(俘)。或(又)搏于龏(共),折首卅又六人,執訊二人,孚(俘)車十乘,從至。追搏于世,多友或(又)右(有)折首執訊,乃越追,至于楊塚,公車折首百又十又五人,執訊三人,唯孚(俘)車不克,以衣焚,唯馬毆盡。復奪京師之孚(俘)。多友乃獻孚(俘)馘訊于公,武公廼獻于王。……

[1] 徐少華:《周孝王所封非子之"秦"邑地望析異》,李勇先主編:《歷史地理學的繼承與創新暨中國西部邊疆安全與歷代治理研究——2014年中國地理學會歷史地理專業委員會學術研討會論文集》,四川大學出版社,2015年,第90-96頁。

[2] (北魏)酈道元著,陳橋驛校證:《水經注校證》卷十七《渭水》,中華書局,2007年,第429頁。

[3] 關於甘肅東部所謂早期秦文化各考古發現及其所涉及的秦人的起源及早期發展及其與西戎的關係,限於篇幅,筆者計劃另文專論。

[4] 田醒農、雒忠如:《多友鼎的發現及其銘文試釋》,《人文雜志》1981年第4期。

[5] 李學勤:《論多友鼎的時代及意義》,《人文雜志》1981年第6期;李仲操:《也談多友鼎銘文》,《人文雜志》1982年第6期;劉翔:《多友鼎銘兩議》,《人文雜志》1983年第1期。

獫狁,即上引史籍中之"犬戎",其常居地位於周的西北方,[1]範圍大概在今陝、甘、寧三省交界一帶。[2]

京師,是地名,在今陝西彬縣東北涇水東岸一帶。[3] 西周銘文中的"某師"往往是王朝駐軍的地方,爲駐有重兵的軍事要塞。京師應是西周王朝爲防異族由涇水河谷進入宗周而設立的軍事要地。若京師被攻破,則周人已無險可守,獫狁便可長驅直入關中平原腹地。

武公,是西周晚期的一位高級貴族。"武"氏名,周代的武氏亦是世族。[4]

多友,器主之名,爲武公的部下,應爲中下級貴族。

筍,在今陝西旬邑。郝,即《詩・大雅・綿》中之"漆",其字從"邑",應是漆水旁以水爲名的邑,應與豳相近。龔,即《大雅・皇矣》中"侵阮徂共"之"共",地在今甘肅靈臺縣以東。[5]

楊塚,爲鼎銘提到的最後一個地名,應比"龔"、"世"(無考)兩地更遠,似在涇水上游接近源頭的某處。[6] 多友率軍於此奪回京師被掠之人後,班師回周,其地應距獫狁的常居地不遠。

鼎銘大意是,獫狁興起戰事,對京師地區進行大規模進攻。周王命武公派部下前往京師追擊來犯之敵。武公命多友率領自己所屬的車兵去京師追擊獫狁。獫狁又攻打筍邑,俘走筍邑之人,多友率軍向西追趕。多友在郝地追及獫狁,有斬獲,且營救出筍邑被俘人衆。又在龔、世兩地有斬獲。最終在楊塚大破撤退的來犯之敵,營救出京師被俘的人衆。多友向武公獻俘,武公又進獻於周王。武公受周王之賞後,在自己的宗廟裏對多友進行賞賜。尤要注意到,此次的反擊是由武公的下屬及族兵完成的,宗周畿內的世家大族的軍事力量由此可見一斑。

---

[1] 參見李學勤《論多友鼎的時代及意義》一文。

[2] 李峰先生認爲獫狁主要以寧夏地區爲基地,參見《西周的滅亡——中國早期國家的地理和政治危機》,第 200 頁。

[3] 參見李學勤《論多友鼎的時代及意義》一文。李峰先生認爲《詩・大雅・公劉》中之"京師"爲豳的另一種稱呼,參見《西周的滅亡——中國早期國家的地理和政治危機》,第 186 頁。亦有人認爲其地當在陝西豳地求之,曹漢剛:《多友鼎相關問題考證》,《中國國家博物館館刊》2014 年第 3 期。

[4] 參見李學勤《論多友鼎的時代及意義》一文。

[5] 參見李學勤《論多友鼎的時代及意義》一文。

[6] 關於楊塚,田醒農、雒忠如兩位先生認爲在山西洪洞附近,參見《多友鼎的發現及其銘文試釋》一文。李仲操先生認爲龔、世、楊塚三地更在筍、豳之西,處於涇水上游,是獫狁活動的主要地區之下,參見《也談多友鼎銘文》一文。劉雨先生認爲在筍地附近,參見《多友鼎的時代與地名考訂》,《考古》1983 年第 2 期。李峰先生認爲其地在今寧夏固原之南,參見《西周的滅亡——中國早期國家的地理和政治危機》,地圖 8,第 188 頁。李建生、王金平先生認爲在山西新絳,參見《周伐獫狁與"長父侯于楊"相關問題》,《中原文物》2012 年第 1 期。曹漢剛先生認爲其地當在陝西豳地求之,參見《多友鼎相關問題考證》一文。

兮甲盤,爲周宣王時器,其銘文曰:

> 佳(惟)五年三月既死霸庚寅,王初各(格)伐玁狁于眔盧,兮甲從王,折首執訊,
> 休亡敃(潛),王易(賜)兮甲馬四匹、駒車,王令甲政司成周四方責(積)……

盤銘是記周宣王五年,兮甲隨從周王征伐玁狁,立有戰功,被周王委任爲成周的負責四方貢納之事的官員。"初格伐",應是指周宣王即位後初次率軍征伐玁狁。這是周人對玁狁的一次主動進攻。

虢季子白盤,爲周宣王時器,其銘文曰:

> 佳(惟)十又二年正月初吉丁亥,虢季子白乍(作)寶盤,不(丕)顯子白,壯武于
> 戎工(功),經維四方,搏伐玁狁,于洛之陽,折首五百,執訊五十,是以先行……

此盤銘記周宣王十二年,玁狁進犯至"洛之陽",周王派虢季子白率軍反擊并獲勝之事。"洛之陽",應指流經陝北地區的北洛水之西岸。[1] 此次玁狁的進攻路綫似是先向止東渡過今馬蓮河、越過子午嶺,再沿北洛水谷地南下向關中平原挺進。[2] "虢季"屬周人有名的世家大族虢氏的一支。[3] 子白所率擊敗玁狁之師,不知是其族兵否。

不嬰簋,其銘文曰:

> 唯九月初吉戊申,白(伯)氏曰:不嬰,馭方、玁狁,廣伐西俞,王令我羞追于西,
> 余來歸獻禽(擒),余命女(汝)御追于畧,女(汝)以我車宕伐玁狁于高陶,女(汝)多
> 折首執訊,戎大同,從追女(汝),女(汝)伋戎大敦,女(汝)休弗以我車函(陷)于艱,
> 女(汝)多禽(擒),折首執訊……不嬰拜稽手,休,用乍(作)朕皇且(祖)公白(伯)、
> 孟姬尊段(簋)……

---

[1] 李峰先生認爲戰場的地理位置有兩種可能,即甘泉縣北面的洛水上游和洛、渭交匯處的大荔附近,參見《西周的滅亡——中國早期國家的地理和政治危機》,第197頁。尚缺乏足够的證明,可備一説。

[2] 李峰先生推測此役似是沿着後世的"延州道"進行,并認爲此次玁狁的攻擊可能來自更爲遥遠的北部,即鄂爾多斯地區,參見《西周的滅亡——中國早期國家的地理和政治危機》,第197頁。惟玁狁分布地域是否有如此之廣,尚缺乏明證。

[3] 據强家村窖藏西周銅器銘文,虢季氏於西周早期偏晚(康昭際)由虢叔氏分出,但作爲小宗的虢季氏仍與大宗虢叔氏保持有密切的宗法和政治關係,參見朱鳳瀚:《商周家族形態研究》(增訂本),天津古籍出版社,2004年,第302頁。

此簋爲西周晚期宣王時器。[1]　"不娶"是器主之名,因銘文最後稱"公伯"爲"皇祖",這與《秦本紀》載秦公伯、秦仲、秦莊公是祖孫三代的情況相合,又《史記‧十二諸侯年表》有"秦莊公其",[2]而"娶"字的聲旁即爲"其",故"不娶"應是秦莊公。[3]

"馭方"應是宗周西邊的某個敵對"邦方",此稱呼猶如"鬼方"、"虎方"等例。[4]　馭方又見於伯碩父鼎(《銘圖》02438)銘文中。[5]　伯碩父鼎出土於甘肅慶陽合水縣何家畔西周晚期墓,是伯碩父的自作鼎。[6]　其銘文除記有需周人抵禦的"赤戎馭方"外,尚有伯碩父的夫人申姜亦可關注。此申姜之"申",應是指清華簡《繫年》及其他傳世文獻所記載之"西申",伯碩父鼎的出土地點,爲其地望在今甘肅與寧夏交界的平涼至鎮原以北的古申首之山與申水一帶的觀點提供了一個考古學上的證據。[7]

除上舉多友鼎、兮甲盤、虢季子白盤銘文外,西周晚期宣王的詩篇《采薇》、《出車》、《六月》也記有王朝對玁狁的戰爭的相關內容。[8]　這説明整個西周晚期,王朝的西部邊域主要的威脅來自玁狁。

"西俞",應不是具體的地名,而是對宗周西部邊界地帶的泛稱。[9]　"戎大同",指戎人的兵力進行了大規模的會合。此處將馭方和玁狁統稱爲"戎",説明玁狁只是西邊戎人的一種,"西戎"還應包括除馭方和玁狁之外的諸多邦方或族屬。

不娶率領伯氏的車兵追擊戎人,但戎人再次集結兵力後,反攻不娶之軍。不娶率軍力戰,多有斬獲,故得伯氏的賞賜。伯氏是不娶的上級,應屬高等級貴族。此"伯氏"應該是不娶所從屬的某個世家大族的宗子。若不娶果真是秦莊公,則此時的秦人仍爲某個周人大族的"附庸",亦與《秦本紀》所記秦襄公時才列爲所謂"諸侯"之事相合。

---

[1]　陳夢家:《西周銅器斷代》,中華書局,2004 年,第 318 - 319 頁。

[2]　《史記》卷十四《十二諸侯年表》第二,第 519 頁。

[3]　李學勤:《秦國文物的新認識》,《新出青銅器研究》(增訂版),人民美術出版社,2016 年,第 231 頁。

[4]　楊樹達先生初以"馭者朔之假字,馭方即朔方也",後在《不娶段再跋》引吳闓生云:"馭方猶鬼方、虎方之例。"見《積微居金文説》,上海古籍出版社,2007 年,第 88 頁。又菁簋(《銘圖》05179)銘文有"馭戎",李學勤先生認爲"馭戎"即"朔戎",是北方之戎,參見《菁簋銘文考釋》,《故宮博物院院刊》2001 年第 1 期。

[5]　其字釋作"馭",參見袁金平、孟臻:《新出伯碩父鼎銘考釋》,李學勤主編:《出土文獻》第十輯,中西書局,2017 年,第 48 頁及黃錦前:《伯碩父鼎的年代與國別》,《西部考古》第 15 輯,科學出版社,2018 年,第 38 頁。

[6]　劉薛梅:《甘肅省慶陽合水縣發現西周墓葬》,中國新聞網 2009 年 5 月 20 日,https://www.chinanews.com/cul/news/2009/05 - 20/1700780.shtml。

[7]　徐少華:《"平王走(奔)西申"及相關史地考論》,《歷史研究》2015 年第 2 期;袁金平、孟臻:《新出伯碩父鼎銘考釋》,第 52 頁。

[8]　《毛詩正義》卷九之三《小雅‧采薇》,第 881 - 884 頁;《毛詩正義》卷九之四《小雅‧出車》,第 888 - 890 頁;《毛詩正義》卷十之二《小雅‧六月》,第 907 - 910 頁。

[9]　參見李學勤:《秦國文物的新認識》,第 230 頁。

伯氏稱不嬰所率之車兵爲“我車”，又是西周王朝以世家大族之族兵抵禦玁狁之一例，此表明周人有多個世家大族擁有較强的軍事實力。

（三）四十二年逨鼎銘文所示宣王晚期西土邊域之態勢

宣王時器四十二年逨鼎（《銘圖》02501－02502）銘文曰：[1]

> 佳（惟）卌又二年五月既生霸乙卯，王才（在）周康穆宫……王若曰：逨……則
> 繇佳（惟）乃先聖且（祖）考，夾紹先王，功董（勤）大令（命），莫周邦。余弗叚（遐）忘
> 聖人孫子，余佳（惟）閉乃先且（祖）考，又（有）功于周邦，肄余乍（作）女（汝）盨鹵，
> 余肇（肇）建長父，侯于楊，余令（命）女（汝）莫長父休，女（汝）克莫于乒（厥）師，女
> （汝）佳（惟）克井（型）乃先且（祖）考，■玁狁，出戳于井（邢）阿，于歷巖，女（汝）
> 不■戎，女（汝）光長父以追博（搏）戎，乃即宕，伐于弓谷，女（汝）執訊隻（獲）馘，
> 孚（俘）器車馬。……

關於鼎銘，學界已有相當多的研究成果。[2] 器主之名，學界多隸作“逨”，[3]原文作“■”，隸作“逨”爲宜。眉縣楊家村窖藏是西周時期單氏家族所留，逨是宣王時期單氏家族中爲王室重用者。

整篇銘文記載了宣王賞賜逨時，追溯其祖、考曾爲王朝打擊玁狁的功績，又稱贊逨繼承祖、考的功烈，同樣在王朝對玁狁的戰爭中立有戰功。與本文相關的有“余肇建長父，侯于楊”與“■玁狁”兩條内容。

“余肇建長父，侯于楊”是指宣王建長父爲“楊侯”的史事。周宣王建長父的“楊”地，學

---

[1] 陝西省考古研究所、寶雞市考古工作隊、眉縣文化館聯合考古隊：《陝西眉縣楊家村西周青銅器窖藏》，《考古與文物》2003 年第 3 期；陝西省考古研究所、寶雞市考古工作隊、眉縣文化館楊家村聯合考古隊：《陝西眉縣楊家村西周青銅器窖藏發掘簡報》，《文物》2003 年第 6 期。

[2] 陝西省考古研究所、寶雞市考古工作隊、眉縣文化館聯合考古隊：《陝西眉縣楊家村西周青銅器窖藏》，《文物》2003 年第 3 期；張培瑜：《逨鼎的王世與西周晚期曆法月相紀日》，《中國歷史文物》2003 年第 3 期；董珊：《略論西周單氏家族窖藏青銅器銘文》，《中國歷史文物》2003 年第 4 期；[美]夏含夷：《四十二年、四十三年兩件吳逨鼎的年代》，《中國歷史文物》2003 年第 5 期；馬承源等《陝西眉縣出土窖藏青銅器筆談》，《文物》2003 年第 6 期；劉懷君、辛怡華、劉棟：《四十二年逨鼎、四十三年逨鼎銘文試釋》，《文物》2003 年第 6 期；李學勤：《眉縣楊家村新出青銅器研究》，《文物》2003 年第 6 期；裘錫圭：《讀逨器銘文札記三則》，《文物》2003 年第 6 期；周曉陸：《〈逨鼎〉讀箋》，《西北大學學報（哲學社會科學版）》2003 年第 4 期；黃盛璋：《眉縣楊家村逨家窖藏銅器解要》，《中國歷史文物》2004 年第 3 期；李伯謙：《眉縣楊家村出土青銅器與晉侯墓地若干問題的研究》，《古代文明》第 3 卷，文物出版社，2004 年，第 303－319 頁；葉正渤：《從曆法的角度看逨鼎諸器及晉侯穌鐘的年代》，《史學月刊》2007 年第 12 期；田率：《四十二年逨鼎與周伐玁狁問題》，《中原文物》2010 年第 1 期。

[3] 李學勤先生隸作“逨”，認爲當讀爲“佐”，參見《眉縣楊家村新出青銅器研究》一文。

界有大致有兩種觀點,即一説在今山西洪洞縣,[1]一説在今陝西省境内。[2]

"余命汝奠長父休,汝克奠于厥師",是周王令逨輔助長父在任"侯"之地奠定下來(可能包括築城設衛等事項),逨於長父之師中很好地完成了任務。

"㦛玁狁",是指征伐、打擊玁狁。"㦛"字的隸定與解釋多有歧義,[3]觀其字形,從"戈"及其下未知偏旁,尚不能隸定,但可知與干戈之事有關。這應是在"奠長父"之後發生之事。逨出擊玁狁,銘文提到四個地名,即井阿、歷礉、宕、弓谷,最後一地乃是戰場。井阿、歷礉、宕、弓谷四地目前尚不可考,[4]因與玁狁之戰有關,故可在甘隴一帶找尋。

自穆王時期,西周王朝的西土邊域開始受到來自西北的威脅。據上文所舉兮甲盤等器銘文,西周晚期的宣王"中興",王朝與玁狁展開了多次較爲激烈的戰争。

典籍記載周人曾一度對玁狁呈進攻態勢。《詩·小雅·六月》:

> 玁狁匪茹,整居焦穫,侵鎬及方,至于涇陽。……薄伐玁狁,至於大原。[5]

《詩序》曰:"六月,宣王北伐也。"[6]是宣王時,玁狁曾入侵到涇水之北的某個地帶,宣王率軍反擊并追擊到大原。"大原",戴震云:"漢安定郡高平,今平涼府固原州。"[7]雖不知其何據,但依史籍和古文字材料中各類情況的總結,戴説應較爲接近事實。

然宣王晚年,西周王朝顯現出頹勢。《國語·周語上》:

> 三十九年,戰於千畝,王師敗績於姜氏之戎。……宣王既喪南國之師,乃料民於大原。[8]

是宣王晚年曾與姜氏之戎大戰,結果周喪"南國之師",其軍事力量損失慘重,致使周與戎人

---

[1] 參見董珊《略論西周單氏家族窖藏青銅器銘文》及李學勤《眉縣楊家村新出青銅器研究》兩文。

[2] 彭裕商:《周伐玁狁及相關問題》,《歷史研究》2004 年第 3 期;田率《四十二年逨鼎與周伐玁狁問題》一文。

[3] 隸作"兵",見劉懷君、辛怡華、劉棟《四十二年逨鼎、四十三年逨鼎銘文試釋》一文。讀爲"鬪",見李學勤《眉縣楊家村新出青銅器研究》一文及裘錫圭《讀逨器銘文札記三則》一文。讀爲"撲",田率《四十二年逨鼎與周伐玁狁問題》一文。

[4] 李學勤先生認爲"汝惟克型乃先祖考鬪玁狁"應連讀,是言其能繼承先人與玁狁戰鬥的精神,與戎人交戰,但此戎人分布於山西北部,不是指玁狁,銘文所提地名皆在山西,參見《眉縣楊家村新出青銅器研究》一文。然細讀銘文,前後之意連貫,且逨友鼎銘文就將玁狁省稱爲戎,故此銘亦是只記伐玁狁之事,銘中的地名也應在甘隴一帶。

[5] 《毛詩正義》卷十之二《小雅·六月》,第 909、910 頁。

[6] 《毛詩正義》卷十之二《小雅·六月》,第 907 頁。

[7] 轉引自《國語集解》,第 24 頁。

[8] 《國語集解》,第 21、23－24 頁。

(主要是玁狁)的軍事對比發生變化。西周王朝不得不對玁狁轉入守勢。

為加強西土邊域的防衛力量,西周王朝必須在其地建"侯"設衛。"侯"的本來職能之一便是爲王朝戍守邊域。王朝的軍事力量大損,對抵擋玁狁已力不從心,只能靠建"侯"來形成防綫。建長父爲"楊侯"正是宣王順其勢采取的軍事政治舉措。而甘隴地區的涇、渭等河流谷地爲玁狁進犯的必經道路,故"楊"地亦應在甘隴一帶找尋。

結　　語

西周王朝的西土邊域在正西已達今隴西地區,在西北則進至涇水上游,且周人在西周早期曾到達今寧夏固原市區以西一帶。西周中期以後,西周王朝西土邊域的威脅主要來自大概分布於涇、渭兩水上游之間地方的玁狁。與玁狁的膠着對抗,牽扯了西周王朝經營南國的精力,使得周人必須兩綫作戰,這也是加速西周王朝覆滅的外部因素之一。

然西周王朝的西土邊域有一個特殊情況,即初未建"侯",只是到宣王晚期,西周行將滅亡時才有建"侯"的迹象。上文通過對相關材料的分析,究其原因,有以下四點:

第一,經過殷商晚期周文王的經營,周人稱霸西土地區,涇渭上游地區也爲周人所征服并進行了有效的布控,故西北方向暫無威脅,周人穩定了後方,使翦商的軍事行動無後顧之憂。文王對涇渭上游地區的經略的積極影響一直持續到整個西周早期,史籍及西周銘文未見此一時期周人與西北異族發生衝突的迹象,惟見西周王朝在東方經營(以南國地區爲重點)。

第二,作爲西土中心地帶的關中西部,是姬姓周人及其他周人、盟邦、盟族的根本之地,亦是常居之地。各個族邦的首領既是周人的功臣,又是西周王朝的高等級貴族,其地應是采邑性質,且其人本身在王朝爲官,參與中央政權,家族力量強大。西周晚期周人對玁狁的戰爭多用世家大族的族兵及附庸,可見某些大族的軍事力量甚至可以代替王朝軍隊的職能。且汧渭之會與寶雞盆地密集分布着周人的世家大族,此地根本無建"侯"的條件與必要。

第三,宗周地區本駐有重兵(如"西六師"等),這些"師"分布於宗周畿内和其邊域地區,本身就起到平時防守,戰時出擊的作用。據師西簋及詢簋銘文,西周王朝西土的邊防似由周王直接任命和控制的"師"類職官負責,惟其是中央直屬的軍事職官,不像任"侯"的貴族還兼有邦君的身份。儘管周人在涇水上游地區建有"密"等邦,故不必再向其邦君授"侯"職。

第四,甘隴地區多山地,土地貧瘠,適宜農耕的少。再向西及西北,除河西走廊外,是自然地理條件和氣候更爲惡劣的青海高原及大漠地區。且其地金屬礦藏稀缺(甘肅白銀銅礦於中華人民共和國成立後才被探明),故周人基本無意再向西方發展,在西土邊域地帶只作相應的鞏固邊防的措施,而不建"侯"。

西周中晚期,王朝總體呈逐漸衰落的趨勢,曾一度用世族的族兵抗擊入侵的玁狁等族。宣王雖號爲"中興",在其早中期也曾取得一些武功,但其晚期的一次戰爭使得王朝軍隊受到巨大損失,西土邊域的形勢岌岌可危,宣王不得不建長父爲"楊侯"以加強西北方向的防禦。

從亳鼎銘文看西周早期
魯國的經略*

楊　坤**

羅振玉《三代吉金文存》曾著録一件亳鼎銘文拓本,此後又被《殷周金文集成》《商周青銅器銘文暨圖像集成》等書收録,銘文作:

圖一　亳鼎銘文拓本

公侯賜亳杞土、■土、■禾、■(𪊽)禾,亳敢對公中(仲)休,用作尊鼎。(《銘圖》02226,[1]圖一)

銘文并不長,器主名亳,記載了公侯賞賜亳的事情。對於該銘文的年代、讀法、所記地名以及人物的認識,學者曾有不同意見。而該銘所反映的史事和内涵,亦可做進一步探索。現不揣譾陋,將我們的想法寫出來,請方家批評指正。

一、銘文年代及賞賜的内容與性質

亳鼎原器及器影皆不見,難以據器物形制斷代。曾有學者認爲是商金文,[2]但所見"公"、"侯"和排行稱謂(仲),以及"敢對某休"的表述,均常見於西周早期以來的銅器銘文,而基本不見於商金文,多數學者將銘文年代定在西周早期,[3]是可信的意見。

　＊本文受到國家社科基金冷門絕學研究專項學術團隊項目"近出兩周封國青銅器與銘文的綜合研究"(20VJXT019)的資助。

＊＊北京大學歷史學系博士後。

[1] 本文所引銅器編號,如無特殊説明,均來自吳鎮烽《商周青銅器銘文暨圖像集成》(上海古籍出版社,2012年)和《商周青銅器銘文暨圖像集成續編》(上海古籍出版社,2016年),簡稱《銘圖》、《銘續》,以下不再注明。

[2] 于省吾:《關於商周時代對於"禾""積"或土地有限度的賞賜》,《中國考古學會第一次年會論文集》,文物出版社,1980年,第149頁;中國社會科學院考古研究所:《殷周金文集成》,中華書局,2007年,第1662頁。

[3] 陳夢家:《西周銅器斷代》,中華書局,2004年,第70頁;唐蘭:《西周青銅器銘文分代史徵》,中華書局,1986年,第121頁;吳鎮烽:《金文人名彙編》,中華書局,2006年,第269頁。

銘文開首作"公侯賜亳杞土、▨土、▨禾、▨禾"。"公"爲尊稱,西周時代下屬對地位較高的上位者可稱"公","侯"是職官名。"公侯"應爲亳的上司,其職位是某侯。[1]

杞土、▨土、▨禾、▨禾,"土"即土地,杞、▨爲地名。"禾"即禾稼,《説文·禾部》云"禾,嘉穀也"。于省吾認爲"先言杞、▨兩處土地,後言某禾與某禾,是以兩地的禾稼爲賞賜……銘文的首句是説,公侯賞賜亳以杞土和▨土兩地所生産的禾稼"。[2] 若依此説,則"▨、▨"較難解釋。商周金文所見賞賜物如貝、禾之前的限定詞有不少表示來源,如小臣缶鼎(02224)"王賜小臣缶渪積五年","渪積"即"渪之積(禾米芻薪)","渪"爲地名,表"積"的來源。小臣謎簋(05269)"賜師率征自五齲貝",説明所賜之貝來自"五齲"之地。"▨禾、▨禾"與"杞土、▨土"應是并列關係,杞、▨爲地名,▨、▨亦應作此解,表禾稼來源地。西周所見賜土與賜禾銘文,有土田與禾稼同賜的例子,如季姬方尊(11811)"君命宰尃賜帛季姬……賜厥田……禾二廩"。因此,亳鼎首句的意思是公侯賜給亳杞地與▨地,同時又將▨地與▨地的禾稼賜給了他。至於爲什麼公侯會有如此賞賜,下面將要講到,此暫不論。

關於此次賞賜的性質,吕文郁認爲公侯賜給亳的杞土、廩土未説數量,其面積不會很大,這樣的兩塊田地還不能稱爲采邑,只能説是賞田,并由此推斷在西周前期和中期,畿外諸侯國內基本上沒有分封給卿大夫的采邑。[3] 此説不確,西周金文所見"賜土"與"賞田"有明顯區別,賞田往往直言所賜爲"田",如旟鼎(02321)"王姜錫旟田三于待劀"、四十二年逨鼎(02501)"賚汝秬鬯一卣,田于鄭三十田,于陣二十田"、永盂(06230)"錫畀師永厥田陰陽洛,疆眔師俗父田"等。至于賜土,則多言"土"或"采(邑)",有的會標明數量或面積,如召圜器(19255)"召肇進事,奔走事皇辟君,休王自毅使賞畢土方五十里"、宜侯夨簋(05373)"錫土:厥川三百□,厥□百又二十,厥宅邑三十又五"等。但更多的不會作此説明,如大保簋(05139)有銘文作"王侃大保,賜休▨[4]土,用茲彝對令"。"▨土"沒有標明面積或數量,不會僅是▨地之田,陳絜認爲此土是周天子賜給召公的湯沐邑。[5] 遣尊、卣(11789、13311)云"王在庠,錫遣采曰趙",是天子賜趙地以作遣的采邑。中鼎(02382)銘文有"王曰:中……今睍畀汝襦土,作乃采"。静鼎(02461)作"王曰:静,賜汝鄑、旗、巿、采鼎"。周天子分別賜襦土與鼎地作中和静的采邑,也

[1] 傳世文獻有"公、侯、伯、子、男"五等爵的説法,多位學者已指出殷周時期并未真正實行過五等爵制(魏芃:《西周春秋時期"五等爵稱"研究》,南開大學博士學位論文,2012年;劉源:《"五等爵"制與殷周貴族政治體系》,《歷史研究》2014年第1期,第62-78頁)。此處"公、侯"連言,公、侯均不能作爵稱解。
[2] 于省吾:《關於商周時代對於"禾""積"或土地有限度的賞賜》,第149-150頁。
[3] 吕文郁:《周代的采邑制度(增訂版)》,社會科學文獻出版社,2006年,第24、27頁。
[4] 該字郭沫若釋作"枱",李學勤釋作"集",陳絜讀作"榆"。郭沫若:《兩周金文辭大系圖録考釋》,科學出版社,1957年,第27頁;李學勤:《紂子武庚禄父與大保簋》,《甲骨文與殷商史》新二輯,上海古籍出版社,2011年,第1-4頁;陳絜:《"梁山七器"與周代巡狩之制》,《漢學研究》2016年第34卷第1期,第1-26頁。
[5] 陳絜:《"梁山七器"與周代巡狩之制》,第1-26頁。

没有説明具體面積。因此,并不能據有無明確數量來斷定賜土之性質。參照西周金文賜土與賞田銘文,"公侯賜亳杞土、⬚土"的性質明顯是"授土",而不是"賞田"。

"田"是生産資料,"土"或"采"的内涵遠大於"田",是包含城郭、居室、土田、苑囿、山川等多種要素的廣大地域(甚至此地域内的民人也歸入其中),往往被用作受賜者的封地。賞田之"田"多是經濟單位,"授土"則意味着受賜者對這一方土地及人民具有管轄(統治)權,是"分封",封地會形成政治經濟實體,兩者性質迥然不同。"授土"與"賞田"的區别亦見於傳世文獻。"授土"的對象往往是高等級貴族,受封貴族可以在封地之内封官設職,而"賞田"多屬於"衣食租税",對於無法獲得采邑的低等級貴族,可作爲其維持生存的經濟來源,或者作爲高等級官員、有功之臣的經濟補充,當不得"分封"。[1]

因此,"公侯賜亳杞土、⬚土"是諸侯封賜臣下土地以作采,性質爲"分封",并非僅是"賞田"。西周銅器銘文所見多是天子對諸侯、卿大夫等的"授土",亳鼎則是"侯"對下屬的"授土",在金文中尚屬少見,這是當時逐層分封的明證,彌足珍貴。

二、"杞、⬚、⬚、⬚"地望考辯

明晰了賞賜的内容與性質,"杞、⬚、⬚、⬚"四地的地望亦值得注意,這關係到對公侯的認識及銘文内涵的理解,非常關鍵。

先説"杞",西周時期的"杞"地至少有兩處:

第一處在今河南杞縣。《史記·陳杞世家》有"杞東樓公者,夏后禹之後苗裔也。殷時或封或絶,周武王克殷紂,求禹之後,得東樓公,封之於杞,以奉夏后氏祀"。司馬貞《史記索隱》云"宋忠曰:'杞,今陳留雍丘縣。'故地理志云雍丘縣,故杞國,周武王封禹後爲東樓公是也。蓋周封杞而居雍丘,至春秋時杞已遷東國"。[2] 雍丘在今杞縣,此爲河南之"杞"。

第二處在今山東新泰一帶。《左傳》等傳世文獻記載山東有杞國,曾數度遷都。[3] 清代

---

[1] 《周禮·天官·大宰》有"以八則治都鄙",孫詒讓《正義》對比了采邑與禄田的差别,"凡公卿大夫貴戚有功德得世禄者,皆頒邑以爲禄,是謂采邑。唯疏族新進未得世禄者,則賦田斂粟以頒禄,是謂禄田……采邑、食邑,食其田并主其邑,治以家宰私臣,又子孫得世守之。禄田不世守,且僅食其田之租税,而不得主其邑,各就近屬鄉遂或公邑王官治之"。(清)孫詒讓撰,王文錦、陳玉霞點校:《周禮正義》,中華書局,2013 年,第 69 頁。

[2] 《史記》卷三十六,中華書局二十四史點校本,1982 年,第 1583 頁。

[3] 關於春秋杞國遷都,以及山東杞國與河南杞縣之"杞"的關係問題,學者有不同意見,但并非本文重點,在此不作討論。相關研究可參王獻唐:《山東古國考》,齊魯書社,1983 年,第 62－65 頁;王恩田:《從考古材料看楚滅杞國》,《江漢考古》1988 年第 2 期,第 86－92 頁;藍野:《商周夏杞夷杞考》,《杞文化與新泰》,中國文聯出版社,2000 年,第 53－91 頁;陳昌遠:《古杞國歷史地理問題考辯》,《中國歷史地理論叢》2000 年第 1 期,第 31－48 頁;劉彬徽:《關於杞國歷史地理問題的探討》,《杞文化與新泰》,第 231－235 頁;楊善群:《杞國都城遷徙與出土銅器考辯》,《學術月刊》2000 年第 2 期,第 64－69 頁;錢益匯:《杞國都城遷徙及相關歷史地理問題疏證》,《首都師範大學學報(社會科學版)》2011 年第 4 期,第 48－55 頁。

山東新泰曾出土"杞伯每✦"銅器多件，當時學者許瀚在《周杞伯敦銘跋》中即指出："近歲新泰某掘地得古銅器多品，銘首皆有杞伯二字，知爲杞國物……杞國東遷，書史不詳其地，以此器證之，知在新泰一帶矣。"[1] 杞伯每✦器年代在春秋早期晚段，説明春秋早中期"杞"或在新泰。

1986 年，陝西安康出土一件史密簋殘器，銘文作：

唯十又一月，王命師俗、史密曰：東征。合南夷盧、虎，會杞夷、舟夷、雚、不、✦，廣伐東國。齊師、族徒、遂人，乃執鄙寰亞。師俗率齊師、遂人左，□伐長必，史密右……（05327）

周天子命令師俗、史密會合南夷、杞夷、舟夷、齊師等東征，廣伐東國。"杞夷"即杞地之夷，"齊師"爲齊地之師，"舟夷"之"舟"，學者早已指出即"州"，[2]《荀子·君道》有"州人"，《韓詩外傳》作"舟人"，地在山東安丘一代。[3] 杞夷與齊師、舟夷聯繫緊密，根據齊、舟（州）的地望，則杞地也應在山東境內。史密簋年代在西周中期晚段，這説明在西周時代，山東境內即有"杞"。

從甲骨文和商金文材料來看，商代山東即有"杞"，并且可能就在新泰一帶。殷墟甲骨文有"杞侯"（13890），商代還有杞婦卣，銘文作"亞醜，杞婦"（12944）。山東益都蘇埠屯曾出土大量帶有所謂"亞醜"族名的青銅器，一般認爲益都即"亞醜"族居地，"杞婦"爲杞氏女子嫁入"亞醜"族者。根據"亞醜"居地，"杞"很可能在山東。不僅如此，商末征人方的卜辭有：

丙戌卜，在□卜，亘貞：今〔日〕王步于□，亡災。

庚寅卜，在婍，貞王步于杞，亡災。

壬辰卜，在杞，貞今日王步于✦，亡災。（《合集》36751，黃類；圖二，1）

癸巳卜，在✦、✦、李、商鄙，永貞：王旬亡憂。唯來征人方。（《英藏》02525，黃類；圖二，2）

癸巳卜，在✦，貞王趈✦，往來亡災。于自北。

甲午卜，在✦，貞王步于剌，亡災。（《合集》36751，黃類）

該版卜辭記載了商王十祀二月從丙戌到甲午日這八天行進的路綫，壬辰日商王在杞，第

---

[1] 吳式芬：《攈古録金文》卷二之二，西泠印社，1913 年，第 47–50 頁。

[2] 李學勤：《史密簋銘所記西周重要史實考》，《中國社會科學院研究生院學報》1991 年第 2 期，第 5–9 頁；王輝：《史密簋釋文考地》，《人文雜志》1991 年第 4 期，第 99–104 頁。

[3] 《春秋經》桓公五年有"冬，州公入曹"，《左傳》作："冬，淳于公如曹。"杜預注："淳于，州國所都。"《春秋左傳正義》卷六，《十三經注疏》，中華書局，2009 年，第 3798 頁。

二天(癸巳)在商等地,第三天(甲午)到
剡地。"唯來征人方",陳夢家已經指出
即來於征人方,指歸程,[1]因此杞-商-
剡大體是一個逐漸靠近殷都(大邑商)的
路綫。剡原銘作,從索從刀。1973 年
山東兗州李宮村(又名田家集)發現剡族
銅器多件,如剡父癸爵(07973)、剡妣乙爵
(07984)、剡册父癸壺(12099)等。王恩
田、郭克煜等認爲"剡"同"索",即周初封
魯殷民六族中的索氏。[2]"商",陳絜認
爲即《春秋經》莊公三十年"齊人降鄣"之
"鄣",在今山東東平縣鄣城村一帶。[3]
王恩田、李學勤等由索地推測商代"杞"
地可能在出土杞國青銅器的山東新泰,而
不是周初所封的河南杞縣,[4]應是可信
的意見。[5] 從商和春秋早中期"杞"的
地望來看,史密簋所見西周時代山東之
"杞"也當在新泰一帶。[6]

1.《合集》36751　　　2.《英藏》02525

圖二　商末征人方卜辭

　　既然河南、山東各有"杞"地,那該銘"杞土"指哪一地? 亳鼎的出土地,柯昌濟《金文分域
續編》云"出自河南開封縣",杞縣與開封相鄰,因此不少學者認爲此"杞土"在河南杞縣。[7]
但如果從西周早期周王朝經略形勢、"侯"的執掌,以及銘文地名繫連來看,此説恐不足信。
"杞土"當以定在山東新泰爲宜。

　　首先,由銘文可知"杞土"是某"侯"所賜,性質爲諸侯對屬下的授土分封。上引《陳杞世家》已

[1] 陳夢家:《殷虛卜辭綜述》,中華書局,1988 年,第 304 頁。

[2] 王恩田:《從考古材料看楚滅杞國》,《江漢考古》1988 年第 2 期,第 88 頁;郭克煜、孫華鐸、梁方建、楊
　　朝明:《索氏器的發現及其重要意義》,《文物》1990 年第 7 期,第 36‒38 頁。

[3] 陳絜:《〈塱方鼎〉銘與周公東征路綫初探》,《古文字與古代史》第四輯,中研院歷史語言研究所,2015
　　年,第 282‒286 頁;陳絜:《"泰山田獵區"與商末東土地理》,《歷史研究》2015 年第 5 期,第 68‒71 頁。

[4] 王恩田:《從考古材料看楚滅杞國》,第 88 頁;李學勤:《重論夷方》,《走出疑古時代(修訂本)》,遼寧
　　大學出版社,1997 年,第 333 頁。

[5] 關於""的釋讀以及地的地望,學者還有不同意見,可參高江濤、龐小霞:《索氏銅器銘文中"索"字
　　考辨及相關問題》,《南方文物》2009 年第 4 期,第 92‒96 頁;郭永秉、鄔可晶:《説"索"、"剡"》,《出土
　　文獻》第三輯,中西書局,2012 年,第 99‒118 頁。

[6] 上引王恩田、李學勤等均持此説。

[7] 孫亞冰、林歡:《商代地理與方國》,中國社會科學出版社,2010 年,第 405‒406 頁。

明言武王將河南之"杞"賜給了東樓公，因此某"侯"不可能再將此地賜給其下屬。商和西周時期的"侯"是王朝邊域或外服的軍事長官，[1]河南之"杞"近王畿，周圍并没有"侯"，作爲邊域軍事長官之"侯"，是没法將近畿（且不在其轄境内）之杞賞賜給屬下的。故"杞土"不會在河南杞縣。

不僅如此，"杞土"地望還可以通過繫聯"▨土"、"▨"禾、"▨"禾來確定。先説▨，左邊所從或是"鬼"的異體，[2]右邊所從即"岂（微）"字。甲骨文散（微）作▨（《合集》17942）、▨（《合補》06003），西周金文有▨、▨、▨（微伯鬲）和▨（史牆盤），左邊所從與此一致。該字可隸定作"魃"，"岂（微）"可能用作聲符。

春秋時代山東有微邑。《春秋經》莊公二十八年有"冬，築郿"，《左傳》亦作"郿"，杜預注"郿，魯下邑"。[3]《公羊傳》、《穀梁傳》均作"築微"，[4]是郿、微爲同地異名，兩者音近可通假。魏晉時期的京相璠曰："《公羊》謂之微。東平壽張縣西北三十里有故微鄉，魯邑也。"[5]可知郿、微在今山東東平一帶。亳鼎之"魃"很有可能即微（郿）邑。[6]

再説▨，該字原不識，由厂、爪、[7]亼、禾四個部件構成。爪、禾即是"采"字。《説文解字》云"采，禾成秀也，人所以收。從爪、禾。穗，采或從禾，惠聲"。[8]是穗爲采或體。▨很有可能以"采"爲聲，王力認爲"穗"與"穟"音意極近。[9]采亦見於楚簡和秦簡，但一般讀作由（抽、袖）、秀一類的音。[10]裘錫圭認爲采應該是秀的木字或初文，秀、穗義近，因此被人當作穗字。[11]白於藍認爲采字上古應同時具有采（穗）、秀兩種讀音，代表兩個同義詞。[12]鄔可晶認爲在現有材料面前，對於"采"讀"穗"音，或把"采"同時視爲"穗"的表意初文的説法，尚需存疑。"采"可能是當"禾長之貌"講的"襃"的表意字，"穟"是"秀"的派生詞。不過

---

[1]　裘錫圭：《甲骨卜辭中所見的"田"、"牧"、"衛"等職官的研究——兼論"侯"、"甸"、"男"、"衛"等幾種諸侯的起源》，《裘錫圭學術文集》（第五卷），復旦大學出版社，2012年，第153－168頁；朱鳳瀚：《殷墟卜辭中"侯"的身份補正——兼論"侯"、"伯"之異同》，《古文字與古代史》（第四輯），中研院歷史語言研究所，2015年，第1－36頁。

[2]　《銘圖》等認爲是"齒"。

[3]　《春秋左傳正義》卷十，《十三經注疏》，第3865頁。

[4]　《春秋公羊傳注疏》卷九，《十三經注疏》，第4865頁；《春秋穀梁傳注疏》卷六，《十三經注疏》，第5183頁。

[5]　（清）孫星衍撰；陳抗、盛冬鈴點校：《尚書今古文注疏》卷九，中華書局，2004年，第253頁。

[6]　甲骨文中有地名"岂（微）"（《懷特》756、《合集》36346），還有"岂人"、"岂伯"、"岂方伯"（《英藏》547、《合集》06987、《合集》20087）等，黃盛璋認爲微方伯之"微"或許即是東平之郿、微邑。見黃盛璋：《西周微家族窖藏銅器群初步研究》，《歷史地理與考古論叢》，齊魯書社，1982年，第296頁。

[7]　▨所從之"▨"即"爪"，金文中有"孚"作▨（過伯簋，04771），"妥"作▨（寧簋，04936）、▨（沈子它簋，05384），"爲"作▨（師眉簋，05089）、▨（庚尊，11728）、▨（引尊，11725，左上部所從與此一致）。

[8]　（漢）許慎撰：《説文解字》，中華書局，1978年，第145頁。

[9]　王力：《同源字典》，《王力全集》第十三卷，中華書局，2014年，第490頁。

[10]　白於藍：《戰國秦漢簡帛古書通假字彙纂》，福建人民出版社，2012年，第109頁。

[11]　裘錫圭：《甲骨文中的農業》，《裘錫圭學術文集·甲骨文卷》，第268頁。

[12]　白於藍：《釋"襃"——兼談秀、采一字分化》，《拾遺録——出土文獻研究》，科學出版社，2017年，第282頁。

“采”可能音近而假借爲“遂”。[1] 褒爲邪母幽部,遂是邪母物部,聲母相同,韵部屬於“幽物(微)通轉”,傳世文獻和出土材料多見。[2] 因此,無論是傳世文獻所言采-穗-穟,還是出土材料所見采-褒-穟,均可證“采”可讀作“遂”。戰國時代韓國斜肩空首布有“武采”(《中國貨幣大系》596、597),何琳儀等學者讀作“武遂”,[3] 應是可信的意見。准此,□從“采”,很有可能亦讀作“遂”,在銘中用作地名。

春秋時代山東有遂地,《春秋經》莊公十三年有“齊人滅遂”。《左傳》云:“春,會於北杏以平宋亂,遂人不至。夏,齊人滅遂而戍之。”[4] 杜預注云遂國在濟北蛇丘縣東北,也即今山東肥城市南,正與東平之“微”相距不遠(銘文言□禾與□同賜,則□、□應相鄰或相距不遠,如此才方便調度)。若微、遂之考證可信的話,則同銘之“杞”不會遠在河南杞縣。

再説□,“□土”與杞土連言,作爲賜封授土,杞、□兩地亦當相鄰或相距不遠。“□”字下部從禾,上部所從“□”,該字可暫隸作枲(稇)。[5] 春秋時代圓君婦媿器(02009、12353、14768)之“圓”作□、□、□,所從□、□、□與□相似,很可能是一字。圓君婦媿爲媿姓女子嫁與圓君者,[6]“圓”當爲地(國)名。亳鼎之□與圓君之“□”很有可能表示同一地,圓君壺出土於山東棗莊小邾國墓地,圓地很可能就在山東境内,[7] 而不會靠近河南杞縣,亦可作爲“杞土”在山東的輔證。

綜上,“杞、□、□”均當在山東,其中“杞”在今新泰西境一帶,[8] □即遂地,在今肥城南部一帶,□即微地,在今東平一帶。

---

[1] 鄔可晶:《釋“穗”》,《文字·文獻·文明》,上海古籍出版社,2019年,第7-10頁。

[2] 關於幽覺與微物文相通的問題,自清代乾嘉以來的段玉裁、王念孫、宋保、章太炎,以及當代學者如孫玉文、龍宇純、何琳儀、孟蓬生、張富海、史傑鵬、李家浩、陳劍等均曾有過很好的論述。劉釗曾詳細總結這一問題的研究成果,并言“無論是傳世典籍還是出土資料,都充分證明了上古漢語中幽覺與微物文(脂質真)之間相當常見的音轉現象”(劉釗:《古璽格言璽考釋一則》,《書馨集》,上海古籍出版社,2013年,第264頁)。

[3] 何琳儀:《首陽布幣考——兼述斜肩空首布地名》,《古幣叢考》,安徽大學出版社,2002年,第67-68頁;吳良寶:《中國東周時期金屬貨幣研究》,社會科學文獻出版社,2005年,第49頁。

[4] 《春秋左傳正義》卷九,《十三經注疏》,第3843頁。

[5] 實際上□上部所從不是“昆”。相似字形還見於昆疕王鐘(15159),字形作□,林義光釋作“昆”,李孝定曰:“金文此字下從从,與龟、鹿等字下所從象足形者全同,似非從‘比’,蓋‘比’從二人,與此不類。”李孝定:《金文詁林讀後記》,中研院歷史語言研究所,1982年,第262頁。

[6] 關於“圓君婦媿霝”的理解,李零認爲圓是國族名,爲婦霝的母國,“君婦”則表明其身份爲小邾君的兒媳(《讀小邾國銅器的銘文——兼論東江墓地的墓主和年代》,《小邾國文化》,中國文史出版社,2006年,第180頁)。陳英傑認爲圓君婦即圓君之妻(《金文中“君”字之意義及其相關問題探析》,《西周金文作器用途銘辭研究》,綫裝書局,2008年,第750-751頁)。我們同意陳英傑的理解。

[7] 據悉湖北警方在打擊盜墓的行動中,曾從盜墓賊手中繳獲圓君婦媿器三件(鼎1、壺1、霝1),這些器出土地目前尚未明確。

[8] 陳絜根據卜辭等繫連,進一步定爲新泰西境,應是可信的意見。陳絜:《〈堲方鼎〉銘與周公東征路綫初探》,第261-290頁。

三、"公侯"爲魯煬公考辯

亳鼎銘尾"亳敢對公仲休","休"爲賜予之意,[1]正與銘首"公侯賜亳杞土"照應。陳夢家、唐蘭等認爲"公侯"即"公仲",[2]是可信的意見。[3] 不過唐蘭云:"公侯,後面説公仲,當是一人而異稱。那麼,此公仲或者就是宋國的那個微仲,即仲虒父,爲諸侯之一。當然,在周初,稱仲而爲公者,還有虞仲、虢仲,待再考。"[4]推測爲微仲、虞仲、虢仲等,則可能不確。

微仲爲微子之弟,繼其兄而有宋國。《史記·宋微子世家》有:"(周公)乃命微子開(啟)代殷後,奉其先祀,作微子之命以申之,國于宋⋯⋯微子開卒,立其弟衍,是爲微仲。"[5]但西周早期周天子并未授予宋"侯"職,出土金文也并不見宋君稱"侯",因此微子、微仲均不得稱"侯"。且西周宋在河南商丘一帶,與山東新泰遠隔,微仲不可能將新泰之"杞"賞賜給屬下。同理,虢仲是王朝卿士,亦未授予"侯"職,且虢地在關中,與山東之地渺不相涉。虞仲爲太王之子,王季之兄,年代太早,不可能活到這一時期。因此,"公侯、公仲"不會是微仲、虢仲和虞仲。

上引唐蘭"公仲"是"稱仲而爲公者",嚴格説來應是排行爲"仲"而任"侯"職者。"公侯"、"公仲"之"公"均爲尊稱,"仲"是排行,説明非嫡長子(嫡長稱"伯"),"侯"是職官名。此"公侯、公仲"之所指,應是勢力範圍靠近或是領有杞、遂、微等地,而又以非嫡長子身份繼位爲侯者。這樣一來,人物指稱範圍大爲縮小。綜合相關史實,此"公侯"應該是魯煬公。

首先,從地理位置來看,遂地在春秋時代曾屬魯,[6]微地在春秋亦屬魯,在商代即處在從河南進入山東曲阜一帶的交通要道上,很有可能在西周時期便由魯侯控制。新泰之"杞"在魯國北部,春秋時代魯國數侵杞國之地,《左傳》昭公七年載晉國替杞國討要魯國侵杞的土

---

[1] 易旁簋(05009)銘文有"易旁曰:遣叔休于小臣貝三朋,臣三家",楊樹達指出休爲賜予之意。楊樹達:《小臣簋跋》,《積微居金文説(增訂本)》,湖南教育出版社,2007年,第76-77頁。

[2] 陳夢家:《西周銅器斷代》,第70頁;唐蘭:《西周青銅器銘文分代史徵》,第122頁。

[3] 有學者或認爲"公仲"即"公之仲",是"仲"爲"公"之次子,本身不一定是"公",與銘首"公侯"不是同一個人。按如此理解,則"休"的內涵不好理解,施賞之人(公侯)没有得到器主的感謝,而器主致謝之人(公仲)則并未説明其所要感謝的理由,顯得前後失據。不嬰簋(05387)銘文有"用作朕皇祖公伯、孟姬尊簋",不嬰稱皇祖爲"公伯","公"爲尊稱,"伯"是排行(説明皇祖排行爲伯),"公"、"伯"均應指皇祖,而不會是"公之伯"。虡簋(05173)有"虡拜稽首,休朕寶君公伯,錫厥臣弟虡丼五量⋯⋯虡弗敢忘公伯休,對揚伯休⋯⋯",從虡自稱"臣弟"來看,"公伯"既是虡之兄,也是其宗族宗子。"公"是對宗子的尊稱,"伯"是宗族排行,兩種稱謂均指代宗子,而不會是"公之伯"。因此,亳鼎"公侯"與"公仲"還應解作同一人。

[4] 唐蘭:《西周青銅器銘文分代史徵》,第122頁。

[5] 《史記》卷三十八,第1621頁。

[6] 《史記·齊太公世家》有:"(桓公)五年,伐魯,魯將師敗。魯莊公請獻遂邑以平,桓公許,與魯會柯而盟。"(《史記》卷三十二,第1487頁)是遂邑曾屬魯國。

地(晋平公之母爲杞國之女),"晋人來治杞田,季孫將以成與之",杜預注云:"成,孟氏邑,本杞田。"[1] 成地在魯國北部,今寧陽縣東北,[2] 正與新泰相鄰。從掌控遂地、微地、杞地的情況來看,此侯當爲魯侯。

其次,西周早期魯國君位繼承有兄弟相及的現象,《史記·魯周公世家》載:"周公卒,子伯禽固已前受封,是爲魯公……魯公伯禽卒,子考公酋立。考公四年卒,立弟熙,是謂煬公。煬公築茅闕門。六年卒,子幽公宰立。幽公十四年,幽公弟潰殺幽公而自立,是爲魏公。"[3] 西周時代無論是君位還是宗子繼承,均是以嫡長子優先,嫡長稱"伯",庶子則稱仲、叔、季等,不得僭稱"伯"。魯煬公爲考公之弟,魯魏公爲幽公之弟,均非嫡長子,排行不能爲"伯",很有可能稱"仲"。亳鼎銘文之"公仲",最有可能是魯煬公或魯魏公。[4]

魯魏公在位主要爲穆王時期,年代較靠後。亳鼎銘文字體結構及行款有較多西周偏早的特徵,如銘文字形大小不一,字體内部架構舒朗,行款竪成列但橫不成行。而西周穆王時代銅器銘文如𢦤鼎(02448、02489)、鮮簋(05188)、班簋(05401)、孟簋(05175)、庚嬴卣(13337)、虎簋蓋(05399)、錄簋(05115)等所揭示的,每個字大小相若、字體構架整飭、字與字的間距較爲一致、行款齊整,多數竪成列橫也成行。[5] 亳鼎銘文與穆王時期銘文風格明顯不類,年代晚不到穆王。綜合來看,此"公仲"應即魯煬公。

四、從亳鼎銘文看西周早期魯國的經略

傳世文獻記有煬公徙魯,即煬公將魯國都城從少皞之虛遷到了曲阜。[6] 從地理位置來

[1]《春秋左傳正義》卷四十四,《十三經注疏》,第4449頁。

[2]《春秋經》襄公十五年有"齊侯伐我北鄙,圍成",《左傳》定公十二年"墮成,齊人必至於北門"。杜預注云"成在魯北境故"。《春秋左傳正義》卷五十六,《十三經注疏》,第4668頁。

[3]《史記》卷三十三,第1524-1525頁。

[4] 春秋時代與"杞"地相近且聯繫密切的還有齊國。但在西周早期,齊國君位繼承均是父死子繼,《史記·齊太公世家》有:"蓋太公之卒百有餘年,子丁公呂伋立。丁公卒,子乙公得立。乙公卒,子癸公慈母立。癸公卒,子哀公不辰立。"(《史記》卷三十二,第1481頁)繼位者均應是嫡長子,也就是稱"伯"者,不會是"仲"。且微邑與齊國距離太遠,超出齊侯控制範圍,因此"公侯"不會是齊侯。

[5] 穆王時期銘文布局與字體特徵可參張懋鎔:《新見金文與穆王銅器斷代》,《文博》2013年第2期,第19-26頁。

[6]《魯世家》:"(魯)考公四年卒,立弟熙,是謂煬公。煬公築茅闕門。"裴駰《史記集解》引徐廣曰:"《世本》曰'煬公徙魯',宋忠曰'今魯國'。"(《史記》卷三十三,第1525頁)説明魯國初封地,也就是伯禽侯魯之地并不在曲阜。《左傳》定公四年祝佗曰:"分魯公以大路、大旂……因商奄之民,命以伯禽,而封於少皞之虛。"(《春秋左傳正義》卷五十四,《十三經注疏》,第4635-4636頁)是伯禽侯魯之地當在少皞之虛。《後漢書·郡國志》云"魯國,〔古〕奄國。"李賢注引皇甫謐《帝王世紀》曰:"少昊自窮桑登帝位,窮桑在魯北,後徙曲阜。"(《後漢書》,中華書局二十四史點校本,1965年,第3429頁)窮桑當即少皞之虛,與"曲阜"并非一地,當代學者如曲英傑、朱鳳瀚等均持此觀點(曲英傑:《先秦都城復原研究》,黑龍江人民出版社,1997年;朱鳳瀚:《𣪘器與魯國早期歷史》,《新出金文與西周歷史》,上海古籍出版社,2011年,第18-19頁)。

看,新泰之杞在曲阜東北方,已屬魯中山地,且兩者距離并不算近。那麼在西周早期,煬公爲什麼要將此"偏遠"的杞地、⊙地賜給亳,同時還將遂地、微(郿)地禾稼也賜給他? 這種賜封的用意何在? 這一點以往學界并未論及,我們認爲,結合周初分封的目的及東國形勢,魯侯此次賜封可能并非單純賞功,而是有着明確的政治意圖,下面試作説明。

西周早期,周人克商未久,殷遺民以及原來附屬於商王國的勢力仍不可小覷,天下局勢尚未完全穩定。周天子爲鞏固統治而大行分封,將大量原周人集團貴族封往各地,"封建親戚,以藩屏周"。這種分封從一開始就帶有明確的穩定政局、鞏固統治的目的,并不能簡單理解爲滅商後的賞功。天子之封如此,諸侯之封亦當與此相似。

與此同時,山東地區的殷遺民與原東夷土著勢力在相當長的一段時間内曾是周人統治的主要威脅,周王朝曾多次伐"東國"(主要指今山東地區)。西周初年,周公東征鎮壓殷遺民及東夷叛亂,量方鼎銘文"唯周公于征伐東夷,豐伯、薄姑咸戈"(02364)即可爲證。[1] 之後隨即在山東地區廣設諸侯,如齊侯、魯侯、滕侯、曹侯等,目的就是爲了鎮撫東夷,防止再度反叛。但東國之地并未就此平静,此後周王朝仍多次用兵。如魯侯簋(04955)云"唯王令明公遣三族伐東國",明公即周公之子明保,周公死後繼承其王朝職位,這説明周公之子也曾奉王命征伐東國。宜侯夨簋(05373)有"王省武王、成王伐商圖,征省東國圖",王爲康王,從"省伐商圖"來看,"省東國圖"即"省伐東國圖",説明康王亦有伐東國的意圖或行爲。雪鼎(02365)銘文作"唯王伐東夷",保員簋(05202)云"唯王既燎,厥伐東夷",小臣謎簋(05270)"叡東夷大反,伯懋父以殷八師征東夷",雪鼎、保員簋、小臣謎簋器腹均有傾垂之勢,字體結構及行款風格也都與西周早期早段銘文不類,學者多認爲三器年代在昭王時期,[2]是可信的意見。穆王時期的班簋(05401)銘文作"王令毛公以邦冢君、徒馭、或人伐東國瘄戎"。西周中期晚段的史密簋:"王命師俗、史密曰:東征。合南夷盧、虎,會杞夷、舟夷……廣伐東國。"這説明西周早期成、康、昭、穆,甚至到中期的懿王或孝王時期,東國之地一直不太穩定,周王朝不得不屢次興兵討伐。但王朝之師不可能久駐東國,長期持續鎮撫東夷的任務還是要由常設在當地的軍事長官(侯)來承擔。在這種情況下,山東諸侯所面臨的壓力便可想而知。以上所言齊侯、魯侯等,均屬於周人集團的核心貴族,周天子將王朝親信派駐東國,一方面説明周王朝對山東地區的重視,另一方面也説明這些侯所肩負的責任重大。魯侯封賜亳的行爲,正是在這種大背景之下發生的。

---

[1]《尚書大傳》曰:"周公攝政……三年踐奄。"禽簋有"王伐埜侯"(04984),陳夢家認爲"埜侯"即山東的商奄之君(《西周銅器斷代》,第 28 頁),是禽簋所載也與周公東征有關。

[2] 唐蘭:《論周昭王時代的青銅器銘刻》,《古文字研究》第二輯,中華書局,1981 年,第 26、33 頁;彭裕商:《西周青銅器年代綜合研究》,巴蜀書社,2003 年,第 274 - 275 頁;張懋鎔:《金文字形書體與二十世紀的西周銅器斷代研究》,《古文字研究》第二十六輯,中華書局,2006 年,第 189 頁。

西周初年魯侯受命侯於東國,本身并不輕鬆,不僅要承王命鎮撫周遭東夷,[1]同時還要防備南邊淮夷和徐戎的進犯。《魯世家》載:"伯禽即位之後,有管、蔡等反也,淮夷、徐戎亦并興反。於是伯禽率師伐之於肸,作肸誓……遂平徐戎,定魯。"[2]在强敵環伺的情況下,魯侯自然難以獨自應對,勢必效仿天子分封屬下,讓屬下替其分擔重任,"以藩屏魯"。魯侯賜亳杞土、▨土,正屬於諸侯授土於屬下,與天子分封諸侯、授民授疆土的道理是一致的(層級不同)。天子設侯於邊域,魯侯所賜之杞土、▨土等,亦是距離魯都曲阜較遠。魯侯此舉應是有着明確的政治意圖。具體説來,此次賜封的目的可能有三:

第一,代魯侯鎮撫杞地土著族群。從商末征人方卜辭以及史密簋銘文來看,杞地從商晚期到西周中晚期可能一直都有土著族群的存在,屬於東夷的一部分,周人稱之爲"杞夷"。周王朝在山東設侯主要目的本就是鎮撫東夷,諸侯之中以魯侯距杞地最近,因此鎮撫杞夷本是魯侯職責。煬公賜亳杞土等地,意味着派亳常駐此地代其鎮撫杞夷,這是魯侯履行王朝使命的表現。

第二,拱衛曲阜。新泰之"杞"位於曲阜東北,當地北、東、南三面均是山地(新泰北爲泰山脉,南爲蒙山脉,東邊有分水嶺),由西向南則是平原大走廊,無險可守,可以直達曲阜。如果杞地及周邊地區的土著族群得不到很好的管控,將會對曲阜造成極大的威脅。魯侯賜亳杞地、▨地,不僅能鎮撫當地土著族群,同時還能兼收拱衛曲阜的效果。

第三,杞地是魯國往東北方向拓展的重要據點,魯侯派亳戍守於此,還兼有保障與齊、紀、莒等國交通綫的考慮在裏面。新泰位於泰山蒙山的連接地帶,早在商代晚期,新泰就是商王朝征伐東夷的重要據點。[3] 從此地進入魯中山地丘陵有不少隘道可以通行,往北可通齊國,往東北通紀國、州國、往東通莒國,是魯國在東北方向征討東夷,溝通諸國的必經之地。魯侯派人占據杞地,既可爲進軍魯中山地的東夷鋪路,還可與齊、紀、州等國保持較爲便捷的聯繫。以齊魯交通爲例,兩周時代雖主要以由臨淄經艾陵、陽關到曲阜,以及從臨淄往西經歷下再南下至曲阜兩條大道爲主,但在魯中山地丘陵間亦有不少便道。[4] 龐小霞曾根據文

---

[1] 魯侯簋(04955)"唯王令明公遣三族伐東國,魯侯有田功,用作旅彝"。説明明公在奉王命討伐東國的時候,魯侯亦參與其中,并且有功。

[2] 《史記》卷三十三,第 1524 頁。

[3] 上引商末征人方卜辭(《合集》36751)中所記商王即經過杞地,李學勤曾指出商末商王征人方的路綫是安陽—兗州—新泰—青州—濰坊,一直向東進發(李學勤:《夏商周與山東》,《烟臺大學學報(哲學社會科學版)》2002 年第 3 期,第 335 頁)。如此説可信的話,則説明新泰一帶在商末就已經是征東夷的重要據點。

[4] 關於齊魯交通道路問題,可以參看朱活:《從山東出土的齊幣看齊國的商業和交通》,《文物》1972 年第 5 期;葛劍雄、趙發國:《古齊地理》,《齊文化叢書》卷十八,齊魯書社,1997 年,第 427 頁;宣兆琦等:《齊文化通論》,新華出版社,2000 年;黄書濤:《春秋戰國時期山東地區的交通發展》,暨南大學碩士學位論文,2008 年;陳絜:《〈塱方鼎〉銘與周公東征路綫初探》,第 261－290 頁。

獻記載與考古學遺迹指出從齊都臨淄經萊蕪谷道(也稱長峪道、[1]弇中峪,[2]指從齊都臨淄溯淄水上行,西南至今萊蕪一帶的山間谷道,谷道東北口近齊都臨淄,南口在萊蕪),自嬴邑南下經徂徠山東側和蓮花山之間南下,過雁翎(嶺)關(在新泰境内)是齊魯之間一條常用的古道,[3]杞地正是魯國從東北方向溝通齊國的一個重要節點。[4]　在西周早期,面對衆多東夷族群,諸侯之間相互的溝通策應極爲必要,齊侯、魯侯等是周王朝鎮撫東夷的核心力量。保持齊魯等國交通的暢通,有利於形成合力,這對於穩固東土局勢有着極爲重要的作用。正是基於此,杞地的戰略意義十分重大,魯侯派人駐守於此,也就可以理解了。

　　亳之受賞既是承擔着如此重大的政治使命,其所要控制的便不會僅局限於某一具體面積的土地,而是要面向更廣的區域。因此賞地只是概言某地,這與畿内貴族受幾十里土地以作采邑有很大的不同。[5]　這種情況下的"授土",與其説是賜予采邑以作獎賞,實際上代侯"拓土"或"守土"的意味更大。[6]　煬公在賜予亳杞土、■土的同時還賜與遂地、微地之禾,這些"禾"可能相當於"芻糧",也就是供亳及其屬下一行從曲阜到杞地,以及在杞地扎根所用。中甗(03364)銘文有"王命中先省南國貫行,設应在曾,史兒至,以王命曰:余命汝使小大邦,厥又舍汝芻糧",昭王命令中去往南方開通道路,聯絡當地土著勢力等,所賜也有芻糧,兩者性質相似。這也説明魯國當時在杞地可能尚無太大勢力,并未站穩脚跟,難以保證亳初到當地能有穩定的供給保障,因此魯侯需要賜禾以作支持。

　　當時魯國都城在曲阜,杞土在東北,遂、微在西北,距離曲阜都不算近。煬公能將"杞土"(新泰一帶)等地分封給下屬,同時調撥遂(肥城南部一帶)、微(東平一帶)等地之禾以作芻糧,説明西周早期魯侯所控制的地域并不局限於曲阜一帶,而是有了相當廣的勢力範圍(圖三)。

---

[1]《齊乘》云"(淄水)《書傳》曰出泰山郡萊蕪縣原山之陰……東北流徑萊蕪谷。又北徑馬陵,俗名長峪道"。(元)于欽撰,劉敦願、宋百川、劉伯勤校釋:《齊乘校釋》卷二,中華書局,2012年,第102頁。

[2] 顧祖禹云"自臨淄西南有弇中峪,界兩山間,至萊蕪縣,長三百里"。(清)顧祖禹撰,賀次君、施和金點校:《讀史方輿紀要》卷三十五,中華書局,2005年,第1631頁。

[3] 龐小霞:《先秦時期齊魯交通的考古學觀察》,《管子學刊》2018年第3期,第87頁。

[4] 此外,《春秋經》定公十年有"十年春王三月,及齊平,夏,公會齊侯於夾谷"。《左傳》曰"夏,公會齊侯於祝其,實夾谷"。杜預注云"夾谷即祝其也"(《春秋左傳正義》卷五十六,第4664頁),齊魯此次盟會地點在齊魯之間,譚其驤《中國歷史地圖集》將祝其(夾谷)定在萊蕪南部,正當新泰之北(譚其驤主編:《中國歷史地圖集》[第一册],中國地圖出版社,1982年,第26-27頁)。也就是説,魯國亦可從新泰經祝其(夾谷)進入萊蕪谷道而抵達臨淄。

[5] 傳世文獻有采邑之"采",也有五服之"采",《左傳》襄公十五年有"王及公、侯、伯、子、男、甸、采、衛、大夫,各居其列",杜預注云"甸、采、衛,五服之名也"(《春秋左傳正義》卷三十二,《十三經注疏》,第4254頁)。顧頡剛認爲采、衛之"采",與卿大夫之采邑同名而實異,卿大夫之采邑在王畿,而采、衛則可在王畿,亦可在邊遠地區。顧頡剛:《畿服》,《史林雜識(初編)》,中華書局,1963年,第10頁。

[6]《史記·秦本紀》有:"周避犬戎難,東徙雒邑,襄公以兵送周平王。平王封襄公爲諸侯,賜之岐以西之地。曰:戎無道,侵奪我岐、豐之地,秦能攻逐戎,即有其地。"(《史記》卷五,第179頁)平王賜秦襄公岐、豐之地,便是在讓襄公擊退犬戎,收復周故土而守之,亳鼎賜土與此有相似之處,可以合觀。

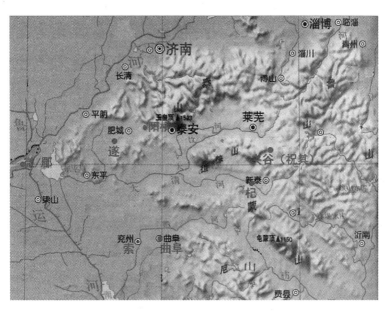

圖三　西周早期魯國經略形勢圖

這一點也可以從其他銅器上得到證明,如叙尊、卣(11818、13347)銘文有"侯曰: 叙,[1]丕顯朕文考魯公……余命汝自寡虢來誨魯人……",從器形看銅器年代在西周早期後段,朱鳳瀚認爲此"侯"指魯煬公,[2]是可信的意見。銘文表明煬公曾命叙"自寡虢來誨魯人","寡虢"爲地名,侯乃峰讀作"陽橋"。[3]《左傳》成公二年有"楚侵及陽橋",杜預注"魯地",[4]地在今泰安西北,距離魯都曲阜不近。若依此,魯侯能調度陽橋之人,説明在西周早期魯國勢力範圍或已抵泰山脚下。西周早期"侯"這種大範圍的資源(人、地、禾稼等)調動與整合能力是我們以前所未能充分認識的,這對於我們深入理解"侯"的職掌以及諸侯國政治運作與地理結構有重要意義。與此同時,亳鼎、叙尊、叙卣所見魯煬公所控制的地域以及布局,亦大體奠定了後世魯國北部疆域的基礎(春秋時代魯國東北部疆域大抵即在新泰一帶,西北部大抵即在陽橋、遂、微附近)。煬公在杞地的經略與布局,亦爲春秋時代魯國與杞國的土地糾葛埋下了伏筆,[5]這一點我們將另文詳述,這裏就不再多説了。

　　綜上,本文的主要觀點可以概述如下:

---

[1] 叙原銘作 ▨,董珊釋作"叔"。董珊:《新見魯叔四器銘文考釋》,《古文字研究》(第二十九輯),中華書局,2012 年,第 303–312 頁。

[2] 朱鳳瀚:《叙器與魯國早期歷史》,《新出金文與西周歷史》,上海古籍出版社,2011 年,第 17 頁。

[3] 侯乃峰:《新見魯叔四器與魯國早期手工業》,《考古與文物》2016 年第 1 期,第 69–74 頁。

[4]《春秋左傳正義》卷二十五,《十三經注疏》,第 4118 頁。

[5] 結合春秋史實來看,很有可能在西周中晚期,魯國失去了對杞地的控制權。而到春秋時代,魯國多次向東北方向拓展,數侵杞國之地。究其歷史根源,可能正與西周早期魯國對杞地的經略有關。

1. 亳鼎銘文年代在西周早期,"公侯、公仲"指魯煬公,亳鼎是西周早期魯器。

2. 魯煬公賜給亳杞地、地,以及地與魰地的禾稼。杞在今山東新泰西境一帶,從"采"得聲,讀作"遂",地在今山東肥城南部一帶,魰即微、郿,在今山東東平一帶。所賜之禾相當於芻糧,賜土的性質是諸侯對屬下的分封授土,而不是賞田,這是西周時代逐層分封的明證。

3. 魯侯賜給亳杞土與土,是希望亳代其"拓土"或"守土",有明確的政治意圖,具體説來包括鎮撫杞地土著族群、拱衛曲阜、保障魯國東北方向與齊、紀、莒等國的交通,同時爲魯國往東北方向拓展鋪路。

4. 亳鼎和叡尊、叡卣的銘文反映了魯煬公鎮撫東夷、經略東國的政治意圖以及大區域内資源(人、地、禾稼等)調動與整合能力,説明西周早期魯侯所控制的地域并不局限於曲阜一帶,而是有相當廣的勢力範圍。

嬭加編鐘與相關曾楚世系*

王學森**

2019 年 5 月,湖北隨州棗樹林墓地 M169 曾侯寶夫人嬭加墓中出土一套編鐘,銘文極爲重要,《江漢考古》旋即刊發《嬭加編鐘銘文的初步釋讀》[1](下簡稱《初讀》)一文。各家對於嬭加編鐘銘文的理解略有不同,分歧主要集中在前半段。本文將要討論的,也主要是前半段銘文的內容。現依《初讀》一文將前半段銘文錄於下:

> 唯王正月初吉乙亥,曰:伯括受命,帥禹之堵,有此南洍。余文王之孫,穆之元子,出邦于曾。余非敢作恥,楚既爲忒,吾徠匹之。密臧我懺,大命毋改。余虢小子加嬭曰:嗚呼! 龏公早陟,余匔其疆鄙,行相邦曾,以長辝夏……

一、關於嬭加編鐘作器者爲誰的幾種可能的幾種意見

銘文敘述者是誰,學界就有多種看法。首先,對於"文王之孫,穆之元子"一句中的"文王"指誰有兩種觀點:周文王或楚文王。如此一來,對於此篇銘文敘述者究竟爲誰的認識就有了分歧,下面來分別論述幾種可能性。

(一)敘述者爲曾侯

《初讀》以爲"文王""穆"指的是周文王與曾穆侯,那麼發言者應當爲曾國國君,或以爲是曾侯寶。除郭長江等外,還有黃國偉與胡寧、[2]吳冬明、[3]陳民鎮、[4]陳斯鵬[5]等持

---

* 本文爲中國社會科學院大學(研究生院)研究生科研創新支持計劃項目成果。本文所指的曾國,即文獻所載的隨國。

** 中國社會科學院大學(研究生院)歷史系研究生。

[1] 郭長江、李曉楊、凡國棟、陳虎:《嬭加編鐘銘文的初步釋讀》,《江漢考古》2019 年第 3 期。

[2] 黃國偉、胡寧:《嬭加編鐘"文王之孫,穆之元子"補正》,復旦大學出土文獻與古文字研究中心網站,2019 年 8 月 12 日,http://www.gwz.fudan.edu.cn/Web/Show/4456.

[3] 吳冬明:《嬭加編鐘銘文補釋并試論金文所見曾楚交往的政治辭令》,《江漢考古》2020 年第 3 期。

[4] 陳民鎮:《嬭加編鐘銘文剩義》,清華大學出土文獻研究與保護中心網站,2019 年 8 月 7 日,http://www.ctwx.tsinghua.edu.cn/publish/cetrp/6831/2019/20190807153704380844857/20190807153704380844857_.html.

[5] 陳斯鵬:《曾、楚、周關係的新認識——隨州棗樹林墓地 M169 出土編鐘銘文的初步研究》,《出土文獻》2020 年第 2 期。

該看法。由此又引申出曾爲周文王之後的觀點。但是這種觀點并不能解釋隨後而來的"出邦于曾"一句。依《初讀》之意,"出邦于曾"指的是離開周人中心區域,到曾地建國一事。但顯然不能將此事冠於春秋中期的曾侯寶之上。若是追述先祖,那就不可能是"穆之元子"所爲。而若是將"文王"理解爲周文王,"穆"理解爲周穆王,也晚於一般認爲的曾國始封於西周早期的時段。

　　《左傳》僖公二十四年:管、蔡、郕、霍、魯、衛、毛、聃、郜、雍、曹、滕、畢、原、酆、郇,文之昭也。[1]

　　《史記·管蔡世家》:管叔、蔡叔疑周公之爲不利於成王,乃挾武庚以作亂。周公旦承成王命伐誅武庚,殺管叔,而放蔡叔,遷之,與車十乘,徒七十人從。而分殷餘民爲二:其一封微子啓於宋,以續殷祀;其一封康叔爲衛君,是爲衛康叔。[2]

我們可以看到,"文之昭"中排第一(不計早亡的伯邑考與繼王位的武王發)的管叔家族早在成王時期就已絕嗣,但這裏仍然將其羅列在位,却沒有出現隨的身影。而《左傳》桓公六年記載:"漢東之國,隨爲大。"[3]可見隨在春秋時期地位舉足輕重,若是文王之子,那麽富辰在進諫周王時,必然要列隨爲文王之昭,不會不提及。

　　另外,曾國金文中稱述先祖,多稱"伯括",如曾公求編鐘:"淑淑伯括,小心有德,召事一帝。"[4]嬭加編鐘曰:"伯括受命,率禹之堵。"文王之子中,行輩爲伯的是伯邑考,《史記·管蔡世家》曰:"母曰太姒,文王正妃也。其長子曰伯邑考。"[5]這是人們所熟知的。周代兄弟排行中通常只有一位伯,周文王應該不會有另一位排行爲"伯"的兒子。因此,曾國的始祖伯括并非周文王之子,銘文中的"文王"不是周文王。

(二)敘述者爲楚莊王

程浩持此種觀點。[6]如此一來"文王"當指楚文王,"穆"當指楚穆王,在年代上可以貼合。但這種觀點對"出邦于曾"至"大命毋改"部分的解釋略顯迂曲,有更爲妥帖的解釋,即下文。

---

[1] 楊伯峻:《春秋左傳注》(修訂本),中華書局,2009年,第459-460頁。

[2] 《史記》卷三十五《管蔡世家》,中華書局,1959年,第1565頁。

[3] 楊伯峻:《春秋左傳注》(修訂本),第119頁。

[4] 田成方:《曾公䣄鐘銘初讀》,《江漢考古》2020年第4期。

[5] 《史記》卷三十五《管蔡世家》,第1563頁。

[6] 程浩:《試論加嬭鐘所見王爲楚莊王》,李學勤先生學術成就與學術思想國際研討會,北京,2019年12月。

(三) 敘述者爲嬭加本人

持這種觀點的有田成方、[1] 韓宇嬌[2] 等,筆者認爲較符合銘文的内容。那麼同樣的,此"文王"應指楚文王、"穆"指楚穆王。對於"元子"一詞,一般認爲應是長子,如郭長江等。[3] 而 2011 年披露的隨仲嬭加鼎銘文曰:"唯王正月初吉丁亥,楚王媵隨仲嬭加飤繁。其眉壽無期,子子孫孫永寶用之。"[4] 由於嬭加排行爲仲,所以許多學者忽略了她作爲敘述者的可能性。但實際上據梁伯可忌豆銘文:"唯王正九月,辰在丁亥,梁伯可忌作厥元子仲姞媵敦。"(《近出》543)我們可以知道"元子"不一定指排行最長。[5] 行輩爲仲的嬭加,在編鐘銘文中自稱"穆之元子"正與梁伯可忌豆稱仲姞爲元子的情況相同。所以從身份的角度來説,敘述者爲嬭加本人的可能性是存在的。那麼根據嬭加鼎銘文曰"楚王媵隨仲嬭加",應是楚穆王在位時,即公元前 625 –前 614 年間所作,此期間内嬭加嫁入曾國。而根據嬭加鐘銘文稱楚穆王的謐號"穆"來判斷,鐘的鑄造年代公元前 614 年之後,由於銘文中有"龔公",兼銘文口吻儼若國君,此時曾侯寶或已去世,嬭加以"君氏"身份執政。結合當時的局勢背景之下,我們可以對嬭加編鐘的内容做進一步解讀。

二、嬭加編鐘銘文所及史事與年代的考察

楚成王三十九年(公元前 632 年),晋楚爆發城濮之戰。對於此戰的結果,《左傳》僅僅記載爲"楚師敗績",[6] 但實際上這次潰敗對楚國造成了巨大的影響,童書業評價城濮之戰道:"城濮之戰是春秋前期的第一次大戰,這次戰争實在關係中原的全局。這時楚國的勢力差不多已經蹂躪了整個的中原……城濮一戰,楚軍敗績,南夷的勢力即退出了中原。"[7] 可見楚國損失慘重。幾年後楚國也發生内亂,成王在商臣逼迫下自殺,商臣稱王,即楚穆王。在這種局面下,嬭加以"穆之元子"的身份前往曾國聯姻。

"伯括受命,帥禹之堵,有此南洍",此句追溯曾國先祖,亦是嬭加以君氏的身份所説。這一點韓宇嬌已結合李學勤對晋姜鼎銘文的釋讀而做過解釋。[8] 陳昭容也曾指出女性作器以祭夫家祖先爲主。[9] 高婧聰也指出了宗婦在宗族内和政治上有一

---

[1] 田成方:《曾公畎鐘銘初讀》。

[2] 韓宇嬌:《嬭加編鐘銘文敘述主體再論》,青銅器銘文研究學術研討會,北京,2020 年 9 月。

[3] 郭長江、李曉楊、凡國棟、陳虎:《嬭加編鐘銘文的初步釋讀》。

[4] 曹錦炎:《"曾"、"隨"二國的證據——論新發現的隨仲嬭加鼎》,《江漢考古》2011 年第 4 期。

[5] 關於"元子"的具體含義,諸家説法不一,有"長子""善子""嫡子"等説。本文無意討論其具體内涵,只是指出"元子"與"仲"不相衝突。

[6] 楊伯峻:《春秋左傳注》(修訂本),第 490 頁。

[7] 童書業著,童教英校訂:《春秋史》,中華書局,2006 年,第 187 頁。

[8] 韓宇嬌:《嬭加編鐘銘文敘述主體再論》。

[9] 陳昭容:《周代婦女在祭祀中的地位——青銅器銘文中的性別、身份與角色研究(之一)》,李貞德、梁其姿主編:《婦女與社會》,中國大百科全書出版社,2005 年,第 1–46 頁。

定權力。[1] 由此可見,雖然嬭加本人是楚國人,但在嫁入曾國後,先追溯曾之先祖亦有可能。

所謂"出邦于曾",《初讀》以爲應作"出",筆者認爲以"之"爲佳。[2]《詩·周南·桃夭》:"之子于歸,宜其室家。"毛《傳》曰:"之子,嫁子也。于,往也。"[3] 又《爾雅·釋詁》:"之,往也。"孫星衍疏曰:"適者,之也。之者,適也。亦互相訓,其義又皆爲往也。"[4] 即是指身爲楚王之女的嬭加,嫁到了曾國。而曾侯寶爲太子時本應就在曾國,似不當使用"之"邦"于"曾。

"余非敢忭恥,楚既爲忒,吾來匹之",《初讀》以"忒"爲差錯,基本正確。《説文解字》:"忒,更也。"段玉裁注曰:"人有過失改常謂之忒。"[5]《爾雅·釋詁》:"仇、讎、敵、妃、知、儀,匹也。"[6]《左傳·桓公二年》:"嘉耦曰妃,怨耦曰仇,古之命也。"[7] 此句仍是在敘述嬭加因楚國動蕩而嫁入曾國的原因。或者可以理解爲嬭加站在曾國的立場上,對楚國侵略中原之事做出了些許批評,并表述了自己也因此而前來結好。[8]

"密臧我懺,大命毋改"。此之"命"就是上文所提及的"伯括受命,帥禹之堵,有此南洍"。即指在嬭加的努力下,曾國維繫住了原有的使命,保住了自己的領土。此句仍是嬭加以君氏之口吻發言,故而是站在曾國的立場上的。

以上是嬭加作爲君氏,以國君口吻作出的敘述。接下來就是以曾侯夫人的口吻繼續敘述,主要内容仍是嬭加治理曾國有方。而這種局面,顯然得益於政治聯姻給曾國帶來了寬鬆的環境和較小的外部壓力。在楚國的支持下,江漢地區没有勢力能與曾國抗衡。曾與楚的交好,在考古學上也有迹可循。以束腰平底爲特徵的升鼎是楚系青銅器的典型代表之一,學者或認爲這種鼎的源頭實際在曾國。[9] 如京山蘇家壟M79,年代爲春秋早期,[10] 又見於萬店周家崗[11] 與棗陽劉家崖,[12] 年代分别是春秋早期偏晚和春秋中晚期。而在楚國境内,目

[1] 高婧聰:《宗法制度與周代國家結構研究》,中國社會科學出版社,2020 年,第 307 – 322 頁。

[2] 夏立秋也認爲此處應爲"之",但他對"之邦于曾"的解釋仍從《初讀》,見《嬭加編鐘銘文補釋》,復旦大學出土文獻與古文字研究中心網站,2019 年 8 月 9 日,http://www.gwz.fudan.edu.cn/Web/Show/4453.

[3] (清) 陳奐:《詩毛氏傳疏》,鳳凰出版社,2018 年,第 23 頁。

[4] (清) 孫星衍:《爾雅義疏》,中華書局,2017 年,第 17 – 18 頁。

[5] (清) 段玉裁:《説文解字注》,上海古籍出版社,1988 年,第 509 頁。

[6] (清) 孫星衍:《爾雅義疏》,第 47 頁。

[7] 楊伯峻:《春秋左傳注》(修訂本),第 100 頁。

[8] 關於嬭加敘述立場和角度的問題,可參韓宇嬌:《嬭加編鐘銘文敘述主體再論》。

[9] 張昌平:《曾國銅器的分期及其相關問題》,《江漢考古》1992 年第 3 期。

[10] 方勤:《曾國歷史與文化——從"左右文武"到"左右楚王"》,上海古籍出版社,2019 年,第 156 頁。

[11] 隨州市博物館:《湖北隨縣發現商周青銅器》,《考古》1986 年第 4 期。

[12] 隨州市博物館:《湖北隨縣劉家崖發現古代青銅器》,《考古》1982 年第 2 期。

前所見最早的是河南淅川和尚嶺 M1 出土的克黃升鼎,年代或在公元前 605 年前不久。[1]
對隨仲嬭加鼎的年代,曹錦炎定在楚穆王或楚共王之際,在公元前 600 年前後,[2] 張昌平同
意這種看法。[3] 筆者推定的嬭加鼎年代(公元前 625 -前 614 年),這種年代上的銜接,其實
正在嬭加主持曾國朝政之後。此時嬭加已嫁入曾國較長一段時間,又因"龔公早陟"而主持
朝政并取得了不錯的成績,由此鑄器紀之。

　　有學者據銘文中的"王正月初吉乙亥"認爲編鐘年代爲公元前 623 年。[4] 關於金文中
干支的問題,早有學者提出了質疑,如陳直指出:"兩周銅器,造於正月初吉丁亥的極爲廣
泛……未必正月初吉皆有丁亥,疑爲假設的干支。如漢代的銅鏡及帶鉤銘文,多書五月丙午
造,作器的這一年,五月未必有丙午,正同此例。"[5] 黃盛璋提出初吉爲"初干吉日",即每個
月第一個干日的觀點。[6] 龐樸認爲:"'正月丁亥'與'五月丙午',在一些器物和文獻上,多
非紀實之辭。後者反映着以火勝金的陰陽五行思想,前者則是吉日良辰的代詞。"[7] 劉雨據
靜簋銘文,指出"'初吉'可以不是朏、朔,它不是月相,也可以不是'初干吉日'。"[8] 黃懷信
進一步發揮,認爲:"初吉:指吉善的日子,可以是一月中任何一天;從朔日被作爲一個月的開
始後,有人用指月初第一天。"[9] 而黃錦前通過梳理歸納,指出:"丁亥作爲吉日,在各國是最
普遍的;其次是庚午,在楚和姬姓、姜姓及嬴姓諸國都出現過;同樣,乙亥在楚等嬭姓和姬姓
國家都有見。"[10] 因此筆者認爲不能僅僅憑干支就判斷具體年份,還要考慮銘文的具體内容
和銅器型式與紋飾等因素。

　　如果從器型的角度考察,嬭加編鐘中鼓部所飾的顧首卷鼻龍紋,與棗樹林墓地 M190 所
出的曾公求甬鐘極爲接近,顯示出兩者的年代應當接近。而曾公求鐘的年代,學者多認爲屬
春秋中期偏早。[11] 又吳鎮烽所披露之由隨州市公安繳獲的加嬭簋(《銘續》375),或許即是
盜掘自棗樹林 M169。加嬭簋蓋上圈狀捉手、圈足下三小足、有珥,蓋沿及口沿下飾竊曲紋,

[1] 河南省文物考古研究所編著:《淅川和尚嶺與徐家嶺楚墓》,大象出版社,2004 年,第 121 頁;朱鳳瀚:
　　《中國青銅器綜論》,第 1792 頁;彭裕商:《春秋青銅器年代綜合研究》,中華書局,2011 年,第 46 頁。
[2] 曹錦炎:《"曾"、"隨"二國的證據——論新發現的隨仲嬭加鼎》。
[3] 張昌平:《隨仲嬭加鼎的時代特徵及其他》,《江漢考古》2011 年第 4 期。
[4] 郭長江、凡國棟、陳虎、李曉楊:《曾公㪤編鐘銘文初步釋讀》,《江漢考古》2020 年第 1 期。
[5] 陳直:《考古論叢》,《西北大學學報》1957 年第 1 期。
[6] 黃盛璋:《釋初吉》,《歷史研究》1958 年第 4 期。
[7] 龐樸:《"五月丙午"與"正月丁亥"》,《文物》1979 年第 6 期。
[8] 劉雨:《金文"初吉"辨析》,《考古與文物》1982 年第 11 期。
[9] 黃懷信:《周人月相紀日法探實》,《文博》1999 年第 5 期。
[10] 黃錦前:《由楚系銅器銘文中"吉日"選擇觀念看東周時期楚文化變遷》,羅運環主編:《楚簡楚文化與
　　先秦歷史文化國際學術研討會論文集》,湖北教育出版社,2013 年,第 64 - 69 頁。
[11] 郭長江、凡國棟、陳虎、李曉楊:《曾公㪤編鐘銘文初步釋讀》;朱鳳瀚:《棗樹林曾侯編鐘與葉家山曾
　　侯墓》,《中國國家博物館館刊》2020 年第 11 期。

蓋面及腹部飾瓦紋，與隨州萬店周家崗所發現的春秋早期曾大保簠相似（圖一）。[1] 因此，棗樹林 M169 的年代不會太晚，應當也在春秋中期早段，與編鐘年代相合。

加嬭簋（《銘續》375）　　　　曾大保簠（《銘圖》04963）

圖一

有學者認爲王子申盞“王子申作嘉嬭盞盂，其眉壽無期，永寶用之”（《集成》04643）中的“嘉嬭”即是棗樹林 M169 之嬭加，并認爲年代應在春秋中期偏晚前段。[2] 如此一來，等到作編鐘之時，應當已入春秋中期晚段。不過金文中“異人同名”現象已爲盛冬鈴、韓巍等學者指出，[3] 故而不便因姓名相同而認定就是一人。王子申盞的年代略晚於嬭加鼎，兩者又都爲媵器，因此筆者認爲嘉嬭與嬭加并非一人。當然，由於年代較爲接近，可能需要等進一步材料的公布才能具體判明兩者之間是否有聯繫。

由此看來，嬭加編鐘作器者是嬭加本人的話，器型、銘文與時代背景聯繫較爲緊密，此種可能性較大。或者説，至少“文王之孫，穆之元子”一句應出自嬭加之口而非曾侯寶之口。

三、曾與周王室的關係

（一）曾“周之子孫”的身份

筆者認爲雖然嬭加編鐘銘文中的“文王”并非周文王，但曾與周王室之間確實有着密切的關係。要説明這個問題，我們首先要判明曾的始祖。而文獻中對於曾的先祖，不甚明了，

［1］ 湖北省文物考古研究所編：《曾國青銅器》，文物出版社，2007 年，第 279－283 頁。

［2］ 黃錦前：《隨仲嬭加鼎補説》，《江漢考古》2012 年第 2 期；又見氏著：《讀近刊曾器散記》，《秦始皇帝陵博物院（2018）》，陝西師範大學出版總社，2018 年，第 65－76 頁。

［3］ 盛冬鈴：《西周銅器銘文中的人名及其對斷代的意義》，《文史》第 18 輯，中華書局，1983 年，第 27－64 頁；韓巍：《西周金文中的“異人同名”現象及其對斷代研究的影響》，《東南文化》2009 年第 6 期。

《左傳》桓公六年："楚武王侵隨。"《正義》："不知始封爲誰。"[1]所幸近年來發現的金文材料
爲我們解決了這一問題：

　　（1）湖北隨州棗樹林 M190 曾公畎編鐘：丕顯高祖，克仇匹周之文武。淑淑伯
括，小心有德，召事一帝……皇祖建于南土，蔽蔡南門，貿應京社。[2]
　　（2）湖北隨州棗樹林 M169 嬭加編鐘：伯括受命，帥禹之堵，有此南洍。[3]
　　（3）湖北隨州文峰塔 M1 曾侯與 A 組編鐘：伯括上庸，左右文武。撻殷之命，
撫定天下，王譴命南公，營宅汭土，君此淮夷，臨有江㴋。[4]

學者或認爲曾的高祖與伯括并非一人。[5] 但從以上幾條春秋中晚期曾國對祖先的追述中
可以看出，輔佐周之文武的是高祖，其"克仇匹周之文武"。《尚書·洛誥》"其作周匹休"，楊
筠如曰："作周匹，謂作周輔也。"[6]又戎生編鐘"紹匹晉侯"（《近出》0029），例與此同。而伯
括也"左右文武"。如果伯括是高祖之子，那麼就是父子同時直接效力於文王、武王，這在金
文中似乎是沒有先例的。所以"高祖"與"伯括"應爲一人。至於爲何曾公求編鐘銘文中高祖
與伯括并舉，筆者認爲這是避免辭例的重複。因此，曾的始封者爲南宮括，又可稱伯括、高
祖。當然，這是從後世追述的角度來談曾的始祖問題，也就是説只能表明文獻中所見的隨，
以及目前所見西周早期偏晚（即葉家山 M111 號墓）後的曾的始祖是南宮括。考慮到葉家山
墓地最北端的 M1 或許是曾侯諫之先祖的情況，朱鳳瀚認爲可能葉家山 M1、M65 與 M28 墓
主不屬於南宮氏，只是由於 M28 墓主早逝，由南宮氏的犹（或作狀），即 M111 墓主代爲曾侯，
自此南宮家族才成爲曾國的君系。[7] 而葉家山 M111 又出有一件方座簋，銘文爲："犹作烈

---

[1]　（晋）杜預注，（唐）孔穎達正義：《春秋左傳正義》卷六，（清）阮元校刻：《十三經注疏》卷七，藝文印
　　書館影印本，2001 年，第 109 頁下。
[2]　郭長江、凡國棟、陳虎、李曉楊：《曾公畎編鐘銘文初步釋讀》。
[3]　郭長江、李曉楊、凡國棟、陳虎：《嬭加編鐘銘文的初步釋讀》。
[4]　湖北省文物考古研究所、隨州市博物館：《隨州文峰塔 M1（曾侯與墓）、M2 發掘簡報》，《江漢考古》
　　2014 年第 4 期。
[5]　郭長江、凡國棟、陳虎、李曉楊：《曾公畎編鐘銘文初步釋讀》。
[6]　楊筠如：《尚書覈詁》，學海出版社影印版，2017 年，第 162 頁。
[7]　關於葉家山墓地的年代等問題，學者做過很多討論，相關材料見於湖北省文物考古研究所、隨州市博
　　物館：《湖北隨州葉家山 M65 發掘簡報》（《江漢考古》2011 年第 3 期）、《湖北隨州葉家山 M28 發掘簡
　　報》（《江漢考古》2013 年第 4 期）、《湖北隨州葉家山 M111 發掘簡報》（《江漢考古》2020 年第 2 期）；
　　湖北省文物考古研究所、隨州市博物館、出土文獻與中國古代文明研究協同創新中心：《湖北隨州葉家
　　山 M107 發掘簡報》（《江漢考古》2016 年第 3 期）等。相關討論可參李學勤、李伯謙、朱鳳瀚、劉緒、王
　　占奎、陳振裕、張昌平、李天虹：《湖北隨州葉家山西周墓地筆談》（《文物》2011 年第 11 期）等。世系方
　　面做過討論的有馮時：《葉家山曾國墓地札記三題》（《江漢考古》2014 年第 2 期）；張昌平：（轉下頁）

考南公寶尊彝。"[1]考慮到 M111 年代較晚,應在昭王時期,這裏的南公,應當不是所謂"文王四友"的南宮括,而應是其子南宮毛。《尚書·顧命》:"太保命仲桓、南宮毛俾爰齊侯吕伋,以二干戈、虎賁百人,逆子釗于南門之外。"[2]活動於成康之時的南宮毛,其子亡於昭王時期,也是非常正常的。西周康王時期的大盂鼎銘曰:"王曰:盂! 令汝盂型乃嗣祖南公……盂用對王休,用作祖南公寶鼎……"(集成 02837)而小盂鼎則説"用作□伯寶尊彝",可見盂是南公(或爲南宮毛)之孫、南宮氏的繼承人,那麽狣或爲盂的伯父。這種就封的方式,與齊、魯、燕等國一致。

確定了曾的始祖爲輔佐文武的高祖即伯括之後,再來看文獻中記載的曾與周王室的關係。

> 《左傳》定公四年:鬭辛與其弟巢以王奔隨。吴人從之,謂隨人曰:"周之子孫在漢川者,楚實盡之。天誘其衷,致罰於楚,而君又竄之,周室何罪? 君若顧報周室,施及寡人,以獎天衷,君之惠也。漢陽之田,君實有之。"[3]

似乎隨爲"周之子孫"。

金文中也有體現曾是周室子孫的例子。例如湖北隨州義地崗季氏梁西墓葬出土的季怡戈一銘文"周王孫季怠孔臧元武元用戈",戈二則稱"穆侯之子,西宮之孫,曾大工尹季怠之用"。[4] 李學勤曾經據此認爲曾是周王的宗支。[5] 張懋鎔認爲"西宮"是王室的代名詞,[6]那麽同樣也表現出曾爲周室子孫。另外,前引曾侯與 B 組編鐘銘文曰"余稷之

(接上頁)《葉家山墓地相關問題研究》(湖北省博物館、湖北省文物考古研究所、隨州市博物館編:《隨州葉家山——西周早期曾國墓地》,文物出版社,2013 年,第 270－284 頁);任雪莉:《葉家山曾國墓地"分器"現象與墓葬年代另探》(《陝西師範大學學報》2015 年第 6 期);韓宇嬌:《試論葉家山墓地三代曾侯關係》(湖北省文物考古研究所編:《曾國考古與發現》,科學出版社,2018 年,第 119－132 頁);朱鳳瀚在《葉家山曾國墓地大墓之墓主人身份與曾侯腆鐘銘》(湖北省文物考古研究所編:《曾國考古與發現》,第 119－132 頁)中對幾種可能世系做了討論,之後又對觀點做了補充(《棗樹林曾侯編鐘與葉家山曾侯墓》),本文從朱先生補充後的觀點。

[1] 湖北省文物考古研究所、隨州市博物館:《湖北隨州葉家山 M111 發掘簡報》。

[2] (清) 孫星衍:《尚書今古文注疏》,中華書局,1982 年,第 486 頁。

[3] 楊伯峻:《春秋左傳注》(修訂本),第 1724 頁。

[4] 隨縣博物館:《湖北隨縣城郊發現春秋墓葬和銅器》,《文物》1980 年第 1 期。季怠即季怡,另外"穆侯之子"原文作"穆王之子",今正。

[5] 李學勤:《論漢淮間的春秋青銅器》,《文物》1980 年第 1 期。李認爲"西宮是穆侯之子",即"穆侯之子"與"西宮之孫"是遞進關係。但我們考量其他銅器,如鄭臧公之孫鼎"余鄭臧公之孫,余刺之疣子"(《近出》355),另《詩·衛風·碩人》:"齊侯之子,衛侯之妻,東宮之妹,邢侯之姨,譚公維私。"可以看出"XX 之 X、XX 之 X"應爲並列關係,所以西宮并非是穆侯之子,而季怡才是穆侯之子。

[6] 張懋鎔:《夷伯尸于西宮解》,《考古與文物》1992 年第 4 期,又見於氏著:《古文字與青銅器論集》第二輯,科學出版社,2006 年,第 19－21 頁。

玄孫”,[1]雖然凡國棟認爲也可能指的是曾侯與高祖的私名,不便作爲判斷曾侯族姓的依據。[2] 但作爲玄孫的曾侯與,在編鐘這樣的禮樂之器上,稱呼自己先祖的私名,似乎有違禮法,因此還是應將稷視爲“后稷”之省稱爲佳。但正如前文所述,認爲南宫括爲周文王之子的觀點欠妥。李學勤即修正觀點爲“南宫……與王室有一定的親屬關係”。[3] 朱鳳瀚認爲:“……疑盂是周王同姓貴族,南宫氏似爲姬姓。”[4]由此看來,曾侯追述自身世系時認爲與周王室出於同祖。只不過應如李朱二位學者所説,只是有一定親緣關係。

當然還有另一種可能,即有學者認爲南宫氏之姬是賜姓所得。[5] 筆者認爲有這種可能。但是周室同宗與賜姓兩種觀點孰是孰非,就目前材料似乎難以辨明。不過,《尚書·君奭》中説:“惟文王尚克修和我有夏,亦惟有若虢叔,有若閎夭,有若散宜生,有若泰顛,有若南宫括。”[6]這裏明確將南宫括列爲輔弼文王的重臣之一。而《史記》言文王行善,衆望所歸時説:“伯夷、叔齊在孤竹,聞西伯善養老,盍往歸之。太顛、閎夭、散宜生、鬻子、辛甲大夫之徒皆往歸之。”[7]并沒有提到南宫括。或許正暗示了我們南宫括是周之同宗,所以并非外族因向往文王而奔至之人。曾與周同宗還是賜姓,有待日後新材料的發現才能進一步討論,但好在這并不影響我們之後要論述的内容。只是這兩種情況,都需要解釋爲何文獻中可以稱曾爲“周之子孫”。

(二) 曾自稱“周之子孫”的依據

如曾國(或南宫氏)一樣,燕國(或召氏)并未在文獻中明確表示爲周文王之後,但却表現出了與周王室極近的關係:

> 《逸周書·祭公》:王若曰:“祖祭公! 次予小子,虔虔在位……”……王曰:“嗚呼! 公,朕皇祖文王、烈祖武王,度下國,作陳周,維皇皇上帝度其心,真之明德。付俾於四方,用應受天命,敷文在下。我亦維有若文祖周公暨列祖召公,兹申予小子追學於文、武之蔑。周克龕紹成康之業,以將天命,用夷居之大商之衆。我亦維有若祖祭公之執和周國,保义王家。”……公曰:“天子,自三公上下,辟于文、武,文、武

[1] 湖北省文物考古研究所、隨州市博物館:《隨州文峰塔 M1(曾侯與墓)、M2 發掘簡報》,《江漢考古》2014 年第 4 期。

[2] 凡國棟:《曾侯與編鐘銘文柬釋》,《江漢考古》2014 年第 4 期。

[3] 李學勤:《試説南公與南宫氏》,《出土文獻》第 6 輯,中西書局,2015 年,第 6 - 10 頁。

[4] 朱鳳瀚:《商周家族形態研究》(增訂本),天津古籍出版社,2004 年,第 339 頁。

[5] 韓巍:《從葉家山墓地看西周南宫氏與曾國》,北京大學出土文獻研究所編:《青銅器與金文》第 1 輯,上海古籍出版社,2017 年,第 98 - 118 頁。

[6] (清) 孫星衍:《尚書今古文注疏》,第 452 頁。

[7] 《史記》卷四《周本紀》,第 116 頁。

之子孫,大開方封于下土。天之所錫武王時疆土,丕維周之□□□后稷之受命,是永宅之。"[1]

　　清華簡《祭公之顧命》:王若曰:"祖祭公! 哀余小子,眛其在位……"……王曰:"嗚呼,公,朕之皇祖周文王、烈祖武王,宅下國,作陳周邦。惟時皇上帝宅其心,享其明德,付畀四方,用膺受天之命,敷聞在下。我亦惟有若祖周公暨祖召公,兹迪襲學于文武之曼德,克夾紹成康,用畢成大商。我亦惟有若祖祭公,修和周邦,保乂王家。"……公曰:"天子,三公,我亦上下譬于文武之受命,皇歔方邦,丕惟周之旁,丕惟后稷之受命是永厚。"[2]

以上兩種《祭公》文本,大體相同。從中我們可以得出以下幾點信息:

先秦文獻中追述的"祖",有時不一定是自己的直系祖先。如開篇周穆王所稱的"祖祭公",祭公是周公之後,《左傳》僖公二十四年:"凡、蔣、邢、茅、胙、祭,周公之胤也。"[3]已明言,但這裏穆王却稱其爲祖。又其後稱祭公謀父祖先有"文祖周公"和"烈祖召公"。周召二公同時輔弼周文王,應當爲同輩之人,不可能爲同一族系的兩代,召公更不可能爲周公之子。所以這裏實際應如孫怡讓所説:"祭公同姓,年齒又長,故尊禮之曰'祖',不必校論世次也。"[4]

在後代追述中,周的受命之君範圍有所擴大。所以穆王才會説"皇祖文王、烈祖武王",這和目前所見金文中的説法不完全一致。[5]

　　(1)大盂鼎:王若曰:"盂! 丕顯文王,受天有大命,在武王嗣文作邦,闢厥匿,敷佑四方。"(《集成》02837)

　　(2)墙盤:曰古文王,初龏龢于政,上帝降懿德大屏,撫有上下,合受萬邦。(《銘圖》14541)

　　(3)師克盨:王若曰:"師克,丕顯文武,膺受大命,敷有四方。"(《集成》04467)

　　(4)逨盤:王若曰:"逨,丕顯文武,膺受大命,敷有四方。"(《銘圖》14543)

　　(5)毛公鼎:王若曰:"父𤔲,丕顯文武,皇天引厭厥德,配我有周,膺受大命。"(《集成》02841)

[1] 黄懷信、張懋鎔、田旭東:《逸周書彙校集注》(修訂本),上海古籍出版社,2007年,第924-934頁。
[2] 清華大學出土文獻研究與保護中心編:《清華大學藏戰國竹簡》(壹),中西書局,2010年,第174頁。
[3] 楊伯峻:《春秋左傳注》(修訂本),第462頁。
[4] 黄懷信、張懋鎔、田旭東:《逸周書彙校集注》(修訂本),第924頁。
[5] 關於"受命""天命"的問題,歷來學者爭論不斷。本文無意討論"天命"的本質,僅僅是討論在金文與文獻中受命者有哪些。

其中大盂鼎年代爲西周早期、墻盤爲西周中期,其餘爲西周晚期。可以看出,西周金文之中"受大命"者主要是文王、武王,并且逐漸由文王一人增加到了文武兩人。黃益飛認爲這可能與西周中期以後的禮制變革有關。[1] 但無論如何,都體現了當時人們觀念的一種變遷。

此外,稱"王"的世代,也逐漸向上推移:

《尚書·金縢》:既克商二年,王有疾,弗豫。二公曰:"我其爲王穆卜。"周公曰:"未可以戚我先王。"公乃自以爲功,爲三壇同墠。爲壇於南方,北面,周公立焉。植璧秉珪,乃告太王、王季、文王。史乃册,祝曰:"惟爾元孫某,遘厲虐疾。若爾三王,是有丕子之責于天,以旦代某之身。予仁若考能,多材多藝,能事鬼神。乃元孫不若旦多材多藝,不能事鬼神。乃命于帝庭,敷佑四方,用能定爾子孫于下地,四方之民罔不祗畏。嗚呼!無墜天之降寶命,我先王亦永有依歸。今我即命于元龜,爾之許我,我其以璧與珪歸,俟爾命;爾不許我,我乃屏璧與珪。"[2]

清華簡《金縢》:武王既克殷三年,王不豫有遟。二公告周公曰:"我其爲王穆卜。"周公曰:"未可以戚吾先王。"周公乃爲三壇同墠,爲一壇於南方,周公立焉,秉璧植珪。史乃册祝告先王曰:"爾元孫發也,遘害虐疾,爾毋乃有備子之責在上,惟爾元孫發也,不若旦也,是佞若巧能,多才多藝,能事鬼神。命于帝廷,溥有四方,以定爾子孫于下地。爾之許我,我則晋璧與珪。爾不我許,我乃以璧與珪歸。"[3]

《詩·大雅·皇矣》:"帝作邦作對,自大伯王季。維此王季,因心則友。則友其兄,則篤其慶,載錫之光。受祿無喪,奄有四方。"[4]

《詩·魯頌·閟宮》:"后稷之孫,實維大王。居岐之陽,實始翦商。至于文、武,纘大王之緒。致天之屆,于牧之野。無貳無虞,上帝臨女。敦商之旅,克咸厥功。"[5]

《禮記·中庸》:"武王纘大王、王季、文王之緒,壹戎衣而有天下。"[6]

[1] 黃益飛:《南公與曾國封建》,《中國國家博物館館刊》2020 年第 7 期。

[2] (清) 孫星衍:《尚書今古文注疏》,第 323－339 頁。

[3] 清華大學出土文獻研究與保護中心編:《清華大學藏戰國竹簡》(壹),第 158 頁。

[4] (清) 陳奐:《詩毛氏傳疏》,第 830 頁。

[5] (清) 陳奐:《詩毛氏傳疏》,第 1091－1092 頁。

[6] (漢) 鄭玄注,(唐) 孔穎達等正義,黃侃經文句讀:《禮記正義》卷五十二,上海古籍出版社,1990 年,第 883 頁下。

《史記·周本紀》:"詩人道西伯,蓋受命之年稱王而斷虞芮之訟。後十年而崩,謐爲文王。改法度,制正朔矣。追尊古公爲太王,公季爲王季:蓋王瑞自太王興。"[1]

這裏可以看出,在《金縢》的成書年代裏,古公亶父與季歷也被追認爲王了,《史記》也點出了這種追尊的行爲。即使清華簡《金縢》中未明言,我們也可以從周公稱武王爲"爾元孫發"看出,這裏的"先王"至少包含有王季。太王、王季被追認爲王,也不僅僅是虛誇之辭。前引《皇矣》《閟宮》也提及了太王和王季對姬周發展作出的貢獻,這是文武受命而有天下的開始。《禮記》文與《詩》相近。文王、武王奮太王、王季之餘烈,翦商成功。劉光勝對各類"受命"説法總結道:"從后稷、文王、武王受命看,周人先祖因爲功勛特別顯赫,受命問題才受到廣泛關注,并非受命於天帝後才功績卓然。"[2] 這些文獻中的記載,也能够與考古學的發現互相印證。王巍、徐良高通過對先周遺存的分析,認爲:"至季歷時,周人勢力已遍及關中西部、隴東一帶,向北擊退了南下的北方青銅文化,旬邑、耀縣、長武、彬縣一帶重又回歸周人的控制……周人擴展、鞏固了其在西部、北方的統治後,開始向東翦商,至武王滅紂,建立西周王朝。"[3]

所以"周王"并不僅僅是指周文王及之後即位爲王的子孫。在某些場合中,周之先公中的某幾位也會被追認爲王。如此一來,有些即使不是周文王後代的姬姓世族,籠統地誇耀自己爲"周之子孫"或者"周王孫"也是合理的。

四、相關曾侯世系梳理

前文已辨嬭加編鐘中的"穆之元子"指的應是楚穆王而非曾穆侯,但季怡戈二中"穆侯之孫"一句確實表明曾國也有一位穆侯。[4] 季怡墓中出土的兩件戈是關鍵綫索。兩戈均直內有胡,且中胡二穿,屬井中偉所定楚文化區東周戈 Aa 型。[5] 戈一的援鋒有明顯的折角,援首成三角形,屬Ⅰ式,年代大約在春秋早期;而戈二援鋒折角不明顯,屬Ⅲ式,年代大約在春秋中期(圖二)。所以戈二的年代應略晚於戈一。

而目前發現的帶有謐號的曾國銅器數量并不多:

[1] 《史記》卷四《周本紀》,第 119 頁。

[2] 劉光勝:《〈清華大學藏戰國竹簡(壹)〉整理研究》,上海古籍出版社,2016 年,第 258 頁。

[3] 王巍、徐良高:《先周文化的考古學探索》,《考古學報》2000 年第 3 期;收入中國社會科學院考古研究所夏商周考古研究室編:《三代考古》(一),科學出版社,2004 年,第 209 - 234 頁。

[4] 雖然一般子孫代稱述先祖之謐號多尊稱"公",或與"伯"這樣的行輩詞連用,而與"侯"連用的一般是國氏。但晋姜鼎有"勿廢文侯景命"(《集成》02826)一句,因此"穆侯"之"穆"解釋爲謐號并非不通。

[5] 井中偉:《先秦時期青銅戈、戟研究》,吉林大學博士學位論文,2006 年。

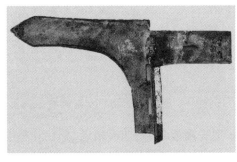 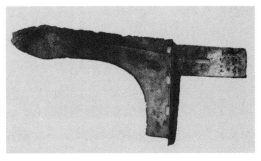

季怡戈一　　　　　　　　　　　季怡戈二

圖二

（《曾國青銅器》第 318、320 頁）

（1）隨州棗樹林 M190 曾公求方壺蓋：“唯王正月初吉丁亥，曾公求擇其吉金自作宗彝尊壺，用享以孝于辝皇祖南公，至于桓莊，以旂永命，眉壽無疆，其永寶用之。”[1]

（2）隨州棗樹林 M169 嬭加編鐘：“余虢小子加嬭曰：嗚呼！龏公早陟，余匓其疆鄙，行相邦曾，以長辝夏。”[2]

（3）季怡戈二：“穆侯之子，西宮之孫，曾大工尹季怠之用。”[3]

嬭加編鐘中的“龏公”，《初讀》指出是曾侯寶，[4]其説可從。值得一提的是曾公求器銘文的具體内容，目前發表的材料不完全一致。在較早的材料裏，曾公求方壺蓋銘被釋爲：“曾公求擇其吉金用作尊彝寶壺，用享以孝于辝皇祖南公皇考桓叔。”[5]不過曾公求編鐘銘文有：“以享于其皇祖南公，至于桓莊。”[6]此處姑且認爲銘文實際應爲“至于桓莊”，具體需要等相關材料全部披露才好判斷。

發掘者指出，棗樹林墓地中 M190 曾公求及 M191 夫人漁嬭、M168 曾侯寶及 M169 夫人嬭加和 M129 曾侯得之墓年代相近，且墓區規劃整齊。[7] 或是連續的三代曾侯。[8] 那麼

［1］ 湖北省文物考古研究所、北京大學考古文博學院、隨州市博物館、曾都區考古隊：《湖北隨州市棗樹林春秋曾國貴族墓地》，《考古》2020 年第 7 期。

［2］ 郭長江、李曉楊、凡國棟、陳虎：《嬭加編鐘銘文的初步釋讀》。

［3］ 隨縣博物館：《湖北隨縣城郊發現春秋墓葬和銅器》。

［4］ 郭長江、李曉楊、凡國棟、陳虎：《嬭加編鐘銘文的初步釋讀》。陳斯鵬認爲“龏公”指楚共王，楚共王亡於前 560 年，已接近春秋晚期，與嬭加編鐘年代有一定差距，故不從。

［5］ 棗樹林聯合考古隊：《湖北隨州棗樹林發現春秋曾國貴族墓地》，《中國文物報》2020 年 4 月 17 日。

［6］ 郭長江、凡國棟、陳虎、李曉楊：《曾公畎編鐘銘文初步釋讀》。

［7］ 湖北省文物考古研究所、北京大學考古文博學院、隨州市博物館、曾都區考古隊：《湖北隨州市棗樹林春秋曾國貴族墓地》。

［8］ 郭長江、凡國棟、陳虎、李曉楊：《曾公畎編鐘銘文初步釋讀》。

就目前的材料來看,這幾代曾侯分別是:

    ……——桓莊(桓叔?)——曾公求——曾侯寶(龏公)——曾侯得……

如此一來,"穆侯"應爲曾公求或曾侯得。

　　季怡墓中出土的蟠虺紋平蓋鼎,與隨仲嬭加鼎型式接近,年代抑或相近,都在春秋中期。而嬭加鼎的年代,就前所論,我們大約可以定在公元前 625 –前 614 年。而又據前季怡戈一、戈二型式似有從春秋早期到春秋中期的跨越,我們大致可以將季怡墓的年代定在春秋中期偏早,與嬭加墓同時或稍早。這麼一來,排除掉較早的桓莊(桓叔?)和謚爲龏公的曾侯寶,年代相符的唯有曾公求。因此,季怡與曾侯寶同爲曾穆侯之子,曾穆侯應指曾公求。[1]

　　綜合前文所論:嬭加編鐘銘文的敘述者是嬭加本人,所表現的世系并非是周王世系,而是楚王世系。南宮氏并非周文王之後,或許是與周王室同祖的其他支系。南宮氏由南宮盂繼承,猶接替原先的曾侯家族就封於曾國。季怡戈所追述的"周王孫"實際上指的并非是周文王之後,而是籠統地表達了曾國與周王室極近的關係。而我們可以把相關的曾、楚世系繪製如下(灰色底代表國君):

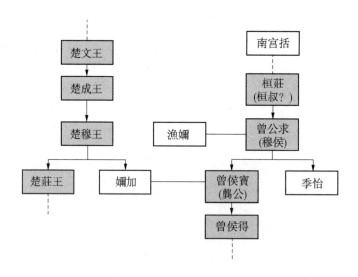

　　附記:本文在寫作過程中得到王澤文、邵蓓與蘇輝三位老師的悉心指導,在此謹致謝忱,文中疏漏不當之處,責歸筆者自任。

---

[1]　黃國偉與胡寧也指出了季怡與曾侯寶爲兄弟,但筆者與二位就嬭加編鐘器主爲誰的觀點不同。

談隨州葉家山曾侯墓地出土的
晚商組青銅器

黄鳳春　蔣　斌[*]

2011－2013 年,湖北省文物考古研究所在湖北隨州葉家山發掘了 140 座西周早期曾國墓地,共出銅、陶、原始瓷、玉石等各類質地的文物 6 000 多件。其中,青銅禮樂器 300 多件,約有 160 件青銅禮器上有銘文,根據墓葬規模和出土青銅器銘文,可確切判定葉家山墓地應是西周早期姬姓曾侯墓地。[1]

根據葉家山出土青銅器形制的類型學和年代學考察,除了絶大多數屬西周早期的青銅器外,還包含有少量商代青銅器。我們稱之爲晚商組青銅器。晚商組青銅器的年代跨度從殷墟文化二期到殷墟文化四期,在葉家山西周墓地中除了體現墓葬中墓主的器用制度外,它們對葉家山西周文化的分期并不起作用,也不代表西周時期曾國青銅文化的實際面貌。但這些青銅器對於商代青銅器的鑄造研究及商代青銅器的傳承等問題仍有不可低估的學術價值。

葉家山出土的商代青銅器有 18 件之多,器類包含有鼎、簋、瓿、卣、罍、爵、盉等。分別出土於 M46、M82、M86、M92、M109、M111、M126 共 7 座墓葬中。其中 M111 出土最多。在這批晚商組青銅器中,以鼎最爲多見,達 11 件之多,其形制有多種。多數器物上都有族氏銘文。下面,我們來逐一考察。

1. ▨▨祖辛鼎(M111∶84)。器呈圓口,外折沿,方唇,沿面向内傾斜。口沿上有對稱方形立耳直立於折沿上,耳稍外侈,深圓腹下垂,直壁微弧,圜底略平,三蹄足中間略細呈亞腰狀,腹内底與足根對應處各有一圓形凹窩。折沿下飾以雲雷紋爲地的浮雕獸面帶一周 6 組。每組以扉棱爲額鼻,扉棱上爲長方形額飾,上飾陰刻雲紋,額中部飾一陰綫菱形紋。扉棱兩面紋飾相同,自上而下飾“一”、“F”相間的 2 組陰綫紋。扉棱兩側各飾一單目爬行龍紋,獸面實爲扉棱兩側的單目龍首組成。器内壁鑄銘二行 3 字,自上而下讀作:“▨▨祖辛。”器外底有“Y”字形加强筋,高出器表約 0.2－0.3 釐米。器表範縫雖經打磨,但器身範縫隱約可辨,特别是扉棱打磨不到處範縫明顯,足内側的兩條範縫分别與器外底三角弧形範縫相接。根據範

＊黄鳳春,湖北省文物考古研究所研究館員;蔣斌,海南省博物館館員。

[1] 湖北省文物考古研究所等:《湖北隨州葉家山西周墓地發掘報告》,《文物》2011 年第 11 期;湖北省文物考古研究所等:《湖北隨州葉家山西周墓地》,《考古》2012 年第 7 期。

縫知此器是由 1 塊底範、6 塊壁範和 1 腹芯渾鑄而成；耳 2 塊外範、1 塊芯範；足 3 塊外範、1 塊芯範。腹內壁發現 8 個銅芯撐，個體較大，呈不規則的方形或長方形。澆、冒口應該設在足的底端，已打磨，痕迹不明顯。

經對斷耳取樣檢測，其標本含 Cu 78.2%、Sn 11.7%、Pb 10.0%，基體爲偏析不明顯的 α相，局部出現再結晶晶粒，晶間分布有(α+δ)共析體、鉛顆粒和少量銅硫化物。足內取樣檢測，其標本含 Cu 93.9%、Pb 5.3%、As：0.5、Sb：0.3，基體爲偏析不明顯的 α 相，晶間分布大量鉛顆粒，少量銅硫化物夾雜與鉛顆粒伴生。通耳高 56.3、口徑 42.1、腹深 29.1、耳高 10.3、足高 21.3 釐米。重 26050 克(圖一,1、2)。

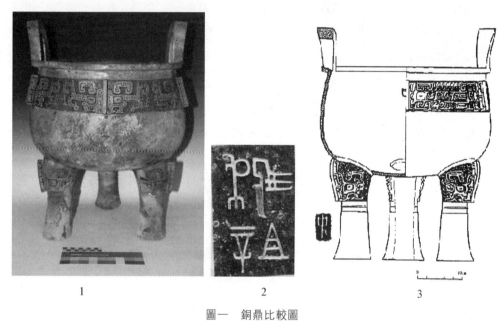

圖一　銅鼎比較圖

1. 葉家山 M111：84　2. 葉家山 M111：84 銘文　3. 滕州前掌大 M11：94 史鼎

M111：84 祖辛鼎的形制與安陽郭家莊 M160：62 亞址鼎、[1]安陽後岡圓形祭祀坑 HGH10：5 成嗣子鼎、[2]滕州前掌大 M11：94 史鼎(圖一,3)、[3]鹿邑太清宮 M1：9 獸面紋鼎[4]等相似，其腹深介於亞址鼎與史鼎之間，年代約爲商末。

2. 圓渦獸目紋鼎(M111：99)，器口呈桃圓形，外折沿，沿面向內傾斜，方唇，長方形雙耳

[1]　中國社會科學院考古研究所：《安陽殷墟郭家莊商代墓葬：1982 年~1992 年考古發掘報告》，中國大百科全書出版社，1998 年，第 78－79 頁。

[2]　中國社會科學院考古研究所：《殷墟發掘報告(1958－1961)》，文物出版社，1987 年，第 270、271 頁；中國社會科學院考古研究所：《殷墟青銅器》，文物出版社，1985 年，圖版八三、圖八九·1。

[3]　中國社會科學院考古研究所：《滕州前掌大墓地》，文物出版社，2005 年，第 209、211 頁。

[4]　河南省文物考古研究所等：《鹿邑太清宮長子口墓》，中州古籍出版社，2000 年，第 57 頁。

直立於折沿上,頸微束,弧壁,圓鼓腹略下垂,圜底,三柱狀足略粗。折沿下飾以雲雷紋爲地的夔龍、渦紋帶一周,花紋帶分別由九個渦紋和九個夔龍紋相間組合而成。渦紋呈圓形,突起於器表,中間有 1 個陰綫小圓圈,圓圈四周有 4 個向左旋轉的弧綫紋;夔龍呈方形,折轉體,渦紋兩側的夔龍兩首相對作反顧狀。器表雖經打磨,但器身和足部範縫隱約可辨,外壁有三條縱向範縫分別與三足外側相連,柱足內側的兩條範縫分別與器外底三角弧形範縫相接。根據範縫觀察,此器的鑄型是由 1 塊底範、3 塊壁範和 1 腹芯渾鑄而成。足有 3 條縱向範縫,知其鑄型爲 3 塊外範、自帶泥芯範 1 塊。器內底發現 1 個銅芯撐,呈梯形,體較長;外壁下腹發現 3 個銅芯撐,個體較小,呈方形或不規則的圖形。三足均殘,經鑄補,澆、冒口設在足底端,每足 1 個,澆口敲掉後留下 2 個橢圓形凹窩,另一澆口略呈橢圓形。通耳高 32.9、口徑27.8－28.6、腹深 18.9、耳高 6.4、足高 11、足徑 4.6 釐米。重 6 010 克。(圖二,1)

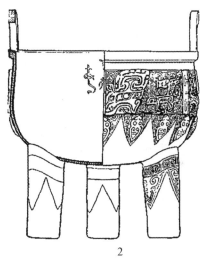

1　　　　　　　　　　　　　　2

圖二　銅鼎比較圖

1. 葉家山 M111:99　2. 婦好中型圓鼎(821)

　　M111:99 圓渦獸目紋鼎的形制與安陽小屯 M5:821、762、761、755、757 婦好鼎[1]和安陽薛家莊東南 M3:25 敔象鼎[2]相似,年代約爲殷墟文化二期晚段,即商王武丁晚期和祖庚、祖甲時期。

　　3. 圓渦獸目紋鼎(M111:77),器口略呈桃圓形,外折沿,沿面向內微傾,方圓唇,長方形雙耳直立於折沿上,頸微束,弧壁,圓鼓腹略下垂,圜底,三柱狀足根部略粗,下部漸細,足端平齊。折沿下飾以雲雷紋爲地的夔龍、渦紋帶一周,花紋帶分別由九個渦紋和九個夔龍紋相

[1] 中國社會科學院考古研究所:《殷虛婦好墓》,文物出版社,1980 年,第 38、41－42 頁。
[2] 中國社會科學院考古研究所安陽工作隊:《安陽薛家莊東南殷墓發掘簡報》,《考古》1986 年第 12 期。

間組合而成。渦紋呈圓形,突起於器表,中間有 1 個陰綫小圓圈,圓圈四周有 4 個向左旋轉的弧綫紋;夔龍呈方形,折轉體,渦紋兩側的夔龍兩首相對作反顧狀。器表雖經打磨,但器底和器足範縫隱約可辨,器身外壁有 6 條縱向範縫分別在 3 足的外側和兩足之間,柱足內側的兩條範縫分別與器外底三角弧形範縫相接。根據範縫觀察,此器的鑄型應是由 1 塊底範、6 塊壁範和 1 腹芯渾鑄而成。足外側打磨光滑,範縫不明顯,內側有 2 條縱向範縫,推測該器的鑄型應爲 3 塊外範、自帶泥芯範 1 塊合範澆注。器內底發現 2 個銅芯撑,1 個方形,另 1 個爲三角形;外底發現 3 個銅芯撑,個體略大,均不規則,呈三點式放置。外底三足間有"Y"字形寬扁加强筋突起於器表。足下端有蜂窩狀氣孔,足底澆、冒口不明顯,其中 1 個足端露出橘紅色範泥。通耳高 34.3、口徑 29.1－29.6、腹深 18.5、耳高 6.4、足高 13.7 釐米。重 6 870 克(圖三,1)。

M111:77 圓渦獸目紋鼎形制與安陽劉家莊北 M1046:3 亞𠁁鼎[1]相似(圖三,2),年代約爲殷墟文化四期。

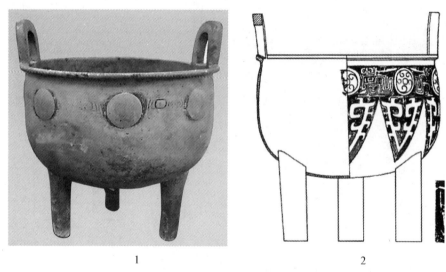

圖三　銅鼎比較圖

1. 葉家山 M111:77　2. 安陽劉家莊北 M1046:3

4. 獸面紋鼎(M111:64),圓口略斂,外折沿,平沿略向內傾斜,方唇,長方形雙耳直立於折沿上,束頸,直壁略弧,深腹微鼓,最大腹徑在中部,圜底近平,三柱狀足直立於器底之下。口沿下一周分布大小相同、間距相等的 6 條扉棱,扉棱間飾以雲雷紋爲地、兩首向對、兩尾向背的 3 組浮雕獸面紋。獸面以短扉爲鼻梁,鼻梁兩側飾"F"形陰綫紋。寬額兩側分別以卷體爬行龍紋爲雙角,足根飾陰綫蟬紋。器表雖經打磨,隱約可見與柱足外側對應的範縫尚存。

[1] 中國社會科學院考古研究所安陽工作隊:《安陽殷墟劉家莊北 1046 號墓》,《考古學集刊》(15),文物出版社,2004 年。

根據範縫觀察,再與同類器相比,此器是由1塊底範、3塊壁範和1腹芯渾鑄而成。腹內底發現1個銅芯撐,呈不規則的長方形,長約1.6、寬約0.7釐米,外壁未發現銅芯撐。澆、冒口應設在足的底端,已打磨光滑,模糊不清。此器采用補鑄工藝,腹部有2處補鑄疤痕,呈圓形的較小,長方形的略大。通耳高30.1、口徑24.8、腹深14.1、耳高6.5、足高12.1釐米。重6940克(圖四,1)。

M111:64鼎的形制、紋飾與安陽殷墟西區GM907:3共鼎、[1]殷墟西區GM613:6獸面紋鼎、[2]安陽劉家莊北M637:1亞若鼎[3]形制相似(圖四,2),年代約爲殷墟文化三期。

1　　　　　　　　　　　2

圖四　銅鼎比較圖
1. 葉家山M111:64　2. 饕餮紋鼎(殷墟GM613:6)

5. 獸面紋鼎(M109:4),口呈桃圓形,外折沿,沿面較窄略向內傾斜,方唇,長方形絢索立耳直立於口沿之上,圓腹微鼓,圜底,柱足,足根部略粗。立耳飾絢索紋,器身頸部以下飾圓渦紋,但紋飾已大多磨平,僅隱約可見有9個渦紋痕迹。該器采用補鑄工藝,補鑄疤痕不規則,疤痕澆口呈長方形,斷茬尚存。由於銹蝕原因,使用芯撐情況不明。範縫經打磨,隱約可見器身範縫分別與足外側範縫相對應,足內側的2條範縫分別與外底三角形範縫相連。可知該器的鑄型爲3塊外範、1塊芯範和1塊底範渾鑄而成。澆冒口在足端部,經打磨其痕迹猶存。通耳高25.6、口徑19-19.8、腹徑18.9、腹深13.8、足高9.5釐米(圖五,1)。與此形制相

[1]　中國社會科學院考古研究所:《殷墟青銅器》,文物出版社,1985年,圖版七二、圖七〇·1。
[2]　中國社會科學院考古研究所:《殷墟青銅器》,文物出版社,1985年,圖版一八二、圖六〇·2。
[3]　中國社會科學院考古研究所等:《殷墟新出青銅器》,雲南出版社,2008年,第143號。

似的還有 M111：66 和 83 鼎,這類形制的鼎與涇陽高家堡 91SJGM2：3 亞夫父辛鼎、[1] 寶雞石鼓山 M4：602 獸面紋鼎[2] 相似(圖五,2),年代約爲商末周初。

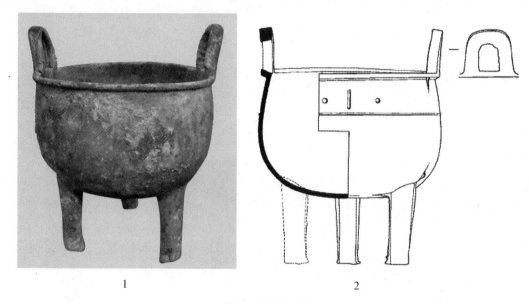

圖五　銅鼎比較圖
1. 葉家山 M109：4　2. 寶雞石鼓山 M4：602

6. 渦紋四葉目紋鼎(M86：15),口呈桃圓形,外折沿,沿面向内傾斜,方唇,長方形立耳直立於折沿上,耳略外侈,束頸,深腹微鼓,圜底略平,三柱狀足根部略粗、下部略細,足端平齊。折沿下飾一周以雲雷紋襯地的渦紋四葉目紋帶。紋帶分別由 9 個渦紋和 9 個四葉目紋相間組合而成。以範縫爲界分成三組、每組有 3 個大小相同、間距相等的渦紋和 3 個四葉目紋。渦紋呈圓形,突起於器表,中間有 1 個陰綫小圓圈,圓圈四周有 4 個向左旋轉的陰刻弧綫紋;四葉目紋爲目紋居中,四周有 4 個尖瓣構成葉狀。目紋作方圓形,中間有“一”字形槽瞳。渦紋疑似有填漆。器表雖經打磨,但範縫的錯位和高低不平現象很容易被發現範縫痕迹。三足外側與之對應的腹部各有一條縱向範縫,外底三足間可見有弧邊三角形範縫與三足内側的二條範縫相連。可知該器的鑄型爲 3 塊外範、1 塊芯範和 1 塊底範渾鑄而成。器外底三角形範縫内有“Y”字形加强筋,高出器表約 0.1－0.2 釐米。器内底發現 3 個、外壁下腹部發現 6 個銅芯撑,形體較小,呈不規則的長方形、方形、三角形。足下端均有補鑄疤痕。通耳高 27.1、口徑 20.7－21.1、腹深 13.5、耳高 4.6、足高 9.4 釐米。重 3 105 克(圖六,1)。

與此鼎相似的還有 M1：07、M56：5。可以比較的是,M86：15 鼎的形制、紋飾與安陽

[1] 陝西省考古研究所:《高家堡戈國墓》,三秦出版社,1995 年,第 39 頁。

[2] 陝西省考古研究院等:《陝西寶雞石鼓山商周墓地 M4 發掘簡報》,《文物》2016 年第 1 期。

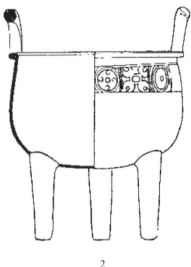

圖六　銅鼎比較圖

1. 葉家山 M86：15　2. 寶雞石鼓山 M1：5

小屯 82M1：11 父壬鼎，[1]1984－1985 長安灃西 M15：1 圓渦四瓣目紋鼎[2]相似，不過小屯 82M1：11 父壬鼎足明顯較粗，故本器年代較之稍晚，約爲武成時期。M1：07 鼎口下飾連體分解獸面紋，腹飾簡省蟬紋，類似紋飾布局風格見於寶雞紙坊頭 BZFM1：1 鼎、[3]寶雞竹園溝 BZM7：1 鼎、[4]1963 長安馬王村殘墓出土獸面紋鼎、[5]1967 長安張家坡 M87：1 獸面紋鼎等，[6]考慮到該鼎腹部較深，其年代約爲武成時期。M56：5 夔鳥乳釘紋鼎的形制、紋飾與安陽劉家莊北 M1046：71 亞𣪘鼎、[7]旬邑下魏洛 M1：1 鼎、[8]寶雞石鼓山 M1：5 鼎（圖六，2）、石鼓山 M3：28 鼎[9]和石鼓山 M4：801、802 鼎[10]相似，年代約爲商末周初。

　　7. 𢆡父庚鼎（M92：33），口呈桃圓形微斂，外折沿，沿面向内傾斜，方唇，折沿上有兩個長方形立耳略外侈，深圓腹微鼓，圓底，三柱狀足根部略粗，下部漸細，足底端平齊。口沿下

［1］中國社會科學院考古研究所：《殷墟青銅器》，文物出版社，1985 年，圖八五・2。

［2］中國社會科學院考古研究所豐鎬工作隊：《1984－85 年灃西西周遺址、墓葬發掘報告》，《考古》1987 年第 1 期。

［3］盧連成、胡智生：《寶雞強國墓地》，文物出版社，1988 年，第 17、18 頁。

［4］盧連成、胡智生：《寶雞強國墓地》，文物出版社，1988 年，第 97、98 頁。

［5］梁星彭、馮孝堂：《陝西長安、扶風出土西周銅器》，《考古》1963 年第 8 期，圖版壹・1。

［6］中國社會科學院考古研究所灃西發掘隊：《1967 年長安張家坡西周墓葬的發掘》，《考古學報》1980 年第 4 期。

［7］中國社會科學院考古研究所安陽工作隊：《安陽殷墟劉家莊北 1046 號墓》，《考古學集刊》（15），文物出版社，2004 年。

［8］咸陽市文物考古研究所等：《陝西旬邑下魏洛西周早期墓發掘簡報》，《文物》2006 年第 8 期。

［9］石鼓山考古隊：《陝西寶雞石鼓山西周墓葬發掘簡報》，《文物》2013 年第 2 期。

［10］陝西省考古研究院等：《陝西寶雞石鼓山商周墓地 M4 發掘簡報》，《文物》2016 年第 1 期。

弦紋間飾獸面紋帶一周,紋帶以三條縱向範縫爲界將其分爲三組,每組獸面以扉棱爲鼻梁,兩側飾兩首相對的爬行龍紋。爬行龍紋作長方形眼眶,長方目微突,眼角內側飾長方形突塊紋。雲雷紋帶作軀體,分別由上中下三條組成,上部雲雷紋、列旗紋相從,中、下部爲雲雷紋,尾飾長雲雷紋上卷,足爪簡化作細綫雲雷紋。每組獸面紋的兩端各飾一側身龍首紋,方圓睛微凸。腹內壁鑄銘一行 3 字,自上而下讀作:"冉父庚。"器表經打磨,足部外側及花紋帶上發現有範縫痕迹。三足外側與之對應的頸部各有一條縱向範縫,外底三足間隱約可見有弧邊三角形範縫與三足內側的二條範縫相連。可知該器的鑄型爲 3 塊外範、1 塊芯範和 1 塊底範,耳 2 範、足 3 塊外範和 1 塊芯範渾鑄而成。器外底弧邊三角形範縫內有凸起的三角形加強筋分別與足根內側相接。由於器內外壁銹層太厚,僅在內底發現 2 顆銅芯撑,一顆爲三角形,另一顆爲不規則的圖形。澆口應在足底端,有斷茬痕迹。通耳高 27.2、口徑 21.7、腹深 15.2、耳高 4.2、足高 10.1 釐米。重 3 460 克(圖七,1)。

1   2

圖七　銅鼎比較圖
1. 葉家山 M92:33　2. 大司空 M303:116

𠙶父庚鼎形制與安陽大司空04ASM303:116 馬危鼎[1]相似(圖七,2),年代約爲殷墟文化四期。

8. 獸面紋簋(M46:18)。器口外侈、小卷沿,圓唇,深弧腹,圜底近平,喇叭狀高圈足,器腹兩側有一對稱的獸首半環耳,耳中空,橫截面呈"U"。環耳上端接器上腹、下端連接器下

---

[1]　中國社會科學院考古研究所:《安陽大司空——2004 年發掘報告》,文物出版社,2014 年,第 407、413 頁,彩版九四・2、3。

腹。環耳上端爲一浮雕的獸首，分叉式獸角上隨形陰勒卷紋，小三角耳，小圓目，高鼻，厚唇銜環耳。環耳正、側面皆飾細綫雲雷紋。腹上部施一周二組渦紋與四葉目紋構成的紋帶，紋帶上下界以弦紋。每組以淺浮雕獸首居中，兩邊分別間施四葉目紋 3 個和圓渦紋 2 個，一四葉目紋與一渦紋相間排列。淺浮雕獸首之角尖上翹內卷，鳥嘴狀眼眶，小圓目，寬鼻厚嘴。四葉目紋以長圓形單目居中，周圍以四個尖瓣構成葉狀。圓渦紋簡化，無旋弧綫，中有一淺圓孔，形如小玉璧。腹中下部飾二組展體羽脊式虎頭紋，虎頭中間爲竪扉，寬額，卷鼻。由雲雷紋構成的夔紋軀體向虎頭兩旁展開，方角眼眶，長圓目突起，體軀呈橫長方形，尾上卷，背脊竪列 5 個羽狀紋飾，腹下飾三組形狀不一雲雷紋。圈足上依稀可見二組展體式獸面紋，每組以簡化獸面居中，兩邊爲雲雷紋構成的夔體，夔頭朝向獸面。長圓目，體軀呈橫長方形，尾上卷；體軀上下分別飾以連續"Ц"、"Π"形卷紋構成背脊和足趾。通高 14.3－14.6、腹深12.2、圈足高 3.2、口徑 20.8、圈足徑 13.2 釐米。重 2 260 克（圖八，1）。

　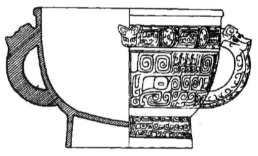

1　　　　　　　　　　　　　　　2

圖八　銅簋比較圖

1. 葉家山 M46：18　2. 小屯 82M1：21

　　M46：18 鼎的形制、紋飾與安陽殷墟 82 小屯 M1：21 庚豕馬簋[1]非常相似（圖八，2），形制也與洛陽北窯 M37：3 王妊簋[2]相似，但王妊簋有垂珥，其年代可能相對較晚。比較而知，本器年代應屬於殷墟文化四期。

　　9. 獸面紋甗（M126：19）。甑爲敞口，沿外侈，方唇，兩絢索形耳直立於侈沿上，深腹，直壁下收，束腰，甑內底有桃圓形三角箅，箅略小於甑內底，箅上有一半圓形寬扁狀提鈕，鈕的對側有一個圓形穿孔，穿連於腰間半圓環內，洗刷時不致脱落，箅上有 5 個"十"字形鏤孔，腰間有 3 個形狀、大小相同、間距相等的三角狀突齒支撑着箅的邊沿不致落下。鬲口略呈桃圓形，束頸，圓肩，鼓腹，分襠，下有三柱狀足，中間略細，足底端平齊。甑耳飾絢索紋。甑口沿

［１］　中國社會科學院考古研究所：《殷墟青銅器》，文物出版社，1985 年，圖版二三三、圖八六·2。

［２］　洛陽市文物工作隊：《洛陽北窯西周墓》，文物出版社，1999 年，第 79、80、83 頁。

下飾一周展體式獸面紋帶,鬲襠處各有一條扉棱,以扉棱爲鼻梁組成三組展體獸面紋。範縫雖經打磨,但仍可觀察到該器足内側的 2 條範縫與器外底三角形範縫相接,器身的 3 條竪向範縫分別與三足外側的範縫相連,由此可知此器的鑄型是由 3 塊壁範、1 塊芯範和 1 塊底範渾鑄而成。澆鑄口設在足底端,通耳高 41.4、器高 33.8、口徑 26.3、腹深 24.6、耳高 7.1、足徑 2.7 釐米。重 6 175 克(圖九,1)。

1　　　　　　　　　　　　　　　2

圖九　銅鬲比較圖
1. 葉家山 M126：19　2. 大司空遺址 M303：57

獸面紋鬲(M126：19)形制與安陽大司空 04ASM303：57 馬危鬲(圖九,2)、[1]滕州前掌大 M213：49 獸面紋鬲[2]相似,年代約爲商末。

10. 𝌆父丁罍(M111：109),無蓋。内折沿,沿面向内傾斜,方唇,束頸,圓肩,深弧腹下收,平底内凹,矮圈足斜直外侈。肩兩側有對稱獸首形半環耳銜環,環扁圓。環耳獸首後端與肩上相接,下端與肩下相連。耳中空,横截面呈"U"形,内存灰白色範土。下腹部近底處的一側有一獸首形鋬。器頸飾兩周平行凸弦紋。肩部一周有 6 個相同大小、間距相等的圓餅飾,圓餅飾隆起,上飾渦紋。渦紋中部有個陰綫小圓圈,四周有 5 個陰綫雲紋,圓餅飾内側各有一個圓形凹窩。半環耳獸首作牛頭,雙角呈"U"形向後平伸,角根粗壯,上飾雲紋,角間飾菱形紋和雲紋,額飾陰綫菱形紋;雙耳外侈,耳内飾陰綫"X"紋;菱形眼眶内側有三角方塊紋,圓睛暴突,中有針眼

[1] 中國社會科學院考古研究所:《安陽大司空——2004 年發掘報告》,文物出版社,2014 年,第 413 - 415 頁、彩版九九。
[2] 中國社會科學院考古研究所:《滕州前掌大墓地》,文物出版社,2005 年,第 226、227 頁。

小瞳孔;凹鼻梁,鼻隆起,圓鼻竇兩側有陰綫半月紋鼻孔;闊嘴作口銜軀體狀。下腹部獸首鋬與獸首形雙耳相同,角上紋飾略有差異。器口沿内側鑄銘一行 3 字,自上而下讀作"畢父丁"。

該器采用分鑄法,鋬、獸首形雙耳及銜環先鑄,然後埋入器範内渾鑄使之連接爲一器。器體打磨光滑,隱約可見外壁有縱向範縫 4 條,該器的鑄型應爲外範 4 塊、底範 1 塊、芯範 1 塊渾鑄而成。雙耳和獸首鋬各 2 塊外範,其中 1 塊自帶半泥芯。銜環爲 2 範。外底發現 3 個銅芯撑,形體較大,均爲不規則的正方形,呈三角形放置。通高 41、口徑 16.6、肩徑 32.2、腹深 37.3、足徑 17.9、足高 1.7 釐米。重 12 455 克(圖一〇,1)。

1　　　　　　　　　　　　　　　　2

圖一〇　銅罍比較圖

1. 葉家山 M111：109　　2. 陝西岐山賀家村 M1

〻父丁罍(M111：109)的形制、紋飾與岐山賀家村 M1 出土圓渦紋罍(圖一〇,2)、[1]安陽戚家莊 M269：35 爰罍[2]相似,岐山賀家村 M1 青銅器群的年代一般認爲屬於商末,戚家莊 M269：35 爰罍年代爲殷墟文化三期,我們認爲葉家山 M111：109〻父丁罍年代下限不晚於周初。

11. 束祖乙卣(M46：12),器體呈扁橢圓形,拱形絇索狀提梁,兩端有環與器側腹上的半環形耳套接。扁橢圓蓋隆起似屋頂,蓋頂中心立一菌鈕狀捉手,蓋底内束弧成母口。器口亦呈扁橢圓形,窄沿面向内斜平成斂口,子口較高向内斜收,口外底有一周承蓋的窄臺面,與母口套合;深腹,腹中部弧鼓,最大腹徑在下部,圜底,喇叭狀扁橢圓圈足,切地處加厚。提梁兩端圓環上飾一圈陰綫雲雷紋,頂端陰勒一"曰"字形目紋。蓋頂菌狀鈕頭分成 6 瓣,每瓣如同

---

[1]　曹瑋主編:《周原出土青銅器》(第 6 卷),巴蜀書社,2005 年,第 1246－1248 頁。

[2]　安陽市文物工作隊等:《安陽殷墟青銅器》,第三〇號,中州古籍出版社,1993 年。

一蛇,圈足上飾二周平行細綫凸弦紋。蓋内和器底内陰鑄相同銘文,一行三字"(束)且乙",通提梁高 32.6、圈足高 4、蓋底口徑 17.2×13、卣口徑 14.9×11、圈足徑 18.6×14.4、壁厚 0.2－0.7釐米。重量 5 330 克(圖一一,1)。

1　　　　　　　　　　　　2

圖一一　銅卣比較圖

1. 葉家山 M46∶12　2. 殷墟西區 GM1015∶4

　　束祖乙卣(M46∶ 12)形制與安陽戚家莊 AGSM269∶ 10 雷紋卣、[1] 殷墟西區 GM1015∶4 雷紋卣(圖一一,2)、[2] 1967 年長安張家坡 M87∶4 父丁卣、[3] 寶雞石鼓山 M3∶13 父乙卣、[4] 1989 年滕州莊里西 M7∶3 對卣[5] 等相似,其中莊里西 M7∶3 對卣 蓋緣和口下卷鼻夔紋與葉家山 M46∶12 束祖乙卣基本相同。前面所舉青銅卣中,唯有莊里 西 M7∶3 對卣所出墓葬年代下限可能最晚,約爲康王初年,戚家莊 AGSM269∶10 卣、殷墟 西區 GM1015∶4 卣的年代分别爲殷墟文化三期和四期,這類形制的卣以商末周初最爲多見, 我們認爲本式卣的年代約爲商末周初。

　　12. 鳥父丁爵(M46∶13),寬長流,尾呈尖狀三角形,侈口,兩菌狀柱對稱立於器口近折

[1]　安陽市文物工作隊:《殷墟戚家莊東 269 號墓》,《考古學報》1991 年第 3 期。

[2]　中國社會科學院考古研究所:《殷墟青銅器》,文物出版社,1985 年,圖版二二一、圖八三·3。

[3]　中國社會科學院考古研究所灃西發掘隊:《1967 年長安張家坡西周墓葬的發掘》,《考古學報》1980 年 第 4 期,第 469 頁、圖版柒·3。

[4]　石鼓山考古隊:《陝西寶雞石鼓山西周墓葬發掘簡報》,《文物》2013 年第 2 期。

[5]　杜傳敏等:《1989 年山東滕州莊里西西周墓發掘報告》,《中國國家博物館館刊》2012 年第 1 期。

流處,柱的橫截面呈梯形。深圓腹,卵形底,腹側有一半環形鋬對一足,三棱狀三足外撇。腹上三個豎向短扉與一鋬呈四點對稱分布,三短扉兩側橫向陰刻"一"字形短綫 7 - 8 道。

柱上菌形蓋頂面隆起小乳頭,菌弧面飾四個陰綫卷雲紋。半環形鋬上部浮雕一牛形獸首,"∪"形角呈斜面略凸起,角側飾微凸的小三角耳,陰勒弧形眉,小圓目,高鼻厚唇。器腹飾一周二組獸面紋,上下界以鱗紋。一組獸面紋以扁平鋬居中,另一組獸面紋以一扉棱居中,兩邊飾頭朝向扉棱(鋬)的爬行夔紋一個。四夔紋相同,夔作高冠内卷角,豎長鼻前端微勾,凸圓目,中有小瞳孔,體軀折曲,尾上翹卷尖,一足趾分左右上卷勾。間以細雲雷紋襯底。鋬内側對應的器腹上陰刻銘文,一行三字,"鳥父丁"。菌形蓋底面可見範泥痕和鑄縫,半環形鋬内側有範泥,三足根對應的器腹内有三個小淺孔,可知渾鑄時有腹、足外範 3 塊,二柱和菌蓋各 1 塊;泥芯數爲腹、鋬各 1 塊,兩菌蓋各 1 塊。器底中心有一後鑄補疤。通高 21.7、流尾長 18.1、腹深 10.7、足高 9.2、柱高 4 釐米。重 810 克(圖一二,1)。

1　　　　　　　　　　　　　2

圖一二　銅爵比較圖

1. 葉家山 M46：13　2. 安陽大司空 04ASM303：90 馬危爵

鳥父丁爵(M46：13)的形制、紋飾與上海博物館藏 ⌒⌒ 𠀀 爵(《夏商周》[1]90)相似,形制也與安陽大司空 04ASM303：90 馬危爵(圖一二,2)、[2]滕州前掌大 M38：63 爵[3]相

[1] 陳佩芬:《夏商周青銅器研究》,上海古籍出版社,2004 年。

[2] 中國社會科學院考古研究所:《安陽大司空——2004 年發掘報告》,文物出版社,第 415 - 416 頁、彩版一〇一,2014 年。

[3] 中國社會科學院考古研究所:《滕州前掌大墓地》,文物出版社,2005 年,第 246、247 頁。

似,年代約爲商末。M126：15 弦紋爵形制與 1967 年長安張家坡 M85：6 父丁爵、[1] 涇陽高家堡 71SJGM1：11 獸面紋爵、[2] 滕州前掌大于屯村北 Ⅲ M309：23 鳥爵、[3] 1985 年安陽劉家莊南 M63：2 息父己爵(殷墟四期)、[4] 安陽戚家莊 AGSM269：9 爰爵(殷墟三期)[5] 相似,年代約爲商末周初。

13. 舉爵(M82：9),前有槽狀流上揚,後有三角形燕尾上翹,兩菌狀柱直立於口緣折流處,柱體橫截面呈半圓形,菌面呈傘狀,頂部凸起一個錐狀小乳頭。侈口,尖唇,深圓腹中部略鼓,圜底,腹側有一半圓形獸首鋬,鋬下對應一足,三棱形錐狀足外撇,橫截面呈三角形。菌狀柱面飾 4 個向右旋轉的陰綫雲紋;器腹飾以雲雷紋爲地的獸面紋帶一周二組,其中一組以鋬爲鼻梁,與鋬對應的另一組以突起的扉棱爲鼻梁。鋬上部獸首作牛頭,雙角呈"U"形向後平伸,葉形尖耳,高鼻梁,弧形眉,圓睛微突,闊嘴,翹吻唇。獸面紋帶上下兩側飾聯珠紋,聯珠紋下飾變形列旗紋,中部飾獸面紋。獸面紋分別由兩個單目爬行龍紋組成,龍紋長方形眼眶內側飾方塊紋,方圓目突起,以細綫雲雷紋爲軀體,角、耳、鼻和軀體均作簡化細綫雲雷紋,尾上翹折卷,軀體下之足爪皆作細綫雲雷紋。鋬內側鑄一族徽銘文,讀作"舉"。通柱高 20.2、口徑 7.7、尾至流長 17.5、腹深 9.1、柱高 3.6、足高 7.9、壁厚 0.3 釐米(圖一三,1)。

舉爵(M82：9)的形制與耀縣丁家溝出土西斝、[6] 1985 年安陽劉家莊北 M9：54 ﹝族徽﹞父癸爵、[7] 1991 年安陽八里莊東 M52：1 ﹝族徽﹞乙爵、[8] 滕州前掌大 M121：6 史父乙爵[9] 相似(圖一三,2),年代約爲商末周初。

14. 山父丁盉(M111：127),圓蓋,蓋面隆起呈弧面,蓋沿內折呈子口,蓋頂中部有一蘑菇狀鈕,鈕頂突起一小圓臺高於器表,蓋沿一側有一豎向半環鈕套合"∞"字形鏈環與器頸部半環鈕相連。器呈敞口,尖沿,方唇,束頸,深腹圓鼓略下垂,分襠,袋狀柱足。頸部有一圓筒形流斜直上揚、高於器口,流中空,嘴平齊;與流對應的另一側有一獸首形鋬,鋬下對應一足,鋬上部爲獸頭,獸頭後端與器頸相連,下端與下腹部相接。鋬中空,橫截面呈"U"形,內有橘紅色範土。蓋鈕頂部飾一周凹弦紋。蓋緣飾目紋、雷紋帶一周,共 4 組。

---

[1] 中國社會科學院考古研究所灃西發掘隊：《1967 年長安張家坡西周墓葬的發掘》,《考古學報》1980 年第 4 期,第 469 頁、圖版伍·3(右)。

[2] 陝西省考古研究所：《高家堡戈國墓地》,三秦出版社,1999 年,第 28 頁、圖版拾貳·1。

[3] 滕州市博物館：《滕州前掌大村南墓地發掘報告(1998～2001)》,《海岱考古》(第三輯),科學出版社,第 227 頁,2010 年。

[4] 安陽市文物工作隊等：《安陽殷墟青銅器》,中州古籍出版社,1993 年,第八三號。

[5] 安陽市文物工作隊：《殷墟戚家莊東 269 號墓》,《考古學報》1991 年第 3 期。

[6] 賀梓城：《耀縣發現一批周代銅器》,《文物參考資料》1956 年第 11 期。

[7] 安陽市文物工作隊等：《安陽殷墟青銅器》,中州古籍出版社,1993 年,第七九號。

[8] 安陽市文物工作隊等：《安陽殷墟青銅器》,中州古籍出版社,1993 年,第八四號。

[9] 中國社會科學院考古研究所：《滕州前掌大墓地》,文物出版社,2005 年,第 258、261 頁。

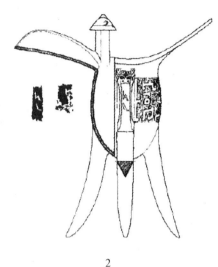

1　　　　　　　　　　　　　2

圖一三　銅爵比較圖

1. 葉家山 M82：9　2. 滕州前掌大 M121：6 史父乙爵

每組目紋居中，兩側飾雷紋，尾部雷紋較長呈三角疊壓狀。目紋呈方圓形突起於器表，方圓睛中有"－"字形瞳孔。器頸部飾一周獸面紋帶，共 3 組，每組以扉棱爲鼻梁，兩側飾以雲雷紋爲地的展體側身爬行龍紋。龍首作折卷角，流上飾一周 4 只陰綫蟬紋，蟬作倒置狀，體呈三角形。鋬上獸首爲牛頭，雙角呈"U"形向後平伸，角飾雲紋，襠部飾雙陽綫人字紋。蓋及鋬內側鑄銘二行 3 字，自右至左讀作"山父丁"。通蓋高 29.8、器口徑 12.1、腹深 18.4、襠高 6.2 釐米。重 3 775 克（圖一四，1）。

山父丁盉（M111：127）的蓋鈕爲菌狀，這種盉蓋形制幾乎都見於商代晚期和周初青銅盉，如安陽郭家莊 M160：74 亞址盉、[1] 涇陽高家堡 91SJGM4：18 子弓盉、[2] 滕州前掌大 M11：101 史盉（圖一四，2）、[3] 鹿邑太清宮 M1：102 子口盉[4] 等，該器年代約爲商末周初。

上述葉家山西周墓地出土的晚商組青銅器，通過比較，其年代都比較明確，可以看出它們的年代跨度從殷墟文化二期到殷墟文化四期。這批晚商組青銅器大多出自葉家山墓地的大中型墓葬中，墓主生前的身份比較高貴。從墓葬的分期上看，出晚商組青銅器的這些墓葬并不是葉家山墓地最早的墓葬。根據排序而知，出晚商組銅器墓葬的年代大多在昭王時期。

[1] 中國社會科學院考古研究所：《安陽殷墟郭家莊商代墓葬：1982 年～1992 年考古發掘報告》，中國大百科全書出版社，1998 年，第 85 頁。

[2] 陝西省考古研究所：《高家堡戈國墓》，三秦出版社，1995 年，第 79、81、87 頁。

[3] 中國社會科學院考古研究所：《滕州前掌大墓地》，文物出版社，2005 年，第 302、304 頁。

[4] 河南省文物考古研究所等：《鹿邑太清宮長子口墓》，中州古籍出版社，2000 年，第 121 頁。

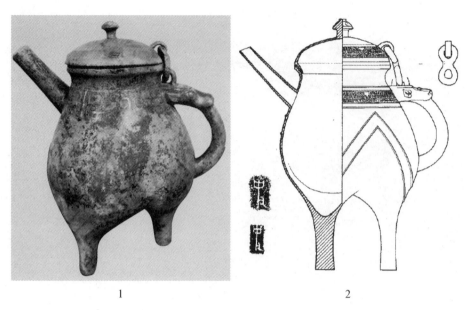

1　　　　　　　　　　　　　　　　2

圖一四　銅盉比較圖

1. 葉家山 M111：127　2. 滕州前掌大 M11：101

值得注意的是,這些銅器的器表紋飾大都被打磨,器身特別光滑,而且多有補鑄的現象,説明這批晚商組青銅器在流入南方曾國後又經歷了相當長的一段繼續使用時間後才被葬入墓中的。

西周時期墓葬出土商代銅器的例子較爲多見,那麽,這些銅器是如何傳承至南方姬姓曾國的是一個值得探討的問題。衆所周知,青銅器的流傳具有多種途徑。除文化交流外,還有聯姻、賵贈和戰爭掠奪等。由青銅器上所見衆多族氏銘文及曾國在南方的邊陲之地而言,我們傾向於葉家山西周墓地出土的晚商銅器,極有可能是周王室的“分器”而來。對於這一結論,還尚需進一步探討。

巴蜀文化銅器初論

孫　華*

　　東周時期的四川盆地大部分地區,在秦滅巴蜀以前,其西部仍然是延續了千餘年的古蜀國疆土;但在盆地東部的平行嶺谷地區,也就是今天的重慶地區以及嘉陵江幹流的中下游地區,大概從春秋晚期以後,却被來自江漢地區的巴國所占據。巴蜀兩國的文化經歷了一段時間的碰撞和融合之後,形成了文化面貌大同小異的東周四川區域文化——巴蜀文化(或稱作"晚期蜀文化"),故研究者通常將該戰國前後四川地區的銅器稱爲"巴蜀文化銅器"。

　　巴蜀文化銅器是以先前的十二橋文化銅器工藝傳統、器類組合和形制紋飾爲基礎,并吸收鄰近楚文化部分因素形成的風格獨特的銅器。該文化銅器以其顯著的風格滯後現象,特色鮮明的器物組合和造型,頗具特色的銅器紋飾以及奇異的"巴蜀符號"而爲人們所注目。巴蜀文化銅器是四川地區青銅器發展的最後階段,無論是銅器分布之廣和數量之大,還是銅器工藝之高和種類之多,巴蜀文化銅器都遠超先前的三星堆文化銅器和十二橋文化銅器,達到了四川先秦銅器發展的頂峰。秦滅巴蜀後,巴蜀銅器的文化特色并没有立即消失,它的器類和裝飾既對秦文化銅器造成一定影響,也影響到了秦漢時期(尤其是西漢中期以前)的四川銅器,出現了只流行於四川盆地及其周邊的一些銅器種類。巴蜀文化銅器與三星堆文化銅器、十二橋文化銅器一道構成了四川盆地一帶銅器發生、發展和衰落的全過程;而巴蜀文化與秦漢文化銅器一起,成爲了巴蜀文化逐漸融會於秦漢文化,以及秦漢帝國經營四川盆地的歷史見證。

一、銅器的特徵與類型

　　巴蜀文化銅器的年代範圍是春秋中期至西漢初期,大致相當於公元前 600 至前 200 年。這一時期的銅器是巴蜀文化的組成部分,是四川(尤其是川西古蜀文明)傳統的延續。這時期的銅器經歷了由頑固堅持商周舊有傳統,到引入東周列國新的銅器風格,再到逐漸融匯於秦漢銅器體系之中的複雜的發展演變過程。在秦滅巴蜀之前,東周列國新文化因素與四川地區本地傳統因素,在四川銅器方面呈現兩種文化因素并存的複合文化結構。而到了秦滅巴蜀後,特別是到了西漢初期以後,中原秦漢文化因素就逐漸取代了先前巴蜀文化的因素。

＊北京大學考古文博學院教授。

從巴蜀文化銅器到秦漢文化銅器,就是這個文化發展過程實物見證的重要環節。

　　1. 銅器特徵

　　巴蜀文化的銅器,除了四川彭縣致和鄉紅瓦村銅器群出自窖藏外,[1]其餘都出自墓葬。這一時期巴蜀文化銅器基本上出自墓葬,這與西周時期十二橋文化的重要銅器出自彭縣竹瓦街兩個窖藏,商代的三星堆文化銅器主要出自廣漢三星堆遺址的兩個埋藏坑(埋葬性質存在爭議,認爲屬於祭祀坑的居多)有所不同。窖藏通常是戰爭引發人們逃離家鄉之類特殊歷史背景的埋藏,埋藏之物一般是一個家庭單位最爲珍視的財富。墓葬則是人們生老病死過程中的必然產物,墓葬隨葬之物主要是作爲家庭成員之一死者的部分財富,以及死者家庭按照當時風俗習慣給死者在地下世界使用的程式化的物品。巴蜀文化墓葬隨葬銅器反映了有一定經濟實力的墓葬主人對死後世界使用銅器的追求,却也折射了當時四川社會的銅器功能和使用狀況。從巴蜀文化墓葬隨葬銅器的區域不斷擴大,墓葬隨葬銅器數量也在不斷增多,以及銅器出土地點和總體數量遠超先前四川各文化銅器的情況看,巴蜀文化銅器在四川盆地青銅文化發展的進程中無疑是最輝煌的時期。當中原青銅時代已經開始向鐵器時代轉變的時候,當東周列國銅器使用已經急速減少的時候,四川的青銅時代和銅器使用才達到它的高峰。這是巴蜀文化銅器不同於中國中心地區的一個顯著特徵。

　　巴蜀文化銅器的另一個特徵是傳統守舊與引進創新并存。所謂傳統守舊,體現在其他地方已經不見的古老的銅器種類、造型和裝飾,在巴蜀文化中繼續使用并發揚光大。周代前期的銅罍造型和紋樣,一直行用到戰國中期;尖頂尖底銅盛的尖底器作風也來自先前的十二橋文化,在巴蜀文化中成爲很典型的一種銅器;柳葉形銅劍及銅劍鞘、三角援無胡銅戈、雙葉雙耳長骹銅矛至遲在商周之際前後就已出現,但在巴蜀文化中得以廣泛使用并得到不斷改進。此外,巴蜀文化那套素面銅炊器的素面做法,也有可能延續自十二橋文化及其相關文化,在山西寶雞強國墓地中出土了不少素面的尖底和平底銅容器。所謂引進與創新,主要體現在巴蜀文化銅器中突然涌現出了大量楚文化的銅器,并隨着楚文化銅器而入的還有晉文化和越文化的銅器,在巴蜀文化晚期遺存中,甚至連西南徼外的石寨山文化(滇文化)的銅器也偶有所見,1987年成都撫琴社區出土銅戈就是典型的石寨山文化的銅器。新引進的東周列國文化銅器主要是當時流行的容器,如鼎、甀、瑚、豆、盞、敦、壺、缶(尊缶和盥缶)、盂、盤、匜之類。其次是銅武器,巴蜀文化的人們對自己的傳統武器有很強的信心,大量使用的是本土傳統的武器種類,楚系銅劍(有的楚系銅劍本自吳越銅劍)、長援長胡銅戈和鋬葉一體銅矛在戰國中期時才逐步引入,但始終没能取代巴蜀文化自身同類銅武器的地位和作用。(圖一)

---

[1]　史占揚:《重要的考古成果·珍貴的出土文物——四川古代窖藏瑣記》,《四川文物》2002年第4期,第17－21頁。

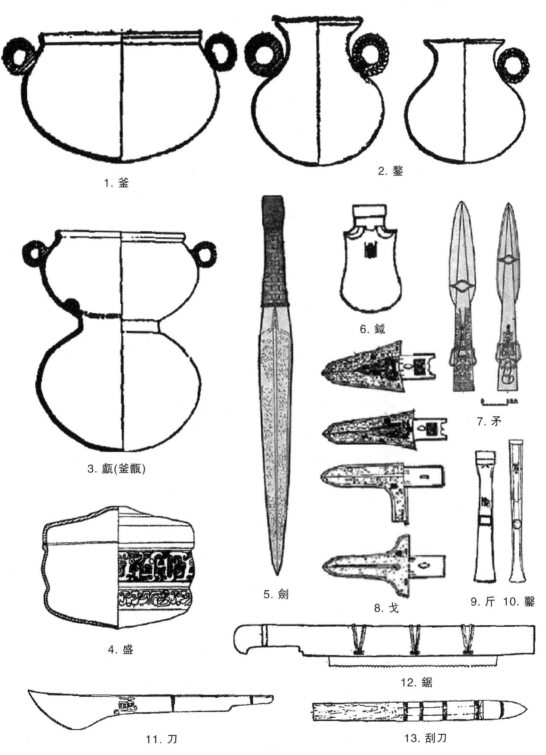

1. 釜　　2. 鍪　　3. 甑(釜甑)　　4. 盛　　5. 劍　　6. 鉞　　7. 矛　　8. 戈　　9. 斤　　10. 鑿　　11. 刀　　12. 鋸　　13. 刮刀

圖一　巴蜀文化典型銅器

（圖中第 4 盛出自成都西郊青羊宮古墓，其餘均新都馬家大墓銅器）

巴蜀文化銅器的第三個特色是銅器裝飾,這種裝飾特色主要有體現在兩個方面:一是在中國銅器的裝飾流變中,四川先秦銅器較早就把素面銅器作爲銅器的重要系列,與鑄紋銅器并行。早在西周早期的陝西寶雞強國墓地中,強伯夫婦及其他貴族墓葬隨葬的銅器就明顯分爲基本上是鑄紋銅器的中原系銅禮器系列和素面尖底罐、圜底罐等具有地方色彩的四川系銅器系列。以後,這種素面銅容器就成爲巴蜀文化銅容器的一個重要裝飾特徵,釜、甂(釜甑)、鍪、矮足豆和某些尖底盛等,都是素面而不裝飾任何紋樣。雖然中原地區諸文化在戰國中期以後也普遍出現器表素净和器表斑斕的兩種不同的銅器裝飾手法,但巴蜀文化銅器更早流行素面銅器,這却是一個不争的事實。二是在巴蜀文化的鑄紋銅器中,存在着裝飾紋樣與巴蜀符號共存,兩者有機地結合在一起的現象,以至於對於某些裝飾單元究竟屬於裝飾圖案,還是屬於巴蜀符號,研究者還有不同的認識。如果説戰國前期成都三洞橋銅釜器蓋上的巴蜀符號與紋飾的結合還不够協調,符號的加入還影響了器蓋紋飾的韵律和節奏的話,那麽成都金沙巷銅豆器蓋上的四組巴蜀符號呈對稱排列,與 12 個花葉紋一起構成了器蓋外圈的和諧圖案。至於在戰國後期的巴蜀文化銅兵器上,虎紋、鳥紋等與巴蜀符號的結合更天衣無縫,將符號高度圖案化和裝飾化,具有很好的裝飾效果。

巴蜀文化銅器還有一個顯著的特徵就是既有點像紋飾題材的元素,又有點像文字構成字元的符號——"巴蜀符號",這種巴蜀符號廣泛分布在巴蜀文化容器、樂器、武器、工具上,并且作爲銅印章的印文。巴蜀符號是一種奇異的圖形與符號組合,這種圖符組合與通常具有裝飾規律的紋樣不同,也與通常排列有序的文字相異。對於這種圖形與符號的組合,有學者稱之爲"巴蜀圖語",有學者稱之爲"巴蜀文字",大多數學者還是采用中性的稱謂,稱之爲"巴蜀符號"。通常被歸入巴蜀符號的圖符組合有兩大類:一類是李學勤先生所説的"巴蜀符號甲",符號大小通常不一致,圖案化的程度較高,具有一定的裝飾功能;一類是李學勤先生所説的"巴蜀符號乙",這類符號的大小相仿,呈現文句狀排列,裝飾性效果較弱。[1] 我個人認爲,這兩類看似差異較大的巴蜀符號,都出現在巴蜀文化的銅印章上,兩者的性質和功能應該具有一致性,都具有某種標識主人身份的意義。

大約從戰國後期開始,四川地區銅器上也出現了中原文字,文字本來就具有記録語言的基本功能,却也很早就兼有美化銅器的裝飾功能,[2]在銅器上鑄造或鏨刻文字,除了可以銘功記事以傳久遠或物勒工名以明職守外,也可以給銅器帶來一種别樣的美感,就如同繪畫題名和文字書法一樣。由於在秦滅巴蜀以前,只在川渝地區發現極少的帶古漢字的中原系銅

---

[1] 李學勤:《論新都出土的蜀國青銅器》,《文物》1982 年第 1 期,第 38－43 頁。

[2] 早在殷墟中期的青銅器上,也就是銅器銘文剛剛出現不久,當時的徽號類型的銘文就已經出現了藝術化的現象。著名的商王武丁的夫人婦好,其墓葬銅器上,"婦好"的徽號就有兩種寫法,對稱繁化的"婦好"二字,采用重複偏旁以達到對稱美觀的目的。

器,巴蜀文化因素的銅器上還没有帶漢文字的現象,漢文字銘文本土銅器的出現是在秦滅巴蜀以後,并随着秦漢在巴蜀地區建立封國至郡縣後逐漸流行開来的。戰國晚期的四川滎經縣同心村 1 號墓出土的銅矛,矛的造型和紋飾是巴蜀文化傳統樣式,但骹部却刻有"成都"二字的秦篆,就是一個很好的例子。巴蜀銅器上巴蜀符號至漢字銘文的發展過程,正是中國古代大一統帝國建立過程中行用漢字或統一文字的物質見證。

2. 銅器種類

巴蜀文化銅器大致可以劃分爲三大類:一類是從晚商和西周延續下来的傳統器類和紋樣,如銅容器中的雙耳帶鼻的圓肩圈足銅罍,銅兵器中的扁莖無格柳葉形銅劍、上下雙胡的三角形銅戈、窄葉長骹雙耳銅矛等;第二類是按照巴蜀文化流行的陶器樣式創制的新的銅器種類,這些銅器如同陶器一樣,通常都是素面,只有少部分有簡單裝飾,如銅容器中的單耳或雙耳的圜底銅釜、單耳或雙耳的圜底銅鍪、連體上甑下釜的聯體銅甗(或稱作"釜甑")、蓋與器皆爲尖頂或尖底的銅盛(通常稱作"盞")等;第三類是這一時期從四川盆地以東廣義的中原地區,也就是東周時期周文化(尤其是楚文化)中引入的新器類,如圈頂器蓋置於器口唇部的附耳銅盂鼎、圜頂器蓋扣於器身子口上的附耳銅食鼎、上甑下鬲的聯體銅甗、上下對稱的銅瑚和卵形銅敦、帶鋪首或提鏈的銅壺、帶環耳的尊缶和浴缶,以及平底的盤和匜等。主要銅器種類有容器、樂器、兵器、工具和印章五種。

(1) 容器

巴蜀文化銅容器包括了中原系銅禮器及巴蜀系銅生活用器兩大類。中原系銅禮器只見於較大的墓葬中,器類有鼎、甗、瑚、豆、盞、敦、壺、罍、缶(包括尊缶、盥缶)、盤、匜等,器形基本采自同時期楚文化銅禮器,其中如"昭之食鼎"等肯定是来自楚王族後裔昭氏的楚器。巴蜀文化的人們對於中原系銅禮器的種類選擇遠比以前廣泛,但似乎不大怎麼講究套路,除了高級貴族銅禮器可以看出 5 件一組或 2 件一組的現象外,其餘多顯得比較雜亂。幾乎出銅容器的墓葬都出巴蜀系銅容器,器類有釜、鍪、甗(釜甑)、豆(碗形)、盆、盤、尖底盛幾類,其中尤以釜、鍪和釜甑爲多。這些銅容器的組合及形態與巴蜀文化居址和墓葬的陶器大致相同,它們是該文化人們主要的生活器皿。巴蜀文化自身銅容器,除了釜、甗、鍪這套銅炊器外,最值得關注的有三類。

一是銅罍,其器物造型和紋飾基本保持了西周中期以前周文化銅罍的舊制,表現出了濃厚的保守性,這或許與銅罍這種器物至遲從十二橋文化起就是四川青銅文化最主要的禮器有關。銅罍的組合,高級貴族也保留了從西周時期竹瓦街窖藏以来的 5 件一組的組合傳統,但組合從原先 1 大 4 小(小者兩兩成對)變爲 5 件大小相同的列器。銅罍的禮儀作用更加凸顯,總共出土的 4 件帶有銅罍圖符的巴蜀符號銅印章,都是體量較大的方形銅印。[1] 可能

---

[1] 這 4 枚銅印章是: 四川新都區馬家大墓銅方印、浦江縣東北鄉 M2 銅方印、什邡市城關 M33 銅方印、滎經縣南羅壩 M5 銅方印。見嚴志斌、洪梅:《巴蜀符號集成》,科學出版社,2019 年,第 723、722、763、642 頁。

是禮儀作用的限制,即便是高級貴族也舍不得用實用的銅罍隨葬,新都馬家大墓腰坑内的 5件一組的銅罍是專門爲了隨葬鑄造的明器(其餘兩類明器一爲 5 件銅鐘,一爲 5 件銅盞),[1]從一個方面説明了這個問題。戰國中期以後,壺和缶(尊缶)這類具有相近盛酒功能的銅器在四川流行,銅罍就幾乎不見了。

二是尖底銅盛,或稱尖底銅盞、尖底銅盒。由尖頂的器蓋與尖底的器身扣合而成,除了成都文廟西街墓這樣較早的尖底盛器蓋與器身相同(更像是尖底盞的扣合)外,[2]通常爲較淺的尖頂器蓋和較深的尖底器身扣合而成。尖底盛的器蓋如倒扣的尖底盞,尖頂,斜壁下部轉曲,與器口相合;器身口部微侈,直肩雙曲,下腹斜收成尖底。淺腹的陶製尖底盞早在商代晚期早段的三星堆埋藏坑中就已出現,深腹的銅製尖底罐在西周時期的寶雞強國墓地中已普遍存在,但像尖底盛這樣的器物却只見於巴蜀文化中。銅製的尖底盛當是模仿自陶製的尖底盛,在四川成都指揮街遺址等處,就曾有陶尖底盛的出土。銅製尖底盛在戰國早期的四川成都市無綫電機械工業學校墓、百花潭 10 號墓,以及戰國中期的成都市青羊宫墓、石羊社區墓和綿竹縣清道 1 號墓中都有發現,多成對出現,形態基本相似。尖底盛的用途及用法都還不清楚,它是這一時期巴蜀文化銅器中最具特色的銅容器。

三是碗形銅豆,或稱矮柄銅豆。這是一種上部近似深腹鉢的尖底盞,下部類似圈形器座的盛食器,都爲素面,屬於巴蜀文化典型的素面銅器之一。主要出現在盆東嶺谷地區年代較晚、規模較大的巴蜀文化墓葬中,在重慶涪陵小田溪 1、2 號墓和 12 號墓中,就各出土了一套碗形銅豆,數量組合有 2(M2)、4(M1)、8(M12)件一套三種。[3] 與碗形銅豆共存的是體量碩大的高柄豆形銅器,與之配套的還有銅夾子或銅勺子,可以判定,高柄銅豆形器應該是一種銅案,案上盛放肉類等食品,碗形銅豆則盛放調味品,可以用銅勺子等夾起案上的食物在碗形豆中蘸着吃。巴蜀文化晚期這些碗形銅豆應該仿自碗形陶豆(當然也可能仿自碗形漆豆),在戰國早中期成都平原的巴蜀文化墓葬中就已有碗形陶豆使用,如成都商業街大墓出土碗形陶豆。[4] 至於高柄銅案,則有可能仿自高柄漆案,我曾經討論過商業街大墓出土漆

[1] 新都馬家大墓原簡報説:"有些銅器如罍、編鐘、三足盤形器和豆形器等不很完整,經我館修復同志觀察分析,認爲殘口較圓,不是年久氧化所致,可能是當時趕製這些器物,由於銅液不足而使器體殘缺。""罍身有鑄造時因銅液不足而留下的缺孔。"見四川省博物館、新都縣文物管理所:《四川新都戰國木槨墓》,《文物》1981 年第 6 期,第 1 – 15 頁。

[2] 成都市文物考古研究所:《成都市文廟西街戰國墓葬發掘簡報》,《成都考古發現 2003》,科學出版社,2005 年,第 244 – 265 頁。

[3] 四川省博物館、重慶市博物館、涪陵縣文化館:《四川涪陵地區小田溪戰國土坑墓清理簡報》,《文物》1974 年第 5 期,第 61 – 80 頁;重慶市文化遺産研究院、重慶市涪陵區博物館、重慶市文物局:《重慶涪陵小田溪墓群 M12 發掘簡報》,《文物》2016 年第 9 期,第 4 – 27 頁。

[4] 成都市文物考古研究所:《成都市商業街船棺、獨木棺墓葬發掘報告》,《成都考古發現 2000》,科學出版社,2002 年,第 78 – 136 頁。

案的原貌及用途,認爲它可能與小田溪高柄銅案屬於一類器物,[1]當然這只是一種推測。

（2）樂器

巴蜀文化的銅樂器的數量和種類都不多,只見"鎛"、[2]鐘、鉦、錞于四種。

早在三星堆文化末期的兩個埋藏坑中,就已經可見大量的銅鈴。這些銅鈴有古老的單鋬鈴,也有從單鋬鈴發展而來的雙鋬鈴,還有各種鳥形或花形的銅鈴。不過,這些銅鈴只是依靠鈴型腔内的懸舌來發出較小響聲的小型響器,還不是可以從型腔外敲擊發出響聲的大型銅樂器。在中原地區,商代晚期已經出現了成套的打擊樂器——編"鐃";西周晚期就已經形成 8 件一組、具有第二基音標志、可以演奏樂章的銅編鐘。四川地區夏商、西周時期的銅器深受中原及關中地區的文化影響,但古蜀人對於北來的這些銅器種類是有選擇性接收的,沒有選擇黄河流域當時的打擊銅樂器。東周時期,尤其是春秋中期開明氏蜀國建立以後,受楚文化影響,制禮作樂,逐漸引入了銅樂器作爲禮樂用器。目前四川發現最早的銅樂器是茂縣牟托一號墓(包括三個陪葬坑)出土的銅鎛、鐘和鉦,[3]其中有的銅甬鐘和鈕鐘年代早的可以早到春秋中晚期,晚的也不晚於戰國中期。茂縣牟托一號墓位於成都平原西北的岷江上游,墓葬形式、隨葬陶器和一些銅武器及飾件都屬於當地石棺葬傳統,但包括銅樂器在内的這些高等級外來銅器應該來自其下游的成都平原。認爲四川地區的打擊銅樂器出現在春秋中晚期,是那時從長江中游的荊楚地區輾轉傳入成都平原,再從成都平原傳播到包括岷江上游茂縣一帶的觀點,應該具有較高可信度。(圖二)

不過,在相當長一段時期内,巴蜀文化的人們使用銅樂器似乎都不普遍,在戰國晚期以前的巴蜀文化墓葬中,只有戰國中期偏晚的新都馬家大墓腰坑出土了 5 件一套的銅編鐘明器。[4] 東周時期的銅編鐘一般爲 8 至 15 件一組,5 件一組的銅編鐘應該是沿用了古蜀國的用器傳統。銅編鐘本來是掛在架子上的打擊銅樂器,古蜀人將銅編鐘從架子上取下來,改造成放置在地上或几案上的編鐘,從而使得這種成編的打擊銅樂器成爲徒具禮樂形式的陳設。爲了使銅編鐘前的人們能更好地看到放置在地面或矮几上的這些編鐘,蜀地的工匠有意識地加長了銅鐘背面的四根"枚",使之起到器足的作用,其細部形態與使用方法已經與東周列國的銅編鐘迥然異趣。直到秦滅巴蜀以後一段時間,中原地區通行的銅編鐘使用方式可能才得到采用,重慶涪陵小田溪 M1 出土的帶鐘架的 14 件一套錯金銅編鐘就是目前所知唯一的例子。

---

[1] 孫華:《四川成都商業街大墓的初步分析——成都商業街大墓發掘簡報讀後》,《南方民族考古》第 6輯,科學出版社,2009 年,第 69 - 98 頁。

[2] 銅器定名中的"鎛",是一個約定俗成的名稱,迄今没有證據可以證明那時人們如何稱呼這種合瓦形平口打擊銅樂器。

[3] 茂縣羌族博物館、阿壩藏族羌族自治州文物管理所:《四川茂縣牟托一號石棺墓及陪葬坑清理簡報》,《文物》1994 年第 3 期,第 4 - 40 頁。

[4] 四川省博物館、新都縣文物管理所:《四川新都戰國木槨墓》,《文物》1981 年第 6 期,第 1 - 16 頁。

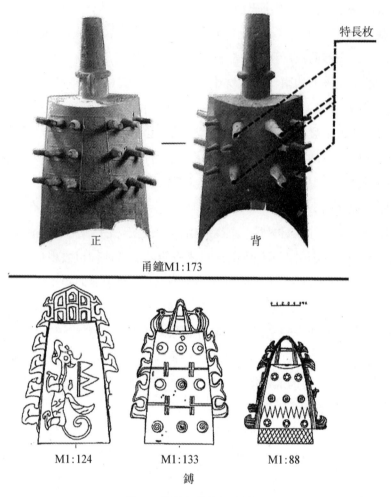

特長枚

正　　　　背

甬鐘M1:173

M1:124　　　M1:133　　　M1:88

鎛

圖二　巴蜀文化的銅樂器

(均出自茂縣牟托 M1)

比較普遍地使用銅樂器是在戰國晚期至西漢初期,流行地區主要在原屬巴地的盆東嶺谷地區及附近的鄂西和湘西地區。戰國末至西漢初的重慶涪陵小田溪墓地,是一處秦滅巴蜀後等級較高的巴遺民墓地,墓地的較大型墓葬保存較好,其中等級最高的墓葬(M1)隨葬一套14件的錯金銅編鐘,另有銅鉦1件。等級次之的墓葬(如M2、M12等)隨葬銅甬鐘1、鉦1、錞于1,這是巴地及其周圍地區當時較高等級貴族墓葬較爲普遍的樂器組合,具有區域地方特色。

(3) 武器

武器是巴蜀文化銅器中富於特色的器種,幾乎所有的銅器墓都隨葬有武器,從中可見巴蜀文化人們的尚武精神。武器種類主要有劍、戈、鉞、矛、鈹、鏃等,另有無郭弩機,只見於戰國晚期以後,當爲秦人傳入。銅劍有巴蜀柳葉劍和中原標準劍兩型,在新都馬家大墓腰坑銅器群中,這兩種劍各爲 5 件,顯現出那時蜀國高級貴族的用劍時尚。柳葉劍是三星堆文化末就出現的固有劍型,但在巴蜀文化中數量大增,成爲主要劍型。銅戈多無胡或中胡戈,無胡戈的援部又多作三角形,其形制與商周之際前後的銅戈頗爲類似。有胡戈中有一種上下出短胡的雙胡戈,上下對稱,他處罕見,頗有特色。中胡戈中除了上端出短胡的外,即使通常造型的中胡戈,其胡欄下端有後勾的凸齒,這在中原列國的銅戈上罕見。銅鉞均鍫內鉞,鍫主要是方鍫,體腔中空似袋,故被形象地稱作"烟荷包式鉞"。銅矛也有兩類:一類是巴蜀文化傳統的骹葉分明、雙弓形耳的銅矛;一類是當時中原列國通行的骹葉一體、單耳或無耳的銅矛,後者數量不多,巴蜀文化的人們還是習慣使用本土傳統的舊樣式。在巴蜀文化銅武器中,柳葉劍和多種類型的銅戈是延續時間長、數量多、變異大的器類,引起了研究者的廣泛關注。[1] 這裏僅對柳葉劍略做敘述。

　　巴蜀文化柳葉劍屬於扁莖劍的一種。這種劍由劍身和劍莖兩部分組成。其劍身刃部從後向前逐漸收聚形成前鋒,兩刃有鍔(刃緣),劍有中脊,其莖有血槽。其劍莖爲前寬後窄的扁莖,脊或有或無,一側或中央有圓穿,穿多爲兩個,也有單穿的銅劍。劍莖用兩塊木板或竹片夾合,其外纏繞着綫繩,有的還髹以黑漆,如新都九聯墩大墓柳葉劍。劍均爲青銅鑄製,工藝比較精良。不少柳葉劍身多有所謂"豹斑紋",劍身後部的一般有"巴蜀符號"等裝飾,兩面的裝飾通常有別,最常見的主題圖符是一面爲虎紋,另一面爲"手心紋"。據劍的使用方式和形制長短,可以分爲兩類:第一類爲劍身較長的短距離擊刺和砍伐用兵器。這類劍數量最多,占巴蜀文化柳葉銅劍的 90% 以上。劍一般長度在 30 釐米左右,并且年代越晚,劍體越長,長者如涪陵小田溪 1 號墓的一柄柳葉劍,其長度達 66.5 釐米。這與中原系銅劍和吳越系銅劍的發展演變規律相同。第二類爲劍身較短的遠距離遙擲和進距離防衛用兵器。這類劍多插在銅製或其他材質的劍鞘中(我相信,皮木的短劍劍鞘一定比銅質劍鞘多)。鞘有單劍鞘和雙劍鞘兩種,前者如綿竹縣出土的金錯銅劍鞘,該劍鞘僅餘鞘蓋,整體形制不明;後者如成都西郊墓、三洞橋墓銅劍鞘,其形如袋,兩個劍室并列,兩旁有附耳。有的柳葉銅短劍的劍鞘上還可以插挂小刀等工具,如成都青白江雙元村銅雙鞘劍。在巴蜀文化銅器中還有少量在劍身與劍莖間加裝了劍格的所謂"改裝劍"。這類兵器有的可能確爲模仿中原系或吳越系而改裝的柳葉劍,但有的兵器根據出土現象分析,原來應是加裝有扁圓形長柄的銅鈹,1955 年在宜賓市三谷祠徵集的所謂柳葉劍就屬後者。改裝型柳葉劍和銅鈹均只見於戰國晚期至西漢初期。

　　(4) 銅工具

　　銅工具是巴蜀文化銅器的一個特色,不少巴蜀文化的墓葬都要隨葬一套銅工具,規模越

---

[1]　參看江章華:《巴蜀柳葉形劍研究》,《考古》1996 年第 9 期,第 74－80 頁;井中偉:《川渝地區出土銅戈
　　及相關問題研究》,《邊疆考古研究》,科學出版社,2000 年,第 70－99 頁。

大的墓葬，隨葬銅工具也越多，越成套。工具種類有斧、斤、鑿、刀、削、鋸、錐等類。其中方銎長體的斤、前部向一側彎曲的曲頭斤、前鋒寬闊的寬首刀等，是具有巴蜀文化特點的銅工具。

在出土銅工具的巴蜀文化墓葬中，除了被破壞嚴重的成都商業街大墓外，新都馬家大墓是目前所知巴蜀文化最大的墓葬，墓的腰坑中共有銅工具55件（不計容易與武器混淆的銅斧），其中斤5、曲頭斤5、鑿20(大5+5、小5+5)、闊鋒刀15(寬、中、窄各5)、刻刀5、鋸5。[1] 銅工具的數量相當突出，且呈現規整的5件一組的組合。小於馬家大墓的宣漢羅家壩M33有工具41件，其中斤3、曲頭斤3、鑿9(2+3+3+1)、錐7、闊鋒刀6(寬3窄3)、環首刀4(2+2)、翹鋒刀1、刻刀4、鋸4。[2] 大致與羅家壩那座墓相當的還有綿竹清道三隊船棺墓（M1），共有工具33件，其中斤3、鑿11(4+4+3)、環首翹鋒刀2、環首垂鋒刀8、闊鋒刀4(寬2窄2)、鋸5(單面鋸4，雙面鋸1)。[3] 這兩座墓的銅工具數量少於新都馬家大墓，各類工具的數量組合沒有那麼整齊，4件、3件或2件都有。其他墓葬隨葬的銅工具總數通常都在10件以下，達到10件的如成都百花潭中學10號墓有鑿4(2大2小)、闊鋒刀4(寬2窄2)、環首翹鋒刀2，2件一套的組合也很明顯。[4] 而在10件以下的墓葬所有的工具，一般呈現1件配2件的組合，或全是1件的組合。擁有工具的數量和套數，應該與身份等級相關。

巴蜀文化墓葬使用成套的銅工具隨葬，其用途和用意可能與墓主人生前擁有和試圖死後繼續使用有關。在東周列國文化的墓葬中，使用成套的銅工具隨葬的現象較少，主要見於與巴蜀文化關係密切的楚文化墓葬中。如河南信陽市長臺關1號墓出土的銅工具共10件，計有銅鋸1、鏟1、削2、夾刻刀2、刻刀3、錐1。這些銅工具與毛筆和筆管一起放置在一個帶四足的長方形小木箱內，應該是一套文具。這套文具專門用作整治竹簡木牘一類書寫材料：用鋸可將簡牘鋸割整齊，用鏟可將簡牘刨製平整，削刀則用以刮光簡牘，刻刀可以在簡牘上刻劃記號和刮去錯誤的字句，錐則可以在竹簡鑽孔從而將簡編成冊。巴蜀文化這些銅工具，其用途還有待於進一步的探究。

(5) 銅印章

銅印章是巴蜀文化銅器中數量較多，很有特色的一種銅器。在春秋時期的巴蜀文化墓葬中，還沒有銅印章的發現。最早的銅印章發現於戰國早中期之際的成都商業街大墓中，該墓出土的2件銅印章為方板狀，鈕不高，印文是簡單的幾何形折綫。戰國中期後段的新都馬家大墓出土的2件銅印章，其中一件保持着先前商業大墓銅方印的總體特色，但巴蜀符號的印文已趨於複雜，作兩人抬疊，其上兩種圖形之間有甲衣形中心圖符；另一件平面輪廓近似

[1] 四川省博物館、新都縣文物管理所：《四川新都戰國木槨墓》，《文物》1981年第6期，第1-16頁。
[2] 四川省文物考古研究院等：《宣漢羅家壩》，文物出版社，2015年，第162-167頁。
[3] 四川省博物館：《四川綿竹縣船棺墓》，《文物》1987年第10期，第30-31頁。
[4] 四川省博物館：《成都市百花潭中學十號墓發掘記》，《文物》1976年第3期，第40-46頁。

圓形的銅印章,兩側對稱的圓形鏤孔,使得整個印章的平面形態好似連體鉞一般。戰國晚期至秦代,巴蜀符號的銅印章非常流行,印章的平面形態有方形、矩形、圓形、山字形等;立面形態也印體普遍加厚,印鈕有半環鈕、獸形鈕和柱形鈕幾種;印文布局和符號種類也多種多樣。從巴蜀文化銅印章的發展演變狀況來看,銅印章應該是首先流行於成都平原,以後才行用於四川其他地區;首先使用銅印章的是蜀國上層貴族,以後才推廣至下層貴族和武士階層;銅印的形態和巴蜀符號印文可能有等級的差異,方形和連鉞形等級較高,長方形和圓形等級較低。至於這些銅印章的使用方式,應該與中原地區戰國銅印一樣,都是壓印在封泥上面,以標明身份等級。

　　巴蜀文化銅印出現的時間在戰國早中期之際,與中原諸國古璽流行的時間基本相當,巴蜀符號銅印章的出現,究竟是受到中原地區古璽的影響,還是自己獨立的創造,還需要做進一步的研究。不過,自從巴蜀符號銅印章出現以後,在四川盆地傳布很快,不少巴蜀文化的墓葬都要隨葬巴蜀符號的銅印章,隨葬銅印章的比例遠高於同時期中原地區。直到漢字逐漸流行,西漢初期以後,巴蜀符號銅印章才基本消失。

二、銅器的分期與年代

　　四川東周秦漢銅器主要出自墓葬,墓葬銅器是一種隨葬品,除了墓主生前擁有的實用銅器外,有時還會有專門為了禮儀或其他目的鑄造的非實用器(明器)隨葬,如四川成都市金沙村遺址黃河地點 M587 等多座墓葬出土的銅兵器,[1] 再如四川新都區馬家大墓腰坑埋葬銅器儘管基本上都是實用銅器,却也有三套 15 件銅器屬於非實用器。[2] 成都平原鑄造非實用的儀式化銅器的傳統也可以追溯到更早的時期,三星堆文化的三星堆埋藏坑和十二橋文化的金沙村遺址祭祀區,都曾經出土儀式化的銅棘刃無胡戈等銅器。不過,在整個巴蜀文化墓葬銅器中,年代偏早的墓葬非實用銅器稍多,而年代偏晚的墓葬非實用銅器就很少了,這個現象正好説明,隨着社會的發展,巴蜀文化銅器的使用日益普遍,早期可能還比較珍貴的銅器,到了後來就不是那麼珍貴,可以使用數量較多和品質較好的實用銅器放入死者的墓葬中。由於巴蜀文化墓葬銅器絶大多數都是實用器,儘管墓葬具有一定的保守性,銅器種類和風格的變化也不如陶器那樣迅速,但是隨葬銅器通常也還是當時流行的樣式,并隨着時代的推移隨葬品種類和形式會逐漸變化。根據現有的考古材料,結合銅器分期和文化結構研究的成果,四川東周秦漢銅器大致可以西漢初期為界劃分為巴蜀文化銅器和秦漢文化銅器兩個文化期,儘管在前者的偏晚階段,秦漢文化因素銅器的比例已經越來越高。這裏僅對巴蜀

[1]　成都文物考古研究所:《成都市金沙遺址"黃河"地點墓葬發掘簡報》,《成都考古發現2012》,科學出版社,2014年,第177-217頁。

[2]　四川省博物館、新都縣文物管理所:《四川新都戰國木槨墓》,《文物》1981年第6期,第1-16頁。

文化銅器的分期演變略做闡述。

從春秋中期至西漢初期,巴蜀文化的銅器風格也在不斷發生變化,其中最大的變化一是發生在春秋戰國之際,二是發生在秦滅巴蜀後的一段時間(大致在秦滅周室前後),從而可以將巴蜀文化銅器分爲三期:

1. 前期:春秋中晚期(公元前 600-前 450 年)

這時期仍然處在四川青銅文化發展的低谷時期,已經發現的遺址和墓地的數量不多,出土銅器的數量自然也就較少。出土銅器的墓地集中在四川成都舊城周邊,典型銅器集群只有四川成都金沙村遺址黃河墓地、星河路西延綫墓地[1]和青白江區雙元村墓地早期墓葬[2]等很少幾處。典型銅器群如金沙黃河 M587、金沙星河路西 M2725 銅器群等。這時期的巴蜀文化墓葬一般不隨葬銅容器,零星出土銅容器如鼎、盞、敦也均爲典型的楚文化銅器,且年代都在春秋晚期,巴蜀文化典型的素面圜底銅容器在這時期也還沒有出現。屬於這時期的銅樂器在四川盆地内的巴蜀文化分區還沒有發現,却在四川盆地邊緣的茂縣牟托一號石棺墓有這時期銅鐘和銅"鎛"出土,從其中 3 件銅"鎛"帶有典型的巴蜀符號等現象看(這 3 件銅鎛可能是戰國早中期的作品),這些銅樂器應該是在後一個時期通過某種方式從成都平原地區輸入岷江上游的物品,當時巴蜀文化區也應有這些銅樂器。銅武器則是全是當地蜀文化的傳統,蜀系的劍、戈、矛、斧這些器類已經成爲一些墓葬隨葬的常用武器種類。銅劍均爲柳葉形無格扁莖劍,劍體較短,都在 30 釐米以下,并有延續自十二橋文化的雙短劍插在一個銅劍鞘中的做法。總之,這一時期巴蜀文化銅器主要體現了四川盆地的傳統延續性,銅器數量和種類較少,典型的巴蜀文化素面圜底銅容器、巴蜀符號銅印章、"豹斑紋"的銅武器表面處理工藝和巴蜀符號都還沒有出現,巴蜀文化銅器的特色還在形成中。(圖三)

2. 中期:戰國時期(公元前 450-前 250 年)

這是典型的巴蜀文化銅器風格呈現時期,墓地和墓葬數量增加許多,出土銅器數量大幅度增加,成爲四川銅器發展的高峰。這一時期出土巴蜀文化銅器的墓葬分布,已經從成都周邊逐漸擴展到整個四川盆地,北面甚至超越四川盆地抵達秦嶺南麓。出土銅器的典型墓地如四川成都百花潭墓地、綿竹縣城關墓地、宣漢縣羅家壩墓地、重慶雲陽縣李家壩墓地等。無論大型墓還是小型墓,通常都會隨葬素面的釜、甂(釜甑組合)、鍪這類巴蜀系素面銅容器,

[1] 成都文物考古研究所:《成都市金沙遺址"黃河"地點墓葬發掘簡報》,《成都考古發現 2012》,科學出版社,2014 年,第 177-217 頁;王林、周志清:《金沙遺址星河路西延綫地點發掘簡報》,《成都考古發現 2008》,科學出版社,2010 年,第 75-140 頁。

[2] 衛昕:《青白江區雙元村四川最大春秋戰國墓葬群又有重大發現》,成都全收索,2018 年 3 月 28 日,網址 news.chengdu.cn/2018/0328/1961154.shtml。

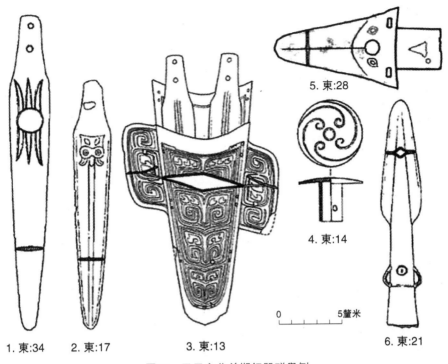

圖三　巴蜀文化前期銅器群舉例

（金沙星河路西延綫 M27225）

講究一些的還會隨葬銅罍、尖底盛等傳統銅容器或基於傳統陶器製作的銅容器。中原列國文化銅容器，主要是楚文化作風的銅器，如鼎、甗（釜鬲）、瑚、敦、缶（包括尊缶、盥缶）、壺、盤、匜等也出現在比較高等級的墓葬中。銅武器和工具在這時期已經相當普遍，一般巴蜀文化的墓葬中都會隨葬一套或多套銅武器和銅工具。武器組合通常爲劍、戈、矛、鉞，其中所謂"烟荷包"鉞是新流行的武器；柳葉形劍的劍體普遍變長，除了那種雙劍（可能還有多劍）同鞘的擲劍外，劍的長度多超過了 30 釐米。銅工具的組合爲斧、鑿、鋸、刀和刮刀，其中垂鋒刀很有特點。銅印章在這個時期出現并逐漸廣泛使用。作爲裝飾紋樣并具有特殊含義的巴蜀符號已經普遍使用，"豹斑紋"的銅武器表面處理工藝和"圓斑紋"的裝飾工藝都已出現并在武器上常見。根據銅器類型和形態的變化，可以分爲前後兩個階段：

早段：戰國前期，絕對年代相當於公元前 450 —前 350 年。這一階段出土銅器的墓地和墓葬比上一期有了顯著增加，但却比不上本期晚段那樣衆多和普遍。典型銅器群如成都百花壇 10 號墓銅器群、成都中醫學院古墓銅器群、成都無綫電機械學校古墓銅器群、宣漢縣羅家壩 M33 銅器群等。這一階段的銅容器中可以見到楚系瑚和盞，楚系鼎具有與同時期長江中下游楚地同樣的三足外撇的做法；銅釜甑一般爲聯體型，其腰部較粗短；敦一般上半和下半有所區別，下半通常爲三個小蹄足。銅武器中的銅劍還只有傳統的扁莖無格柳葉形劍，幾乎不見圓莖有格的楚式劍（吳越式劍）；烟荷包式鉞的體形較短，銎口箍帶較窄,鉞身兩側也較直。銅工具中,橢銎扇形斧已經出現,但形式和數量都較少。巴蜀符號銅印章還不流行,只在等級很高的社群中使用,如成都商業街大墓出土幾何符號銅印章。銅器裝飾除了外來樣式銅容器上的蟠螭紋、蟠虺紋等外,自身銅武器上仍然以單元比較大的單個虎紋、鳥紋等相對具象的動物紋樣,以及連體魚紋等相對抽象的紋樣爲主。巴蜀符號已經流行,但多爲虎、鳥紋下加注簡單的符號組成,另有簡單的可能代表家族、氏族或職官的徽識。(圖四)

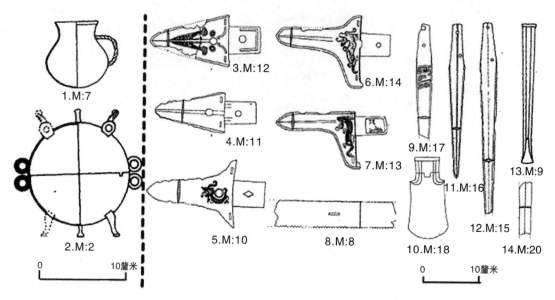

圖四　巴蜀文化中期早段銅器群舉例

晚段:戰國後期,絕對年代相當於公元前 350－前 250 年。這個階段是巴蜀文化銅器發展的高峰階段,出土銅器的墓地和墓葬比前一個階段,數量更多,分布也更廣,就連雲貴高原邊緣的雲南水富縣也出土了隨葬銅器的巴蜀文化墓葬。不過,在上一階段曾經出土巴蜀文化銅器的陝西漢中和安康地區,已經沒有巴蜀銅器的出土。[1] 典型銅器群如新都馬家大墓腰坑銅器群、76 年綿竹清道 M1 船棺墓銅器群、成都新一村 M1 銅器群等。這一階段除了延續上階段的主要文化因素外,還出現了一些百越文化因素的銅器,秦文化的因素從無到有也在逐漸增加。銅容器除了先前延續下來的傳統的銅釜、甑(釜甑)、鍪外,先前和當時從楚地傳入的鼎、甗(釜鬲)、缶、缶(包括尊缶、盥缶)、壺、盤、匜仍繼續使用,但銅瑚已經不見。銅釜甑的造型由先前釜甑連體變爲分體,腰也變得較爲瘦高;銅敦的上半和下半造型全同,小蹄足變成雲形足;銅武器種類大體與前期相同,但傳統的一鞘雙劍式銅短劍已基本消失;出現

---

[１]　陝西漢中市石英砂廠的戰國墓和安康紫陽縣白馬石戰國墓,其年代都在戰國中期偏早階段,屬於我們巴蜀文化銅器分期的第二期第二段。在漢中盆地零散出土的巴蜀銅武器,其年代也屬於這個階段。

了圓莖有格的楚式劍。銅工具中扇形斧開始流行,斧身也變得寬短。巴蜀符號銅印章和巴蜀符號都變得普及,形式和符號也多種多樣。(圖五)

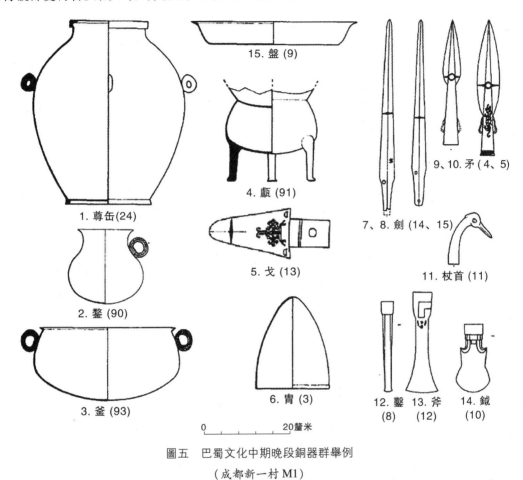

15. 盤 (9)

4. 甗 (91)

1. 尊缶(24)

5. 戈 (13)

2. 鍪 (90)

3. 釜 (93)

6. 胄 (3)

9、10.矛 (4、5)

7、8. 劍 (14、15)

11. 杖首 (11)

12. 鑿　13. 斧　14. 鉞
(8)　　(12)　　(10)

0　　　　　　20釐米

圖五　巴蜀文化中期晚段銅器群舉例

(成都新一村 M1)

3. 後期:戰國末期至西漢早期(公元前 250 -前 200 年)

這一時期是巴蜀文化銅器傳統仍然延續的時期,却也是秦漢文化銅器因素不斷增強的時期,最終秦漢文化的因素取代了巴蜀文化的因素。出土銅器的典型墓地如四川廣元寶輪院船棺墓地、重慶巴縣冬筍壩船棺墓地等。四川成都羊子山 172 號墓、渠縣城壩 45 號墓、涪陵小田溪 1 號墓等可以作爲銅器群代表。該期銅器巴蜀文化的因素在逐漸弱化,傳統樣式兵器如三角援戈、雙翼形戈、胡尾後勾的中胡戈等器類在這一期趨於消失;楚文化因素也隨之減少,秦文化因素逐漸增多。器類中已不見巴蜀文化傳統的銅罍、尖底盞等銅器。銅甗(釜甑)除了分體式等特徵外,釜部底變平且有三短足。銅兵器中的柳葉形劍出現了一定比例的加格(護手)的改裝劍;銅鉞形體和銎套更長,刃部凸如圓餅。銅工具中上期流行的闊首刀在此期基本不見。銅器素面風格更加多見。繼續盛行巴蜀符號,符號種類繁多,但漢字已經開始出現。(圖六)

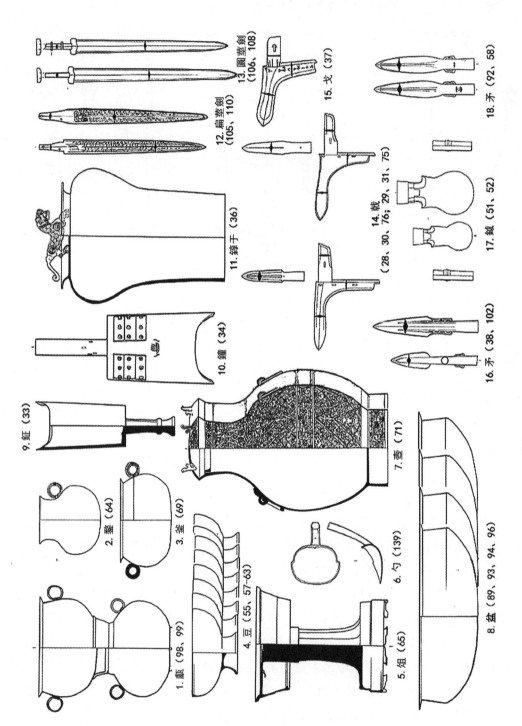

圖六　巴蜀文化晚期銅器群舉例

（小田溪 M12）

1. 甗 (98、99)
2. 鍪 (64)
3. 釜 (69)
4. 豆 (55、57-63)
5. 俎 (65)
6. 勺 (139)
7. 壺 (71)
8. 盆 (89、93、94、96)
9. 鉦 (33)
10. 鐘 (34)
11. 錞于 (36)
12. 扁莖劍 (105、110)
13. 圓莖劍 (106、108)
14. 戟 (28、30、76；29、31、75)
15. 戈 (37)
16. 矛 (38、102)
17. 鉞 (51、52)
18. 矛 (92、58)

　　我們知道,在戰國中晚期,中原列國文化區普遍出現了鐵器和漆木器取代銅器的變化,傳統銅禮樂器急劇減少,只有鼎、壺等少數傳統器類得以保留,并且這些保留器類的數量、體量和組合也都與先前全然不同。巴蜀地區儘管在戰國中期偏晚階段已納入秦國版圖,但由於作爲中原列國之一的秦國本身就處在新舊制度變化的過程中,可以作爲巴蜀文化選擇對象的秦文化銅器種類本來就很有限,再加上秦國在巴蜀地區采取的一些更深刻的政治軍事措施的影響(這在本文下一節中會談到),本來處在四川銅器最高發展階段的巴蜀文化銅器,在相當長一段時間内仍然保持着它既有的發展軌迹,直到東周中原列國文化區完成了周文化到秦漢文化轉化以後,才隨着整個秦漢文化區銅器風格的形成而發生變化。

三、銅器現象的歷史繫連

　　巴蜀文化銅器的三個發展時期,反映了東周時期四川銅器風格從形成到消亡的發展過程,這個發展過程及其反映的銅器的階段性風格變化、文化因素的變化以及分布空間的變化等,與巴蜀兩國歷史的發展進程有着密切的關係。揭示這些現象反映的歷史背景,是巴蜀文化銅器研究的重要内容。

　　巴蜀文化,是以四川盆地先秦時期古代國名命名的文化,帶有強烈的歷史色彩。那麽,對於巴蜀文化銅器,人們首先提出的問題就是,巴蜀既然是分別地處四川盆地西部和東部的兩個古國,它們兩個國家、族群或文化的銅器有沒有差別呢? 換句話說,我們可以從巴蜀文化銅器中區別出何爲巴的銅器,何爲蜀的銅器嗎? 過去的研究者曾經根據巴、蜀兩國歷史地理的分區,對巴蜀文化銅器的國別進行過個別案例的論定。不過,巴國在歷史文獻中的記錄不多,戰國時期的歷史記載尤其缺乏,其國都還屢次遷徙,從四川盆地的長江幹流地區遷徙到了長江支流嘉陵江流域的中游地區,從盆東嶺谷地區的西南端轉移到盆中丘陵地區的東北部,如果墓葬銅器群的埋藏時間和空間與巴蜀不同歷史時期的疆土對應不上,就容易出現判斷的錯誤。如 20 世紀 50 年代對重慶巴縣冬筍壩船棺墓銅器及其銅器國族的判斷,由於墓地位置正好在文獻記載的巴國國都附近,墓葬及其具有地方性的巴蜀文化銅器被理所當然地認爲屬於巴人,而對巴國後期都城已經不在重慶巴縣(古江州),以及這些墓葬都是秦滅巴蜀以後的遺存所具有的多種可能性考慮不足。隨着大量古蜀國存在時期的船棺墓在蜀國都城成都及其周邊地區發現,冬筍壩船棺墓地應該屬於蜀人遺民的墓葬已經成爲主流觀點。這就是一個值得吸取的教訓。

　　根據《蜀王本紀》、《華陽國志》及《史記》的記載,在秦惠文王後元九年(公元前 316 年)滅巴蜀以前,四川盆地東部爲巴國所據,西部爲蜀國所有。秦滅巴蜀後,在蜀地三封蜀侯,在一段時間内對蜀地還是采取間接統治的辦法。這種歷史背景以及其他一些緣故,巴蜀固有的文化傳統并未因秦滅巴蜀而立即中斷,它在四川盆地一直延續到秦統一乃至於西漢初期才逐漸融匯秦漢文化之中。因此,這一時期四川盆地出土的具有該地區文化特徵的銅器無疑應是巴國和蜀國,或者説是以巴人或蜀人爲主體的古族的遺存。不過,需要指出的是,目前巴蜀文化的銅器主要發現於蜀地,在巴地尚未見年代在秦滅巴蜀以前的可以確認的巴人銅器的出土。巴人銅器有何特點? 巴蜀銅器有何異同? 這些都有待於進一步的考古發掘工作。

巴蜀文化是用四川盆地東周時期并存的兩個古代國家名稱命名的文化,具有歷史的指示性。按照古史傳説和文獻記載,古蜀國可能從三星堆文化時期起就以川西的成都平原爲中心,到了最後一個王朝開明氏統治時期,其都城先後是"郫"和"成都",也就是在現代的四川成都市中心區一帶。古巴國早期的中心區域有不同的看法,但在東周時期(尤其是春秋晚期以後),巴國的都城已經遷入四川盆地,先後曾經以"江州"即今重慶渝中區和"閬中"即今四川閬中市爲主要都城。巴蜀銅器的分區,很容易就會聯想到巴蜀兩國的地域,直接套用人們對巴、蜀兩國疆域的認識,將巴蜀文化銅器直接分爲巴國或巴地銅器和蜀國或蜀地銅器兩個區域,即重慶地區和四川的嘉陵江以東地區出土銅器爲巴國銅器,以西的四川盆地内銅器爲蜀國銅器。這種認識是不正確的。東周時期巴、蜀兩國的中心,蜀國相當穩定,都城都在今成都中心城區一帶,而巴國的都城不斷變化,從川東轉移到了川東北。國家中心位置的變化,必然導致國家疆域的變化,也必然導致包括出土銅器在内的文化遺存國別的變化。再説,銅器在東周時期儘管已經普及,却仍然不是各地都能獨立製作的相對複雜的產品,不同國別的銅器都會在巴國或蜀國的疆域内出現,要判斷一個銅器群的國別或族屬,還需要結合葬俗、陶器等地域性和族群性更強的文化因素來綜合考量。

1. 巴蜀文化銅器特徵形成期的巴蜀歷史

巴蜀文化新風格的銅器,如前面概述巴蜀文化銅器分期結論時所説的那樣,濫觴於前期即春秋中晚期。這時期巴蜀文化銅器的新因素主要有兩個方面:一是基於先前當地的傳統,又進行改進和創新的銅器,例如,在先前就已經出現的素面平底罐、素面尖底罐的基礎上,參照陶釜一類陶炊器,創制出一套煮、蒸合用的素面圜底銅炊器,即雙耳銅釜、單耳銅鍪、釜甑組合的銅甗,形成了一種相對固定的銅器組合;再如將先前的帶鞘柳葉劍改造成組合銅鞘的雙劍,有得還可插上小刀等小工具,形成組合套件。二是從長江中游地區引入的文化因素,主要是楚文化,當然也夾帶有百越文化的銅器。這些外來文化因素的銅器,如鼎、瑚、盞、鐘等,這些器物一般是原器引入,即便當地仿造也不加改造,故儘管數量不多(巴蜀文化前期的銅器總體數量就不多),楚器特徵却非常明顯。

春秋中晚期的巴蜀文化銅器中,突然出現了來自楚文化的濃厚因素,這自然使我們聯想到文獻記載中"荆人鱉靈"的蜀國古史傳説。根據這個傳説,開創蜀國最後的"開明"時代的蜀王,本是來自荆楚地方的人,他死後的尸體逆流而上,來到了蜀國都城郫邑附近活了過來,於是與蜀國前代最後一王望帝相見,望帝任用鱉靈爲相。當時蜀國暴發了大洪水,鱉靈率衆治理水害,望帝却在家與鱉靈的妻子私通。鱉靈治水成功後,望帝自以爲德行不如鱉靈,故將王位禪讓給了鱉靈。鱉靈即位,改號爲開明。[1] 這個傳説儘管帶有一些神話的色彩,但透過這個神話傳説,我們還是可以看到一些歷史的影子。如果我們將蜀國最後一個朝代的建立者荆人鱉靈理解爲原本活動在荆楚地方的族群或國家的首領,他的族群或國家在荆楚地區與他族或他國的衝突中受到重大損失,不得不沿着長江向四川地區逃亡,經過長途跋涉,九死一生,終於來到了古蜀國的中心區域,成爲古蜀國的一個重要族群。最後,鱉靈族群獲得蜀國的統治權,開創了一個新時代。傳説中鱉靈開創的蜀國開明朝代經歷了十一代或十二代,大約三百五十年,最後被秦國所滅。[2] 那麼,按照每代蜀王 25 - 30 年計算,從秦滅巴蜀的公元前 316 年向上推,開明朝代的建立就應該在公元前 591 -前 676 年之間,也就是春秋中期。這個時間段正是楚文化銅器因素影響四川盆地的時代,從巴蜀文化銅器的楚文化因素出現時間來看,荆人鱉靈稱王蜀國的四川古史傳説,應該具有一定的歷史真實。

春秋中期,正是楚國開始崛起於江漢地區的時期,楚文化的特色也是在春秋中期才真正形成。我們知道,楚國的强盛是以兼并江漢流域的衆多小國及其附庸逐漸實現的,在楚國强大的軍事壓力下,有些江漢地區西部的小國和族群,開始向西面的四川盆地遷徙。四川盆地在春秋早中期時,正是文化發展的一個低谷時期,應該也是蜀國力量最爲薄弱的時期,這就爲外來古國和族群入川發展提供了較好的時機。我早先曾經推測,開明王族可能是出自楚文王滅庸戰役時庸國王族的一支,庸國滅亡的年代與開明氏蜀國的年代前後銜接,庸國的地域又在靠近四川盆地的巴山地區,亡國後逃竄四川的成都平原是有可能的。就在蜀國開明王朝建立以後一段時間,另一個江漢古國巴國也在楚國的壓力下進入了四川盆地東部地區。《春秋左傳》關於巴國的記載到春秋戰國之際就完全消失,以後巴人就活動在川東平行嶺谷地區,與蜀國發生了聯繫。如果重慶雲陽李家壩墓地、開縣余家壩墓地等屬於巴人的墓地,這些墓地開始於春秋戰國之際,墓葬中巴蜀文化與楚文化因素并存,楚文化因素遠比盆西平原的蜀地濃厚,這也正與巴人進入四川盆地的時間、方向和巴楚關係的歷史記載相吻合,巴蜀文化銅器從一個方面正印證了巴人入川這段歷史。

在開明氏蜀國的歷史發展過程中,蜀王開明尚是值得注意的一位。開明尚將都城從郫邑遷到了成都,并實施了一系列變革,使得開明氏蜀國從此進入了繁盛時代。開明氏首位國王鱉靈取代蒲卑氏杜宇之後,蜀國的都城還是蒲卑氏舊都郫邑(其都城遺址現在還没有發現,具體位置可能就在秦漢時期郫縣範圍內),直到開明尚才將都城從郫邑遷到成都。《華陽

---

[1]《太平御覽》卷八八八引《蜀王本紀》説:"荆有一人名鱉靈,其尸亡去,荆人求之不得。鱉靈尸隨水上,至郫遂活,與望帝相見。望帝以鱉靈爲相……(望帝)自以德薄不如鱉靈,乃委國授之而去,如堯之禪舜。鱉靈即位,號曰開明。"

[2] 宋・羅泌《路史》卷三八"望帝遠記周襄王,至鱉令王蜀,十一代三百五十年";晋・常璩《華陽國志・蜀志》:"周慎王五年秋,秦大夫張儀、司馬錯、都尉墨等從石牛道伐蜀。……開明氏遂亡。凡王蜀十二世。"

國志·蜀志》這樣記載這次遷都:"開明立,號曰叢帝。……九世有開明帝,始立宗廟,以酒曰醴,樂曰荊,人尚赤,帝稱王。……未有謚列,但以五色爲主,故其廟稱青、赤、黑、黄、白帝也。開明王自夢廓移,乃遷治成都。"這段文字中的"九世又開明帝"的"九"字,應該爲"五"字之誤。[1] 從大致相當於開明五世前後的春秋戰國之際,成都舊城附近的墓地和銅器數量也大大增加,這些就是五世開明尚遷都成都的物質證據。關於開明尚的王世及遷都成都的大致時間,已經有學者做過專門的論述,這裏不再重複,[2]我們這裏關心的是開明尚遷都成都後的一系列改革。按照前引文獻,開明尚遷都成都前後開始設立宗廟,制定禮樂制度,廟祀青、紅、黑、黄、白五帝,樂以"荊"爲名。從文獻的這些文字敘述來看,似乎在開明尚以前的蜀國并没有宗廟的設置,開明尚採用蜀地尚五的傳統和楚地禮樂制度創制了蜀國的禮儀制度,蜀國從此在某些方面開始呈現與中原列國制度靠近的趨勢。四川的考古學家早在發掘新都馬家大墓時就已注意到,該墓腰坑内的銅器呈現2件一組和5件一組的現象,後者可能與開明尚禮制改革有關(儘管他們將開明尚定爲開明九世)。[3] 現在看來,這些推斷是有道理的。

　2. 銅器集中於成都時期的歷史背景分析

　　在前面巴蜀文化銅器的分期一節中,我們已經提到,巴蜀文化銅器數量開始迅速增加是在中期早段即戰國前期,銅器的分布地域仍然是前期即春秋中晚期銅器的出土區域,戰國前期巴蜀文化銅器集中出土地區顯然是基於先前的一個延續和發展。值得注意的是,中期早段巴蜀文化銅器出土地點絶大多數都集中四川今成都舊城區及其附近,也就是古蜀國最後一個都城成都城的周邊,而距離成都舊城區越遠,出土銅器的地點越少,且主要都是戰國中後期的遺存。只有在巴國的主要區域,也就是長江沿岸的重慶雲陽縣李家壩、開縣余家壩等不多的地點,還有中期早段的巴蜀文化銅器出土。迄今爲止,除了位於盆東嶺谷地區的四川宣漢羅家壩遺址中年代最早的M33等墓出土銅器外,在四川盆地廣闊的盆中丘陵地區都尚未見中期早段即戰國前期銅器出土的報導。成都舊城附近出土中期早段的巴蜀文化銅器地點與四川其他地區的地點比較如下:[4]

　(1) 盆西平原

　① 青羊區商業街;② 青羊社區;③ 無綫電機械學校;④ 棗子巷(此墓可能早一些);

[1] 傳漢揚雄《蜀王本紀》:"蜀王據有巴、蜀之地,本治廣都樊鄉,徙居成都。"(《太平寰宇記》卷七二引);又:"開明帝下至五代有開明尚,始去帝號,復稱王也。"(《後漢書·張衡傳》注引)可知遷都成都的蜀王應爲五世開明尚。

[2] 温少峰、陳光表:《成都建城史研究二題》,《成都文物》1989年第1期,第15-19頁。

[3] 四川省博物館、新都縣文物管理所:《四川新都戰國木槨墓》結語,《文物》1981年第6期,第11、12頁。

[4] 關於巴蜀文化墓葬的年代分期、分布信息和資料出處,參看向明文論文,此不再列舉(向明文:《巴蜀古史的考古學觀察——以東周秦漢時期巴蜀文化墓葬爲中心》,吉林大學博士學位論文,2017年)。

⑤ 中醫學院；⑥ 羅家碾；⑦ 青羊宮；⑧ 百花潭中學；⑨ 京川飯店；⑩ 金沙巷；⑪ 文廟西街；⑫ 白果林；⑬ 石人社區；⑭ 涼水井；⑮ 南門外；⑯ 青白江區雙元村；⑰ 什邡縣城關等

（2）盆中丘陵

無

（3）盆東嶺谷

① 宣漢羅家壩；② 雲陽李家壩；③ 開縣余家壩；④ 萬州大坪等

顯而易見，在巴蜀文化銅器分布區中，除了盆東嶺谷地區有幾處墓地出土這一時期的銅器外，出土銅器的墓地都集中在成都平原。在成都平原中，除了成都以北的青白江和綿竹兩個地點外，其餘出土銅器的墓地仍然都集中在成都舊城一帶，也就是金牛區、青羊區和武侯區這些區域。而在成都舊城一帶，除了商業街大墓一處外，所有出土銅器墓地又都位於舊城的西郊和南郊偏西一帶，緊靠城區。關於成都出土銅器墓葬的地點位於當時成都城的西南，這很好理解，因為成都地勢西北高而東南低，當時成都城東面（唐末以後成都城即今成都舊城西南部）是兩條江匯合的低窪地帶，不是當時人們選擇埋葬死者的地方，自然也就沒有銅器出土。成都平原其他兩處出土過巴蜀文化早中期銅器的地方，都位於成都平原北部，是古成都通往中原地區的古蜀道所經地點沿綫，古蜀國重視經營成都平原北部及其以北地區，也在情理之中。在巴蜀文化中期早段銅器的地理分布中，最值得關注的問題是，為什麼這些銅器以及隨葬銅器的墓葬基本上都集中在成都附近，而應該屬於蜀國疆域的成都平原南部和盆中丘陵西部却很少有這一時期的墓葬和銅器出土呢？我們知道，巴蜀文化墓葬基本上都出土有成套的銅武器，反映了這些銅器的擁有者都兼有從事作戰的職責。這樣的一個能够參與作戰的族群或社群成員，他們死後都埋葬在都城成都附近，這説明他們生前的常住地應該就在成都或成都近郊，所以死後也才埋葬在成都附近。古蜀國的武裝力量在秦滅巴蜀前的相當長一段時間都集中在都城一帶，説明古蜀國是權力高度集中於蜀王的國家政體。蜀王依靠着這樣的專業化的武裝力量，主要就是使用船棺葬俗的族群，控制着國内的非武裝族群或社群。蜀王以此集中管控的武裝力量，可以與同處四川盆地的巴國爭奪土地和人民的控制權，甚至北上與秦國爭奪漢中地區，東向與楚國爭奪峽江地區，[1] 蜀國的國力曾經一度到達空前的高度。

---

[1]　關於蜀與秦國爭奪漢中，《史記·秦本紀》説："躁公二年（公元前 411 年），南鄭反。""（惠公）十三年（公元前 387 年），伐蜀，取南鄭。"説明了蜀國長期與秦國爭奪漢中。晋·常璩《華陽國志·蜀志》説："周顯王之世，蜀王有褒漢之地。""蜀王别封弟葭萌於漢中，號苴侯。"都説明了戰國時期的蜀國直到滅亡前夕都還能够管控漢中一帶。《史記·楚世家》："蜀伐楚，取兹方，於是楚為扞關以距之。"按照傳統的解釋，兹方在湖北松滋，扞關在重慶奉節，蜀國最强盛時還可能曾經越巴攻楚，最遠處到達三峽地區。

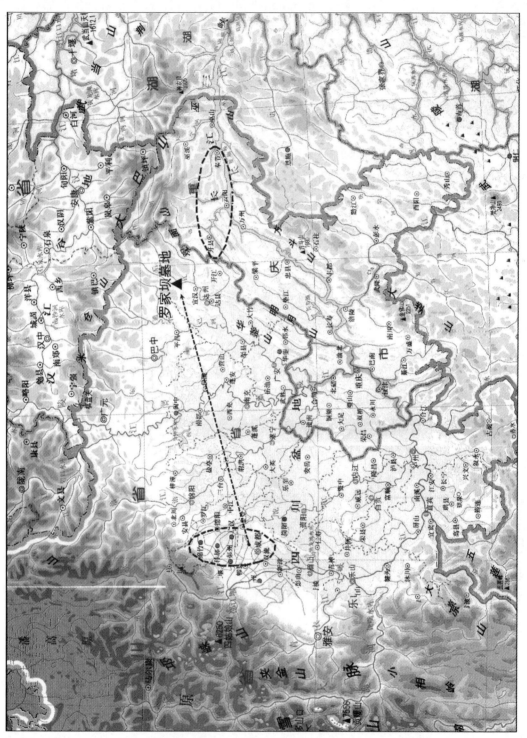

圖七 巴蜀文化中期早段銅器的分布

　　由於開明氏蜀國的軍事力量平時都集中在成都及其附近,遇有重大戰事時就體現爲蜀王親自領軍外出作戰,戰役完畢後又返回成都駐地。[1] 因而古蜀國對版圖屬民的控制主要體現爲軍事力量的威懾,就如同西漢時期對巴蜀徼外西南夷的控制一樣。《華陽國志·蜀志》記開明氏蜀王有五丁力士,開路修路等重大工程,甚至到秦國迎娶秦國贈送的美女,都由五丁力士承擔。[2] 五丁力士很可能是蜀國五只主力軍隊的名稱,就如同當時齊國的"技擊"、魏國的"武卒"、秦國的"鋭士"一樣。[3] 不過,除了蜀王親自統領的軍事力量外,也還有少量駐扎在要地和邊地的軍事力量。最先在遠離蜀國中心地區出現的蜀國船棺墓和巴蜀文化銅器,是深入巴地的四川宣漢縣羅家壩遺址,該遺址最早也是最大的 M33 號墓,其年代屬於中期早段偏晚,以後墓地延綿不絶,但都不如最早的這一代墓主的地位顯赫。[4] 據此可知,早在古蜀國最强盛的時期,古蜀國就有一個軍事群體深入到了巴地,在接近四川盆地的東部邊緣山地建立了一個邑聚。宣漢縣的區位看似偏遠,在歷史時期却位於成都通往三峽西口的一條陸路交通綫附近,這條交通綫在明清稱爲"小川北路"。[5] 這條從四川成都經南充市、渠縣和重慶梁平縣、萬州區至奉節縣的道路,儘管不經過宣漢,却也距離宣漢不遠,并且古代從涪陵往西京長安的一條荔枝道還要經過宣漢,[6]宣漢在戰國時期作爲蜀國扼制巴地的一處軍事要地,東南而下可奪夔門,東北而上可入安康。在安康的紫陽縣白馬石遺址曾經發現過巴蜀文化墓地及銅器,其年代在戰國早中期,或許就是兩地間在先秦時期存在聯繫的證據。

　　3. 從晚期巴蜀文化銅器的擴散談秦國統治巴蜀的政治措施

　　大約從中期晚段也就是戰國後期開始,尤其是在秦滅巴蜀以後,古蜀國特有的船棺墓地和銅器開始從成都附近向四川盆地周邊擴散。如果説,中期早段富有蜀人特徵的船棺墓及其銅器幾乎都集中在蜀國都城成都郊區,中期晚段就逐漸散布到了四川盆地的許多地方,甚至在巴國舊都附近的重慶九龍坡區的冬筍壩(原屬巴縣)也發現了典型的蜀人船棺墓地。這種擴散現象從戰國中期晚段一直延續到晚期,也就是統一後的秦王朝時期,直到西漢初期才

---

[1]《華陽國志·蜀志》:"周慎王五年秋,秦大夫張儀、司馬錯、都尉墨等從石牛道伐蜀。蜀王自於葭萌拒之,敗績。"可知蜀國的重大戰事,應該是蜀王親自統兵。

[2]《華陽國志·蜀志》:"(開明尚)時蜀有五丁力士,能移山,舉萬鈞。每王薨,輒立大石,長三丈,重千鈞,爲墓志。""(蜀王妃死)蜀王哀之,乃遣五丁之武都擔土,爲妃作塚,蓋地數畝,高七丈,上有石鏡。""惠王知蜀王好色,許嫁五女於蜀。蜀遣五丁迎之。"《蜀王本紀》記蜀王發五丁爲妃作墓:"蜀王發卒之武都擔土,於成都郭中葬之。"古人也認爲"五丁"是士卒名稱。

[3]《荀子·議兵》:"故齊之技擊不可以遇魏氏之武卒,魏氏之武卒不可以遇秦之鋭士。"《漢書·刑法志》:"齊湣以技擊强,魏惠以武卒奮,秦昭以鋭士勝。"

[4] 四川省文物考古研究院.《宣漢羅家壩》,文物出版社,2015 年。

[5] 嚴耕望:《唐代交通圖考》卷 4"嘉陵江中江水流域縱橫交通綫"(篇 30),第 1172–1174 頁;金生楊:《小川北路紀行文獻述論》,《地方文化研究輯刊》第 6 輯,巴蜀書社,2013 年,第 222–230 頁。

[6]《元和郡縣圖志》卷 30 涪州:"從萬州北開州、通(州)宣(漢)縣,及洋州路至上都二千三百四十里。"《太平寰宇記》卷 120 涪州:"至萬州取開州、通州、宣漢縣及洋州路至長安,二千二百四十里。"

發生變化。隨着這種擴散,典型的巴蜀文化銅器分布在了整個四川盆地,北至四川廣元,南至雲南水富,東至夔峽,西至犍爲,都有巴蜀文化中期晚段即戰國後期和秦代前後的巴蜀文化墓葬和銅器出土,主要出土地點如下:

(1) 盆西平原

① 金牛區聖燈十隊;② 金牛區金魚村;③ 青羊區省水利勘測設計院;④ 青羊區新一村;⑤ 新都區馬家二隊;⑥ 廣漢市青關山;⑦ 綿竹縣清道三隊(M1);⑧ 什邡縣城關;⑨ 彭州市太平二隊;⑩ 浦江縣城東北等

(2) 盆中丘陵

① 蘆山縣思延鄉;② 峨眉縣柏香林;③ 犍爲縣金井鄉萬年村;④ 滎經縣南羅壩;⑤ 滎經縣同心村;⑥ 水富張灘等

(3) 盆東嶺谷

① 巴縣冬筍壩;② 北碚廟嘴;③ 涪陵小田溪;④ 涪陵鎮安;⑤ 萬州大坪;⑥ 萬州中壩子;⑦ 雲陽李家壩;⑧ 開縣余家壩;⑨ 奉節風箱;⑩ 秭歸廟坪等

從戰國中期偏晚階段,尤其是秦滅巴蜀後,巴蜀文化中富有蜀人族別特徵的船棺墓和窄長方形土坑墓,連同墓葬中的銅器,從成都附近迅速擴展到整個成都平原、盆中丘陵甚至盆東嶺谷地區的西端的現象來看,當時蜀國的武裝力量應該分散到了四川盆地各地。結合歷史文獻反映的秦國三封蜀侯及其對巴蜀土著族群的懷柔措施,可以推知,秦國滅掉巴蜀後,考慮到"蜀伯尚強",采取了多種措施加強在四川的統治。除了逐漸變封建制爲郡縣制并在蜀地派駐較大規模的軍隊外,最主要的是保留了蜀國原有的軍事組織,將這種軍事組織納入了秦國的"蜀相"、"蜀守"的直接管轄之下,并被分解成若干小的單位,派駐在先前巴蜀的重要地區。成群隨葬銅兵器的船棺墓群散布在四川蜀國故地的許多地方,其年代爲戰國晚期至西漢初期,而不是古蜀國存在的戰國晚期以前時期,應該就是這種措施的體現。其次是對巴蜀地區土著人群采取懷柔政策,減輕他們的賦稅,在秦民和原住民出現衝突時偏袒原住民。規定"秦犯夷,輸黃龍一雙;夷犯秦,輸清酒一鍾。夷人安之"。[1] 其三就是從關中秦國故地和後來占領的東方六國土地移民充實巴蜀地區,改變這一地區人口的構成。這些移民主要有兩類:一類是秦國自己犯了法遭到流放懲處的貴族和平民,如呂不韋之屬;一類是秦國占領東方六國土地後流放的六國貴族和平民,如流放到四川青川縣邊緣地區的楚國郢都的人民。[2] 爲了管控這些強制遷徙到四川的遺民,秦國及以後的秦王朝利用巴蜀原有的武裝力量,使之駐扎在外來移民的邑聚附近,既監視和管控這些遺民,又使得這些巴蜀土著武

---

[1]《華陽國志·巴志》語。

[2] [日]間瀬收芳:《秦帝國形成過程的一個考察——四川青川縣戰國墓的研究》,《史林》1984 年 67 卷 1號。譯文《四川省青川戰國墓的研究》,見《南方民族考古》第 3 輯。

裝得到一定的心理滿足,保證了巴蜀地區這片新獲土地的社會穩定。四川滎經縣的墓葬和銅器材料,就是一個非常典型的例子。(圖八)

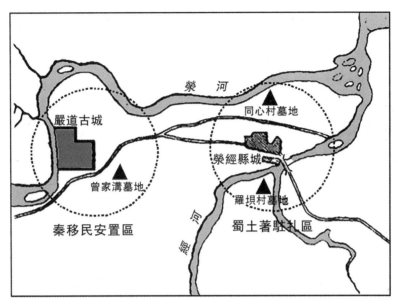

圖八　四川滎經縣的兩類戰國秦和統一秦時期的墓地

四川滎經縣城西郊,也就是古嚴道城故址附近。漢晉時期從成都通往雲南的犛牛道就從這裏經過。這裏有大小兩座秦漢城址,1977－1986年,在古城外發現了6個墓地,先後發掘了30多座,其中有古城坪和曾家溝木槨墓、水井坎溝及高梁灣東漢岩墓、烈太石棺墓等。除去年代較晚的東漢崖墓以及當地土著的石棺墓外,其餘墓葬都是戰國晚期至西漢前期的土坑木槨墓。墓葬的形制均爲無墓道的豎穴土坑墓,葬具有一棺一槨、單棺或單槨三類,在葬具外普遍填充白膏泥。隨葬器物主要是漆器和陶器,卻沒有銅武器,經研究屬於秦國遺民的墓葬。[1] 不過就在滎經縣,除了移民的墓地外,還有兩處規模可觀的巴蜀文化即蜀地土著的墓地,這就是同心村墓地和羅壩村墓地。同心村墓地位於滎經縣城北面滎河的南岸,西距嚴道古城遺址僅1千米,1984年、1987年在這裏連續發現12座戰國晚期巴蜀文化的墓葬。羅壩村墓地位於滎經縣城南面的經河南岸,與同心村墓地隔滎經縣城相望,1988年在這裏清理了11座戰國晚期墓葬。墓葬形制爲狹長方形,隨葬器物爲典型的巴蜀文化的器物,并出土有巴蜀符號的印章,爲蜀人墓葬無疑。對比滎經古城坪和城關兩個區域的兩個墓地集群,兩

---

[1] 簡報發表7座墓葬材料,并將第11－16號定爲戰國早期、21號墓爲戰國中期。宋治民先生將它們的時代改定在戰國晚期,這是正確的。關於該墓地墓主的文化屬性,原簡報將其歸屬於楚,并有學者將其與楚莊王之族聯繫起來;宋治民根據墓葬形制、所出陶器、銅器和漆器的分析,認爲該墓地爲一秦文化墓地。見宋治民:《略論四川的秦人墓》,《考古與文物》1984年第2期。

者除了文化面貌顯著不同外,還有一個不同點就是移民墓幾乎不隨葬銅兵器,而土著墓幾乎都隨葬銅兵器。榮經兩組大致同時且距離很近的墓地,其文化屬性和族別可能完全不同,且銅兵器反映的社會地位和政治職能也不相同。我推測,嚴道古城原先只是安置移民的城堡,而今榮經縣城所在才是代表秦政府在這裏行使治權的駐地。秦的嚴道管理機構,以及他們掌握的蜀地土著武裝,都駐扎在今榮經縣城内,監督管理着西面不遠處另一古城的遺民。

這裏尤其要討論的有兩個巴蜀文化銅器出土地點。

第一個是距離成都平原并不很遠的岷江上游,茂縣牟托一號石棺墓銅器群或集群。[1] 該墓(包括三個陪葬坑)出土的銅器較多,種類、時代和文化因素也多樣,年代早的可以早到春秋中晚期,晚的可至戰國中期。[2] 茂縣牟托一號墓位於成都平原西北的岷江上游,墓葬形式、隨葬陶器和一些銅武器及飾件都屬於當地石棺葬傳統,也有一些銅器來源於更北面的甘青寧地區,但墓内及陪葬坑出土的銅容器、銅樂器和部分銅武器等高等級外來銅器都屬於巴蜀文化,應該來自下游方向的成都平原地區。這些高等級的器物早晚皆有,早的可以到春秋中期,晚的是戰國中期,以戰國早中期的銅器最多。擁有這些銅器的墓主,他的生活年代不可能跨越從春秋中期至戰國中期這麼長的時間,如果認爲他將家族長期積累的東西葬入自己的墓葬,這也有點不大合情理。由於牟托一號石棺墓是岷江上游目前發現的等級最高的石棺墓,其墓主又是岷江上游茂縣及其周圍地區的族群首領一類人物。這個首腦人物的最後活動年代應該經歷秦滅巴這樣的四川巨變過程,或許秦滅巴蜀後,爲了籠絡緊靠蜀地中心的岷江上游族群,秦人將巴蜀地區繳獲的戰利品的一部分饋贈給了這位首領,以便通過他穩定岷江上游地區。由於這些饋贈品對於這個首腦的家庭或族群來説没有多大實用價值,故當這位首領死後,他的家庭就將代表他榮耀的這些物品都埋在他的墓中或墓旁。

第二個是位於長江以南的最大支流烏江下游的重慶涪陵小田溪墓地銅器集群。這個墓地位於烏江東岸,距離烏江匯入長江處的涪陵城區不很遠。川渝兩地的考古學家先後進行

---

[1] 茂縣羌族博物館、阿壩藏族羌族自治州文物管理所:《四川茂縣牟托一號石棺墓及陪葬坑清理簡報》,《文物》1994年第3期,第4-40頁。

[2] 牟托1號石棺墓的年代,當初發掘者即考古簡報認爲是戰國中晚期之際,以後的研究者主要有兩種意見:一種意見認爲原簡報的年代判斷偏早,牟托一號墓的年代應該在戰國晚期至西漢早期之間,霍巍、李先登等先生持這種觀點(霍巍:《關於岷江上游牟托石棺墓幾個問題的探討》,《四川文物》1997年第5期;李先登、楊英:《四川茂縣牟托石棺墓的初步研究》,《中國歷史博物館館刊》1998年年第1期)。另一種意見認爲原簡報的年代判斷偏晚,其年代應該在春秋晚期至戰國早期之間,施勁松、江章華、陳小三先生都持這種意見(施勁松:《關於四川牟托一號石棺墓及器物坑的兩個問題》,《考古》1996年第5期,第77-82頁;江章華:《關於岷江上游石棺墓的兩個問題》,《南方民族考古》第七輯,科學出版社,2011年)。關於牟托一號石棺墓銅樂器的年代,江章華、陳小三先生都做過討論,都認爲年代早於戰國早期(陳小三:《牟托一號石棺墓中銅罍和編鐘的文化來源》,《三代考古》第八輯,第344-358頁)。

了七次發掘,發掘墓葬數十座。這些墓葬的年代跨度都在戰國晚期至西漢早期,墓葬規模普遍較大,隨葬器物較豐富,最大的一座還隨葬有錯金銅編鐘等重要器物。由於涪陵古稱"枳",而《華陽國志·巴志》中,又有巴"先王陵多在枳"的記載,故研究者多將該墓地與巴王室聯繫起來,認爲小田溪墓地是巴國王室或王室後裔的遺存。小田溪墓地的墓葬都是寬長方形土坑墓,未見蜀人常見的船棺墓;規模大些的墓隨葬的銅錞于、銅鉦和編鐘,這也少見於蜀地;隨葬陶器中也不見或罕見蜀地常見的矮柄豆等陶器。小田溪墓地屬於巴人系統問題不大。不過,小田溪墓地的出現已經在秦滅巴蜀後一段時間,墓地唯一反映國族信息的文字資料是秦始皇二十六年"蜀守"主持製造銅戈上的銘文。小田溪墓地的墓主有可能是被秦國(甚至可能是秦的蜀郡郡守)安置在烏江流域的一支巴人,但是否是巴王室的後裔,目前還缺乏應有的證據來證明。

論戰國中山王𰯼鼎及其銘的鑄造

蘇榮譽　李耀光[*]

　　20 世紀後半葉在平山靈壽故城的考古發現和發掘,特別是 1974 年發掘的中山𰯼墓,揭示出史籍零星記載的戰國中山國具有輝煌富麗的物質文化和藝術創造。以青銅器論,其中不乏極品和孤品,技術和藝術并稱雙絕。尤其是中山三器——中山王𰯼鼎和方壺及𰯼蚉壺,因長篇銘文而著名於古文字和歷史學界。[1] 這些青銅器雖然面世四十多年了,仍有若干問題含混不清。[2] 本文針對中山王𰯼鼎的鑄造工藝及相關問題再做探討,以求證於學術界。

　　中山王𰯼墓西器物庫出土一套九件列鼎,形式不盡整齊劃一,銘文或有或無,説明非一次鑄就,而是將它們以大小相次拼湊成列的。中山王𰯼鼎 XK：1 是這列器中最大的一件,是其中唯一的鐵足鼎。

一、造型與銘文

圖 1　中山王𰯼鼎 XK：1
（引自《中國青銅器全集》卷 9 圖 144）

　　這件鐵足青銅鼎,腹作扁圓形,口斂,沿內側出長子口插入隆蓋中與之扣合,蓋面弧度與腹壁一致,扣合嚴密。沿下對生附耳,中腹有一周凸棱,平底周緣有凸環,當是加強器底的特殊設計,也可設置澆注系統;下腹以三蹄足承器。蓋面三雲形環鈕的布局與三足相應（圖 1）。通高 515、口徑 420、腹徑 658 毫米,重 60 千克。

　　該鼎通體素面無紋飾,一細陰綫縱貫蓋面,一端與短橫綫構成十字,另一端出兩斜綫如箭尾;左耳頂面有十字陰綫,右耳頂面有 $\mathbb{V}$ 形陰綫,

---

　　＊蘇榮譽,中國科學院自然科學史研究所教授;李耀光,河北省文物保護中心原主任。

［1］ 河北省文物管理處:《河北省平山縣戰國時期中山國墓葬發掘簡報》,《文物》1979 年第 1 期,第 1－31 頁;河北省文物研究所:《𰯼墓：戰國中山國國王之墓》(以下簡稱《𰯼墓》),文物出版社,1995 年,第 111、341－369、527－537 頁;李學勤、李零:《平山三器與中山國史的若干問題》,《考古學報》1979 年第 2 期,第 147－170 頁;朱德熙、裘錫圭:《平山中山王墓銅器銘文的初步研究》,《文物》1979 年第 1 期,第 42－52 頁。
［2］ 蘇榮譽:《"中山三器"的鑄造及其相關問題》,《中國書法報》第 276 期,2020 年 7 月 14 日第 4 版。

三者聯繫,可知都是蓋扣合的定位符號(圖2)。出土時鼎蓋扣合,口沿墊六塊白色麻布,腹内有咖啡色結晶狀"肉羹涪"。鼎底面有烟炱,其上邊緣齊整,發掘報告推測説使用時放在灶口上。[1]

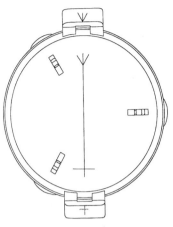

圖 2　中山王嚳鼎蓋綫圖
（引自《嚳墓》圖 35）

　　蓋、腹布局七十七行銘文,除末行僅一字外,每行六字,由蓋緣兩字、凸棱之上的上腹三字和凸棱下的下腹一字成行,蓋、腹需在正確位置扣合,銘文方可通讀,這是蓋面設定位符號的目的所在。該鼎銘文 469 字(圖 3,其中重文 10、合文 2),李學勤和李零的隸定如下(數字爲行序;録釋出字,重文重現,合文析開):

1. 惟十四年,中山
2. 王嚳作鼎,于銘
3. 曰:嗚呼,語不悖
4. 哉!寡人聞之,與
5. 其溺於人施,寧
6. 溺於淵。昔者燕
7. 君子噲,睿弇夫
8. 悟,長爲人主,貫
9. 於天下之物,究
10. 猶迷惑於子之
11. 而亡其邦,爲天
12. 下戮,而皇在於
13. 少君乎? 昔者吾
14. 先考成王,早棄
15. 群臣,寡人幼童
16. 未通智,惟傅姆
17. 是從。天降休命
18. 于朕邦,有厥忠
19. 臣賙,克順克俾,
20. 亡不率仁,敬順
21. 天德,以左右寡
22. 人,使知社稷之
23. 任,臣主之義,夙
24. 夜不解,以訓導
25. 寡人。今余方壯
26. 知天若否,論其
27. 德,省其行,亡不
28. 順道,考辰惟刑。
29. 嗚呼,哲哉。社稷
30. 其庶乎! 厥業載
31. 祗。寡人聞之,事
32. 少如長,事愚如
33. 智,此易言而難
34. 行施。非孚與忠,
35. 其誰能之,其誰能之? 惟吾
36. 老賙,是克行之。
37. 嗚呼,悠哉! 天其
38. 有刑于兹厥邦。
39. 是以寡人委任
40. 之邦,而去之游,
41. 亡遽惕之慮。惜
42. 者吾先祖桓王,
43. 昭考成王,身勤
44. 社稷,行四方,以
45. 憂勞邦家。今吾
46. 老賙親率三軍,
47. 之衆,以征不義
48. 之邦,奮桴振鐸,
49. 闢啟封疆,方數
50. 百里,列城數十,
51. 克敵大邦。寡人
52. 庸其德,嘉其力,
53. 是以賜之厥命:
54. 雖有死罪,及三
55. 世亡不赦。以明
56. 其德,庸其功。吾
57. 老賙奔走不聽

[1]《嚳墓》,第 111 頁,圖 35、158、159,彩版 3,圖版 70;《戰國鮮虞陵墓奇珍:河北平山中山國王墓》(中國考古文物之美 6),文物出版社,1994 年,No. 17;《中國青銅器全集》第 9 卷,文物出版社,1997 年,圖 144。

58. 命,寡人懼其忽然　　59. 不可得,憚憚業業,恐　　60. 損社稷之光,是

61. 以寡人許之。謀慮　　62. 皆從,克有功績　　63. 旃;詒死罪之有

64. 赦,知爲人臣之　　65. 義旃。嗚呼念之　　66. 哉! 後人其庸用之,

67. 毋忘爾邦。昔者　　68. 吳人并越,越人脩　　69. 教備保,五年覆

70. 吳。克并之至於　　71. 今。爾毋大而泰,　　72. 毋富而驕,毋衆

73. 而傲。鄰邦難親,　　74. 讐人在旁。嗚呼,　　75. 念之哉! 子子孫孫,永

76. 定保之,毋病厥　　77. 邦。[1]

---

[1] 李學勤、李零:《平山三器與中山國史的若干問題》,《考古學報》1979 年第 2 期,第 147–170 頁;《罍墓》(第 342 頁)將其中 39 行釋"是以寡人委任",本文從。

圖3　中山王嚳鼎銘

（引自《戰國中山三器銘文拓本》；河北省博物館拓本，年月不詳）

銘文開篇記載王嚳十四年鑄鼎有銘，銘載燕君噲被子之蠱惑而讓王位於彼，招天下殺伐，致身亡而國破的故事。接着講自己身世：父親成王早逝，自身年幼，依賴傅姆。幸有忠臣賙，慈善仁和順天德，左右於朕，明君王大任，臣子義務。朕已壯年，深知他是家邦棟梁典範，謙恭忠信，無可匹比，朕可放心委國於他。往昔吾祖桓王、父成王勤勉憂國，而今賙親率三軍征伐不義之國，拓疆數百里、城數十座，打敗大國。爲褒嘉他，我命令：即有死罪，赦免三世。國計聽命老賙。最後告誡後人，以前吳吞并越，越人自强，五年覆滅吳國。你們應戒驕戒躁，鄰邦仇人就在身旁。子孫銘記，永保家邦。[1]

結合同出的中山王嚳方壺 XK：15 銘文中“皇祖文武，桓祖成考”，以及妗蚉壺 DK：6銘，得知中山王世系爲“文、武、桓、成、嚳、妗蚉”；其中涉及東周兩件大事，一是燕王噲公元前316 年禪讓位於子之，兩年後引發齊的征伐，中山參與其中；另一是越滅吳在公元前 473 年，而楚并越在前 306 年。根據其他文獻，李學勤和李零構建的中山國系年如下：

第一世　文　約終於公元前 414 年

第二世　武　約公元前 414 至前 406 年

第三世　桓　約公元前 378 至前 340 年

第四世　成　約公元前 340 至前 320 年

---

[1]　張政烺認爲銘文中司馬賙即司馬喜（《中山王嚳壺及鼎銘考釋》，《古文字研究》第一輯，中華書局，1979年；收入《張政烺文史論集》，中華書局，2004年，第 468–500 頁），李學勤和李零有同樣的推測，見《平山三器與中山國史的若干問題》。

　　第五世　　䁑　　或公元前 322 至前 309 年,或公元前 321 年至前 308 年。[1]

　　鑒於王䁑墓所出土器物不見晚於十四年銘文器,可以推測王䁑亡於此年或略晚,平山一號墓的年代當在斯年或略晚。

二、鑄 造 技 術

　　王䁑墓所出青銅器,很多的工藝信息被打磨,但殘存的蛛絲馬跡,依然可爲探究製作工藝提供重要證據。以龍鳳方案爲代表的極端複雜造型青銅器,均是以泥範塊範法通過多塊、多次分鑄,再依賴鑄接和焊接工藝成形的,成爲認識泥範塊範法技術傳統的重要例證,説明該墓所出青銅器也都是泥範塊範法鑄造成形的,王䁑鼎也不例外。[2] X 光成像技術爲深入探究其鑄造工藝,提供了很多重要信息。

　　1. 材料與工匠

　　中山王䁑方壺銘文起首:"惟十四年,中山王䁑命相邦䚉,擇燕吉金,鑄爲彝壺,節於禋齊,可法可尚,以饗上帝,以祀先王"。説明具體監造鑄器者是相邦䚉,選用伐燕所掠獲的"吉金",鑄器目的是"饗上帝、祀先王",在中山器中屬於孤例。從銘文可知青銅原料即是"吉金"。壺與鼎同爲十四年鑄造,銘文内容和性質相同,應是同批鑄件。早一年鑄造的妡盉壺圈足裙銘文"十三祀,左使庫,嗇夫孫固,工䜌,重一石三百三十九刀之重",稱重 13.65 千克,執行鑄造的機構爲左使庫,主管孫固、工䜌,但不知是鑄工還是鏨刻工,或兩者兼通。在王䁑墓出土青銅器中,銘文標明工䜌的還有鼎 DK:1,圓壺 XK:20、DK:6 和 7,簠 XK:25,匕 XK:36 和 37,刀 XK:38,鋪首 GSH:5.42 和 67,母扣 CHMK2:8.1-10 和 6.1-10(子扣均無銘),[3]説明䜌是做多種活計的工匠。勒名的工匠,還有纍、蔡、弧、塵、殷、郘、胄、角、上、觸、處、戠、疕、酉、顪、阳、陲面和逼等,似乎存在一個龐大的工匠隊伍,與之相適應的是多個勒名的嗇夫組成的管理階層。[4] 然而,靈壽故城所發現的鑄銅遺址,似乎只能鑄工具、兵器、車馬器和錢幣。[5] 而平山訪駕莊等地墓中出土的青銅器,不乏侯馬風格類型,似乎更可能鑄造於彼。王䁑墓出土的大量精美青銅器,靈壽故城遺址發掘所獲信息不能説明當地鑄造,而已知的其他鑄銅遺址也未有綫索,究竟鑄造於何處,成爲一

---

[1] 李學勤、李零:《平山三器與中山國史的若干問題》。發掘報告的推定是:文公,公元前?-前 415 年;武公,公元前 414-前 406 年;桓公,公元前 406-?;成公,?-前 328 年;王䁑,公元前 327-前 313 年;王妡,公元前 312-前 299 年;王尚,公元前 298-前 296 年。見《䁑墓》第 533 頁。

[2] 蘇榮譽、劉來成、華覺明:《中山王䁑墓青銅器群鑄造工藝研究》,《䁑墓》附録一,第 548-577 頁;另見《磨戟:蘇榮譽自選集》,上海人民出版社,2012 年,第 226-268 頁。

[3] 《䁑墓》,第 114、124-126、117-118、129-130、56、281-282、285-286 頁。

[4] 《䁑墓》,第 56、102、111、114-118、123-126、128-141、313、317、322-323 頁。

[5] 河北省文物研究所:《戰國中山國靈壽城:1975-1993 年考古發掘報告》,文物出版社,2005 年,第 6-75 頁。

個突出的問題,[1]期待新的考古發現提供綫索,也期待深入的研究予以推進。

2. 鼎的鑄型與銅鐵鑄接

王嚳鼎的突出特點,是銅鐵兩種材質的鑄接和長篇銘文。雖其鑄造工藝曾有簡單討論,但近些年河北省文物保護研究中心的新的調查研究,則提供了很多新信息。

首先是鐵鼎足,無疑是鑄鐵材質,鑄造成形。X 光片不僅明確揭示青銅鼎腹叠壓鑄鐵鼎足根部(圖 4),兩者結合緊密(圖 5),還表現出鼎足中空,鑄接澆注前其中的泥芯靠長方形泥芯撑與範固定(圖 6),中空的鐵足分別先鑄成形,在鑄造鼎體時完成鑄接。兩附耳也是先鑄成形後與足同時和鼎體鑄接的。X 光片也揭示了耳的中空結構,表現出耳内泥芯中間的裂縫,説明它很可能是左右兩半組合起來的,并有賴近於圓形的芯撑與前後範固定(圖 7)。蓋面的三個鈕也應是先鑄成形,在澆注蓋時實現鑄接。因結構所限,X 光片没有能表現分鑄結構,但却既清晰展現出蓋面若干墊片,也表現出一些氣孔(圖 8)。

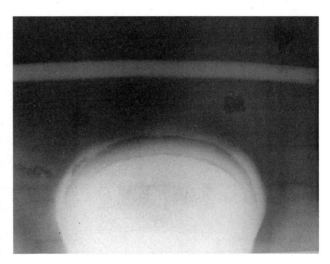

圖 4　中山王嚳鼎足根 X 光片

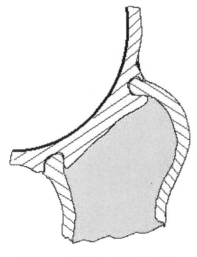

圖 5　中山王嚳鼎足鑄接示意圖

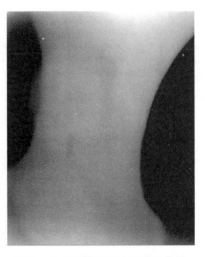

圖 6　中山王嚳鼎足内泥芯及芯撑

[1] 蘇榮譽:《小國大器:戰國中山國金屬技藝疏要》,成都金沙遺址博物館等編:《發現·中山國》,巴蜀書社,2019 年,第 185–197 頁。

這些墊片顏色發白,或者説明含鉛量略高,或者較厚,尚需要進一步研究。鼎腹壁和底部的 X 光片則相反(圖9、圖10),墊片呈灰色,氣孔極少,尤其是底部的凸環,應是布局澆道之所,便於采用環形或接近環形的内澆道系統,該是夾雜和氣體的富集之處,但除三個小氣孔外別無其他;腹壁同樣,只見到兩個較大、兩個較小的氣孔外,總體來看氣孔極少,且兩處都没有針狀氣孔,説明熔煉和澆注時對吸氣的控制精到,澆注系統結構十分合理。

圖7　中山王嚳鼎耳 X 光片

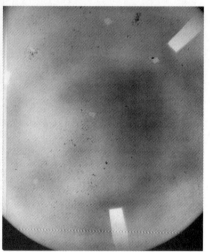

圖8　中山王嚳鼎蓋 X 光片

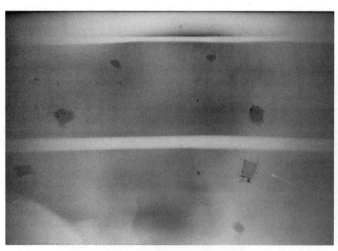

圖9　中山王嚳鼎腹壁 X 光片

圖 10　中山王嚳鼎底部 X 光片

　　銅的熔點 1 083℃,青銅熔點在 1 000℃左右;鐵的熔點 1 535℃,鑄鐵熔點在 1 200℃-1 400℃之間,高出青銅許多。早在商代中期,古人已鍛隕鐵(鐵鎳鈷合金)爲刃,并將之嵌入銅兵器鑄型鑄接爲鐵刃銅兵。藁城臺西商代墓葬出土的鐵刃銅鉞 M112∶1 即是現今所知國內最早的實例,[1]踵其後在平谷劉家河商墓、浚縣辛村西周早期墓、三門峽春秋早期虢國墓中,都出土了青銅和隕鐵鑄接器。[2] 戰國時代冶鐵鑄鐵技術已經日趨普及,且中山國可能還有所特長。[3] 青銅與鑄鐵熔點相差二三百度,是故鐵件需先鑄成形,才會在鑄接時結合處不會熔化。但先鑄的鐵件導熱很快,銅液降溫迅速,大件的鑄接頗爲不易。中山王鼎的鐵足,并非以節省青銅材料爲計,而是以鑄工炫技爲能。從效果看,鑄接牢固,沒有憋氣、夾砂、冷隔、氣孔等缺陷,反映了鑄工高超的技藝。

鐵足青銅鼎曾發現多件,但主要在楚地,年代在戰國時期。如:

襄陽蔡坡楚墓出土了一件鐵足銅鼎,[4]但未知細節。

1975-1976 年配合水利工程發掘的江陵雨臺山楚墓,發掘墓葬 500 餘座,十六座墓出土青銅鼎十八件,其中鐵足銅鼎八件,比例甚高。這些鼎均有蓋,或環鈕或扁鈕或獸鈕,或方附耳或環附耳,垂鼓腹較淺,小平底,蹄形鐵足。發掘報告只介紹三件 M314:5、M323:2 和 M319:12 三件,鼎高 250-195、口徑 232-185 毫米,年代屬戰國中期。[5]

鄂城鋼鐵廠一座帶墓道的楚墓,一棺一槨,出土兩件陶器、銅器和漆器各十多件,另有少量玉器和竹器,考古學家認爲年代屬戰國晚期。其中出土了兩件鐵足銅鼎,均有子母口扣合的蓋,蓋中置環鈕,其外均布三臥牛鈕。腹扁圓,圜底,一對方附耳,三高蹄足。一件鼎的鐵足素面,另一件鼎 M53:4 足飾獸面紋,通高 255、口徑 195 毫米。[6] 三鐵足是先鑄成形再爲鼎腹鑄接的,和中山王響鼎工藝一致。

1974 年配合基建在長沙識字嶺清理的一號楚墓,屬土坑豎穴墓,墓坑 3.15×2 米,填細砂土,隨葬有陶、銅和漆木器。其中有帶蓋鐵足銅鼎兩件,斂口深腹,一對方附耳,平底,三高足承器。蓋面隆起,飾兩周弦紋,中心設獸鈕銜環。蓋造型特別,三足鐵質亦少見,銹蝕嚴重,簡報稱足根飾獸面紋,足端蹄形。鼎通高 270、口徑 200 毫米。[7]

一說平樂銀山嶺戰國墓也出土一件鐵足銅鼎,查發掘報告未見。[8]

[1] 河北省文物研究所:《藁城臺西商代遺址》,文物出版社,1985 年,第 132 頁、圖 80.13、彩版 1。

[2] 吳大林:《論銅鐵合製器物的產生與消亡》,《東南文化》1983 年第 2 期,第 13-19 頁。

[3] 蘇榮譽:《小國大器:戰國中山國金屬技藝疏要》,成都金沙遺址博物館等編:《發現·中山國》,巴蜀書社,2019 年,第 185-197 頁。

[4] 湖北省博物館:《湖北省文物考古工作新收穫》,《文物考古工作三十年(1949-1979)》,文物出版社,1979 年,第 301 頁。

[5] 湖北省荊州地區博物館:《江陵雨臺山楚墓》,文物出版社,1984 年,第 71-72、134 頁,圖 56.1-3、圖版 31.2-4。

[6] 湖北省鄂城縣博物館:《鄂城楚墓》,《考古學報》1983 年第 2 期,第 223-253 頁,圖版 25.1。鄂鋼基建指揮部文物小組、鄂城縣博物館:《湖北鄂城鄂鋼五十三號墓發掘簡報》,《考古》1978 年第 4 期,第 256-260 頁、圖 8.1、圖版 7.6。

[7] 單先進、熊傳新:《長沙識字嶺戰國墓》,《考古》1977 年第 1 期,第 62-64 頁,圖 3.3。

[8] 吳大林:《論銅鐵合製器物的產生與消亡》,《東南文化》1983 年第 2 期,第 13-19 頁。

　　至於鼎足的鑄接，在春秋中期以後的青銅鼎中蔚然成風，三晋青銅器中，鼎足先鑄頗爲突出。[1]　華盛頓特區弗利爾藝術館（The Freer Gallery of Art, Smithsonian）收藏的一件鼎（屬科學參考品，編號 SC587），兩足根自底斷脱，剖開即清楚展現出足的先鑄，以及與腹底鑄接處的榫卯結構（圖 11），[2]　與中山王𰯼鼎高度一致。

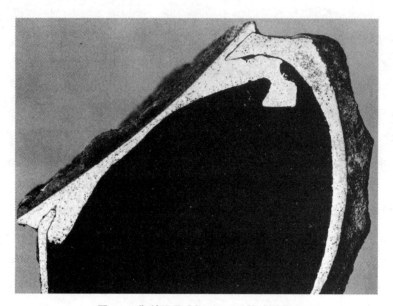

圖 11　弗利爾鼎 SC587 足的鑄接結構

（引自 Gettens, *The Freer Chinese Bronzes*, *Volume II: Technical Studies*, 1969, p. 79, fig. 64）

三、關於銘文工藝

　　關於青銅器銘文，自宋代金石學形成開始，金石學家只注重銘文的内容，罕有留意銘文工藝者，因此，著録中雖有鑄、刻、鏨、鑿等説法，但幾乎都是人云亦云，不具有確切的技術内涵。

　　中山三器以長篇銘文著稱於世。字迹結構匀稱秀美，筆畫流暢，轉折圓潤，字口工整，是不可多得的藝術傑作。先有發掘簡報認定刻銘，復經發掘報告詳細描述：“刀法嫻熟，橫竪剛直，圓弧匀暢，刀鋒細鋭，構字秀麗，粗細、深淺匀稱，是工匠高超技藝和鋭利金屬

[1]　蘇榮譽等：《中國上古金屬技術》，山東科學技術出版社，1995 年，第 161－168 頁；蘇榮譽：《侯馬鑄銅遺址與鑄鼎——兼論鑄鼎技術的鼎革與侯馬鑄銅作坊》，關曉武、蘇榮譽主編：《中國科學院文化遺産科技認知研究中心集刊》第一輯，安徽科學技術出版社，2019 年，第 139－171 頁。

[2]　Rutherford J. Gettens, *The Freer Chinese Bronzes*, *Volume II: Technical Studies*, Washington DC.: Smithsonian, 1969, pp.78－79, fig.62－66.

工具相結合的產物。刻字前先輕輕地劃出橫豎格綫。格綫細如毫髮,時隱時現。"[1]刻銘之説被廣爲沿襲,[2]僅段連勤認爲是鑄銘,[3]羅福頤認爲先鑄後鏨刻。[4] 所拍的 X 光片,因非專注於銘文,僅表現出個別字,但可見它們筆畫深淺均匀,寬窄一致(參見圖 10 邊緣部分)。

這些銘文如何形成? 其實還需探討。因爲青銅堅硬,無論怎麼鋒利的鋼質工具,像在石、牙、骨、木,以及金、銀、鑞甚至紅銅等材質上那樣契刻,實無可能,只能淺劃。在青銅上可以鏨、鑿、雕、剔,需要較大力作用於工具鏨、鑿,才會有較深的痕迹或剔除某些部分,因此,春秋晚期出現的所謂刻紋銅器,圖像非點即短綫構成,恰是鏨刻證明。[5]

青銅器鏨刻銘文可上溯到商晚期。1982 年在安陽戚家莊東墓地發掘的 M63,是一座豎穴土坑墓,墓口距地表 3.5、深 3.2、口 3×1.3、底 3.4×1.6 米,内夯填花土,四周有熟土二層臺,底有腰坑。葬具有棺和椁,椁 2.92×1.31×0.3 米,髹漆數層;棺糟朽。墓主頭向東,仰身直肢。墓中殉一只牛腿骨和兩只狗;五件陶器置於二層臺上,兩件陶器在椁内。隨葬青銅器 37 件,計禮器 10 件、兵器 25 件、飾品 2 件;除兩件鈴外,均置於棺外和棺蓋上,集中在椁室南端。禮器包括鼎 2、簋 1、斝 1、尊 1、卣 1、觚 2、爵 2,其中七件有銘文,其中觚 M63:10 圈足内壁和一對爵 M63:16 與 M63:13 鋬下腹壁鑄陽文銘"寧箙";鼎 M63:11 内壁鏨刻銘未完成不可識(圖 12.1、12.2),簋 M63:17 内底、觚 M63:12 口沿面和斝 M63:15 口沿内壁均鏨刻陰文銘"寧箙"(圖 12.3 – 12.8)。四件鏨刻銘文,筆畫有多次運鏨、鏨子偏離的痕迹,字口毛糙。[6] 西周晚期的晋侯蘇編鐘有長篇接續銘文,銘文亦鏨刻而就,銘文筆畫淺、轉折處需要鏨點成綫,往往需要四五刀、五六刀接連鏨鑿,筆畫才能連接起來,筆畫交錯處出頭,具有鏨鑿的明顯特徵。[7]

[1]《嚳墓》,第 111 頁。

[2] 李學勤:《東周與秦代文明》(增訂本),文物出版社,1991 年,第 79 頁;李學勤、李零:《平山三器與中山國史的若干問題》,《考古學報》1979 年第 2 期,第 147 – 170 頁;蘇榮譽、劉來成、華覺明:《中山王嚳墓青銅器群鑄造工藝研究》,《嚳墓》附錄一,第 548 – 577 頁;《磨戟:蘇榮譽自選集》,上海人民出版社,2012 年,第 226 – 268 頁;張守中:《中山王嚳器文字編》,中華書局,1981 年,第 143 – 148 頁。

[3] 段連勤:《關於平山三器的作器年代及中山王嚳的在位年代問題——兼與李學勤、李零同志商榷》,《西北大學學報(哲學社會科學版)》1983 年第 3 期,第 54 – 59 頁。段氏認爲圓壺腹刻銘。

[4] 羅福頤:《中山王墓鼎壺銘文小考》,《故宮博物院院刊》1979 年第 2 期,第 81 – 85 頁。

[5] 蘇榮譽等:《中國上古金屬技術》,山東科學技術出版社,1995 年,第 339 – 343 頁;蘇榮譽:《郑國故城新莽銅衡器與詔版的幾個技術問題》,《考古》2018 年第 8 期,第 40 – 42 頁。

[6] 安陽市文物考古研究所:《安陽殷墟:戚家莊東商代墓地發掘報告》,中州古籍出版社,2015 年,第 178 – 180 頁,拓片 3,彩版 59.2 – 3、60.2 – 3、61.1、3、63.1、3;岳占偉:《殷墟青銅器銘文的製作方法》,《中原文物》2012 年第 4 期,第 62 – 68 頁。

[7] 馬承源:《晋侯蘇編鐘》,《上海博物館集刊》第 7 期,上海書畫出版社,1996 年,第 1 – 17 頁;關曉武等:《晋侯蘇鐘刻銘成因試探》,上海博物館:《晋侯墓地出土青銅器國際學術研討會論文集》,上海書畫出版社,2002 年,第 331 – 345 頁。

圖 12.1　安陽戚家莊鼎 M63：11 鏨銘

（引自《安陽殷墟：戚家莊東商代墓地發掘報告》圖版 59.2）

圖 12.2　安陽戚家莊鼎 M63：11 鏨銘拓片

（引自《安陽殷墟：戚家莊東商代墓地發掘報告》頁 178 拓片 3.1）

圖 12.3　安陽戚家莊簋 M63：17 鏨銘

（引自《安陽殷墟：戚家莊東商代墓地發掘報告》圖版 60.3）

圖 12.4　安陽戚家莊簋 M63：17 鏨銘拓片

（引自《安陽殷墟：戚家莊東商代墓地發掘報告》頁 180 拓片 4.3）

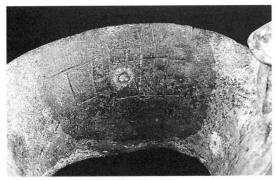

圖 12.5　安陽戚家莊罍 M63：15 鑿銘

（引自《安陽殷墟：戚家莊東商代墓地發掘報
告》圖版 61.3）

圖 12.6　安陽戚家莊罍 M63：15 鑿銘拓片

（引自《安陽殷墟：戚家莊東商代墓地發掘報
告》頁 178 拓片 3.2）

圖 12.7　安陽戚家莊瓿 M63：12 鑿銘

（引自《安陽殷墟：戚家莊東商代墓地發掘報
告》圖版 63.3）

圖 12.8　安陽戚家莊瓿 M63：12 鑿銘拓片

（引自《安陽殷墟：戚家莊東商代墓地發掘報
告》頁 178 拓片 3.3）

　　與中山王嚳鼎銘相對照，則極少筆畫交錯叠壓、回轉出鑿、字口毛糙者。[1]　字形簡單如
“以”，一筆勾成，弧綫曲折，尾端大弧度回勾，順滑無停頓和接茬（圖 13.1），屬典型鑄字形式；
“可”字上邊的橫很平直，起筆和下邊的弧撇均圓滑流暢，尤其是左邊的口，短橫與兩側弧筆
相交，沒有任何搭接痕迹（圖 13.2），全無鑿刻痕迹；“孫”字中間起頭的三角形，橫粗斜折略
細，右側長弧撇起頭細，然後緩緩變粗，過渡均匀，無搭接處，更無錯出痕，右邊上下相叠的兩
瓜形叠，均是弧綫卷圈，粗細均匀，婉轉流暢，字口絕無毛疵（圖 13.3），無任何鑿刻痕。銘文
字形複雜的如“嚴”，字多曲筆，橫平而略粗，最後一斜鋭筆直如劍，其餘曲筆均流暢，具有鑄
銘特徵（圖 13.4）；“遣”筆畫多達十八筆，除左邊一竪兩撇爲劍形直筆外，餘皆曲筆，起筆略深
且圓鈍，運筆流暢，收筆尖細，無過渡銜接痕迹；尤其是右側頂中間若水滴一筆，下端垂大如

---

[1]　感謝周亞先生提供中山青銅器銘文放大照片。

泡,深度和其他筆畫一致,且底面光滑,完全没有鏨、鏤和刻痕(圖 13.5)。

　　不可否認,在中山三器銘文中,有個别銘文的筆畫,如"嚴"字横下第二弧筆,有將字口掀起的痕迹(參見圖 13.4),遂將之認爲鏨刻痕,并由之推斷整篇器銘,甚至擴展到同類銘文,皆認爲是鏨刻銘。細考"嚴"字銘,和鋒刃利器鏨刻痕迹不同,似乎是某處筆畫偏狹被鈍器闖開所致。同樣,"四"字的四横,每一、二和四横也不够平直,和第三横的平順有出入,尤其是第二横中間有較大的缺(圖 13.6),但同樣不是鏨刻痕,還是鑄銘。

圖 13.1　中山王嚳鼎銘"以"
(周亞先生惠供)

圖 13.2　中山王嚳鼎銘"可"
(周亞先生惠供)

圖 13.3　中山王嚳鼎銘"孫"
(周亞先生惠供)

圖 13.4　中山王嚳鼎銘"嚴"
(周亞先生惠供)

圖 13.5　中山王嚳鼎銘"遣"
(周亞先生惠供)

圖 13.6　中山王嚳鼎銘"四"
(周亞先生惠供)

　　這裏有個方法論問題。若一篇銘文是鏨刻而成,每個字和每一筆畫均應有鏨刻痕迹;一些字或筆畫没有鏨刻痕迹,而個别字或筆畫具有鏨刻痕迹,説明銘文依然是鑄造的,個别字或筆畫的鏨刻痕迹,很可能是鑄造後的補救性加工。中山王嚳鼎銘文,如前分析,絶大多數字和絶大多數筆畫都没有鏨刻痕迹,應鑄造成形,而個别筆畫的某些痕迹,應該是對個别筆畫的加工痕迹。

　　好盗壺 DK：6(圖 14.1)即是一個典型例證。這件壺是中山三器之一,學者都認爲作器者胤嗣好盗是王嚳之子,他爲悼念其父,在早鑄的圓壺上再鏨刻悼詞。壺取鍾形,腹飾兩周凸弦紋,肩部對置鋪首銜環。腹壁凸弦紋間布銘五十九行,每行三字,另有五個重文符號,總計 182 字;銘文首尾間有兩個圓圈爲間隔符。這篇銘文被認爲後刻,前二十二行刻工拙笨,字體粗劣,但自二十三行起刻技高超,字形結構和刀法迥異,和前述王䨶鼎銘出自同一人之手。此壺圈足裙外壁也有一圈銘文,一行二十三字,自右向左讀爲:"十三祀,左使庫,嗇夫孫固,工竦。重一石三百三十九刀之重。"前十三字鑄銘,字結構雖不够美觀,但大體工整,筆畫粗而字口較齊;後十一字刻銘,其結構歪扭,筆畫細且多在結構處斷開(圖 14.2)。[1]對比圓壺腹部銘文與圈足銘文,腹部銘文字體結構均優於圈足但近於鑄銘,筆畫深淺、流暢近於鑄銘,筆畫寬度居兩者之間,但没有構形不搭的現象,説明腹銘本屬鑄銘。[2]

再與中山國典型刻銘相對照。東器物庫出土的十一祀盉 DX:17(圖 15.1),下腹鏨刻銘文二十字,自右向左讀"十一祀,右使庫,嗇夫郭痊,工觸,重三百八刀,右䋣者",其字體結構鬆散,筆畫淺而長短失度,常有缺筆,字口參差(圖 15.2),[3]這些都是中山三器銘文所没有的,只與奸䍤壺圈足裙後段鏨刻銘一致。很明顯,中山三器鑄銘,羅福頤的判斷是科學的。

圖 14.1　奸䍤圓壺

(引自《中國青銅器全集》卷 9 圖 156)

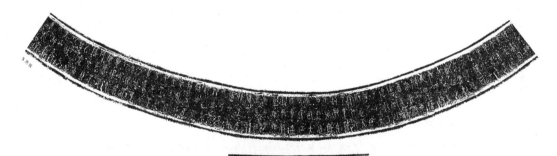

圖 14.2　奸䍤壺銘

(引自《戰國中山三器銘文拓本》;河北省博物館拓本,年代不詳)

若果鑄銘,隨即便産生兩個問題,第一個與奸䍤壺相關。圈足銘文明記鑄於十三年,早於王䨶鼎和方壺一年,諸位學者都認爲腹部銘文是䨶死後嗣王奸䍤祭悼之作,若腹部鏨銘,

[1]《䨶墓》附録一,第 124-125 頁、圖 42、162.A-E,彩版 10,圖版 84.5-6;李學勤、李零:《平山三器與中山國史的若干問題》,《考古學報》1979 年第 2 期,第 147-170 頁;張政烺:《中山國胤嗣䍤壺釋文》,《古文字研究》第一輯,1979 年;收入《張政烺文史論集》,中華書局,2004 年,第 501-520 頁。

[2] 蘇榮譽:《小國大器:戰國中山國金屬技藝疏要》,成都金沙遺址博物館等編:《發現·中山國》,巴蜀書社,2019 年,第 185-197 頁。

[3]《䨶墓》附録一,第 128 頁、圖 44.2、167.3-4、圖版 86.2;《殷周金文集成》,No. 9448。

順理成章,先鑄之器鑄銘紀年并勒工名,并鑄"重"字,完工後稱重并踵其鏨刻於後。器腹也可隨時鏨刻銘文或花紋。若鑄銘,兩者只能同時成形。若十三年王𪚩已死,即使新君未即位,何來中山十四年成規模鑄器? 若王𪚩死於十四年之後,何以胤嗣䡥𧊒於十三年鑄器追悼? 或者䡥𧊒非王𪚩之子,追悼的先王并非𪚩?

圖 15.1　十一祀盉 DK：17
（引自《𪚩墓》圖版 86.2）

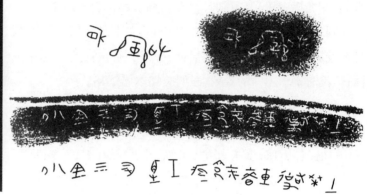

圖 15.2　十一祀盉銘文拓片
（引自《殷周金文集成》9448）

第二個與工藝有關。中山王鼎蓋、腹滿布銘文,從 X 光片知道鑄造時大量使用了墊片,雖然現有的 X 光片没能清晰顯示銘文與墊片的關係,但銘文要避開全部墊片幾乎不可能,何況墊片在澆注過程中還會漂逸,[1] 無疑會對銘的鑄造産生影響,損壞銘文。若鏨銘,兩者關係有待清楚揭示。

可見,中山三器的銘文工藝還需要研究。

事實上,微痕技術發展迅速,在文物考古研究中的應用日趨普及,不難解决中山三器銘文的鏨刻痕迹的有無、種類、普遍性并進而探討所使用的工具問題,而現有的 X 光成像技術包括 TC 掃描技術,都會提供可靠的墊片分布與位置信息。這些技術的采用即可澄清中山三器以及與之雷同的其他具銘器的銘文問題。這些手段比傳統的肉眼的視覺辨識應當準確可靠。例如䡥𧊒壺 DK：6 銘被認爲前二十二行與後繼諸行差異巨大,出自兩匠之手,但若就銘文拓片看(見圖 14.2),差異并不明顯。

此外,還需要清醒認識到,中山三器銘文若係鏨刻而成,其中必蘊含着當時已經有超級材料及其使用。僅此,就值得對這些銘文進行科學、深入細緻的調查研究。

---

[1] 蘇榮譽、胡東波:《商周鑄吉金中墊片的使用和濫用》,《饒宗頤國學院院刊》創刊號,香港中華書局,2014 年,第 101–134 頁。

附識：中山王礜大鼎的 X 光成像分析是河北省文物保護中心請北京大學考古文博學院胡東波教授完成的；鼎銘的放大照片是周亞教授惠供的，在此對他們二位的工作和恩惠致以深切的感謝。

西周青銅盆小議

韓文博*

青銅盆爲兩周時期一種較爲少見的禮器,其主要形態是敞口(斂口)、折肩(溜肩)、平底,這不僅有別於同時期的盂,也有別於此後的敦和盞。但長期以來,其器類歸屬問題顯得十分混亂,命名問題也備受爭議。

近幾年來,隨着許多重大考古發現成果的不斷公布,青銅禮器的數量急劇上升,尤其是山西翼城大河口墓、湖北隨州葉家山曾國墓、湖北隨州棗樹林曾國墓等均出土了大量青銅禮器,這對促進商周青銅禮器的研究具有重大意義。就目前所積累的西周青銅盆的資料而言,對其展開較全面研究的時機已經成熟。

西周青銅盆的研究,主要集中在通論或綜論性著作中的某些章節之中,目前尚缺乏專門性的研究成果。20 世紀 40 年代,容庚先生在《商周彝器通考》一書中對青銅盆的功能進行了分析,但書中未見有西周青銅盆,基本均爲東周以後者,盡皆歸入水器類。[1] 80 年代,日本學者林巳奈夫對殷周時期的青銅器進行了系統研究,書中收録青銅盆 5 件,亦皆東周之器,將其歸入盛食器之下。[2] 80 年代末期,馬承源先生在《中國青銅器》一書中將青銅盆盡皆歸入食器之下,并對青銅盆的形制做了簡要分析,但所據均爲春秋時器。[3] 21 世紀初期,海寧在其碩士學位論文中收録青銅盆 30 餘件,并首次對其做了類型劃分,將以上 30 餘件青銅盆劃分爲 A、B 兩型,各型之下又細分兩式,在所收青銅盆中僅有 6 件屬西周時期。[4] 約略與此同時,朱鳳瀚先生對中國出土的青銅器進行了全面系統的整理與研究,將青銅盆歸入水器之下,亦將其劃分爲 A、B 兩型,其中 A 型之下又細分爲 Aa、Ab 兩亞型,在其所舉青銅盆中,僅有一件屬於西周時期,其餘皆爲春秋之器。[5] 另外,張光裕先生由子諆盆中"𤔲"字的釋讀出發,對盨(甔)、盂、盆諸器的命名問題進行了討論,將盂、盆、鎗等均歸爲"甔"之別名。[6] 然而,不論從形制抑或自名,自名爲盆的材料顯然要遠遠多於其他盂、甔、鎗等,因此

———————————

　　* 四川大學古文字與先秦史研究中心助理研究員。
[1] 容庚:《商周彝器通考》,哈佛燕京學社,1940 年,第 474 - 475 頁。
[2] 林巳奈夫:《殷周青銅器綜覽》,吉川弘文館,1984 年,第 49 頁。
[3] 馬承源主編:《中國青銅器》,上海古籍出版社,1988 年,第 165 - 167 頁。
[4] 海寧:《試論青銅盆、盂、敦的關係》,西北大學碩士學位論文,2005 年。
[5] 朱鳳瀚:《中國青銅器綜論》,上海古籍出版社,2009 年,第 315 - 317 頁。
[6] 張光裕:《從𤔲字的釋讀談到奠、盆、盂諸器的定名問題》,《考古與文物》1982 年第 3 期。

我們認爲"盆"當爲其本名,盂、甄、鐈等是其別名或共名。

綜上,由於青銅盆數量相對較少,僅有極少數學者對其做了簡要的研究,尤其對西周青銅盆的研究十分稀少。近年來,隨着商周考古學的迅速發展,許多新的材料不斷公布,尤其一些年代更早的青銅盆資料的公布,爲我們研究兩周時期青銅盆的起源、發展演變、命名及歸屬等奠定了基礎。筆者不揣冒昧,擬以目前所見西周青銅盆爲研究對象,對其命名、類型、功能等作一梳理,不當之處,望方家批評指正。

一、青銅盆的類屬及命名

（一）青銅盆的類屬之争

關於盆之類屬,自宋以來多無定論,即使同一件器物,往往也會被歸入不同的器類之下。如伯索史盂,觀其器形與盆無異,但《考古圖》歸入盂,而《博古圖》歸入盆。

盆,作爲單獨的器類始於《博古圖》,但其所舉皆爲漢器,且形制與兩周青銅盆有異。至清代,盆雖然也單獨成爲一類,但往往又與其他器物相混,如《西清古鑒》卷二十九,30、40兩器混入豆類;卷三十三,1混入洗類。至《寧壽鑒古》、《陶齋吉金録》又將盆歸入洗類,且所舉亦多爲周秦以降之器。由此可見,清以前對盆類器物的分辨和認識是非常模糊的,不僅稱名不一,而且歸類也較爲混亂。同樣,這種現象對此後的研究者也造成了一定的影響。

在目前所見一些考古報告及論著中,青銅盆的類屬問題仍未達成共識,以至於有甄、鑒、敦、簋等數種不同的歸類方法。這一方面是由於各家所參照的標準參差不一,另一方面是由於盆類器自名材料情況複雜,且并未引起學者們的足夠重視。總之,不論古人還是今人,對"青銅盆"的類屬及命名仍多有分歧。可見,澄清這類器物的命名及類屬十分必要。

（二）青銅盆的自名研究

西周以來,銅器銘文字數較之商代大爲增加,且不乏十分重要的長篇銘文。目前所見青銅盆形器之自名除總名（器、皿）外,大致有五種之多,現分述如下。

1. 自名爲盆

器　物	時　代	銘　文	材　料　來　源
仲宣父盆甲	西周中期後段	仲宣父作旅盆,其永寶用。	《銘圖》十三册,第 470 頁。
仲宣父盆乙	西周中期後段	仲宣父作旅盆,其永寶用。	《銘圖》十三册,第 472 頁。
佣伯盆甲?	西周中期前段	佣伯肇作旅**刋**,其萬年永用。	《山西翼城大河口西周墓地 M1017 號墓發掘》,《考古學報》2018 年第 1 期。
佣伯盆乙?	西周中期前段	佣伯肇作旅**刋**,其萬年永用。	《山西翼城大河口西周墓地 M1017 號墓發掘》,《考古學報》2018 年第 1 期。

器　物	時　代	銘　文	材　料　來　源
樊君夔盆	春秋早期	樊君夔用其吉金,自作寶盆。	《河南信陽市平橋春秋墓發掘簡報》,《文物》1981 年第 1 期。
鄎子行盆	春秋早期	鄎子行自作飤盆,永寶用之。	《隨縣溳陽出土楚、曾、息青銅器》,《江漢考古》1980 年第 2 期。
曾孟嬭諫盆	春秋中期	曾孟嬭(芈)諫作饙盆,其眉壽用之。	《曾國和曾國銅器綜考》,《江漢考古》1980 年第 1 期。
黃太子伯克盆	春秋中期	隹正月初吉丁亥,黃太子伯克作其饎盆,其眉壽無疆,子子孫孫永寶用之。	《山東沂水劉家店子春秋墓發掘簡報》,《文物》1984 年第 9 期。
彭子仲盆	春秋中期	隹八月初吉丁亥,彭子仲擇其吉金,自作饎盆,其眉壽無疆,子子孫孫永寶用之。	《銘圖》十三冊,第 489 頁。
鄝子宿車盆	春秋早期	隹鄝子宿車自作行盆,子子孫孫,永寶用亯,萬年無疆。	《羅山縣高店公社又發現一批春秋青銅器》,《中原文物》1981 年第 4 期。
曾太保□叔亟盆	春秋早期	曾太保□叔亟,用其吉金自作旅盆,子子孫孫永用之。	《銘圖》十三冊,第 485 頁。
上鄀公之孫盆	春秋早期	隹正月初吉丁亥,上鄀公之孫叔□□擇其吉金,自鑄其飤盆,以征以行,子子孫孫,眉壽無疆。	《銘圖》十三冊,第 492 頁。
杞伯每亡盆	春秋早期	杞伯每亡作邾曹寶盆,[1]其子子孫孫永寶用。	《銘圖》十三冊,第 480 頁。

2. 自名爲甗

器　物	時　代	銘　文	材　料　來　源
晉公甋	春秋晚期	隹正月初吉丁亥,晉公曰:……不作元女……媵甋四酉。	《銘圖》十三冊,第 493 頁。
伯戔甋	春秋早期	隹八月初吉庚午,邥仲之孫伯戔,自作饎甋,其眉壽萬年無疆,子子孫孫永保用之。	《銘圖》十三冊,第 490 頁。
季□甋	春秋時期	隹正九月初吉庚午,□公子季□□□自作鑄□甋,萬年無疆,子孫永寶用之。	《商周彝器通考》第 476 頁,圖三九。

---

[1] 此字銘文作盉,有人釋爲盈,通銚,但對比同時期其他"盆"字,此當爲盆之異體,故本文仍釋作"盆"。

3. 自名爲盂

器　物	時　代	銘　文	材　料　來　源
伯索史盂	春秋早期	伯索史作季叔寶盂,其萬年子子孫孫永用。	《銘圖》十三册,第 450 頁。
要君盂	春秋晚期	隹正月初吉,要君伯居自作饎盂……	《銘圖》十三册,第 453 頁。
虢叔盂	西周中晚期	虢叔作旅盂。	《銘圖》十三册,第 436 頁。
子諆盂	春秋中期	隹子諆鑄其行盂,子子孫孫永壽用之。	《河南潢川縣發現黃國和蔡國銅器》,《文物》1980 年第 1 期。
丹叔番盂	西周晚期	丹叔番作寶盂。	《銘圖》十三册,第 439 頁。
聽盂	春秋晚期	聽所獻爲下寑盂。	《銘圖》十三册,第 441 頁。
膳夫吉父盂	西周晚期	膳夫吉父作盂,其萬年子子孫永寶用。	《銘圖》十三册,第 449 頁。

4. 自名爲敦

器　物	時　代	銘　文	材　料　來　源
歸父敦	春秋晚期	魯子仲之子歸父,爲其膳敦。	《河北唐縣出土西周歸父敦》,《文物》1985 年第 6 期。
齊侯敦	春秋晚期	齊侯作朕寬薦孟姜膳敦,用祈眉壽,萬年無疆,施施熙熙,男女無期,子子孫永保用之。	《銘圖》十三册,第 342 頁。
滕侯昊敦	春秋晚期	滕侯昊之御敦。	《山東滕縣發現滕侯銅器墓》,《考古》1984 年第 4 期。
益余敦	春秋	邵鬷公之孫益余及陳叔嫣爲其膳敦,眉壽無疆,子子孫孫永保用之。	《銘圖》十三册,第 333 頁。

5. 自名爲鑰

器　物	時　代	銘　文	材　料　來　源
西唊鑰	戰國時期	西唊作其妹斳饎鉦鑰。	《銘圖》十三册,第 469 頁。
屖氏鑰	春秋戰國	屖氏詹作膳鑰。	《商周彝器通考》,第 371 頁。

6. 自名爲"皿、器、簋"

器 物	時 代	銘 文	材 料 來 源
曾太保慶皿	春秋早期	曾太保慶用作寶皿。	《銘圖》十三册,第 468 頁。
子叔嬴内君器	春秋早期	子叔嬴内君作寶器,子孫永用。	《銘圖》十三册,第 477 頁。
兑盆	西周晚期	用對,作饙簋。	《山西翼城大河口西周墓地 M6096 發掘簡報》,《文物》2020 年第 1 期。

以上自名爲盆者 12 例,自名爲盂者 7 例,自名爲甗、敦者各 4 例,自名爲鑰者 2 例,此外還有稱總名者 2 例。可見,"盆"是一種更加普遍的稱呼,而盂、甗、敦、鑰等較爲少見。綜上可知,盂、甗、敦、鑰等應是"盆"之別名,而"盆"方爲其本名。

然而,值得注意的是,以上"盆"形器自名爲"盂、甗、敦、鑰"等大多爲東周時器。我們推測,造成這種現象的原因一方面與方言差異有關,另一方面與這些器物存在形制上的繼承或功能上的互補有關。因此,要澄清這一問題,首先要對兩周青銅盆的發展演變有所了解;其次要對青銅盆的自名材料進行仔細甄別。

從源頭上來講,不論東周時期之青銅盆,抑或西周時期的青銅盆,其總的源頭一定是盛行於上古社會之陶盆,此當無須辯駁,而東周青銅盆又直接承自西周,此爲學人所共知。爲避免重複,本文不再對青銅盆與簋、盂、盨、敦之間的關係展開討論,因爲前輩學者在此方面已經做了十分詳細的研究。[1] 其中,彭裕商師指出"以器物形態而論,平底的盆下加三附足即爲盨的初形,盨發展到後期,蓋面逐步隆起,則成爲早期的敦",[2]此說可信從。由於東周青銅盆已有學者做過專門研究,此不贅述,下面僅就西周青銅盆的型式做一分析。

二、西周青銅盆的類型與年代

雖然目前所見青銅盆數量有限,但其發展演變的軌迹却十分清晰,因此對早期青銅盆形態的探討有助於其命名及類屬問題的徹底解决。

關於西周青銅盆,雖然所見材料不多(筆者統計有十餘件),但對探討其形制演變、功能、命名問題却極爲重要。西周青銅盆依耳之形態大致可分爲 A、B、C 三型,A 型之下又可細分

---

[1] 詳見陳芳妹:《商周青銅簋形器研究》,《商周青銅粢盛器特展圖錄》,臺北故宮博物院,1985 年;高明:《中原地區東周時期青銅器研究(中)》,《考古與文物》1981 年第 3 期;劉彬徽:《楚系青銅器研究》,湖北教育出版社,1995 年,第 152－164 頁;李零:《入山與出塞》,文物出版社,2004 年,第 298－303 頁;彭裕商:《東周青銅盆、盨、敦研究》,《考古學報》2008 年第 2 期。

[2] 彭裕商:《東周青銅盆、盨、敦研究》,《考古學報》2008 年第 2 期。

爲 Aa、Ab 兩亞型,各型之下又有若干式,具體如下。

　　A 型,小鈕銜環耳。又依頸部、底部特徵可分兩亞型。

　　Aa 型,束頸,平底。可分兩式。

　　Ⅰ式,束頸較長,平底,下有三附足。標本一,91 扶風齊家村 M2 盆(圖一,1),口徑 22.5、底徑 11、最大腹圍 66.5、高 14 釐米,[1]敞口方脣,折沿較寬,斜肩,深腹內收。頸部飾三角雲紋帶一周,素面。標本二,大河口 M2067 龍紋矮足盆(圖一,2),高 16.5、口徑 25.9 釐米,[2]頸部飾顧首夔龍紋兩對。屬於此式的還有翼城大河口 M6041 所出龍紋盆一件、[3]91 扶風齊家村 M8:1 三足盆一件。[4]

圖一　西周青銅盆的類型

1. AaⅠ式 91 扶風齊家村 M2 盆　2. AaⅠ式 大河口 M2067 盆　3. AaⅡ式 91 扶風齊家村 M1 盆　4. AbⅠ式 仲宣父盆　5. AbⅡ式 微瘨盆　6. AbⅢ式 丹叔番盆　7. BⅠ式 大河口 M1017:26 盆　8. BⅡ式 日照固河崖 M1:11 盆　9. CⅠ式 58 山東招遠盆　10. CⅡ式 膳夫吉父盆　11. CⅢ式 伯索史盆

[1]　羅西章:《周原新出土的青銅器》,《考古》1999 年第 4 期。

[2]　成都金沙遺址博物館等:《霸——迷失千年的古國》,四川人民出版社,2015 年,第 124 頁。

[3]　成都金沙遺址博物館等:《霸——迷失千年的古國》,四川人民出版社,2015 年,第 125 頁。

[4]　曹瑋主編:《周原出土青銅器》(第九册),巴蜀書社,2005 年,第 1924 頁。

關於扶風齊家村 M2 盆的年代,報導者認爲屬西周早期,然而此墓所出弦紋鼎一件,已作傾垂腹形,而這種鼎多見於昭穆時期,因此 M2 的年代應在早中期之際。M2076、M6041 龍紋矮足盆頸部所飾顧首夔龍紋是西周中期非常流行的紋飾,如穆王時的静簋(《西周青銅器分期斷代研究》簋 14)頸部紋飾即與此二盆完全相同,因此其年代亦當相近。綜上,可見 I 式盆主要流行於西周早中期之際。

II 式,束頸,大平底,下無附足。91 扶風齊家村 M1 盆(圖一,3),口徑 25.2、腹深 13.5、最大腹圍 30.5、高 15.9 釐米,重 2 220 克,[1] 侈口方唇,折沿,斜肩,深腹內收。肩部飾弦紋一周,素面。屬於本式的還有曲村 M7164∶5 盆、[2] 曲村 M7176∶1 盆、[3] 翼城大河口 M6096∶21 兌盆[4]等。

91 齊家村 M1 的年代報導者定爲恭王時期,與 II 式盆伴出的有師湯父鼎一件,同人所作有一件傳世器(《西周青銅器分期斷代研究》鼎 53)學者多將其定爲恭王時期。[5] 可見,報導者將齊家村 M1 定爲恭王時期,可信。曲村 M7164、M7176 簡報劃入三段墓,約當西周中期前段。翼城大河口 M6069 的年代簡報定西周晚期,與盆同出的𪾢鼎,形制紋飾主要流行於西周早期後段至中期前段,更爲重要的是,此墓出土的鼎、盆的形制與 91 齊家村 M1、曲村 M7164、曲村 M7176 出土鼎、盆的形制幾乎完全相同,因此,我們認爲翼城大河口 M6096 的年代應與以上幾墓相同(筆者另有專文探討)。綜上可見,II 式盆主要流行於西周中期偏前段,約當穆恭王時期。

Ab 型,直頸,小平底。又依肩部及蓋之有無可分三式。

I 式,直頸,小平底,斜肩,有蓋。仲宣父盆(圖一,4),同出兩件,大小、形制、紋飾完全相同。通高 17.7、口徑 19.1－19.4、腹深 12.5 釐米,[6] 斜腹內收,有蓋,蓋面隆起,上有圈足狀捉手,蓋面飾瓦棱紋,蓋沿和肩部均飾以雲雷紋爲底的顧首夔龍紋。器蓋同銘,各 10 字,作"仲宣父作旅盆,其永寶用"。

仲宣父盆,吳鎮烽先生定爲西周中期前段。首先,觀其器形,略晚於佣伯盆,較爲接近 BII 式盆。其次,盆上所飾顧首夔龍紋,這種紋飾還見於㸦方鼎甲、乙(《西周青銅器分期斷代研究》鼎 14、鼎 20)、十五年趞曹鼎(《西周青銅器分期斷代研究》鼎 49)、師全父鼎(《西周青

[1] 羅西章:《陝西周原新出土的青銅器》,《考古》1999 年第 4 期。

[2] 鄒衡主編:《天馬-曲村(1980－1989)》,科學出版社,2000 年,第 546 頁。

[3] 鄒衡主編:《天馬-曲村(1980－1989)》,科學出版社,2000 年,第 549 頁。

[4] 山西省考古研究所等:《山西翼城大河口西周墓地 M6096 發掘簡報》,《文物》2020 年第 1 期。

[5] 王世民、陳公柔、張長壽:《西周青銅器分期斷代研究》,文物出版社,1999 年,第 35 頁;陳夢家:《西周銅器斷代》,中華書局,2004 年,第 161－162 頁。

[6] 吳鎮烽:《商周青銅器銘文暨圖像集成(第十三冊)》(文中簡稱《銘圖》),上海古籍出版社,2012 年,第 470－473 頁。

銅器分期斷代研究》鼎 50），而以上諸器皆爲西周中期非常流行的器物。最後，仲宣父盆的銘文字體與師奎父鼎、豆閉簋（《西周青銅器分期斷代研究》簋 27）、十五年趞曹鼎等十分接近，以上諸器除師奎父鼎年代稍晚外，其餘諸器均爲恭、懿時期的器物。因此，其年代也應在西周中期後段。

Ⅱ式，直頸，小平底，斜肩，無蓋。微痎盆（圖一，5），同出兩件，大小、形制、紋飾相同。高25.4、口徑 39.2、腹深 25、底徑 17.8 釐米，[1] 侈口方唇，折沿，深腹内收。肩部飾弦紋一周，素面。内底鑄銘 4 字，作“微痎作寶”。屬於此式的還有張家坡 M115：3 盆，[2] 折沿較寬，肩部飾一周菱形紋。

微痎盆，彭裕商先生認爲“其年代不晚於周厲王”，[3] 可從。張家坡 M115 原報告列入第五組墓葬，絕對年代相當於厲王前後。綜上可見，Ⅱ式盆主要流行於西周晚期。

Ⅲ式，直頸，小平底，無肩，無蓋。丹叔番盆（圖一，6），通高 27.7、口徑 39.9、腹深 25.2 釐米，重 11 千克，[4] 侈口，方唇外折，深腹斜收，器壁較直。頸部飾弦紋一周，素面。内底鑄銘6 字，作“丹叔番作寶盂”。

丹叔番盆，吳鎮烽先生定爲西周晚期。從其紋飾、銘文字體來看，將其定爲西周晚期應當可信。

B 型，無耳。依肩部及底部特徵可分兩式。

Ⅰ式，溜肩，大平底略内凹。大河口 M1017：26 盆（圖一，7），高 12.8、口徑 19.6、腹深12.1、腹最大徑 20、底徑 12.8 釐米，重 2 500 克，[5] 斂口，束頸，方唇，折沿較窄，深腹内收。肩部飾兩對分尾鳥紋，鳥紋間界以獸首。内底鑄銘 12 字，作“倗伯肇作旅 𣪥，其萬年永用”。同墓所出還有一件（M1017：9），形制、大小、紋飾、銘文同 M1017：26，應爲一對。

大河口 M1017 所出器物衆多，特徵明顯，原報告將其年代定爲西周中期前段，可從。

Ⅱ式，折肩，小平底。日照固河崖 M1：11 盆（圖一，8），同出兩件，大小、形制、紋飾相同。通高 25、口徑 24.5 釐米，重 3.8 千克，[6] 敞口，束頸，斜腹。有蓋，蓋面隆起，上有圈足狀捉手。素面。屬於本式的還有新近公布的一件中阪父盆，此器腹上部飾瓦紋，下部飾幾何波折紋，器、蓋同銘，共 17 字（重文 2），作“中阪父作戎伯寶☐，萬年子子孫孫永享用”。

---

［1］陝西周原考古隊：《陝西扶風莊白一號西周銅器窖藏發掘簡報》，《文物》1978 年第 3 期。

［2］中國社會科學院考古研究所灃西發掘隊：《1967 年長安張家坡西周墓葬的發掘》，《考古學報》1980 年第 4 期。

［3］彭裕商：《春秋青銅器年代綜合研究》，中華書局，2011 年，第 76 頁。

［4］吳鎮烽：《銘圖》，第 439 頁。

［5］山西省考古研究所、臨汾市文物局等：《山西翼城大河口西周墓地 M1017 號墓發掘》，《考古學報》2018 年第 1 期。

［6］楊深富：《山東日照固河崖出土一批青銅器》，《考古》1984 年第 7 期。

　　日照固河崖 M1 所出還有鼎 4、鬲 4、壺 2、盤 1、匜 1 等器，器物紋飾多以橫鱗紋、垂鱗紋、竊曲紋等爲主，報導者將其年代定爲西周晚期到春秋早期。中阪父盆，從銘文字體及紋飾等來看，爲西周晚期之物。綜上可見，Ⅱ式盆主要流行於西周晚期，下限到春秋早期。

　　C 型，鋬耳。依肩、底形態可分三式。

　　Ⅰ式，溜肩，平底略內凹。58 山東招遠盆（圖一，9），高 20、口徑 34.5 釐米。[1] 斂口，束頸，方唇，折沿，深腹斜收。獸首形鋬耳下銜一環。肩部飾弦紋，腹部飾蟠螭紋（銹蝕不清）。屬於本式的還有梁帶村 M27：1018 盆，[2] 形制基本與招遠盆同，惟其蓋、雙耳爲半環形是爲小異。

　　山東招遠銅盆，與其伴出的還有鼎 2、簋 2、盤 1、甗 1、壺 1，以上鼎、簋器形紋飾均爲西周中期常見，壺的形制較晚，盤上所飾橫鱗紋、壺上所飾垂鱗紋均爲西周晚期常見紋飾，故這批器物的年代大致應在西周中期晚段。梁帶村 M27 的年代爲春秋早期，所出銅器的年代早至西周早期，晚至春秋早期，盆的年代當在西周晚期。

　　Ⅱ式，折肩，小平底。膳夫吉父盆（圖一，10），通高 20、口徑 35.1、腹深 18.8 釐米，重 7.6 千克。[3] 斂口，束頸，折沿，斜腹內收。肩部飾長圓鱗片相間的橫鱗紋，素面。內底鑄銘 14 字（重文 2），作“膳夫吉父作盂，其萬年子子孫孫永寶用”。屬於此式的還有虢叔盆、[4] 三門峽虢國 M2011：330 盆、[5] 夔龍紋盆[6] 等。

　　膳夫吉父盆，吳鎮烽先生定爲西周晚期，甚是。其所飾長圓鱗片相間的橫鱗紋爲西周晚期常見紋飾，據彭裕商先生研究，此種紋飾主要流行於厲、宣、幽時期。[7] 虢叔盆，形制、紋飾與膳夫吉父盆如出一轍，故而其年代應相近。三門峽 M2011 的年代原報告定爲西周晚期，即宣、幽時期。彭裕商先生將其定爲春秋早期早段。[8] 夔龍紋盆，從形制及紋飾來看，應爲西周中晚期之際的器物。綜上可見，Ⅱ式盆主要流行於西周晚期，下限可能到春秋早期。

　　Ⅲ式，無肩，小平底略內凹。伯索史盆（圖一，11），高 6.2、口徑 11.9 釐米，[9] 斂口，折沿，腹似盂形，飾弦紋。內底鑄銘 17 字，作“伯索史作季姜寶盂，其萬年子子孫孫永用”。

　　伯索史盆，容庚先生定爲西周後期，吳鎮烽先生定爲春秋早期。然而此器銘文字體尚有

［1］李步青：《山東招遠出土西周青銅器》，《考古》1994 年第 4 期。

［2］陝西省考古研究院、渭南市文物保護考古研究所、韓城市文物旅游局：《陝西韓城梁帶村遺址 M27 發掘簡報》，《考古與文物》2007 年第 6 期。

［3］吳鎮烽：《銘圖（第十三冊）》，第 449 頁。

［4］吳鎮烽：《銘圖（第十三冊）》，第 436 頁。

［5］河南省文物考古研究所、三門峽市文物工作隊：《三門峽虢國墓》，文物出版社，1999 年，第 334 頁。

［6］齊國故城遺址博物館：《齊國故城遺址博物館藏青銅器精品》，文物出版社，2015 年，第 93 頁。

［7］彭裕商：《西周青銅器年代綜合研究》，巴蜀書社，2008 年，第 544–545 頁。

［8］彭裕商：《春秋青銅器年代綜合研究》，中華書局，2011 年，第 18–22 頁。

［9］容庚：《商周彝器通考》，哈佛燕京學社，1940 年，第 474 頁。

早期特點,故其年代可能在西周晚期。

　　以上就目前所見西周青銅盆的型式做了初步劃分,其中 A 型盆最早,C 型盆最晚,B 型盆大致與 A 型同時并存,但其上限要略晚於 A 型。其總體的演進趨勢是頸逐漸變短,器體變小,銜環耳逐漸被鋬耳取代。值得注意的是,東周青銅盆器體較小,基本均爲鋬耳,可見它們應直接承自西周。在明了青銅盆發展演變脉絡之後,接下來我們再對青銅盆的自名材料做一分析。

三、西周青銅盆的命名及功能

（一）青銅盆的命名

　　“盆”字最早見於甲骨文,但其所表達的含義尚不明確,到西周金文中已用作器名。現就甲骨、金文中的盆字列表分析如下（表一）。

表一　甲骨金文中盆字字形表

《合集》28167	無名組二類	（字形）	此字《合集》、《刻辭類纂》均未釋。曹錦炎先生在《校釋總集》中首次釋爲“盆”。劉釗先生在《新甲骨文編》中釋爲“温”（622 頁）。對比金文字形,當以釋“盆”爲佳。		
出　　處	**時　　代**	**蓋銘**	**器銘**	**出　　處**	**時　　代**	**蓋銘**	**器銘**

出　處	時　代	蓋銘	器銘	出　處	時　代	蓋銘	器銘
仲宣父盆甲	西周中期後段	（字形）	（字形）	郳子宿車盆	春秋早期		（字形）
仲宣父盆乙	西周中期後段	（字形）	（字形）	上鄀公之孫盆	春秋早期		（字形）
樊君夒盆	春秋早期	（字形）	（字形）	黃太子伯克盆	春秋中期	（字形）	（字形）
杞伯每亡盆	春秋早期		（字形）	彭子仲盆	春秋中期		（字形）
曾太保□叔亟盆	春秋早期		（字形）	曾孟嬭諫盆	春秋中期	（字形）	（字形）
郮子行盆	春秋早期	（字形）	（字形）	中阪父盆	西周晚期	（字形）	（字形）

　　盆,在晚期甲骨無名組二類卜辭中已經“從分從皿”,西周金文亦從分從皿,東周金文亦然,可見《説文》盆字“從皿分聲”的説法可信。倗伯盆自名爲 **盆**,原報告未釋,但在《霸——迷失千年的古國》一書中直接釋爲“盆”。可見,“盆”在西周中期以前是對本文所論敞口、折肩、平底器的一致稱呼,西周晚期以後才出現了盂、甌、敦、鐳等多種別名。

　　綜上所述,兩周青銅盆不僅型式上有明確的繼承關係,而且自名也一脉相承,只是到了西周晚期以後才出現了幾種別名。因此將此類器命名爲“盆”應值得肯定。在明了其命名的基礎上,我們認爲似不宜再將器形與"盆"無異但非自名爲"盆"的器物歸入簋、敦、盂、洗等類,而應統一歸入盆類。一方面可以顯得"名副其實",另一方面則可避免因標準不一而帶來的稱呼混亂問題。最後再對青銅盆的功能做一簡要探討。

(二)青銅盆的功能

關於青銅盆的功能學者多有研究,目前主要形成以下四種看法。第一種認爲是水器,朱鳳瀚先生在《中國青銅器綜論》一書中,將盆(瓺)歸入水器之下。第二種認爲是盛食器,林巳奈夫先生將盆(或瓺)歸入食器之下,其具體功能是盛裝食物。第三種認爲盆具有多種功能,主要以容庚先生爲代表,他認爲"盆可以爲盛水,盛血,炊器,量器,樂器五者之用矣"。第四種盛食兼可盛水。可見,雖然前輩學者對青銅盆的功能做了有益的探討,取得了顯著的成績,但就其功能問題,仍未達成一致的認識,在前文型式及自名材料基礎上,試就此問題分析如下。

首先,從盆的形制來看,除有敞口、較大如 A 型盆者外,尚有斂口、較小有蓋者,如 B 型、C 型,前者可以盛水亦可盛食,後者則一定是盛食器。

其次,從盆形器上的銘文内容來看,有作"飤盆(鄔子行盆、上郡公之孫盆)"者,有作"饗盆(曾孟䚟諫盆)"者,有作"饎盆(黄太子伯克盆、彭子仲盆、伯菱盆)"者,由此可見,盆絶大多用作食器應無多大疑問。

《周禮·地官·牛人》記載:"凡祭祀共其牛牲之互與其盆簝以待事。"鄭玄注曰"盆所以盛血"。又《儀禮·士喪禮》記載:"新盆、槃、瓶、廢敦、重鬲皆濯造於西階下。"鄭玄注曰"盆以盛水"。然而需要注意的是,鄭玄所說之"盆"應以漢器爲參照,因此,恐難以與兩周青銅盆之功用直接等同。

綜上,從青銅盆的形制及其銘文本身的記載來看,兩周青銅盆的主要功能應該是盛食器,至於是否用來盛水或其他東西目前尚難以肯定。

四、結　語

青銅盆之類屬自宋以來多無定論,即使在時下一些論著中,其歸類仍較爲混亂,這對此類器物的深入研究多爲不便。總結本文的研究,大致可以得出以下幾點認識。

其一,青銅盆從西周中期以來就自名爲"盆",東周青銅盆沿用之,而且自名爲"盆"是一種更加普遍的現象,而瓺、盂、敦、鐳等僅僅是一種別名,因此將其命名爲"盆"是值得肯定的。

其二,兩周青銅盆發展序列清晰,以上自名爲盂、瓺、敦、鐳等器形爲"盆"的器物都可納入這一序列中,因此,應將這些器物統一歸入盆類方可"名副其實"。

其三,西周青銅盆是東周青銅盆的源頭,我們搜集目前所見西周青銅盆十餘件,對其做了初步的型式劃分,依據耳部、肩部、腹部及底部的形態,我們將其劃分爲 A、B、C 三種類型,其中各型之下又可細分爲若干亞型和式。就西周青銅盆流行的年代而言,主要盛行於西周中晚期，上限可到西周早中期之際。

　　另外，就青銅盆的功能而言，我們認爲主要用作裝盛食物。從出土情況來看，其常常與炊煮器鼎配合使用。

　　致謝：在本文的寫作過程中，恩師彭裕商先生及匿名評審專家給予了悉心指導，并提出了良好的修改意見，在此特致謝忱！

《夢庵藏鈎》所收有銘銅帶鈎調查研究[*]

劉海宇　玉澤友基[**]

《夢庵藏鈎》是太田夢庵（1881－1967）自藏銅帶鈎的拓本集（見圖一），收錄戰國至漢代的青銅帶鈎21件，其中19件爲有銘銅帶鈎，這些藏品的拓本又收錄於1949年發行的拓本集

《夢庵金石小品》。《夢庵藏鈎》拓本集發行數不明，筆者僅見收藏於巖手縣立博物館一册，《夢庵金石小品》發行量也極少，所收資料很少爲人所知。這些銅帶鈎均現藏日本巖手縣立博物館。本文首先簡單介紹太田夢庵及其金石收藏，然後據調查所得，公布這19件有銘帶鈎資料的詳細情況，并做初步分析研究，敬請學界批評指正。

圖一　《夢庵藏鈎》封面

一、太田夢庵及其金石收藏

太田夢庵，本名孝太郎，號夢庵，齋號楓園、好晴樓、津川等，巖手縣盛岡人，日本近代著名的金石收藏家、古印學研究家。早稻田大學政治科畢業之後，供職於横濱正金銀行。1913年6月，赴中國東北安東縣（今丹東市），在横濱正金銀行安東縣辦事處工作，共在此工作兩年。他曾師從名家學習篆刻，自1914年以後，因不忍眼高手低之嘆，不再刻印。[1]　自此以後，夢庵致力於古璽印及古印譜等的收藏和研究。1915年6月，轉任横濱正金銀行天津支店次席，大約於此年結識方若，師從方若學習六年。1919年春季，羅振玉自日本回國定居天津。經方若介紹，結識羅振玉，夢庵自述師事羅振玉一年半。[2]　1920年7月，結束在中國長達七年的工作，回國任職於横濱正

* 本文爲日本學術振興會基盤研究（C）"日本に所藏される中國古印に関する調查研究"（21K00885，研究代表：劉海宇）的階段性成果。

** 劉海宇，日本巖手大學平泉文化研究中心教授；玉澤友基，日本巖手大學人文社會科學部教授。

[1] 太田夢庵在自編的《盛岡市史》中說："太田夢庵師從五世浜村藏六，但不忍眼高手低之嘆，自大正三年（1914）棄刀以來不刻一印。"參見《盛岡市史·第十一分册·文教》，盛岡市役所發行，1960年，第202頁。

[2] 參見伊東圭一郎：《清談を聞く-太田孝太郎氏（上）》，《新巖手日報》1948年10月8日。

金銀行總行總務部。同年 8 月,回到故鄉盛岡,任盛岡銀行常務董事。1933 年離開實業界,此後專門從事研究和著述,直至 1967 年去世。

夢庵的收藏品以古璽印爲主,歷代陶文、有銘磚等也有所涉及。夢庵的金石收藏可分爲兩個時期,一是寓居天津的 1915–1919 年期間,這一時期的收藏受方若的影響較大,夢庵所藏著名古璽印的印盒上多有方若的題記。第二個時期是 1919 年結識羅振玉以後的時期,這一時期的收藏受羅振玉父子的影響甚巨。羅氏父子重視契丹、西夏、蒙古等諸民族文字古文物的研究和收集,夢庵藏印中的西夏官印、元八思巴文字官印以及契丹文字、八思巴文字私印押記等富有特色的藏品多經羅氏之手購得。

1920 年,夢庵發行自藏印印譜《夢庵藏印》,其後陸續發行《夢庵藏陶》、《夢庵藏塼》、《楓園集古印譜》、《楓園集古印譜續集》等,對藏品進行著錄。夢庵不僅是金石收藏家,還是著名的印學研究家,日本現當代印學泰斗小林斗盦盛贊夢庵爲日本的古印學研究權威,稱其著作《漢魏六朝官印考》、《漢魏六朝官印考譜錄》、《古銅印譜舉隅》、《古銅印譜舉隅補遺》四種爲日本最高水平的古璽印研究著作。[1] 夢庵去世後,其家屬在 1974 年將所藏古璽印等的大多數藏品捐贈給巖手縣立博物館(參《藏印》[2] 1–30 頁)。

二、《夢庵藏鈎》所收有銘銅帶鈎

《夢庵藏鈎》,具體發行年不詳,但應早於《夢庵金石小品》發行的 1949 年。每頁一器,沒有頁碼,每器均收錄器形和銘文拓本,共收 21 件銅帶鈎,其中 19 件爲有銘銅帶鈎,2 件爲肖形印帶鈎。[3] 今依據調查資料,詳細介紹這批有銘帶鈎資料的情況。爲方便研究,按《夢庵藏鈎》所收順序進行編號。

關於帶鈎各部位的名稱,學界稱呼尚不統一。王仁湘先生在《善自約束——古代帶鈎與帶扣》一書中將帶鈎各部分稱爲鈎首、鈎頸、鈎體、鈎面、鈎尾、鈎柱、鈎鈕、鈕面、鈎背(見圖二),并將帶鈎的型式分爲 I 式水禽形、II 式獸面形、III 式耜形、IV 式曲棒形、V 式琵琶形、VI式長牌形、VII 式全獸形、VIII 式異形等八式,[4] 今俱從之。絕大多數帶鈎都有鈎首、鈎體和鈎鈕三部分,個別異形帶鈎無鈎首和鈎鈕。此外,帶鈎并不僅僅用於鈎繫束腰的革帶,又或用於繫挂佩飾等。[5]

---

[1] 小林斗盦:《古印探訪》,《書品》73 號,1956 年,第 64 頁;小林斗盦:《日本現在の中國古印と古印譜》,《書品》277 號,1984 年,第 2 頁。

[2] 劉海宇、玉澤友基:《太田夢庵舊藏古璽印概説》,《日本巖手縣立博物館藏太田夢庵舊藏古代璽印》,上海書畫出版社,2020 年。簡稱《藏印》。

[3] 這兩件肖形印帶鈎分別著錄於《楓園集古印譜》,編號爲 H299 和 H302 號,見《藏印》第 414–415 頁。

[4] 王仁湘:《善自約束——古代帶鈎與帶扣》,上海古籍出版社,2012 年,第 4 頁。

[5] 王仁湘:《帶鈎的用途考實》,《文物》1982 年第 10 期,第 75–81 頁。

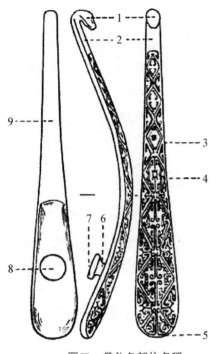

圖二　帶鈎各部位名稱

1. 鈎首　2. 鈎頸　3. 鈎體　4. 鈎面
5. 鈎尾　6. 鈎柱　7. 鈎鈕　8. 鈕面
9. 鈎背

《夢庵藏鈎》所收 19 件有銘銅帶鈎的銘文中,既有鑄銘,又有刻銘,銘文或位於鈕面,或位於合符帶鈎的鈎身内面,又或位於鈎身以及鈎背。鈕面文字與古璽印文字同樣爲反字(鏡像文字)的帶鈎,在古璽印研究著作中一般稱爲"帶鈎鈕"[1]璽印或"帶鈎狀璽",[2]在金文類著録中或稱"某某印鈎"。[3] 爲方便研究,無論銘文爲反字還是正字,本文統一按照銘文内容命名爲"某某"帶鈎。

帶鈎中有一類可以左右分開爲兩半的帶鈎,形制猶如流行於戰國秦漢時期的兵符等類的合符,因這類帶鈎的傳世品多以左半或右半等單體存世,故清中期學者多稱"半鈎",[4]清末陳介祺始改稱"合符鈎"。[5] 今學者或稱爲"合符雙鈎",[6]又或稱爲"合符帶鈎",[7]本文從後者,又注明左半或右半。這類帶鈎在鈎身相合部内面左右或合鑄銘文,一半爲陽文,另一半爲陰文,又鑄榫卯或扣齒以用於扣合,詳細討論見下節。

1. "成□"帶鈎(圖三,1)。

漢代帶鈎。鈎首已殘,殘長 4.98、最寬 3.8、高 1.8 釐米,鈕面直徑約 3.9 釐米,重 37.6 克。鈕面正中刻一方框,框内刻篆書"成□",第二字不清。從銘文字體看,或屬漢代。鈎身下半部呈浮雕獸面形,兩側觭角彰顯,富有張力,屬於 II 式獸面形帶鈎。著録於《楓園集古印譜》,巖手縣立博物館藏品編號 H108(《藏印》第 302 頁)。

2. "行述"帶鈎(圖三,2)

戰國晚期帶鈎。鈎首稍殘,長 6.65、最寬 3.68、高 1.1 釐米,鈕面 1.03 釐米見方,重 23 克。鈕面鑄有反字"行述",爲常見戰國三晉文字,"述"應讀爲"遂"。"行述"或可理解爲所行遂願,吉語。整體又可看作帶鈎形式的古璽,即帶鈎印。既可用作帶鈎,又可用爲印章。

[1] 孫慰祖:《中國璽印篆刻通史》,中國出版集團東方出版中心,2016 年,第 119 頁。

[2] 曹錦炎:《古璽通論》(修訂本),浙江大學出版社,2017 年,第 46 頁。

[3] 孫慰祖、徐谷富:《秦漢金文彙編》,上海書店出版社,1997 年,第 389 頁。

[4] 阮元:《積古齋鐘鼎彝器款識》,王雲五主編:《叢書集成初編》,商務印書館,1937 年,第 554 – 555 頁。

[5] 陳介祺著,陳繼揆整理:《簠齋鑒古與傳古》,文物出版社,2004 年,第 23 頁。

[6] 南京博物院:《長毋相忘——讀盱眙大雲山江都王陵》,譯林出版社,2013 年,第 349 頁。

[7] 練春海:《武士鬥豹帶鈎》,《中國藝術時空》2017 年第 6 期,第 89 頁。

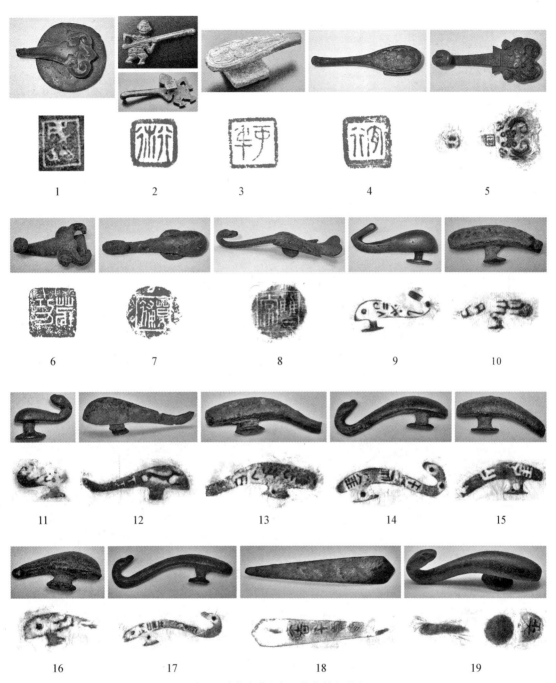

圖三　《夢庵藏鈎》所收有銘銅帶鈎

1. "成□"帶鈎及銘文拓本　2. "行述"帶鈎及印蜕　3. "中身"帶鈎及印蜕　4. "宜行"帶鈎及印蜕
5. "千金""周買"帶鈎及拓本　6. "莊功"帶鈎及印蜕　7. "莫補"帶鈎及印蜕　8. "常雙"帶鈎及銘文拓本　9. "□□□"合符帶鈎及拓本　10. "同又"合符帶鈎及拓本　11. "巳"合符帶鈎及拓本　12. "圭"合符帶鈎及拓本　13. "日入千金"合符帶鈎及拓本　14. "千斤金"合符帶鈎及拓本　15. "千斤金"鈎及拓本　16. "刂(鈎)"合符帶鈎及拓本　17. "長壽"合符帶鈎及拓本　18. "大者千萬家"異形帶鈎及拓本　19. "千万(萬)"帶鈎及拓本

造型富有情趣,鈎身整體爲一披甲武士執長柄武器形,屬於Ⅷ式異形中的人形帶鈎。著録於《楓園集古印譜》,巖手縣立博物館藏品編號 H32(《藏印》第 264 頁)。

　　這件帶鈎的形制與 2013 年出土於鄭州航空港區冢劉戰國墓的銅帶鈎酷似(見圖四,1)。鄭州銅帶鈎鈕呈圓形,無文字,發掘者認爲整體造型是胡人持弦戲之形,命名爲"胡人彈弦戲銅帶鈎",是"北方胡人文化與中原文化相互交流的一個印證"。[1] 帶鈎上的人物是否胡人持樂器形象尚無確證,但是兩個帶鈎形制如此相似(鄭州帶鈎鈎首稍殘,殘長 6.5 釐米),可證"行述(遂)"帶鈎印確爲三晋遺物。鄭州冢劉戰國墓棺木腐朽,填土疏鬆,出土器物只有三件:陶罐、陶鉢、銅帶鈎,整理者定爲平民墓葬,時代爲戰國晚期。佩帶這件銅帶鈎墓主的身份也可作爲佩帶"行述(遂)"帶鈎印者身份的參考。

1.鄭州戰國墓出土帶鈎　　　　　　　2.秦俑所佩帶鈎

圖四　武士持兵器搏擊形帶鈎

　　秦始皇兵馬俑所佩戴帶鈎中亦有近似形制的帶鈎,鈎首作人頭形,帶鈎通長 8.8、人形高 3.1 釐米,發掘報告稱"作武士持矛擊刺形",鈎首人頭爲被刺的對象,"寓意奮勇殺敵"(圖四,2)。[2] 我們認爲,"行述"帶鈎與鄭州銅帶鈎的造型均應是披甲武士持長柄兵器搏擊之形。

[1] 鄭州市文物考古研究院、河南省文物局南水北調文物保護辦公室:《鄭州航空港區冢劉戰國墓(2013ZZM9)發掘簡報》,《文物》2016 年第 11 期。

[2] 陝西省考古研究所、始皇陵秦俑坑考古發掘隊:《秦始皇陵兵馬俑坑一號坑發掘報告》,文物出版社,1988 年,第 104－105 頁,圖版九五。

3. "中身"帶鈎(圖三,3)

戰國晚期帶鈎。鈎首殘,殘長 3.08、最寬 1.2、高 0.88 釐米,鈎鈕長 1.19、寬 1.01 釐米,重 6.4 克。鈕面鑄有反字"中身",爲戰國三晉文字,應讀爲"忠信",這類吉語多見於古璽。[1] 鈎身施卷雲紋,屬於 Ⅴ 式琵琶形帶鈎。著録於《楓園集古印譜》,巖手縣立博物館藏品編號 H48(《藏印》第 272 頁)。

4. "宜行"帶鈎(圖三,4)

戰國晚期帶鈎。鈎首稍殘,通長 5.1、最寬 1.09、高 0.87 釐米,鈎鈕 1 釐米見方,重 5 克。鈕面鑄有反字"宜行",爲戰國三晉文字,吉語。鈎身施卷雲紋,屬於 Ⅴ 式琵琶形帶鈎。著録於《夢庵藏印》,巖手縣立博物館藏品編號 M72(《藏印》第 38 頁)。

5. "千金""周買"帶鈎(圖三,5)

戰國晚期秦國帶鈎。通長 4.4、最寬 1.75、鈕部通高 1.01 釐米,鈎鈕直徑 1.45 釐米,重 11 克。"千金"二字鑄於鈎面中部,位於方框之内,陽文正字篆書,吉語。鈎鈕刻正字篆書"周買"二字,似爲人名,因是刻銘,筆畫較細,難以製作拓本,我們摹寫作"▨"(圖五),"買"字與戰國晚期秦文字"▨"、"▨"近似,[2]是典型的秦系文字寫法。從字體判斷,應屬戰國晚期秦國帶鈎。鈎首呈獸面形,鈎身下部呈兩條卷身龍形,龍首相對,龍首外側左右各有一獸頭,屬於 Ⅷ 式異形帶鈎。

圖五　刻銘"周買"

6. "莊功"帶鈎(圖三,6)

漢代帶鈎。通長 5.24、最寬 3.08、通高 1.78 釐米,鈎鈕約 1.7 釐米見方,重 30 克。鈕面有反字"莊功"二字,或爲人名。鈎身下部兩側爲卷身龍形,龍首向背,屬於 Ⅷ 式異形帶鈎。從文字字體看,應屬漢代。著録於《楓園集古印譜》,巖手縣立博物館藏品編號 H144(《藏印》第 320 頁)。此帶鈎的形制與兖州徐家營墓地 M51 東漢早期墓葬所出 B 型帶鈎近似。[3]

7. "莫補"印帶鈎(圖三,7)

漢代帶鈎。通長 6.8、最寬 1.97、通高 1.52 釐米,鈎鈕直徑約 2.0 釐米,重 39.7 克。鈕面方框内有反字篆書"莫補"二字,或爲人名。從字體看,應屬漢代。鈎身素面無紋,屬於 Ⅰ 式水禽形帶鈎。著録於《楓園集古印譜》,巖手縣立博物館藏品編號 H200(《藏印》第 348 頁)。

[1] 羅福頤主編:《古璽彙編》,文物出版社,1981 年,第 422 頁。
[2] 湯餘惠主編:《戰國文字編》,福建人民出版社,2001 年,第 402 頁。
[3] 山東省文物考古研究所:《魯中南漢墓》,文物出版社,2009 年,第 504－526 頁。

8. "常雙"印帶鈎(圖三,8)

漢代帶鈎。通長12.5、最寬2.19、通高2.02釐米,鈎鈕直徑約1.9釐米,重66克。鈕面方框内有反字篆書"常雙"二字,應是人名。從字體看,應屬漢代。帶鈎整體呈雁形,鈎身鑄有羽毛紋,屬於Ⅰ式水禽形帶鈎。

清末劉體智《小校經閣金石文字》著録一件"常雙"印帶鈎,稱爲"漢常雙印帶鈎",[1]又著録於《秦漢金文彙編》,稱"常雙印鈎"。[2] 從拓本看,文字與該器近似,但鈎身與鈎尾形制完全不同,不是同一器物。

9. "□□□"合符帶鈎左半(圖三,9)

漢代合符帶鈎左半。通長4.35、最寬6.4、通高1.68釐米,鈎鈕半圓形,直徑約1.28釐米,重12克。銘文爲陽文,難以釋讀。鈎身通體素面無紋,形制屬於Ⅰ式水禽形帶鈎。鈎喙較長,似爲漢代形制。

10. "同又"合符帶鈎右半(圖三,10)

戰國時期合符帶鈎之右半,鈎首殘。殘長3.22、最寬0.77、通高1.22釐米,近半圓形鈕,直徑約0.75釐米,重8克。銘文爲陽文篆書二字,似可釋爲"同又"。從字體看,或屬戰國時期。鈎身表面似有花紋,腐蝕不清,形制似屬於Ⅰ式水禽形帶鈎。

11. "巳"合符帶鈎右半(圖三,11)

戰國時期合符帶鈎之右半,形狀完整。通長4.18、最寬1.15、通高2.83釐米,半圓形鈕,直徑2.2釐米,重24克。銘文爲陽文篆書"𧿹",似可釋爲"巳"。從字體看,或屬戰國時期。鈎身素面無紋,鈎首作回望龍首形,形制屬於Ⅴ式琵琶形帶鈎。帶鈎邊緣有扣合用的小齒。

12. "圭"合符帶鈎右半(圖三,12)

戰國時期合符帶鈎之右半,鈎首殘。殘長6.32、最寬0.73、通高2.06釐米,近半圓形鈕,稍殘,直徑約1.11釐米,重21克。銘文爲陰文篆書"圭",似應釋爲"圭"。從字體看,或屬戰國時期。鈎身素面無紋,或屬Ⅴ式琵琶形帶鈎。

13. "日入千金"合符帶鈎右半(圖三,13)

漢代合符帶鈎之右半,鈎首殘。殘長5.51、最寬0.89、通高1.75釐米,鈕近半圓形,直徑約1.4釐米,重23克。銘文爲陽文篆書"日入千金",吉語。從字體看,應屬漢代。鈎身素面無紋,或屬Ⅴ式琵琶形帶鈎。

14. "千斤金"合符帶鈎左半(圖三,14)

漢代合符帶鈎之左半,形狀完整。通長4.93、最寬0.75、通高1.45釐米,半圓形鈕,直徑1.2釐米,重13克。銘文爲陽文篆書"千斤金",吉語。從字體看,應屬漢代。鈎身素面無紋,

[1] 劉體智:《小校經閣金石文字(引得本)》,臺灣大通書局,1979年,第2561頁。
[2] 孫慰祖、徐谷富:《秦漢金文彙編》,第389頁。

鈎首作回望龍首形,屬於Ⅴ式琵琶形帶鈎。清末劉體智《小校經閣金石文字》著録一件"千斤金"銘合符帶鈎,稱"漢千斤金合符鈎"。[1] 羅振玉《貞松堂集古遺文》卷十四亦收録一件同銘器物,稱爲"千斤金半鈎",云:"延鴻閣藏。"[2] 在其他著録中又或稱"千斤金合符鈎"。[3] 文獻中有賞賜"千斤金"的記載,例如《史記·荆燕世家》載吕后賞賜寵臣張卿"千斤金"。

15. "千斤金"合符帶鈎右半(圖三,15)

漢代合符帶鈎之右半,鈎首殘。殘長3.59、最寬0.58、通高1.43釐米,鈕近半圓形,直徑約1.1釐米,重8克。銘文爲陰文篆書"千斤金",首字僅存下部筆畫,吉語。從字體看,應屬漢代。鈎身素面無紋,或屬Ⅴ式琵琶形帶鈎。

16. "丩(鈎)"合符帶鈎左半(圖三,16)

戰國時期合符帶鈎之左半,鈎首殘。殘長3.38、最寬0.95、通高1.48釐米,鈕近半圓形,直徑約1.1釐米,重12克。銘文爲陽文篆書"🐾",應釋"丩",讀爲"鈎",器物自銘。從字體看,或屬戰國時期。"吴王光帶鈎"銘文中亦自銘"丩",字形作"🐾",[4]兩者字形近似,只是左右方向不同。鈎身素面無紋,或屬Ⅴ式琵琶形帶鈎。

17. "長壽"合符帶鈎左半(圖三,17)

漢代合符帶鈎之左半,形狀完整。通長5.88、最寬0.76、通高1.47釐米,半圓形鈕,直徑1釐米,重12克。銘文爲陽文篆書"長壽",吉語。從字體看,應屬漢代。鈎身書面無紋,鈎首作回望龍首形,屬於Ⅴ式琵琶形帶鈎。

清代阮元舊藏一件陰文"長壽"合符帶鈎。[5] 清末劉體智《小校經閣金石文字》著録四件"長壽"銘合符帶鈎,其中兩件陰文,兩件陽文,均稱"漢長壽合符鈎"。[6] 同銘帶鈎又多見於其他著録。[7]

18. "大者千萬家"異形帶鈎(圖三,18)

漢代帶鈎。通長8.43、最寬1.54、通高0.63釐米,重11克。通體素面無紋,鈎背兩端各設一個鼻鈕,用於穿帶。鈎背鑄陽文篆書"大者千萬家"五字。從字體看,應屬漢代。整體呈上窄下寬略帶弧度的平板形,屬於無鈎首的Ⅷ式異形帶鈎。清末劉體智《小校經閣金石文

[1] 劉體智:《小校經閣金石文字(引得本)》,第2568頁。

[2] 羅振玉:《貞松堂集古遺文》,《羅雪堂合集》第13函第2冊,西泠印社,2005年,第32頁。

[3] 牟華林等:《漢金文輯校》,光明日報出版社,2017年,第238頁。

[4] 董珊:《吴越題銘研究》,科學出版社,2014年,第32-34頁,圖35-圖40;吴鎮鋒:《商周青銅器銘文暨圖像集成續集》第四卷,上海古籍出版社,2016年,第384-385頁。

[5] 阮元:《積古齋鐘鼎彝器款識》,第554-555頁。

[6] 劉體智:《小校經閣金石文字(引得本)》,第2566頁。

[7] 福開森:《歷代著録吉金目》,廣陵古籍刻印社,1990年,第1156頁。

字》著録兩件"大者千萬家"銘帶鈎,[1]從拓本看,形狀與該器近似。

19."千万(萬)"帶鈎(圖三,19)

漢代帶鈎。通長 6.86、最寬 1.68、通高 1.64 釐米,鈎鈕直徑 1.61 釐米,重 42 克。鈎尾内側鑄陽文"千万(萬)"二字合文,漢印中多見這種合文寫法的"千万(萬)",[2]吉語。從銘文字體看,帶鈎應屬漢代。鈎身素面無紋,鈎首作回望龍首形,屬於 V 式琵琶形帶鈎。清末劉體智《小校經閣金石文字》著録一件"千万"合文銘帶鈎,稱"漢千万鈎",[3]從拓本看,鈎鈕有殘,與該器應不是一器。

上述這些有銘銅帶鈎的型式多爲 I 式水禽形帶鈎和 V 式琵琶形帶鈎,這兩類型式帶鈎的存續時間跨度均從春秋時期至東漢時期,[4]僅從形制上難以準確斷代。我們根據銘文字體,結合歷代著録,進行了初步斷代,戰國時期的部分帶鈎可以判斷出國別。

三、合 符 帶 鈎

有銘合符帶鈎迄今發現和著録較少,似未引起學者的足够注意。《夢庵藏鈎》所收這批有銘銅帶鈎中有 8 件合符帶鈎,比較有特色。發掘出土的有銘合符帶鈎有:1958 年山東諸城市昌城鎮巴山村王緒祖墓出土一件(圖六,1),賴非先生在《山東新出土古璽印》一書中未作釋文,[5]我們經過與容庚《漢金文録》所著録正字"願君毋相忘鈎"(圖六,2)[6]相比較,認爲王緒祖墓所出亦應釋"願君毋相忘鈎",最後一字實爲帶鈎之圖形,今從容庚直接讀爲"鈎"。王緒祖墓所出帶鈎本來的正字鈐印之後成爲反字,反而增加了釋讀的難度。近年江蘇盱眙縣大雲山西漢江都王陵陪葬墓 M12 出土"長毋相忘"銘合符銀帶鈎。[7]

歷代金石著録中,尚可見一些有銘合符帶鈎。例如清末劉體智《小校經閣金石文字》中著録十餘件合符帶鈎,[8]羅振玉《三代吉金文存》著録兩件有銘合符帶鈎,

1　　　　2
圖六　"願君毋相忘"帶鈎

[1]　劉體智:《小校經閣金石文字(引得本)》,第 2575 頁。

[2]　施謝捷、王凱、王俊亞:《洛泉軒集古璽印選萃》,(日本)藝文書院,2017 年,第 288 - 289 頁。

[3]　劉體智:《小校經閣金石文字(引得本)》,第 2565 頁。

[4]　王仁湘:《善自約束——古代帶鈎與帶扣》,第 18 頁。

[5]　賴非主編:《山東新出土古璽印》,齊魯書社,1998 年,第 137 頁。

[6]　容庚:《漢金文録》,《容庚學術著作全集》第六册,中華書局,2011 年,第 660 頁。

[7]　南京博物院等:《江蘇盱眙縣大雲山西漢江都王陵北區陪葬墓》,《考古》2014 年第 3 期,第 41 頁。

[8]　劉體智:《小校經閣金石文字(引得本)》,第 2563 - 2576 頁。

一件稱"公□鈎"，另一件稱"中信鈎"，[1]前者又見於吳鎮鋒《商周青銅器銘文暨圖像集成》，稱"公矙帶鈎"。[2] 此外，容庚所撰《漢金文録》亦收録十餘件有銘合符帶鈎，[3]福開森所撰《歷代著録吉金目》收録了一些有銘合符鈎的著録目。[4]

關於這類合符帶鈎的命名，最初稱爲"半鈎"。清代著名學者阮元曾藏一件"長壽"合符帶鈎，他在成書於嘉慶九年（1804）的《積古齋鐘鼎彝器款識》中説：

> 長壽半鈎，銘二字。元所藏器，據拓本摹入。案銘作陰款，揣其制當更有一鈎，文必陽識，古人合以當符券也。[5]

阮元已經認識到這類帶鈎由陰文和陽文兩半組成，與合符用的符券性質近同。吳式芬在《攈古録》卷四著録一件"長壽半鈎"，他承阮元説："此鈎正與阮説合，惟字畫曲折，與阮摹尚未恰符，或非一時所製。"[6]其後，陳介祺改稱爲"合符鈎"，他在《十鐘山房印舉事記》中云"半鈎，余曰合符鈎"，[7]光緒八年（1882）他又在致王懿榮信中於"圭、厂三代合符鈎拓"下以雙行小字自注云："鈎名始於愚，前人曰半鈎。"[8]其後，學者多沿襲"合符鈎"之稱。

從現有資料看，合符帶鈎始見於東周時期，上引陳介祺斷定"圭、厂"銘"合符鈎"屬於三代，這應是正確的。《夢庵藏鈎》所收"圭"、"丩"合符帶鈎是否即陳介祺舊藏，尚無確證。但從太田夢庵舊藏古璽印中有陳介祺舊藏玉印"宋嬰"看（《藏印》第 26 頁），亦不能排除"圭"、"丩"合符帶鈎爲陳介祺舊藏的可能性。《夢庵藏鈎》所收合符帶鈎中不少屬於戰國時期。合符本是用於合驗的信物，學者或認爲合符帶鈎也具有作爲信物的功能。[9]

如上文所指出的那樣，合符帶鈎的銘文大多位於鈎身相合部内面左右，一半爲陽文，另一半爲陰文。有的合符帶鈎在鈎身中内藏璽印，構思精巧，造型複雜（見圖七）。[10]

---

[1] 羅振玉：《三代吉金文存》，中華書局，1983 年，第 1891 頁。

[2] 吳鎮鋒：《商周青銅器銘文暨圖像集成》第 35 卷，上海古籍出版社，2012 年，第 77 頁。

[3] 容庚撰：《漢金文録》，第 649 – 660 頁。

[4] 福開森：《歷代著録吉金目》，第 1154 – 1158 頁。

[5] 阮元：《積古齋鐘鼎彝器款識》，第 554 – 555 頁。

[6] 吳式芬：《攈古録》卷四，光緒二十一年（1895）刻本，第 36 頁。

[7] 陳介祺著，陳繼揆整理：《簠齋鑒古與傳古》，第 23 頁。

[8] 陳介祺：《秦前文字之語》，齊魯書社，1991 年，第 126 頁；陳介祺撰，陳敬第輯：《簠齋尺牘》第七册，上海商務印書館景印本，1919 年。

[9] 練春海：《武士鬥豹帶鈎》，《中國藝術時空》2017 年第 6 期，第 89 頁。

[10] 該帶鈎爲私人藏品，圖版取自《盛世收藏網》，http：//bbs.sssc.cn/forum.php.

圖七　鈎身內藏璽印的合符帶鈎

四、結　語

　　本文首先簡單介紹了太田夢庵及其金石收藏,然後以《夢庵藏鈎》所收 19 件有銘銅帶鈎爲研究對象,進行了較爲詳細的説明和初步的分析研究。其中 6 件帶鈎著録於《夢庵藏印》或《楓園集古印譜》,另 13 件似不見於以前的其他著録。

　　這些帶鈎的銘文既有鑄銘,又有刻銘,銘文或位於鈕面,抑或位於合符帶鈎的鈎身内面,又或位於鈎身以及鈎背。既有銘文爲反字的帶鈎印,又有銘文爲正字的有銘帶鈎。我們根據銘文字體或形制,結合歷代著録或出土器物等材料,進行了初步斷代,其中漢代帶鈎 11 件,戰國帶鈎 8 件,戰國時期的部分帶鈎可以判斷出國別。最後就學界較少注意的合符帶鈎進行了文獻梳理,指出山東諸城市昌城鎮巴山村王緒祖墓出土合符帶鈎銘文應釋爲“願君毋相忘鈎”。

　　附記:本文所用《夢庵藏鈎》照片均爲筆者攝影,資料的使用已經取得巖手縣立博物館的許可。我們在做調查時,得到巖手縣立博物館主任專門學藝調查員菅野誠喜先生的幫助,在此謹表感謝。

以清華簡《繫年》爲中心
看楚地區的歷史觀[*]

小寺敦[**]

  一般而言,近代之前中國的特質一直是非常重視著史。[1] 西漢有《史記》、而追溯到先秦時代則更有《春秋》等記録歷史的文獻纂成。如果仔細研究這些文獻,可多少了解其中所藴含的思想内涵,也能理解其中圍繞歷史事件所展現出的歷史觀。而這又可與探究先秦時代中原地區文明、并整體了解漢字文明圈内人們的思維模式緊密地聯繫起來。但是理解這些傾向、樣式資料的傳世文獻有限,并且這些文獻編纂於何地,往往一時無法探明。即使能够假定這些文獻的成書地區,能支持這種假説的根據也常常不足。這是因爲此類文獻區域性特徵往往不明顯。因此,欲了解先秦時代特定地區的思維模式是如此不易。

  先秦時代的一手資料,紀録整段時間内的歷史文獻本來只有《左傳》、《國語》、《史記》等傳世文獻。傳世文獻經常有後代的修改,且其在後世的真偽也常遭受質疑。一般來説甲骨文、金文記載内容的年代比傳世文獻接近當時,如果出土地點明確的話,便能够指定其資料的成立地區。因此這些資料的可信度比傳世文獻更高。可是因爲甲骨文、金文的記載内容常常是片段的、有限的,所以其利用範圍也有一定的局限。

  經過正式科學的發掘發現的出土資料與傳世文獻不一樣,要改變出土資料的内容或由後代偽作的可能性不高。可是甲骨文、金文没有傳世文獻那樣的歷史、思想性文獻。與此相對清華簡則含有不少傳世文獻那樣描寫歷史事件的篇章。因爲清華簡是出土地點不明的"非發掘簡",[2] 所以我們好不容易才嚴謹地確定了其出土地點。但是如若利用其資料群的

---

 * 本文是 JSPS 科研費 18K00989 支持的研究成果。

 ** 日本東京大學東洋文化研究所教授。

[1] 史部在四部分類中爲獨立的範疇。甲骨文所見的殷王世系是最早期的純粹歷史記録。而類似《詩·大雅·蕩》中:"文王曰咨,咨女殷商。人亦有言,顛沛之揭,枝葉未有害,本實先撥。殷鑒不遠,在夏后之世。"這種爲總結歷史教訓而記録的意識也可以追溯到很早。

[2] 關於"非發掘簡"以及清華簡的真偽問題,參見大西克也:《非發掘簡を扱うために》,《出土文獻と秦楚文化》第 8 號,日本女子大學文學部,2015 年。"非發掘簡"即非經正式科學發掘、大多數出現在文物市場的簡牘,并不是通過科學發掘的簡牘。另外,Martin Kern(可馬丁)就盗掘簡的研究利用及其相關倫理問題進行了討論。參看 Martin Kern(可馬丁)著,新津健一郎譯:《〈詩經·蟋蟀〉とその意義: 古代中國の詩とテクスト研究の諸問題》,《東洋文化》第 99 號,2019 年。

特點,我們便可以了解那些接納了清華簡人們的思想。我們能夠從清華簡關於歷史的諸篇知道他們的歷史觀等思想活動。因此,清華簡諸篇可能成爲一個新的切入點——即傳世文獻和甲骨文、金文都無法回答的問題——在先秦時代特定集團的歷史觀究竟是怎樣的。

清華簡被認爲大約成立於戰國時代,[1]而且很有可能受到楚國地區的影響。[2]其中書裏所收錄的第 1 册《楚居》和第 2 册《繫年》是有編年史性質的貴重文獻。[3]尤其《繫年》不但記述了楚國的歷史,而且也兼顧其他春秋列國,是在研究先秦歷史方面具有重要利用價值的資料。

本文以記述從西周至戰國初期主要國際動向的《繫年》爲基礎,并且參考清華簡中編年史《楚居》和其他主要描寫春秋時代的史書諸篇,期望可以管中窺豹,了解戰國時代接受清華簡諸篇地區人們的歷史觀。

一、清華簡《繫年》的歷史敍述

清華簡《繫年》中有 23 處從竹簡的起首開始撰寫,整理者將其分爲 23 章。記錄了從武王克商至楚悼哲王(悼王)在位的戰國前期的歷史。現在有許多關於《繫年》的研究,多爲理清其敍事脈絡的工作,雖有"屋上架屋"的感覺,可是爲了能够展開深入討論,這是必須做的第一步工作。[4]

---

[1] 清華大學出土文獻研究與保護中心編,李學勤主編:《清華大學藏戰國竹簡·壹》,中西書局,2010 年,"前言",第 3 頁。

[2] 由於清華簡的竹簡及文字特徵,整理報告主張其年代爲戰國後期,而且接近郭店簡、上博簡。參看《清華大學藏戰國竹簡·壹》,"前言",第 3 頁。李學勤、陳民鎮説不能由楚文字的字體直接推論清華簡是楚國人製作的。參看李學勤:《清華簡〈繫年〉及有關古史問題》,《文物》2011 年第 3 期;陳民鎮:《〈繫年〉"故志"説——清華簡〈繫年〉性質及撰作背景芻議》,《邯鄲學院學報》2012 年第 22 卷第 2 期。關於其書法,邢文説清華簡的書法有很多戰國楚簡的風格。參看邢文:《楚簡書法探論——清華簡〈繫年〉書法與手稿文化》,中西書局,2015 年,第 5 頁。郭永秉等學者們指出在清華簡的文字中看見三晋文字的影響。參看郭永秉:《清華簡〈繫年〉抄寫時代之估測》,李守奎主編:《清華簡〈繫年〉與古史新探》,中西書局,2016 年,第 324－325 頁。一般來説清華簡不叫作"楚簡",這是因爲像曹峰、谷中信一所説那樣,清華簡即使用楚文字書寫,也不應該叫作楚簡。參看曹峰、谷中信一:《2014 年夏季清華大學出土文獻研究與保護中心訪問記》,《出土文獻と秦楚文化》第 8 號,2015 年,第 134 頁。

[3] 關於清華簡《繫年》的性質,由於其記錄與《左傳》有異同,故而分成幾種學説。陳偉認爲《繫年》就是《鐸氏微》即也是《左傳》的"摘録"。參看陳偉:《不禁想起〈鐸氏微〉——讀清華簡〈繫年〉隨想》,簡帛網,2011 年 12 月 19 日,http://www.bsm.org.cn/show_article.php?id=1594;《清華大學藏竹書〈繫年〉的文獻學考察》,《史林》2013 年第 1 期,2013 年,第 48 頁。吉本道雅也認同《繫年》的大部分内容是如陳所説的。參看吉本道雅:《清華簡繫年考》,《京都大學文學部研究紀要》第 52 號,2013 年,第 89－90 頁。孫飛燕則將《繫年》、《左傳》作爲不同系統的文獻。參看孫飛燕:《清華簡〈繫年〉初探》,中西書局,2015 年,第 148－149 頁。

[4] 本報告中關於所述《繫年》内容的釋義,可參看筆者拙稿:《清華簡〈繫年〉譯注、解題》,《東京大學東洋文化研究所紀要》第 170 册,2016 年。

《繫年》每章裏所記事件的概略如下表(表一):

表一　在清華簡《繫年》中發生的事件概略

章	事　件
1	克殷,西周屬王,共伯和,至宣王敗戰於千畝
2	周室東遷,從鄭武公至厲公,至楚文王開發漢陽
3	秦國的起源,從西周武王時期三監的叛亂至周東遷之後秦仲的强盛
4	衛國的起源,從西周成王時期的衛叔之封至衛成公遷都帝丘
5	息媯的故事,以她爲中心闡述蔡哀侯、息侯和楚文王的關係
6	從晉獻公時期争奪繼承權至文公即位,至晉、秦兩國攻楚
7	晉文公,城濮之戰和踐土之盟
8	晉文公時期圍繞鄭國,記錄了晉、秦之間的衝突,晉襄公時期的晉、秦兩國崤之戰,秦晉之好的決裂和楚、秦友好
9	晉襄公的死亡和靈公的即位
10	繼續第九章的記述,直至秦康公干預晉國而被擊敗,晉、秦的河曲之戰
11	楚穆王進攻宋國的計劃,至莊王包圍宋國
12	楚莊王的厲之會,晉成公救援鄭國和他的死亡
13	楚莊王包圍鄭國,晉、楚兩國之戰[1]
14	晉景公的斷道之會,駒之克的憤怒和晉、齊兩國之戰[2]
15	楚莊王的即位,吳國服從楚國,申公屈巫逃亡吳國,伍員、伍之雞逃亡吳國,伯舉之戰和吳國入郢,昭王復國
16	楚共王,晉景公救援鄭國并與楚在泛交戰,晉厲公、楚共王在宋講和,晉國違反和平而與楚國在鄢交戰,至厲公的死亡和他的子孫絶滅
17	晉莊平公,溴梁之會,晉、齊兩國的平陰之戰,樂盈的叛亂和晉、齊兩國的戰争,至齊莊公被殺害和晉、齊的講和
18	晉莊平公、楚康王的宋之弭兵,楚孺子王、靈王、景平王、昭王,晉、吳兩國向楚方城、中山進攻,范氏、中行氏的叛亂,晉國的七年戰争,至齊國的叛離和晉公權力的弱化
19	從楚靈王至獻惠王,楚國滅陳、蔡并改爲縣
20	從晉景公至幽公,晉國和吳、越兩國的友好關係
21	楚簡大王圍繞宋國與晉國交戰,至楚國在長城大敗,并對晉國懷恨在心

[1]《繫年》有斷簡,整理者没記明,這相當於在傳世文獻所見的邲之戰。
[2]《繫年》没有記載,這是在傳世文獻所見的鞌之戰。

續表

章	事　件
22	楚聲桓王的即位,晋國的韓、趙、魏氏與越公向齊國進攻,齊國大敗,晋、齊兩國講和,晋公止[1]率領齊侯等朝見周王
23	宋公、鄭伯朝見楚聲桓王,悼哲王的即位和楚、晋兩國的戰争,至楚國大敗於武陽,齊國趕不上救援楚國而半路返還

雖然《繫年》受三晋文字的影響,[2]且用楚文字撰寫了大部分的篇幅,但是我們一看就知道《繫年》并不都是由以楚國爲中心的篇章構成。

在各章末尾所寫的事件可以作爲劃分《繫年》時代的大致標準。[3] 第一章可以看做是"西周史略",但其結尾并不在周室東遷,而是以周宣王的千畝敗戰結束,這標志着西周對天下控制力的下降。第二章以鄭國初期爲中心,記録到楚文王開發漢陽爲止的内容,展示了楚國第一次與中原接觸的歷史。楚與鄭的關係,在將來對楚國非常重要。第三章描寫秦國初期,至周室東遷後秦仲的强盛結束,而且表示出秦仲對秦國而言劃時代的意義。第四章叙述衛國的初期,至衛成公遷都帝丘結束。楚與衛的關係也對楚國很重要。第五章是圍繞着息嬀展開的蔡哀侯、息侯與楚文王之間的故事,并以楚文王對陳國的壓迫結束。而且表示對蔡、息、陳等淮水流域諸國而言,楚國的影響自此開始。第六章記録晋獻公時期晋國的繼承争鬥至晋文公即位之後晋、秦兩國聯合攻楚。而且表示在此時晋、秦兩國的友好關係。第七章描寫晋文公城濮之戰的事績,并結束於踐土之盟。顯示了晋國的霸業。第八章叙述晋文公、襄公時期的晋、秦兩國衝突和決裂,并終於描寫楚、秦兩國之間的友好關係。展示了從晋、秦友好至楚、秦友好的轉换。第九章描繪晋襄公死後的晋國繼承問題,結束於晋靈公的即位。第十章繼續第九章内容,記録了秦康公干涉晋靈公的即位問題而遭失敗,結束於晋、秦的河曲之戰。自此晋、秦兩國的對立成爲常態。第十一章記録楚穆王、莊王攻伐宋國,結束於楚莊王對宋的包圍和講和。展現了楚國迫使宋國服從。第十二章的内容是楚莊王和晋成公之間圍繞鄭國的争奪,結束於晋成公的死亡。第十三章的内容是楚莊王包圍鄭,以及晋、楚之間的戰争,叙述晋、楚的戰争有斷簡。[4] 第十四章描寫了晋景公的斷道之會,晋國駒之克因對齊國懷恨,因而引起了晋、齊的戰争,結束於晋、齊兩國的講和。這裏也展現了晋、齊關係的惡化。第十五章叙述楚、吳兩國的關係,結束於吳國的入郢和之後楚昭王的復

---

[1] 晋公止被認爲是《史記·晋世家》中的晋烈公。參看清華大學出土文獻研究與保護中心編,李學勤主編:《清華大學藏戰國竹簡(貳)》,中西書局,2011 年,注 2,第 193 頁。

[2] 參看郭永秉:《清華簡〈繫年〉抄寫時代之估測》,第 324 - 325 頁。

[3] 當然這一記録不是《繫年》劃分時代的唯一標準。

[4] 第十三章末尾簡 65 的後一半有缺損。

國。在這裏楚國瀕臨危機然而恢復。第十六章描寫晋、楚兩國的暫時和平與戰爭。晋屬公破壞與楚國的和平而且在鄢得勝,然而却遭橫禍而死,他的直系子孫也遭絶滅。第十七章記錄晋、齊兩國之戰,齊國終於向晋國屈服了。第十八章敘述晋、楚兩國的和平和以後有關晋國的戰爭,最後齊國叛離晋國,而晋公權力開始變弱。第十九章描繪從楚靈王至獻惠王的時候楚國以陳、蔡、唐作爲縣,終於蔡國成爲楚國的縣。這裏可以説是對第五章内容的歸結。第二十章記録從晋景公至幽公,晋國與吳、越兩國的友好關係,結束於晋、越兩國的交好。第二十一章敘述楚簡大王圍繞宋國與晋國(三晋)的戰爭,而後在長城楚國大敗,終於楚國對晋國懷恨。晋國(三晋)被當作楚國的仇敵。第二十二章記録在楚聲桓王的時期晋國(三晋)、越國等諸侯向齊國進攻,而後使齊國屈服,最後晋公止帶領齊侯等諸侯朝見周王。雖然這裏已經進入了三晋的時代,但可以看作是晋文公以後晋國第二次的霸業。第二十三章敘述宋公、鄭伯朝見楚聲桓王,楚悼哲王與晋國(三晋)交戰而在武陽大敗,最後齊國趕不上救援楚國而半路返還。《繫年》最後結束於楚國的危機之時。

下一章,將根據在這章所列《繫年》每一章節的内容和紀年,分析其結構。

二、清華簡《繫年》的記述結構

我們從清華簡《繫年》的内容很容易看出來,對於作者而言周王室的東遷和三家分晋并没有那麽大意義。[1] 第十八章的末尾雖然敘述晋公權力變弱,但是關於晋國大夫之間的鬥爭和韓、魏、趙三家分晋的經過簡中只很簡單地記録其一部分的事件或者完全没有記載。據《繫年》的内容,比起周王室的東遷和三家分晋,西周宣王敗於千畝之戰以及晋公止的霸業和楚國大敗於武陽之戰更爲重要,甚至是劃時代的歷史事件。

因爲有些學者説《繫年》根據晋系文獻成書,所以我們很容易推測下述傾向。[2] 關於晋國君主的記事占整篇的大部分,同時有關楚王記事也貫穿通篇。而後加之與楚國有外交糾葛的秦、齊、吳、越等其他大國的記録,最後則是從屬於晋、楚兩國的鄭、衞、蔡等小國也被記載在内。

《繫年》所載的紀年可以作爲揭示其記事主體的重要綫索。楚王紀年第一次出現在第十

[1] 筆者的研討會報告(《楚からみた晋——清華簡〈子犯子餘〉を起點として——》,日本秦漢史學會大會,佛教大學紫野校區,京都,2018 年 11 月 17 日)中,評論員太田麻衣子氏提出了在《繫年》中晋國三分并没有被作爲時代劃分的標志。

[2] 蘇建洲説《繫年》的底本并非來自楚國。參看蘇建洲、吳雯雯、賴怡璇:《清華二〈繫年〉集解》,萬卷樓,2013 年,第 883 頁。大西克也否定蘇建洲之説,而且根據《繫年》有非楚系用字,主張《繫年》是佯裝站在俯瞰的、客觀的上帝視角論述,爲了教育讀者諸國興亡的由來而被編纂的,屬於故志類書籍。參看大西克也:《清華簡〈繫年〉の地域性に關する試論——文字學の視點から——》,《資料學の方法を探る》第 14 號,2015 年,第 43–44 頁。

一章,之後,第十二、十五、十六、十八、十九、二十一、二十二、二十三章也有楚王紀年。[1] 周王紀年則見於第一、二、四章,晋公紀年在第六、七、八、十四、十七、十八、二十章。但是第十六章中間則加入了晋公即位、死亡的記載,第十八章則兼有晋公、楚王兩個紀年。第十六、十八章有可能本來使用的是晋公紀年,楚王紀年和有關記載是之後加入的。

周王紀年止於描寫衛國的建國和發展的第四章,以後的周王登場不過是像在第七、二十二章那樣作爲承認晋國霸業時的陪襯,或者是像第二十三章那樣記録關於王子定内亂時的登場人物。筆者討論過在《繫年》中晋國的外交環境,是以除楚國之外各國均成爲友邦的晋文公時期爲頂點,而後其在軍事方面成功却導致其在外交關係上的惡化。[2]《繫年》的晋公紀年也好像對應着外交環境似的,從第六章的惠公開始,經過文公,至第二十章的幽公結束。在第二十二章晋烈公率領齊侯、魯侯、宋公、衛侯朝見周王,并且作爲霸者統領諸侯,可是其紀年却爲楚聲桓王(聲王)。在《繫年》中關於晋悼公,别説他的霸業,連他的事績都没記載,與記録"復霸"的傳世文獻《左傳》、《國語》有很大不同。[3]

如上所述,在《繫年》的紀年中,周→晋→楚的流轉,可被視作《繫年》的歷史梗概。紀年上楚國終於被作爲《繫年》的核心國家。[4] 可是在這裏所寫的内容也并非一味地褒揚楚國——比如説在最後的第二十三章中楚國慘敗於三晋——有些記述對楚國而言并不那麽光彩。[5]

在第六、七章中晋國在文公的指揮下於城濮擊敗楚國,而後在踐土舉行了會盟。之後從第十一至十三章中雖有斷簡不易釋讀,但也能看出楚國在莊王的領導下於邲之戰打敗晋軍。這可以被視爲楚國的復興。但是這只是暫時的現象,之後晋國在軍事上的優勢基本無法動搖,在第二十二章中晋烈公再次成爲盟主。而且在第二十三章中楚國又大敗於晋國。[6]《繫年》所記載的大部分事件本來與傳世文獻相同,也可見中原地區所共識的"史實"在楚國

---

[1] 第十三章是斷簡,而且本身没有紀年。可是因爲其内容是繼第十二章以後延續的關於楚莊王的事績,所以我們可以推斷斷簡部分的文章應有楚王紀年。

[2] 小寺敦:《楚からみた晋——清華簡〈子犯子餘〉を起點として——》,《日本秦漢史研究》第 20 號,2019 年。

[3]《左傳·成公十八年》、《國語·晋語七》。

[4] 藤田勝久:《〈史記〉の年代學と清華簡〈楚居〉〈繫年〉》,《愛媛大學法文學部論集·人文學科編》第 35 號,2013 年,第 27 頁。

[5] 大西克也以第二十二章作爲三晋(尤其魏)的興起和舊國(齊、魯、宋、衛、鄭)的没落,而且將《繫年》全體分爲第一章、第二-五章、第六-十三章、第十四-二十三章 4 個部分。參看大西克也:《清華簡〈繫年〉の地域性に關する試論——文字學の視點から——》,第 34 頁。

[6] 有可能這是過度推測,之後可以説暗示了從晋文公至楚莊王時期的情況。在《繫年》第二十三章中悼哲王 5 年相當於《史記·六國年表》的公元前 397 年,在此後楚國與大國之間便鮮有軍事上的大規模活動,只有在《史記·田敬仲完世家》等中所見的事件,楚國與燕國合攻齊湣王,而且瓜分齊國領土,但這也只是暫時的現象。

也可能是被同樣接受的。這個現象意味着《繫年》并沒有偏離“史實”。筆者已經在其他文章中討論過，在《繫年》中并沒有將在北方記錄的個別歷史事件完全更改。[1]

從三晋等北方各國的視角來看，《繫年》的敘事結構有很强的楚國“烙印”。從西周時期進入東周，春秋時代以後的大部分的歷史敘述均以晋國爲軸心展開，這恐怕正反映了晋國霸權體系下的歷史觀。反觀《繫年》所載春秋五霸的齊桓公、宋襄公等記事相對較少也暗示這個特點。其中從春秋末期至戰國初期以後沒有記載晋紀年然而只有楚紀年，這個時候也許正是諸侯勢力關係的轉換時期。其轉換不僅僅在於三晋在軍事、政治等方面的霸權，還在於外交層面以楚國爲中心的國際關係的變化。

清華簡還有有關歷史的其他篇章，這些篇章中敘述了什麽樣的歷史？這些歷史又與《繫年》的記述傾向有着什麽樣的關係？這些問題對於探討接受清華簡諸篇地區的歷史觀有不少意義。下一節將對清華簡中有關歷史的其他篇章内容進行大致分析。

三、關於清華簡有關歷史的其他篇

除《繫年》之外清華簡還另有第 1 册的《楚居》，[2] 第 6 册的《鄭武夫人規孺子》、《管仲》、《鄭文公問於太伯(甲·乙)》、《子儀》、《子產》，[3] 第 7 册的《子犯子餘》、《晋文公入於晋》、《趙簡子》、《越公其事》，[4] 第 8 册的《邦家之政》[5] 這樣類似春秋時代人物傳記的篇章。[6] 雖然《楚居》、《越公其事》與《繫年》同樣有編年史的性質，但《子犯子餘》、《晋文公入於晋》、《趙簡子》則是在歷史上特定的時間、空間中的故事。另外《管仲》、《邦家之政》的内容則類似於思想文獻，這裏便不做討論。

---

[1] 小寺敦：《楚からみた晋——清華簡〈子犯子餘〉を起點として——》。但是關於在第二十二、二十三章楚、晋兩國之間戰鬥的記錄，其大部分均不見於傳世文獻，而自此以後所記錄的這一部分可能是在楚國做的補充。例如吉本道雅認爲尤其關於晋紀年，《繫年》比《國語》更早地參用晋系資料，增加第一章、第二章前一半、第三章、第四章前一半、第二十章後一半，而後又參照楚系資料補上第二十一—二十四章，終於撰成其全文。參看吉本道雅：《清華簡繫年考》，第 90 頁。
[2] 清華大學出土文獻研究與保護中心編，李學勤主編：《清華大學藏戰國竹簡·壹》。
[3] 清華大學出土文獻研究與保護中心編，李學勤主編：《清華大學藏戰國竹簡(陸)》，中西書局，2016 年。
[4] 清華大學出土文獻研究與保護中心編，李學勤主編：《清華大學藏戰國竹簡(柒)》，中西書局，2017 年。
[5] 清華大學出土文獻研究與保護中心編，李學勤主編：《清華大學藏戰國竹簡(捌)》，中西書局，2018 年。
[6] 確定“歷史文獻”的範圍是有點難以解決的問題。在本文中并不將論述思想哲學的篇章作爲歷史文獻，而暫以記載歷史人物及其活動的故事、編年史等形式的文獻作爲“歷史文獻”。福田哲之將這三篇分類爲第 I 類 B 種。但是《趙簡子》的簡長和其他的不一樣。福田哲之將清華簡報告第 7 册爲止的篇章用書法分類。他將《楚居》分類爲第 I 類 E 種，《繫年》爲第 I 類 F 種，《鄭武夫人規孺子》、《鄭文公問於太伯(甲·乙)》、《子儀》、《子犯子餘》、《晋文公入於晋》、《趙簡子》、《越公其事》爲第 I 類 B 種，《管仲》爲第 I 類 C 種，《子產》爲第 I 類 L 種。參看福田哲之：《清華簡(壹)(陸)的字迹分類》，湯淺邦弘編：《清華簡研究》，汲古書院，2017 年；《清華簡の字迹とその關係性：第 I 類 A、B、C 種を中心に》，《中國研究集刊》第 64 號，2018 年。

《楚居》從傳説時代的季連至悼哲王,以楚王王居的遷移爲中心記述歷史。關於對外關係,這篇只記録了吳王闔廬入郢等內容。筆者以前討論過因爲《楚居》所見的楚王王居可能遍布戰國時代楚國的主要勢力圈,這篇或許是爲了向讀者彰顯楚國的勢力範圍而被編纂。[1] 此篇可以説是從楚國內部視角記述的戰國時代的楚史,并且又與從楚國外部視角描寫楚史的《繫年》有所關聯。

《鄭武夫人規孺子》的內容是這樣的:鄭武公歿之後不久,他的夫人和臣下邊父訓戒幼君莊公,同時表明莊公對這一訓誠采取了怎樣的態度。鄭武公、莊公也出現於《繫年》第二章,那裏却沒有記載關於這個故事的內容。

《子犯子餘》是以晋文公即位之前的公子重耳、子犯(孤偃)、子餘(趙衰)、秦穆公、蹇叔五個人的問答爲中心的一篇文章。在這裏將晋文公和他的左右近臣子犯、子餘視爲一對名君、名臣。

《晋文公入於晋》簡潔地描寫晋文公即位之後的政策和使諸侯服從晋國的經緯。上述諸篇的共同點是對晋文公和他周邊的人物的高度評價。而對晋文公的高度評價同樣也見於《繫年》之中。

《鄭文公問於太伯(甲·乙)》的內容是太伯臨死之前教導鄭文公。而後又敘述了鄭桓公、武公、昭公、厲公等鄭國君主的政績。這一記載與《繫年》的第二章有所聯繫。

《子儀》敘述了殽之戰以後秦穆公使俘虜的楚國子儀遣返回楚國。這一事件則與《繫年》第八章有聯繫,但《子儀》裏內容記載得更爲詳細。

《子産》是記録鄭國子産個人修養和其政績的一篇文章。雖然在《繫年》中的子産并不活躍,但是《子産》單獨成篇則暗示:對於那些廣泛閲讀《繫年》地區的人們而言,子産是一位名臣。

《趙簡子》的內容以晋國的趙簡子、范獻子和成鱄之間的問答展開。在其前一半范獻子對剛成爲偏將軍[2]的趙簡子勸説:趙簡子應該對其所犯錯誤負責,他應該爲善。在後一半趙簡子向晋國大夫成鱄詢問齊國君主失去實權而陳氏代掌國政的緣由,而成鱄不直接回答這個問題,却説了晋國先君獻公、襄公、平公的政策和措施。在這裏最重要的部分是晋獻公知道諸侯之謀,襄公則輔佐周室而成爲諸侯之霸者,與此相反平公失去了諸侯霸者的地位。《繫年》中記録了在晋獻公的時候晋國發生的繼承權之争、晋文公主持的踐土之盟,以及在晋

---

[1] 小寺敦:《清華簡〈楚居〉にみえる楚王居の移動について——楚國領域觀の成立に關する試論——》,第一届東京大學東洋文化研究所、復旦大學文史研究院、普林斯頓大學東亞細亞學部共催國際學術會議,東京大學本鄉校區,東京,2011 年 12 月 20 日。

[2] "偏"字的釋讀根據宮島和也的討論。參看宮島和也:《清華大學藏戰國竹簡(柒)〈趙簡子〉譯注》,《中國出土資料研究》第 22 號,2018 年,第 168 - 169 頁。

襄公之時與秦國之間關係的惡化。但是并沒有記載在晉平公的時候失去了諸侯霸者的地位。[1]　在《趙簡子》中對晉獻公、襄公、平公的評價和在《繫年》中他們的被描寫形象有所不同。可是如果我們注意到從獻公起,歷文公、到襄公的這段時期成就了晉國的霸業,但同時晉文公以後的晉國外交關係發生了惡化,就會發現《趙簡子》和《繫年》中對晉君的評價就可以説沒有那麼大的差别。作爲這篇標題名的趙簡子本身是《子犯子餘》裏登場人物子餘(趙衰)的子孫,但是在本篇中他只不過作爲聽衆來引出晉國君主的歷史,并沒有對他的爲人做評價。

《越公其事》的記述截止於越公(王)句踐滅吳事績,整理者説其内容與《國語·吳語》、《國語·越語》有着密切的聯繫。[2]　在《繫年》中記載吳國滅亡以後,越國代替吳國的地位繼續與晉國保持着友好的關係。在傳世文獻中越國在戰國時代被楚國所滅。[3]　無論在清華簡,還是傳世文獻中對於楚國而言越國一直都是與晉國同樣的仇敵。此篇關於越國君主句踐的故事在楚地域被廣泛接受的事實,也暗示在楚國人們對於句踐的認識與對晉文公的認識相似。

清華簡第三册《良臣》記載了從黄帝至楚恭共王的諸多名臣。[4]　在這篇裏所記載的春秋時代以降的名臣列舉如下：晉文公有子犯、子餘、咎犯、叔向,楚成王有令尹子文,楚昭王有令尹子西、司馬子期、葉公子高,齊桓公有管夷吾、賓須無、隰朋,吳王光有伍子胥,越王句踐有大夫種、范蠡,秦穆公有殳大夫,宋有左師,魯哀公有季孫、孔丘,鄭定公有子皮、子産、子大叔,楚共王有伯州犁。另外還有子産之師和輔佐之人。這篇記録了很多清華簡其他諸篇的登場人物,可以説《良臣》這篇具有這些登場人物清單的性質。

清華簡雖還未公開其全體,但僅據現在所知,根據《楚居》、《繫年》可推出楚國和與其相關的諸國歷史之概貌,加上其他諸篇可以補充個别詳細的信息,這樣我們便可以推測出每篇之間的關係。除楚國之外的國家之中,最重要的是晉國,而鄭、秦、越等國次之。因爲清華簡中含有晉系文獻和材料的可能性很大,所以我們大抵可以了解晉國極大的重要性。鄭國雖然是小國,但是在春秋時代一直是楚國和晉國的爭奪對象。秦是有能力制約晉的大國,并在吳國入郢這類重大事件的時候向楚國派過救兵。越國也是大國,且與晉國聯繫也很多,可以

[1]　《左傳·昭公三年》："叔向曰：'然。雖吾公室,今亦季世也。戎馬不駕,卿無軍行,公乘無人,卒列無長。庶民罷敝,而宫室滋侈。道殣相望,而女富溢尤。民聞公命,如逃寇讎。欒、郤、胥、原、狐、續、慶、伯降在皂隸,政在家門,民無所依。君日不悛,以樂慆憂。公室之卑,其何日之有。讒鼎之銘曰：昧旦丕顯,後世猶怠,況日不悛,其能久乎。'"這裏有關於晉平公喪失權力的描寫。《史記·晉世家》也有比《左傳》更短、内容相似的文章。

[2]　清華大學出土文獻研究與保護中心編,李學勤主編：《清華大學藏戰國竹簡(柒)》,第112頁。

[3]　關於楚國的滅越,傳世文獻的記録互相有矛盾。參考楊寬：《戰國史(1997增訂版)》,臺灣商務印書館,1997年,注33,第411頁。

[4]　清華大學出土文獻研究與保護中心編,李學勤主編：《清華大學藏戰國竹簡(參)》,中西書局,2012年。

説是楚國在東方的巨大脅威。雖然在本文中没討論,但因爲清華簡有以管仲爲核心的一篇《管仲》,齊國也可以説是重要國家之一。可是因爲《繫年》中對於齊桓公霸業的記載并不多,所以在清華簡中重要程度應該没有上述諸國那麼高。

如果清華簡諸篇的讀者熟讀了這些内容,便會有楚國的歷史形成是以晋、秦、越、鄭等諸國之間的關係爲核心展開的印象。[1]

四、結語——楚地區的歷史觀

清華簡是"非發掘簡",因此其出土地點并不明確。這對使用該資料來研究地區形態之時形成了很大的障礙。筆者認爲清華簡每篇被埋葬前的情況有如下幾種可能性:

(1)在除楚地之外——包括以三晋爲主的北方地區——成書的文獻傳入楚地,然後直接被謄抄而成爲清華簡的一篇。

(2)在除楚地之外成書的文獻傳入楚地,然後經楚人修改其一部分而成爲清華簡的一篇。

(3)文獻本身在楚地成書,而成爲清華簡的一篇。

關於《繫年》的成書,學者們人多討論第(2)條的可能性。[2] 清華簡報告第 6、7 册中則認爲關於諸篇的成書(1)-(3)條均有可能。因爲清華簡極有可能是在楚地域出土的文獻,故而清華簡諸篇肯定也是在楚地被接受的。因此以清華簡作爲參考資料應該可以推測出楚地特定地點的人們——即清華簡出土墓葬的墓主人和與他相關的周圍旁人們——的思維模式。[3]

如若要從清華簡來了解接受它的人們有着怎樣的歷史觀,那確認通史就是最重要的基礎。以通史爲中心并聯繫有關個別歷史事件的篇章來探討,我們便有可能掌握其歷史觀的實際狀態。

現在我們可以閱讀到的清華簡通史就是《楚居》、《繫年》這兩篇。前者以楚王居的遷移爲中心描寫楚國的歷史,可以説是從楚國内部觀察戰國時代的楚國通史。後者則基於西周至春秋時期,前半部分以晋國爲中心敘述歷史,後又以楚國爲中心敘述歷史,是描寫當時國際關係的通史。

---

[1] 關於這個問題,淺野裕一推測《繫年》不是國家的正式記録,而很可能是由當時的史官或者學識豐富的貴族編纂,爲的是使高級貴族子弟掌握必備的知識和歷史素養,以備他們進行外交交涉等工作。這一推測對於討論清華簡的實際情況富有啟發意義。參看淺野裕一:《史書としての清華簡〈繫年〉の性格》,淺野裕一、小澤賢二:《出土文獻から見た古史と儒家經典》,汲古書院,2012 年,第 98 - 102 頁。

[2] 大西克也:《清華簡〈繫年〉の地域性に關する試論——文字學の視點から——》,第 43 - 44 頁。

[3] 我們要注意到,這也未必意味着從清華簡諸篇所見的精神世界就是楚地區全體或者楚國官方的思維模式。

其他清華簡諸篇的内容中有很多與《繫年》的登場人物有關聯。例如鄭國初期的君主們、晋文公左右的近臣等。但是鄭國的子産雖是在傳世文獻中重要的人物，且清華簡也含有以他爲中心的篇章，但他在《繫年》中却并没有登場。

據這些事實，清華簡總體的歷史叙述含有一定程度與傳世文獻共通的因素，然而也有不少不同地方。例如在《繫年》中晋悼公的復霸和三晋分立并不太被重視，清華簡與《左傳》、《國語》等傳世文獻描寫歷史梗概的形式大不相同。晋國智氏的滅亡是韓、魏、趙三國立國的起因，傳世文獻中所記録的這段前後關係，在《繫年》中也完全没有被提及，反倒可見記録了韓、魏、趙三氏支持晋公的文字内容。這有或許意味着韓、魏、趙三氏僅僅還是晋公的臣下。[1] 這一現象與從此時開始楚王紀年的使用有所關聯，而且《繫年》可能顯示在儀禮上楚國要優越於三晋。産生這些不同記録的原因也許是因爲傳承過程的文化系統不一樣，但筆者認爲這種不同之處的一部分的原因也應該與清華簡有關歷史諸篇的"楚特徵"有關聯。

如上所述，讀者閱讀清華簡有關歷史諸篇，就形成一個印象，即楚國的歷史是以和晋（及三晋）、秦、越、鄭等諸國之間的關係爲中心展開的。從楚國的角度來看，這些國家之中基本上，晋（和三晋）、越都是敵國，秦是友好邦國，鄭則時敵時友，并且是要與晋國争奪的對象。《管仲》篇雖有思想文獻的特質，但按照清華簡有關歷史諸篇的基準，齊國的立場也與秦國相似。[2] 清華簡使讀者感覺楚國的歷史是以和這些國家之間的外交關係爲中心不斷演變的過程，而且未來也基本上應該以同樣的方式推演下去。

另一方面這些文獻没有過度地美化楚國。雖然在《繫年》的後一半紀年轉换爲了楚王紀年，而且《繫年》將破壞楚、晋兩國和平歸咎於晋國，但是其記録本身——例如描寫楚國的困境——可以説一定程度上是較爲客觀公正的。

這個問題與清華簡有"晋系"影響的學説有關係。在清華簡被廣泛閱讀的地方，從北方傳入的文獻并没有毫無保留地被一股腦接受，且可以看見其修改了一部分。[3] 所以誕生了楚國獨特的歷史文獻。在清華簡中可能没有完全原生創作的文獻内容。一般來説對於原創

---

[1] 第二十二章有記載："晋魏文侯斯（簡 121）。"這個記載可以解釋魏是晋的繼承國，可是從其末尾的晋公止朝見周王的記事來説，周王-晋公-魏侯（以及韓、趙的宗主）的高低順序可能没有形式上的變化。在清華簡發現之前，尾形勇、平勢隆郎等學者根據《史記》、《竹書紀年》的記録，認爲晋國三分之後晋國公室仍然還繼續存在。參看尾形勇、平勢隆郎：《世界の歷史 2：中華世界の誕生》，中央公論社，1998 年，第 160 頁。

[2] 例如在戰國中期楚懷王入秦而被俘，楚國被秦國輕易地攻占郢都而喪失湖北、湖南等地，楚國對秦國没有警戒、防衛之心。我們可以推測這樣原因之一應是楚地藏有大量表現楚秦友好内容的文獻。

[3] 關於在先秦時代是否有文獻材料資料庫的問題，參看 Martin Kern（可馬丁）著，新津健一郎譯：《〈詩經·蟋蟀〉とその意義：古代中國の詩とテクスト研究の諸問題》。而且與此相反，此地區也有可能向北方傳輸文獻。

文獻進行自主改編應該也是具有創造性的工作。因此我們可以通過清華簡有關歷史諸篇,不但能獲知其出土地區——很有可能就是楚地——接受中原文化的過程,而且也能窺視漢字文化圈內人類交流活動所産生的相互影響。

林巳奈夫先生的青銅器研究管窺

——讀《殷周青銅器綜覽》第一、二卷

管文韜*

引　言

　　林巳奈夫先生是日本著名的考古學家,1925 年生於日本神奈川縣藤澤市,曾就讀於京都大學文學部史學科,學習考古學專業,1975 年又獲文學博士學位。後歷任京都大學人文科學研究所助手、助教授、教授,此外又任東洋考古學會及日本學士院會員,1989 年退休。此後林巳奈夫先生仍筆耕不輟,直至 2006 年元旦遽爾逝世,享年八十歲。

　　林巳奈夫先生對中國新石器時代到漢代的考古學有極精深的造詣,發表了大量的研究著作,如《中國殷周時代的武器》(京都大學人文科學研究所,1972 年)、《漢代的文物》(京都大學人文科學研究所,1976 年)、《漢代的諸神》(臨川書店,1989 年)、《中國古代的生活史》(吉川弘文館,1992 年)、《龍的故事》(中公新書,1993 年)、《中國文明的誕生》(吉川弘文館,1995 年)、《中國古玉器總説》(吉川弘文館,1999 年)、《中國古代的諸神》(吉川弘文館,2002 年)等等。林先生尤其致力於商周青銅器的研究,學者每每驚歎其體系宏大,分類細密,搜羅詳贍。對青銅器功能與內涵的研究,往往能打通商周與秦漢的界限,善於利用後世材料,并從神話學的角度進行解釋,對國內學者的青銅器研究常能起到"他山之玉"的作用。

　　然而由於語言的隔閡,林先生的研究成果一直未能及時引進國內,導致國內學界對這些成果的了解和重視程度皆嚴重不足,乃至有些學者至今仍在重複林先生數十年前的勞動。這是十分令人遺憾的。

　　迄今爲止,林巳奈夫先生的著作被譯成中文者共計五種,分別爲其研究青銅器的三卷本巨著《殷周青銅器綜覽》的第一、第二卷,研究玉器的專著《中國古玉研究》(下文簡稱《古玉》),[1]對青銅器、古玉紋飾圖像內涵進行討論的著作《神與獸的紋樣學》(下文簡稱《紋樣學》),[2]以

　　* 北京大學考古文博學院 2018 級博士生。
[1] 林巳奈夫著,楊美莉譯:《中國古玉研究》,(臺北) 藝術圖書公司,1997 年。
[2] 林巳奈夫著,常耀華等譯:《神與獸的紋樣學——中國古代諸神》,生活·讀書·新知三聯書店,2009 年。

及林氏討論漢代畫像石的論著《刻在石頭上的世界》。[1] 本文即爲研讀林氏前兩卷青銅器著作的學習報告。

本文主體分四個部分。前兩部分分別爲對林氏《殷周青銅器綜覽》第一、二卷的簡要述評;第三部分試圖對林巳奈夫先生的治學特點進行一些總體概括,冀能從中得到一些研究方法上的啓發。最後一部分簡要談及我們對兩部譯著譯文和排印方面的一些看法。

一、《殷周時代青銅器之研究》

1. 内容述要

林巳奈夫先生的巨著《殷周青銅器綜覽》第一卷原題《殷周時代青銅器之研究》(《殷周時代青銅器の研究·殷周青銅器綜覽一》),此書完稿於 1983 年,1984 年由日本吉川弘文館出版;中文版由廣瀨薰雄先生、近藤晴香女士譯稿,郭永秉先生潤文,2017 年由上海古籍出版社出版。爲稱述方便,下引此書中譯本皆簡稱爲《綜覽一》。

《綜覽一》共分正文和圖片兩分册,圖版册爲正文論述部分的參照比對圖像資料,共搜羅青銅器器影合計 3 542 件。這種龐大的體量,幾乎是把林先生當時可見的所有器物照片收集靡遺,可以説是一部完備的殷周典型青銅器演變的參考圖譜。自此册出版後至今近四十年間,還没有新的殷周典型青銅器參考圖譜問世。[2]

正文册則爲林先生對青銅器的綜合論斷,分上下兩編。上編總論,涉及青銅器研究學術史、青銅器的分類與定名、青銅器的用法等諸方面;下編專論殷至春秋早期青銅器器形、紋飾、銘文的特徵及時代演變。兩編合觀,幾乎囊括了當時青銅器研究的各個方面。王世民先生在中譯本序言中稱"這部大書是迄今爲止最爲完備、集大成的青銅器研究著作"(《綜覽一》中文版前言第 7 頁),贊譽之高,足可見此書價值。下面就依照《綜覽一》的敘述順序,對原書内容做概括介紹。

上編第一章爲前言,概述林先生對殷周青銅器的整體認識,同時指出著書緣起是慨歎於至今日本仍缺乏一本青銅器研究的綜合著作,"爲今後研究導夫先路,是我撰寫此書的緣由"(《綜覽一》第 4 頁)。第二章爲學術史,作者以國際視野,分中國國内、日本、歐美三部分最爲系統地論述了中國青銅器發現、搜集與研究史。尤值得稱述的是,這部書所記述的日本、歐美搜集、研究中國青銅器的信息,有很多是林巳奈夫先生親自調查、掌握的第一手資料,其中

---

[1] 林巳奈夫著,唐利國譯:《刻在石頭上的世界——畫像石述説的古代中國的生活和思想》,商務印書館,2010 年。

[2] 王世民先生在《殷周青銅器綜覽》第一卷中譯本新書座談會上的發言也提出了同樣的看法,見《文匯學人·學林》2017 年 10 月 27 日 3-7 版。

日本的情況自然尤爲精準。[1]　透過具體的學術史回顧以及林先生對前人研究的精準評價，充分可見林先生對學術史的鑽研和批判精神，關於這些問題詳第三部分。

第三、四章爲林先生上編著力最多的部分。第三章爲對青銅器分類和定名的討論，也是林先生認爲對青銅器器形、紋飾、銘文等進行分別研究的基礎。對於分類，林先生批評了梅原末治等學者僅針對器物外形建立起抽象系統的"考古分類"，而采取宋代以來的通例，以"自名"爲第一原則的基礎上，先根據銘文和古籍的記載確定用途，再參照考古發現推測一些缺少自名實證的器物用途。基於這些原則，林先生給出了他按用途進行的分類意見。即先按功能分爲食器、酒器、盥洗器、樂器、雜器五大類，食器酒器下再根據具體用途劃分小類，其後依次羅列器名。這種體系無疑是當時最完備的分類系統，極具啟發性，前紹《考古圖》、陳夢家先生的分類體系，後來被朱鳳瀚先生的《中國青銅器綜論》（上海古籍出版社，2009 年，下引此書皆簡稱爲《綜論》）所繼承發揚。[2]

---

[1] 見《殷周青銅器綜覽》第一卷中譯本新書座談會上的朱鳳瀚先生的發言，見《文匯學人·學林》2017 年 10 月 27 日 3－7 版。

[2] 爲更直觀體現《綜覽》與《綜論》分類定名體系的聯繫和區別，茲將兩者列表對比如下：

《綜覽》	《綜論》
一、食器	壹、容器
1. 烹煮器：	一、食器
鼎、方鼎、鬲、鬲鼎、甗、釜、錡	（一）烹煮與盛食器：
2. 盛食器：	鼎、鬲、甗、簋、簠、盨、敦、豆
簋、盂、盆（甑）、盨、簠、敦、盛、豆、鉶、俎	
3. 挹取器：	（二）挹取器：匕
匕、柶、畢	（三）切肉器：俎
二、酒器	二、酒器
1. 溫酒器：爵、角、斝	（一）溫熱酒器：爵、角、斝、鐎
2. 煮鬱器：盉、鐎	
3. 盛酒（水、羹等）器：	（二）盛酒器：
尊、鳥獸尊、方彝、卣、罍、壺、鈁、瓠壺、方壺、瓶、觥、缶、盥缶、甒、樌、錍、釜	尊、觥、方彝、卣、罍（瓿）、壺（鍾）、瓶、罐、缶、鐎、鉼、皿、匜
4. 飲酒器：瓚、觚、觶、兕觥、柸、巵	（三）飲酒器：觚、觶、杯
5. 挹注器：枓、勺	（四）挹注器：斗、勺
6. 盛尊器：禁	（五）承尊器：禁
三、盥洗器：盤、匜、鑑、銷	三、水器：盤、匜、盂（鑒）、鑒、盂、盆（鑑）
	四、量器：釜、錧、盌、升、量
四、樂器：鐘、鎛、鉦、鐸、鈴、錞于	貳、樂器：鐃、鉦、句鑃、鐘（鎛）、鐸、鈴、錞于、鼓
	叁、兵器：戈、矛、鏚、殳、戟（棋）、鉞、刀、劍、弩、鏃、盔
	肆、工具：斧、錛、鑿、刀、銷、钁、鏟、舌、耨、鎌（銍）
	伍、車馬器：
	軎、轄、轂飾、輿飾、軛飾、踵、軑、衡飾、鑾、軜、馬器上的御馬、馬首飾件
	陸、雜器
五、雜器：鑪、箕、炭鈎、槁	

對於定名,林先生清醒地指出(《綜覽一》第 36 頁) :

　　有些彝器現在有慣用的名稱,如果我們要把它和古籍的記載聯繫起來,當作歷史研究的資料使用的話,必須要弄清楚這些名稱究竟是商周時代也使用的,還是後代的人在没有什麼確切根據的情况下從古籍中揀出來暫時用的。

　　林先生在後面的研究中,也明確地將他對器物的命名區别爲四種,即依據自名命名、依據自名以爲的確切根據命名、雖然缺乏命名的根據但承襲傳統的稱呼以及除書中采用的名稱外尚有其他自名(《綜覽一》第 37 頁)。在這一理論的指導下,林先生又對作爲禮器的銅器進行了分類,并分别考察了每種銅禮器的類别和用法,即本書上編第四章的内容。

　　爾後,第四章又專闢一節,擺脱古器物學僅針對銅器本身進行研究的藩籬,對作爲考古學資料的青銅禮器組合進行研究,這自然要得益於林先生大學期間考古學的學習背景。林先生首先對出土銅器的遺迹單位進行辨析,區别了窖藏與墓葬的單位屬性,指出墓葬作爲最小時間倉,隨葬禮器最具有研究銅器組合與時代演變的價值(《綜覽一》第 163 頁)。隨後林先生又花費極大精力幾乎窮盡性搜集了當時公布的銅器墓資料,列表分域、分期地比較商周時代不同時期各個墓葬隨葬器物組合的變化情况。這項研究有兩點似尤值稱道:其一是作者不僅僅關注了墓中隨葬的銅器組合,還兼及了陶器、釉陶、仿銅陶禮器、仿銅鉛禮器的組合特徵;對於銅器,還進一步細分爲同銘、非同銘、無銘等幾類;以求達到最科學細緻地分析不同等級、不同時代墓葬的組合特徵。其二是作者進行這些對比研究,目的是爲了研究禮制的變化(即林先生所謂的殷禮、損益殷禮而成的西周早期之禮、西周中期以後的新禮,這種通過器物演化看禮制變革的做法又屢見於下編對器形時代演變的研究中)與當時人們鬼神觀念的變化(《綜覽一》第 169 – 170 頁),這種超脱器物本體進入意識形態領域的研究,才是林巳奈夫先生研究的終極追求。

　　下編部分共三章,分别從器形、紋飾和銘文三方面構建殷周時期青銅器的時代序列框架。第一章爲器形的研究,也是林先生對青銅器年代的研究重點。其總體方法是“先按照器種分類,把形制上的特徵相同的器物匯集起來,確定各型式的先後順序”(《綜覽一》第 205 頁)。這其實已有“先分類後斷代(或分期)”的思路了。這種科學的思路實際上也是目前甲骨學類組研究的堅實基礎。

　　具體操作時,林先生先將每個器類根據形制的不同分爲幾個型式,而用年代明確的銘文資料作爲參照確定標準器,然後用類型學去排比形制與標準器可以前後銜接的器物,并依據同銘、同樣受祭者或者同墓出土的器物組合繫聯不同器類之間的年代關係。在進行類型學操作時,林先生抓住器物外形特徵這一主要矛盾,作爲類型學排比的唯一標準,不受紋飾、銘文字體的干擾,反而是用器形的先後排序去指導紋飾和銘文字體的排序。在這一理論指導下,林先生對每種器物分别進行分型分式排比,并推定了各型式的大致年代。

第二章討論紋飾的時代演變,關於這些詳見本文第二部分。

第三章討論銘文的時代演變。林氏仍是依據器形的分期結果對銘文進行分期,從而討論各期銘文在字體、格式與常用句等方面的時代變遷。作者利用統計數據,對不同時期的族徽日名分布、流行語進行研究,以期發現新問題(參看第五節),同時又警惕了統計學陷阱,如指出婦好墓這種一個墓葬單位出土一大批有銘銅器的情况會一定程度上干擾了統計結論。

2. 書中卓識舉隅

關於此書在構建青銅器研究整體框架、全面系統地匯纂排比資料、爲今後系統化研究導夫先路等方面的貢獻和價值,已有許多著名學者做過精允的評價,此不再一一重複。[1] 對我而言,翻閲此書,最直觀的感受是書中的精闢見解俯拾皆是,不勝枚舉,時常令我驚歎林巳奈夫先生研究的宏博與超前。這些見解多隨文提及,散落在書中,需要細心摭取體會。兹就我體會到的卓識之處挂一漏萬地略做介紹。

在前言中,林巳奈夫先生就以極簡練的語言提出了諸多研究的前沿重點。如他早已認識到先秦時期存在除銅器之外其他材質的禮器系統,如他引證殷墟、藁城臺西、三門峽上嶺村等遺址的考古發現,説明當時還有一套竹木質的漆禮器系統(《綜覽一》第3頁注4)。這一禮器系統長久以來湮滅不聞,没有得到應有的重視。林先生的研究實有發軔之功。[2] 又如他聯繫《周禮·春官》的"典庸器"一職,認爲青銅彝器有紀念物性質(《綜覽一》第4頁),這又與巫鴻、董珊等先生的觀點不謀而合。[3]

全書最令我膺服之處,多集中在林先生對青銅器定名和用法的具體考證上。林巳奈夫先生既熟稔傳世文獻,又諳熟考古學與古文字學,以此對青銅器的定名和功能逐一考察檢討,故林先生提出了許多前瞻性的看法,發前人未發之覆,又在後來逐漸得到了新出材料的支持。簡舉三例:

1. 林先生在考察了舊所謂青銅"觚"的體量後認爲,這類銅器未必適宜作爲飲器(《綜覽一》第94頁),并進而懷疑"觚"的定名,乃至進而懷疑古文字中的"'凡'似不妨理解爲觚形尊的象形字"(《綜覽一》第126頁)。對"凡(同)"字形的認識得到了後來發現的内史亳銅(《銘圖》[4] 09855)的證實。現在我們以及知道,所謂的"觚"自名爲"銅","同"本來就是

---

[1] 《林巳奈夫〈殷周青銅器綜覽〉的影響和價值》,《文匯學人·學林》2017年10月27日3-7版。

[2] 對先秦兩漢漆器較新的系統研究,參看盧一:《先秦兩漢時期漆器的考古學研究》,北京大學考古文博學院博士學位論文,2020年。

[3] 巫鴻著,李清泉、鄭岩等譯:《中國古代藝術與建築中的"紀念碑性"》,上海人民出版社,2009年;董珊:《從作册般銅黿漫説"庸器"》,北京大學震旦古代文明研究中心編:《古代文明研究通訊》2005年總第24期,第26-29頁。

[4] 吴鎮烽:《商周青銅器銘文暨圖像集成》,上海古籍出版社,2012年。下引此書一律簡稱"銘圖"。

“觚”的象形初文。[1]

2. 林巳奈夫先生敏鋭地注意到了殷墟甲骨、西周金文中存在“異鼎”一詞,認爲它很可能是方鼎的一種别稱(《綜覽一》第45頁)。這種看法現在看來無疑是正確的。可以略做補充的是,所謂的“異鼎”實際上應該是一字,當隸定作“鼒”,裘錫圭先生較早已懷疑殷墟甲骨中的“異鼎”當爲一字。[2] 山西大河口墓地M1017發現後,發掘者已將墓中所出的“霸伯方簋”自名“”破讀爲“鉽”,[3]據《爾雅·釋器》“鼎絶大謂之鼐,圜弇上謂之鼒,附耳外謂之鉽”,可知這類器物實際上應屬鼎類。王子楊先生後又撰文證成“鉽”説,并引謝明文先生説指出金文中作爲方鼎自名的“鼒”也應是“鉽”的異體。[4] 我們還可以補充“鼒”又見於周原甲骨H11:87;方鼎又可自名爲“異”,見於淮伯鼎(《銘圖》02316)。綜合這些材料,我們有理由確信“鼒”作爲方鼎的自名當讀爲“鉽”。林先生在未見到大河口墓地材料前就已經提出了基本正確的意見,可惜後來的研究者却很少注意到林先生的這個説法,每多異説,令人遺憾。

3. 又如林先生考證現在一般稱爲“爵”的三足器時,指出“這個命名是錯誤的”,本着闕疑審慎的精神,他并未給出新的定名。同時他又指出“從形制看,這類器恐怕是用以温酒,并舉行祼禮的”(《綜覽一》第72頁,又第161－162頁),這種看法也得到了後來陸續發現的材料的證實,《銘圖》08274著録了一件新發現的王爵,尾外側鑄銘“王祼彝”,明確無誤地指出此當爲祼祭用器。李春桃先生更撰長文,利用新近出土文獻資料指出這類三足器應定名爲“觴”,“爵”當指伯公父爵一類造型的酒器(林巳奈夫先生稱爲“瓚”)。[5] 林先生在未見到這些材料之前已有此高論,令人歎服。

林先生還有一些看法,雖然尚未得到更多的確證,但也大多新奇可信。如他據叔趩父卣自名“小鬱彝”指出今日所謂的“提梁卣”許多應該是盛放鬱鬯的容器,而卣作母口的蓋子一般蓋得特深,不易拿掉,是因爲防止内裝鬱鬯的氣味散失,一些“鬱壺”器蓋作子口,往往也插進壺口很深,是出於同理(《綜覽一》第139頁)。又認爲鬱鬯在當時有洗浄污穢、御除不祥的

[1] 吴鎮烽:《内史亳豐同的初步研究》,《考古與文物》2010年第2期。但林先生認爲的“凡”字其實應該釋作“同”,參看王子楊:《舊釋“凡”之字絶大多數當釋爲“同”》,氏著:《甲骨文字形類組差異現象研究》,中西書局,2013年,第198－230頁。

[2] 裘錫圭:《卜辭“異”字和詩、書裏的“式”字》,收入《裘錫圭學術文集·甲骨文卷》,復旦大學出版社,2012年,第216頁。

[3] 山西省考古研究所、臨汾市文物局、翼城縣文物旅游局聯合考古隊,山西大學北方考古研究中心:《山西翼城大河口西周墓地1017號墓發掘》,《考古學報》2018年第1期。

[4] 王子楊:《大河口霸國墓地M1017出土青銅銘文材料的幾點認識》,社科院歷史所先秦史研究室網站,http://www.xianqin.org/blog/archives/9917.html#post－9917－footnote－26.

[5] 李春桃:《從斗形爵的稱謂談到三足爵的命名》,《中研院歷史語言研究所集刊》第八十九本第一分,2018年。

作用,青銅匜最開始盛鬯就是爲了洗淨王和王后的尸體以及王齋戒時沐浴用的,後來內盛的鬯逐漸被水代替,匜也變成專門用於盥洗的器物(《綜覽一》第 143 頁)。這些都是很合理的推測。

下編部分中,林巳奈夫先生對青銅器分期排序之功自不必説,給我更多觸動的是他在類型學操作方法上的啟示意義。林巳奈夫先生處理類型學的鮮明特點是強調平行的對比,不僅注意到同器類不同型的器物之間,在非型別特徵上具有類似的演變規律;還注意到不同器類相同部位上有着平行的演化特徵。如林先生先用較多筆墨建立了鼎的類型學框架,將圓腹鼎分爲十七型,相鄰幾型之間的式別變化力求相同;接下來再分方鼎、鬲鼎時,分型的標準多參考圓腹鼎,且每一型下的式別演化特徵也多互相參照。乃至分鬲、簋、盂等器物時,對諸如腹部、足部的型式變化特徵也會同鼎的變化特徵互相參照。這樣,整套分類體系就顯得十分整齊且便於操作,足見其科學性。[1]

3. 研究的不足

不可否認,完成這樣一部巨著,不可能沒有任何疏漏。事實上只有充分總結林先生的疏失,吸取出現疏漏的原因和教訓,才能推動對青銅器的研究和認識不斷深入。本小節我們即擬對這部大書中的一些不足進行討論。需要首先説明的是,林先生此書的許多結論是在他先前一些研究的基礎上得出的,而這些研究我們大多未得寓目,再加之限於學識,很可能有許多極有價值的研究被我們誤認爲是疏忽,這些有待我們日後的學習修正。

書中有一些明顯的疏漏是技術性的,由於此書體量龐大,編纂曠日持久,難免有前後文義不屬,互相牴牾之處,凡此,譯按部分已經做了很好的整理(詳第四節),兹不贅述。

先談通書最大的遺憾。作爲一部通論性質的著作,林先生論及了青銅器研究的諸多方面,足以啟示我們研究青銅器的門徑和方法。但對於技術和流通方面的研究恰恰是缺失的。如對青銅器鑄造技術的研究,林先生自己也意識到了這點(《綜覽一》第 4 頁注釋 4,林氏回避討論的理由是一方面是受當時材料所限,還不足以展開系統討論,一方面是篇幅所限)。然而無論基於何種理由,鑄造技術方面研究的缺失仍是此書最大的遺憾。實際上這也是青銅器作爲考古學材料時必不可少的研究重點。李學勤先生曾多次強調,青銅器研究至少要從五個方面進行,即青銅器的形制、紋飾、銘文、功能和工藝。[2] 相較而言,朱鳳瀚先生的《綜

---

[1] 我在本科學習期間,也在課堂上聽聞雷興山先生講授過類似的觀點(雷興山,"商周考古學研究(上)"課程,2017 年秋季學期)。雷老師指出類型學操作時要注意相關性分析,要求同類器不同型的演變規律應該基本相同,差別只在於型別特徵;兩種器類的相關部位,一般情況式別特徵和演變規律一般相同;多種不同器類的型、亞型,它們在相關部位有相同的演變規律。這些做法在《綜覽一》中都可以直觀體會到。如今讀到時,既倍感親切,又讓人殊覺林先生類型學研究的邃密。

[2] 李學勤:《青銅器入門》,商務印書館,2013 年,第 9–11 頁。又見李學勤:《從眉縣楊家村窖藏談青銅器研究的五個方面》,《文物天地》2005 年第 1 期。

論》後出轉精,對工藝方面有專門章節進行討論。而基於考古學眼光考察商周社會中青銅器的流通,這方面的著作目前仍較少見,[1]這也是目前青銅器研究中的弱項和增長點。[2]

另外的缺失見於本書上編的第四章,在討論禮器的用法時,未涉及食器(林氏稱爲"鬺彝")的用法,林先生僅在正文中捎帶提及:"它們(引按,指"鬺彝")的討論與春秋時代以後建立起來的制度有密切關係,而與我們在此討論的商、西周時代有一點時間差。因此,關於這個問題,希望找別的機會討論。"(《綜覽一》第 133 頁)然而由於我們的見識不廣,終究不知林先生後來是否又單獨討論了"鬺彝"的用法。

論述中或另有一些具體的問題,有些屬於認識上的,有些屬於方法上的。先談前者,林先生對青銅器的分類有些地方似值得商榷。如第三章,對於西周早期多見的"分襠鼎"、"鬲鼎",林先生將之劃入鬲類(《綜覽一》第 48 - 49 頁),與今日多劃入鼎類不同;林先生將婦好墓出土的"方壺"單獨劃出,另立一類(《綜覽一》第 88 頁),然上文述及壺時,已引及漢代將方壺定名爲"鈁",并將"鈁"和一般的壺歸於一類下(《綜覽一》第 87 頁),則"方壺"似不必單分作一類;又林先生將"缶"和"盥缶"并列爲兩類,然而他自己也提到蔡侯申盥缶自名"盥缶",蔡侯朱盥缶形制相同,但自名"缶"(《綜覽一》第 90 - 91 頁),從這點看,這兩種自名應該都是同一類器物的異稱,不宜單獨劃出。又如第四章,對於酒彝的分類,盛酒器和盛醴器有無必要做細緻嚴格的分開? 也頗令人懷疑。

研究方法上的問題集中在下編林先生的類型學操作中。前已述及林巳奈夫先生對類型學總體的思路有極大的科學性,可惜林先生未能始終貫徹他的操作思路。根據現在一般對考古類型學的認識,不難理解類型學只能給定相對年代順序(分期),無法對應到具體王世(斷代)。林先生對這一點的意識似乎不足,他雖然指出"雖然大司空第四期無疑屬於安陽殷墟文化編年中的最後一期,但其絕對年代只屬於商代最晚期,還是下延至周早期,是根據文化各期的相對斷代無法證明的"。但他還是希望通過"首先根據考古類型學的方法確定各個類型的先後順序,奠定堅實的基礎;然後再吸收金文研究的成果,確定各個類型屬於哪一個朝代"的方法給出無銘文銅器的絕對年代(《綜覽一》第 204 頁)。然而上已述及,類型學的研究無法對應王世,商周之際的銅器斷代,無明確銘文標識者亦無法用上述方法判定屬殷還是周。又如林先生既以器形爲類型學劃分的唯一標準,紋飾就不應該納入分型特徵之中,然而

---

[1] 較新的成果可參看黎海超:《資源與社會: 以商周時期銅器流通爲中心》,中國社會科學出版社,2020 年。

[2] 嚴格地說,流通方面的研究應當包括鑄造技術的傳播、銅器的傳播,以及背後傳播動因的研究。傳統的"貢納"、"分器"說無法完全解決考古發現涌現出越來越多的問題。這些研究除需要田野考古和青銅器的相關知識外,還需要冶金考古、科技考古、藝術史等諸多相關學科的知識。這些問題的研究近來已多有學者分域、分專題進行討論,似有漸成研究熱門趨勢。

在劃分卣的時候,却單獨把"器上飾十字形寬帶"的劃分爲第三 B 型(《綜覽一》第 232 頁),實際上也沒有貫徹自己先前的思路。

另外,林先生的類型學較之今日考古學常用的類型學,在基本操作方法上也存在相當大的不同,這當與林先生當時類型學研究尚不如今日完備有關。具體表現在三點:一是型別和式別往往混用不別,導致林先生劃分出的型時而具有年代特徵,時而不具有;二是同類不同型之間時而具有統一的劃分標準,時而無之,如在劃分圓鼎的時候,一到七型全部爲鼓腹鼎,八到十型爲球腹鼎,十二到十四型又爲附耳鼎——類似的排序在今日應分別各自合并,其上劃分出各種亞型;三是在描述型式的區別時多爲相對性的表述,缺乏定量特徵,仍以圓鼎爲例,三型鼎的劃分標準爲"器腹深度在第一型和第二型的中間",十型鼎的劃分標準爲"器腹深度在第八型和第九型的中間"(《綜覽一》第 217 - 218 頁),對於式別的劃分也常見類似的表述,而這種表述是不具備任何可操作性的。我能想到的一個稍定量的辦法是可以靠測算比值範圍(如對上引鼎的式別判定就可以靠測量器腹與器高的比值)作爲分型標準。不過林巳奈夫先生采取這種表述可能與林先生獲取資料困難,只能根據器物照片進行排比,無法對器物進行實測有關,我們無法對此過於苛責。

二、《殷周時代青銅器紋飾之研究》

1. 内容述要

繼第一卷《殷周時代青銅器之研究》之後,1986 由日本吉川弘文館又出版了林先生《殷周青銅器綜覽》的第二卷《殷周時代青銅器紋飾之研究》(《殷周時代青銅器紋樣の研究・殷周青銅器綜覽二》);中文版仍由廣瀨薰雄先生、近藤晴香女士譯稿,郭永秉先生潤文,2019 年由上海古籍出版社出版。爲稱述方便,下引此書中譯本皆簡稱爲《綜覽二》。

《綜覽二》亦分爲圖版、正文兩册。與《綜覽一》兩册相互獨立不同的是,本書中兩册需要互相參照合觀(事實上在吉川弘文館出版初版時它們本是一册)。圖版部分延續了《綜覽一》收羅詳備,分別部居的特點,收錄青銅器紋飾照片、拓片 2 572 幅,蔚爲大觀。

正文分册亦分爲上、下兩編。上編爲緒論,前兩章爲序言及研究史,由於此前對青銅器紋飾做專門考察的著作不多,因此專論學術史部分的内容遠較《綜覽一》簡練。另外,後文在每章之首,作者也會對涉及相關紋飾研究的文章進行學術史總結評價。

第三章爲研究方法,林巳奈夫先生指出,欲將紋飾作爲歷史資料研究,必須先了解其年代。對於紋飾年代的判別方法,《綜覽一》中林先生已經指出(第 379 頁):

> 我們首先根據器形的變化判斷商至春秋早期各個青銅器所屬的時代,并按照時代順序對它們進行排序;只有如此,才能輕而易舉地歸納出器物上的花紋、附加裝飾的形制、表現技法的時代特徵,以及各個時代所使用的紋飾種類及其盛衰。

本書中對年代的判定依舊沿用這一方法得出的結論。特別值得一提的是，在研究紋飾的斷代時，林巳奈夫先生不只是着眼於單一紋飾本身，而是既將紋飾打散，考慮特殊構件（如菌形角、雷紋地、扉棱）的斷代意義，又考慮同一器物上施於不同部位的紋飾的組合關係對斷代的意義（見《綜覽一》第 383－384 頁）。這種思路無疑也是極有啟發性的。

對於紋飾意義的研究，由於文獻不足徵，民族學資料也僅可作爲參考未盡可靠，作者早在《綜覽一》中就已經指出了他的研究方法（《綜覽一》第 23 頁）：

> 第一，利用根據圖像的題記及同時代的文獻可以知道名稱和性質的圖像，由此追溯到商、西周時代；第二，探索古文字所象的原形圖像；第三，把文獻記載和圖像相連接。

《綜覽二》中，林先生又重申這一研究方法并進行了擴充（《綜覽二》第 7 頁）：

> 漢代有些鬼神的圖像有題記，我們據此能够確切地知道這些鬼神在當時的名稱，進而根據圖像譜系往上追溯；把商周時代的象形字和紋飾要素相聯繫，據此確定這些紋飾在商周時期的名稱和特性；根據紋飾的構成因素做推測；根據各個紋飾在青銅器上所占面積的大小和位置推測各個圖像之間的主從關係等。

林先生開宗明義地定義了自己的研究方法。從下編的各種分論可見，整部書他都是在自覺貫徹這些方法的。

第四章爲林先生對表現技法的研究，書中首創技法的分類體系，建立起了紋飾技法的研究框架。無論我們是否相信林氏對紋飾意義的研究，這一分類系統無疑都是值得參考的。

下編爲分論。介紹各種紋飾的分類、定名、演變，并在等級視角下探究紋飾的具體含義。在具體介紹每種紋飾之前，先對所介紹的紋飾下定義，并簡述其定名理由，是林氏通貫全書的體例。

下編第一章用極大篇幅介紹林巳奈夫先生對商周青銅器的核心紋飾饕餮紋的認識。作者對饕餮紋的區別重點是“鼻梁或前額處有上部呈倒梯形的刮刀狀或倒 U 形裝飾”。《綜覽二》中稱其爲“篦形裝飾”（《綜覽二》第 19 頁），隨後作者舉尊、卣、方彝、罍等器物紋飾例證指出，紋飾的大小、扉棱的有無都指向了等級的差異——即占表面積更大的紋飾代表其在通體紋飾中等級更高，扉棱規模的大小也與銅器的等級成正比。而通常在青銅器中占面積最大的紋飾——饕餮紋，就代表了商王朝的“物”，即甲骨文中的“帝”；從屬於饕餮紋的次要紋飾如小龍、鳳等，代表了臣服於商王朝統治的各個氏族或方國之“物”，“商王朝對臣屬國族在青銅器方面的控制是通過限制'物'的使用方法而實現的"(《綜覽二》第 33 頁)。

　　隨後作者討論了饕餮的起源,認爲饕餮紋可追溯到公元前 5000 年河姆渡文化的太陽神圖像,其後演變成良渚的神人紋,龍山文化在由此演變過來的圖像裏面畫上鬼神的臉,饕餮是把這個鬼神圖像改成殷商風格的翻版,商代只是爲饕餮添加了公羊、水牛和老虎等野生動物的因素。河姆渡文化的太陽神火焰升起,代表着太陽神的生産力,這個火焰形在饕餮中成爲倒梯形的箆形裝飾,火焰形的象徵意義也一起被保留。河姆渡圖像中兩旁侍奉太陽神的雙鳥,變成了商代饕餮紋兩旁的鳳。據此,作者在第二章討論了商周時期各種饕餮的種類和時代演變。

　　與饕餮相對應,頭頂没有"箆形"裝飾的獸面,林巳奈夫先生稱之爲犧首,也是第三章討論的重點。他認爲(《綜覽二》第 63 頁):

　　　　所謂犧首與饕餮很相似,其圓雕被用在青銅容器的肩部、頸部、鼎足、把手上部等很顯眼的地方,有時也被用在紋飾帶的正中處,其待遇比其他方國的"物"高。它和饕餮最大的區別是饕餮額部有箆形裝飾,代表上帝的生産力即德,而犧首没有這種箆形裝飾。此外,饕餮没有像動物一樣的身體,而犧首擁有虎、水牛等四脚動物的身體;犧首的等級雖然比上帝低一等,但比方國的其他"物"高。從圖像表現的角度看,犧首可以説是具有肉體的上帝,也可以説是在成爲比較抽象的上帝之前的、地上存在的"物"。

　　由上引這段話可見,林氏青銅器紋飾研究的核心貫穿了他對"物"的理念,即林先生認爲"物"是商周時期各個氏族所崇拜的鬼神,也是標志氏族的徽記,不同的氏族往往有不同的"物",青銅器上的"族徽"就是這些"物"的符號化表現(《綜覽一》第 128 頁譯按)。本着這一基本認識,第四至十三章即簡要討論其他諸如龍紋、鳥紋、其他動物紋、人形鬼神、罔兩紋等紋飾,認爲它們分別是不同國族、氏族之"物",并對它們進行細化的分類排比。最後一章兼及林先生認爲可能并不屬於"物"之體現的幾何紋。

　　2. 研究貢獻舉隅

　　林巳奈夫先生的青銅器紋飾研究,正如其在序言中所説的那樣(《綜覽二》第 3 頁):

　　　　對商周青銅器紋飾的各種母題進行分類,并説明每種紋飾之年代的研究,應該以本書爲嚆矢。

　　這絶非虛妄之語,下仍簡要舉例説明。林先生的研究貢獻首先體現在他合理的分類體系上,如林先生對饕餮紋的分類方式,是目前所見最爲合理的分類方案,他先以頭頂的角或是處於角位置上的構件形狀爲第一分類標準,其次再以下顎的形態爲二級分類標準(《綜覽二》第84頁)。這種分類方法,比同時期馬承源先生的分類更爲科學,[1]也比後來段勇先生的分類細密。[2]

對長久以來一般認爲是同一類的紋飾,林先生也重新做了精細化分類。如指出我們一般稱呼的"竊曲紋"除了源於變形解體的饕餮、龍紋外,還有林先生所説的目羽紋(《綜覽二》第175頁)、目足羽紋、足羽紋、雙目足羽紋、雙足羽紋(《綜覽二》第179-180頁)、并列ワ形羽渦紋(寬體)、勾連ワ形羽渦紋(寬體)、并列S形羽渦紋、勾連S形羽渦紋(《綜覽二》第184頁)等等。對我們一般統稱的"雲雷紋",又細分成叠并S形羽渦紋、并列ワ形羽渦紋(細綫)、勾連ワ形羽渦紋(細綫)(《綜覽二》第183頁)、回字形渦紋、并列S形渦紋、勾連S形渦紋、矗紋、T形渦紋、并列形菱紋、斜方格紋(《綜覽二》第194-196頁)等等。這些分類的不同指向了其很可能有不同的來源,其背後的時代或製法的差異尚有待揭露。

林先生在紋飾研究方面的成就又體現在他精細的類型學排比上。如在第十章討論蠶紋時,林巳奈夫先生通過全面、細緻地排比紋飾,給出了蠶紋的演化序列,最終指出抽象的青銅器紋飾中,有一種以"X◇"形爲基本單元的斜角雷紋,實際上是蠶紋的變體,林先生稱之爲"幾何形蠶紋"(《綜覽二》第153頁)。這一結論極可靠,排比工作令人擊節歎服。不僅前輩學者未能發現,之後國内學者的論著中,也似乎未有人再能指出這一點。

通過上述合理的分類、精細全面的紋飾排比,林巳奈夫先生發現了許多前人罕有注意的現象。如在第三章對犧首的研究中,林先生注意到犧首與饕餮除"篦形"裝飾外表現的基本上是同一類紋飾二維與三維的區别,從而采取了與饕餮同樣的分類方法,另一方面又通過這種分類研究注意到了"饕餮和犧首的對應關係不均匀"(《綜覽二》第90頁)。在討論鴟鴞形神的時候,通過研究紋飾的年代指出鴟鴞形神的地位在西周時期發生了變化(《綜覽二》第149頁)。這些都是很敏鋭的觀察。通過這些敏鋭觀察,林先生對紋飾的形象、定名、來源也提出了許多或新奇可喜,或富有前瞻性的論斷,我們也舉三例:

1. 第十章林先生劃分"螻蛄形鬼神"時,先是發現殷墟出土的左盂在銘文覆壓之下仍有一個形狀與甲骨文"𡆥"字幾乎一致的紋飾,進而據之繫聯相關的青銅器紋飾;又引唐蘭先生説將"𡆥"釋爲"尖";同時不迷信舊説,指出此字并不像蜥蜴,結合同類紋飾看反而像螻蛄(《綜覽二》第154頁)。林先生的這些細緻觀察、全面繫聯都極爲可信,説這類紋飾像螻蛄,也是目前我們所見到的最好的一類解釋。

2. 第十三章中,林先生把學界舊習稱的"波曲紋"改定名爲"山紋",認爲它表現的是山

[1] 上海博物館青銅器研究組編:《商周青銅器文飾》,文物出版社,1984年。

[2] 段勇:《商周青銅器幻想動物紋研究》,上海古籍出版社,2003年。

岳,這也是極爲有趣的認識。近年大河口 M1017 出土的霸伯簋飾"波曲紋"而自名"山簋",[1]李零先生據之撰專文考證此類紋飾當稱爲"山紋",[2]似并未見到林巳奈夫先生早有此論。[3]

3. 書末林巳奈夫先生提出了通過幾何紋推測技術來源的思路,并懷疑我們現在常説的直棱紋、横棱紋、斜棱紋(林先生稱爲垂直條紋、水平條紋、斜條紋)等紋飾的起源或許與柳條或竹籤的工藝有關(《綜覽二》第 199 頁)。這也是非常有趣且合理的推測。林先生提出可以透過紋飾看原始工藝的思路極富啟發性,但可惜他并没有做更多的論述。徐天進先生曾在課上提出,可以透過研究青銅器與其他材質器物的互動關係,從而考察紋飾的生成;他并舉出認爲渦紋來源於漆木器上的蚌泡、方鼎側壁四周的乳釘紋來源於漆木器上的鉚釘等等,[4]都是采用類似的思路得出的意見。

除這些之外,林先生還注意到了工匠的個人創造性、構圖空間對紋飾形象的影響(《綜覽二》第 97 頁)等重要現象。同時,同紋飾斷代一樣,林巳奈夫先生在研究構形時,依然同時注重對構成紋飾諸要素之間的關係的考察,發現了許多問題。如林先生在研究羊角饕餮時指出,羊角作鱗紋者其下顎無一例外地往外卷,據此可知"上面刻有鱗波紋的、很逼真的角與往外卷的下顎之間有内在聯繫"(《綜覽二》第 85 頁)。這是他注重紋飾構件間組合規律研究的例子。又如他在論及菌形角饕餮時指出,"這類饕餮采用[高凸]、[半圓雕]等表現技法的例子比較多,而采用[細綫]、[分散]等技法的例子則一個也没有"(《綜覽二》第 88 頁),這是他注重裝飾技法與紋飾構件類型之間關係的例子,類似的研究在述及大眉饕餮時曾被加以概括:"我們在討論其他類饕餮時也注意到,每類饕餮都有常用的表現技法和從不使用的表現技法。大眉饕餮的例子能够證明饕餮的種類和表現技法之間確實有一定的關係。"(《綜覽二》第 89 頁)另外,他還注重對紋飾種類與器物施加部位之間關係的研究,仍以羊角饕餮爲例,林氏指出羊角饕餮可以充當犧首,施於鼎足上部,而且"用在鼎足上部的羊角饕餮都是特定種類的"(《綜覽二》第 85 頁)。類似的發現書中比比皆是,都是前人未曾論及的。雖然這些發現的具體意義目前尚不明確,但這種揭露關係的研究無疑爲我們更深入理解青銅器紋飾開啟了新的視角。

---

[1] 山西省考古研究所等:《山西翼城大河口墓地 1017 號墓發掘》,《考古學報》2018 年第 1 期。

[2] 李零:《山紋考——説環帶紋、波紋、波曲紋、波浪紋應正名爲山紋》,《中國國家博物館館刊》2019 年第 1 期。

[3] 最近孫華先生則撰文認爲,波曲紋的波帶是兩種鳥紋的簡化和模式化,波帶内的填充紋樣則來自異化的鳳鳥紋和夔龍紋的變體,西周青銅器上的波曲紋可能是受到了四川盆地青銅文化波曲紋的啟發,見孫華:《銅器波曲紋的構成與來源——三星堆、十二橋文化與周代波曲紋的關係》,《四川文物》2021 年第 1 期。

[4] 是説聞之於徐天進"商周考古學研究(下)"課堂上,2018 年秋季學期。

3. 本書的問題

本小節指出的問題,我們僅從紋飾分類操作技術方面來談。有關對紋飾意義研究的評價,詳第四小節。

首先,依然是由於書的部頭太大,有些地方全書前後文説法不一,如饕餮頭上几字形的構件,書中時而認爲是羽冠,時而認爲是角(《綜覽二》第 87 頁)等等,這些譯按多已指出,不再一一列舉。

其次,林先生對紋飾的分類因循了他在研究器物類型學時的問題,《綜覽二》中"類"的概念有時是同時共存的平行序列,有時是前後發展的時代區別,兩者在林先生的論述中時常混而不別。

除上述兩點外,書中的另一些問題是分類上的。舉四例:

1. 第四章劃分"與饕餮有近緣關係的龍"時,既然指出這些龍與饕餮有近緣關係,然而分類方法却與按角形分饕餮的做法完全不同,認爲不同角的龍可能屬於同一種,因此改以身體的形狀作爲分類依據(《綜覽二》第 107 頁),似乎未盡妥當。

2. 第五章"龍類"單獨分章,却未詳述與上一章所述的龍類有何區別。另外,像本章中圖版 5－337、5－338、5－344－347 一類的"竊曲紋",左右兩組相對排列,中間間隔以林先生所謂的"篦形"紋飾,則這一組紋飾可以合成一個解體的饕餮紋。林先生却將其歸入"西周中晚期式分散龍(A 型)"(《綜覽二》第 126 頁),并未對紋飾單元中的"篦形"飾做出合理解釋。

3. 第七章爲對鳳凰紋飾的序説,簡要介紹了鳳凰的分類及命名標準。然而第八章在分述時,對鳳凰的命名、分類方法和次序都與上一章不盡相同。

4. 第十二章罔兩類中收入除罔兩紋外的諸多其他紋飾,但并未説明它們合并入罔兩類的依據。推測林先生之意,罔兩類可能是以目形爲中心要素的組合紋飾。若確實如此,則無眼饕餮紋似不應劃入其中(《綜覽二》第 179 頁),而第十三章中的目于紋似應放在此處(《綜覽二》第 181 頁)。

還有一些問題,或許算不上本書的疏失。即第七章對鳳凰的分類中林先生分出"朱雀"一類(《綜覽二》第 140 頁),然同時承認這類圖案多見於漢畫像石,商周青銅器中實際上并没有直接對應"朱雀"的紋飾;同樣地,在第九章"鳳凰以外的鳥形神"中,林先生分出了"人首鳥形神"一類(《綜覽二》第 151 頁),其見於玉器和楚帛書,亦不見於青銅器;第十二章的所謂"羽手紋"僅見於骨柶(《綜覽二》第 180 頁)。這些於專論青銅器紋飾的書中是否有必要分出,也可以再做斟酌。

4. 對《綜覽二》紋飾含義研究的討論

由於林先生這部書寫作的重點,是探究紋飾背後的宗教含義,并提出了一系列探究方法,因此我們必須對這些内容進行檢討。先表明我們的總體看法,林巳奈夫先生對於紋飾含義的研究,總的來説未免求之過深。對紋飾意義的許多研究説理過於曲折、玄幻,也就遠不如他對器形、紋飾演變和器物功能的研究那樣平實可信。但是由於林先生這方面的研究并不能被輕易證僞,我們的分析也未見得就比林先生所論更爲可靠,因此這些內容我們不放入本書中的問題那一小節去談,另立此小節進行討論。

在饕餮紋的起源方面,林先生一直上溯至新石器時代,認爲良渚的神人紋、龍山時期的圓雕神像乃至商代的獸面紋,都一脉相承了河姆渡文化骨匕或象牙版上綫刻的"雙鳥服侍太陽神"紋飾,這種看法恐怕是很難被大家公認的。首先,林先生僅通過外表的相似類比,指出它們之間基本構形的相似反映的是文化的直接沿襲,這一比較研究本身就是有問題的,河姆渡、良渚、龍山和商文化本身有各自時空範圍,從考古學文化角度不存在前後承繼關係,其各自紋飾的載體和用途都不同;母題和構圖上各文化也是自成體系,與商代的饕餮紋都不完全有繼承關係。[1] 退而言之,即便我們承認構形上的沿襲,但它們是否一直沿襲了其背後的宗教含義? 當時是否果真有一個不分地域性、傳遞數千年的普遍共同信仰? 林先生并未給出證明,事實上這恰恰并非是不證自明的。[2]

對於等級視角下的紋飾研究,林先生也指出了,他關於獸面紋和扉棱大小與等級間關係的認識,一些圓鼎和方鼎是例外(《綜覽二》第 23 頁)。我認爲這或許恰可以構成反證,即紋飾和扉棱本身并不具備等級性,只反應作器者(或鑄造工匠)的審美偏好;但在大體上講,更爲複雜精美的銅器一般屬於能支配更多資源者所有,應該是不錯的。

而林巳奈夫先生銅器紋飾含義的理論核心——認爲青銅器紋飾是氏族所崇拜之"物"、商人共同的崇拜物是"饕餮=上帝"的觀點,在今日看來也是很難成立的。商周時期饕餮紋的形狀分作很多種,如何分別與上帝對應? 爲何上帝在當時有這麽多不一樣的形象? 林先生并未給出解釋。[3] 進入西周,更多的材料都是對林氏説法構成反駁的強證。僅以新近公布

---

[1] 我們對新石器時代考古毫無研究,曾就此事請教於楊菁博士。承她賜教,謹致謝忱。

[2] 如《綜覽二》第 63 頁説:

　　無論如何,這個形狀長達幾千年都沒有變化,當是因爲用這個形狀代表神靈力量的傳統一直存在,頭上戴這個東西是作爲最高神必須具備的條件。

這種由形相似推導信仰傳統一直存在的推論顯然是并不成立的。

[3] 在第二章末尾,林先生曾指出:

　　以上,我們對饕餮即上帝的圖像進行了粗略的分類,但已經分了十幾種。後代的文獻中也有關於幾位上帝的傳説,他們分別屬於譜系不同的幾個部族。這些傳説中的幾位上帝應該與我們在此分類的饕餮=上帝在歷史上有某種關係,但哪個上帝和哪個饕餮可以相聯繫? 這個問題的實證研究留待將來進行。

這種聯繫只是林先生的個人揣度,并沒有任何證據可以證成他的想法。

的葉家山 M111 墓葬所出帶有"曾侯"銘文的青銅器爲例。[1]　根據張天宇先生的研究,這些銅器無疑是屬於同一位曾侯,即曾侯犺所作的。[2]　在有銘文確證同人所做的器物中,作爲主紋的饕餮紋就有羊角饕餮(M111∶67 南公簋、M111∶130 曾侯尊,分類及定名用林氏書中説法,下同)、T 形羊角饕餮(M111∶59＝60 犺簋、M111∶117 曾侯壺、M111∶119 曾侯盤)等多種,犧首就有羊角犧首(M111∶67 南公簋)、水牛角犧首(M111∶62 曾侯簋)、八字形羽冠犧首(M111∶124＝126 曾侯卣)數種,龍紋也有直身向前龍(M111∶130 曾侯尊)、回首"于"尾龍(M111∶124＝126 曾侯卣)、格子狀龍(M111∶113 南公爵)等多種,此外還有鳥紋(M111∶130 曾侯尊)。若這些紋飾的意義果真像林先生所揭示的那樣,那麼同一人(氏族)所作的器物爲什麼會有這麼多"物"的形象呢? 它們之中哪個才是周人共同崇拜之"物(上帝)",哪個又是曾侯犺的氏族崇拜的"物"呢?[3]　更遑論曾本來就是姬姓,是周天子的近親,理應與周王室崇拜之"物"相同才是。

　　説到底,我們認爲,正是由於對鑄造技術、銅器流通等方面關注的缺乏,影響了林先生對青銅器紋飾基本性質的認識。如林先生曾引一件飾滿蝎紋的商晚期 I 小型壺的例子,指出銅器銘文中有與這件紋飾相應的"族徽",甲骨文中也有與此相應的用爲人名和地名的"萬"字,因此認爲"這件銅器或許可以認爲是'萬'族在受商的統治之前所作的器"(《綜覽二》第 34 頁注 95)。以今天考古學的眼光來看,銅器生產的背後是資源與技術的整合——中原文明核心區缺乏礦產資源,而在周邊輸出資源的地區又缺乏足夠的鑄造技術。精美的銅禮器鑄造需要實現兩者的跨區域調配,其背後一定有國家機器的系統運轉。對於林先生所理解的一般的氏族來説,他們的社會複雜化程度不可能實現複雜銅器的鑄造,因此,即使果真有一個受商的統治之前"萬"族,他們也是沒有能力鑄造如此精美的銅器的。單從這一點看,林先生關於青銅器紋飾是各族所崇拜之"物"的意見恐怕就很難成立。

　　5. 對《綜覽二》紋飾研究方法的反思
　　既然上一小節我們對林先生紋飾意義的結論持否定意見,此處就也有必要對他的研究

---

[1]　湖北省文物考古研究所、隨州市博物館:《湖北隨州葉家山 M111 發掘簡報》,《江漢考古》2020 年第2 期。
[2]　張天宇:《葉家山墓地研究》,北京大學考古文博學院博士學位論文,2020 年,第 21－109 頁。
[3]　更極端的情況,甚至一件銅器上同時出現兩種不同的饕餮紋,林巳奈夫先生實際上已經注意到了這種情況,他説(《綜覽二》第 107 頁注 5):

　　　　也有時在同一件器物上使用角形不同的兩種饕餮。我們可以歸納出幾種饕餮組合,指出某一特定時期的某一特定器類使用某種同定的組合。關於這個問題,我們另尋機會加以討論。

　　不知後來林先生對這種情況是否進行了解釋。

方法進行一些反思。在我看來，林先生的主要研究方法（詳見第一小節）可能也是需要檢討的。

對於晚期文獻（漢畫像石資料，傳世文獻資料）的應用，林氏的審查工作不足，往往僅就一條晚期材料默認早期一定如此，而忽視其他可能。如在考辨商人"玄鳥生商"的始祖神話的時候，引用《楚辭·天問》贊成陳夢家、楊寬説，認爲玄鳥是鳳凰，從而反對燕子的説法（《綜覽二》第135頁）。實則不必，玄鳥是燕子的説法由來已久，上博簡《子羔》篇可與港中大簡拼合連讀，[1]記載商人的始祖神話正是燕子，其與《楚辭》同爲戰國時期楚國的作品。早期神話往往有多個流傳系統，既不宜輕易肯定一種而否定其他，亦不宜率意與青銅器紋飾直接比附。

在古文字的使用上，由於林巳奈夫先生多未能從語言學的角度考察文字，導致林氏將青銅器紋飾與古文字字形牽合的做法大多是有問題的。這是因爲僅以構形爲綫索的繫聯無異於"看圖説話"，流於字形的表面比附，缺乏必要的限制性論據（如語音、辭例方面的證據），致使對文字構形的説解也往往不够平實，與古人常見的造字手段不合，因此可信度不足。林先生將古文字材料與紋飾的牽合集中體現在《綜覽二》第十四、十五兩章中，如考證罔兩紋，他先是將以目紋爲中心、兩旁伸出羽紋的圖像與甲骨文"良"的寫法進行比附，認爲它們是"良"的造字來源，亦即商代被稱爲"良"的鬼神。而把古文字"良"所從的"亡"解釋爲這類青銅器紋飾中羽紋的形象；又以右文爲説，認爲這種羽紋可以稱爲"芒"（《綜覽二》第171-174頁）。考證目于紋認爲其目紋旁的"上"或"土"字形的羽紋是古文字"于"的變體（《綜覽二》第182頁）。這些都是過於玄幻、不够平實的硬性牽合，似乎從未見有古文字學者信從。[2] 類似的例子在這兩章中還有許多，此不再一一辨駁。

林先生對甲骨文例的解釋許多時候也由於要遷就己説而流於附會。如他認爲甲骨文中的"上下"即指"上帝"和"下帝"，"上帝"對應紋飾中的饕餮，"下帝"對應紋飾中比饕餮低一等級的犠首。商人没有祭祀"帝"説明"商代人相信帝完全按照自己的意思行事，人根本影響不了它"，反映到紋飾上正是"商代饕餮的臉讓人覺得它不容許人揣測，擁有深不可測的力

---

[1] 簡文説（用寬式釋文）：

　　契之母，有娀氏之女【上博10】也。游於央臺之上，有燕衝卵而錯諸其前，取而吞之。懷【上博11下】三年而劃於膺，生乃呼曰："【港中大3】鴀。"是契也。……【上博12】

[2] "良"學者一般認爲是"廊"的初文，"亡"是其後綴加的聲符（看季旭昇：《説文新證》，臺北藝文印書館，2014年，第460頁）。"亡"本身是"鋒芒"之"芒"的初文（看裘錫圭：《釋"無終"》，《裘錫圭學術文集·金文及其他古文字卷》，復旦大學出版社，2012年，第61-66頁），"于"是從"笙竽"之"竽"截取而來的（看裘錫圭：《甲骨文中的幾種樂器名稱——釋"庸""豐""韶"》，《裘錫圭學術文集·甲骨文卷》，復旦大學出版社，2012年，第36-47頁）。

量"(《綜覽二》第71頁)。且不説出於林先生對饕餮紋出於主觀的感受是否符合商人的認識,單是引證甲骨的兩個證據都是站不住腳的。甲骨文中從來没有"下帝"的説法,而"上下"則是包括天神、地示在内的集合神主稱謂。[1] 至於甲骨中有無對上帝的祭祀,我們認爲是確實存在的,請詳見另文。[2]

對同時代銅器紋飾的繫聯,也不能僅進行簡單粗暴的表面對比。考古學工作早已證明,商周時期的確存在若干地域性的考古學文化,他們都有銅器鑄造的能力,但這些考古學文化所代表的人群未必具有與中原王朝人群同樣的文化習俗和精神信仰。林巳奈夫先生在研究青銅器紋飾時,對此考慮似嫌不足。比如他曾認爲古文字中雷所從的"⊕"形代表雷鳴,湖南寧鄉發現的四羊方尊,其圈足上龍的眼睛正作"⊕"形,因此推論這條小龍代表雷鳴(《綜覽二》第111-112頁)。今按,我們姑且不管林先生對古文字中"⊕"形的解讀是否正確,四羊方尊作爲湖南的地方型産品,與中原文化不侔,没有足够的證據顯示這些産品的擁有者使用古漢字,以漢語古文字字形進行説解的方法其出發點就是有問題的。又如林巳奈夫先生在第十一章講"人形鬼神"時,曾指出泉屋博古館藏的一件商代銅鼓上的人形神像就是掌管音樂的神祇"夔",其證據是圖像的構形與甲骨文"夔"字的相似性,以及後世古書中對"夔"的記載(《綜覽二》第163-164頁,又第164-165頁注9)。然而根據李學勤先生的考察,這件銅鼓應是殷墟時期湖南的地方産品。[3] 這裏仍有這些産品的擁有者未必使用古漢字的問題,自然也就不能直接與甲骨文的"夔"相聯繫;即使我們承認這個神像是"夔",也無法證明湖南在當時有和中原相同的神話信仰系統。同樣的問題又在作者考證"披髮鬼神"時多次出現。

以上兩小節是我們對《綜覽二》中青銅器紋飾含義研究的省察。我們仿照林先生在進行學術史考察時實事求是的態度,臨文不諱,想若林先生有知,亦當不以爲怪。另外值得説明的是,雖然我們對某些具體結論作批評態度,但對林先生的研究則是報以極大敬意的。這些探索對今後的青銅器研究無疑是十分重要的。正像林先生自述的那樣,寫作的目的是"爲今後的研究導夫先路",哪怕這些研究就是今後被證明完全錯誤了,也至少爲後人證實了"此路不通",避免後人多走彎路,這種勇於探索的精神足令人肅然起敬。

三、林巳奈夫先生的治學特點

在前面已經用較大篇幅對兩卷巨著進行梳理之後,本節我們想跳出研究本身,綜合我們閱讀林巳奈夫先生著作的體會(包括上述兩卷《綜覽》,以及漢譯的《古玉》和《紋樣學》),試

---

[1] 陳劍:《釋甲骨金文的"徹"字異體——據卜辭類組差異釋字之又一例》,《出土文獻與古文字研究(第七輯)》,上海古籍出版社,2018年,第1-19頁。
[2] 拙作:《重讀殷墟甲骨中的"上帝"刻辭》,待刊。
[3] 李學勤:《商代青銅鼉鼓的考察》,《比較考古學隨筆》,廣西師範大學出版社,1997年,第187-195頁。

圖概括一下這些著述反映出的林巳奈夫先生的治學特點。

首先,《綜覽》對青銅器的搜羅極盡全面廣博,三卷加在一起僅圖版册收錄銅器圖像資料就逾萬幅,這在迄今爲止的青銅器著作中都是絶無僅有的。林巳奈夫先生在廣泛占有資料的基礎上進行研究,這是每一個翻閱過《綜覽》的人都會有的感受。自不待言。

除此之外,我在閱讀林先生著作的過程中,深切地體會到,在林先生的治學過程中,實事求是的精神貫穿了始終,影響了他的寫作風格和治學特點。具體而言,其治學特點尚有以下數端:

1. 對既有研究的批判精神

林先生的批判精神首先體現在他對學術史的態度上。對此董珊先生有精準的概括:[1]

> 在《綜覽》中,不僅有學術史編年,更重要的是,在每一項論著之後,都緊跟着林先生詳略不等的評論,貫穿了整個學術史。評論既不吝於肯定和贊美,也有相當多毫不留情的批評。

林先生在學術史回顧中多次批評盲目因循舊説的研究態度,并且認爲這其實不外是"批判精神的缺乏"(《綜覽一》第 8 頁)。這種不迷信名家説法的"批判精神"正是林先生治學的一大特色。對於一貫因襲的説法,他常常以充分的理由一一駁斥。如他通過充分細緻的字形分析,反對羅振玉將甲骨文中的"𠂤""𠭁""𠯑"等字釋爲"斝",并進而反對羅振玉、王國維、容庚、陳夢家、高本漢等一系列大師學者將今日所謂的青銅"斝"與《儀禮·少牢饋食禮》相對照的做法(《綜覽一》第 76 頁)。又如在討論西周青銅器年代學時,批評郭沫若、陳夢家、白川静等古文字學家説(《綜覽一》第 213 頁):

> 其實研究銘文的學者中并没有人認真地研究過銘文以外的、屬於美術史乃至考古學領域的問題,如這種紋飾大概多見於這個時代,這種字體使用於這個時代等。成爲研究對象的銘文中,該件銘文所在之器的照片能被找到利用的例子不是很多。他們似乎根據這些照片把這個方面的年代觀構建在自己的腦海中。然而青銅器中作爲研究對象引起學者興趣的具有長銘的器只占所有青銅器的很少一部分,因此主要關注銘文的學者根據這種有銘器構建的年代觀難免不完整。

這無疑也是很中肯的批評。這些對學術史的批評不光只出現在專門的章節中,有時也散落在脚注中。如評價高本漢(B. Karlgren)善於吸收利用青銅器銘文進行斷代的最新成果

---

[1] 見《殷周青銅器綜覽》第一卷中譯本新書座談會上的董珊先生的發言,見《文匯學人·學林》2017 年 10 月 27 日 3-7 版。

時,加脚注指出"這就是(引按:指高本漢采用研究銘文的方法)與濱田、梅原等我們的老前輩不同之處"(《綜覽一》第 28 頁注 146)。又如在考證"夒"時提及葛蘭言、亨采等人對早期神話的研究(《綜覽二》第 164 - 165 頁注 9)。

林先生的批評不僅針對學者的研究方法,還會涉及學者的論證邏輯。由於林巳奈夫先生的論述通常都具有嚴密的邏輯,其自覺的批判精神也會使林先生敏鋭地注意到他人論述中的邏輯漏洞。如他在介紹高本漢的學術成果時,既肯定他"思考邏輯性極高,而且縝密、周到",同時也指出"他的縝密思考有時候出現很大的漏洞",并舉出高本漢因爲亞、夒、㐁的銘文中"都没有表示它屬於周代的例子",從而認爲帶有這些"族徽"的銘文全屬商代的看法不可憑信。林氏對此批評説(《綜覽一》第 29 頁):

> 　　然而就從邏輯來説,既然其他的圖像符號中有從商代延續到周代的例子,那麼即使現在這三個符號確實存在像高本漢所説那樣的情況,也無法保證將來其反證不會從地下出現。

這一評價真給人一針見血之感。林先生所批評的,實際上也正是歷史研究中過度使用默證的邏輯漏洞。[1]

回顧林先生對學術史的研究,更令我們慨歎和敬佩當年材料發表零散、著録信息有限的條件下,林巳奈夫先生的爲學之艱、用功之勤。同時,讀林先生著作經常讓我羞愧地發現,過去我一些沾沾自喜的小發現,林先生早在幾十年前已經有此結論,但正是由於我對學術史的關切不足,導致了大量的重複勞動。

2. 注重科學的實踐精神

林先生在進行研究考證時,絕不會是僅端坐書齋,在故書中尋章摘句地進行研究,而是

---

[1] 然而林先生的邏輯批評有時似乎是有問題的。同是批評高本漢,他説(《綜覽一》第 29 頁):

> 　　高本漢在《中國青銅器的新研究(New Studies on Chinese Bronzes)》一文中把商代到西周時期的青銅器紋飾分爲 A、B、C 三類,對 A 式和 B 式進行討論,這也是高氏酷愛邏輯的性格帶來負作用的一個例子。高本漢不由分説地選出的各式具有如下性質:A 式和 B 式不會出現在同一件器上,A 式只和 A 式或 C 式一起出現,B 式則只和 B 式或 C 式一起出現。然而,既然設定了和 A 式、B 式都一起出現的 C 式,討論 A 式和 B 式時代、流派的區別就没有意義了。高本漢竟會没注意到這一點,究竟是怎麼一回事?

> 此段話下林先生出注説:"高本漢在此後的很長時間裏繼續作 A 式、B 式的無謂的討論(Karlgren, 1946,1959)。"這種批評是我們不能同意的。僅從邏輯上説,我們也完全可以定義 A 式爲中原型產品,B 式爲地方型產品,C 則爲融合型。探討它們的時代、演變、互動關係,不僅是邏輯上自洽,也是極有必要的。

要對研究涉及的問題,親力親爲地去考察實踐,這讓他也積累了大量的植物學與動物學知識。如林先生在考證鬱草爲何物時,多涉及植物學的内容,不僅自己翻閲《中藥大辭典》等文獻,還委托中國朋友購買草藥,嘗試自己煮鬱,以驗證自己的推測(《綜覽一》第 134－135 頁,又第 135 頁注 46)。爲了研究牛角犧首所象之物,林先生特意跑到北京動物園觀察拍照記録,確認其母形當是羚牛(《綜覽二》第 94 頁);爲了研究小臣俞犀尊所表現的犀牛種類,林先生研究了世界各地犀牛的種類和分布,指出小臣俞尊表現的是蘇門答臘犀的特徵,又援引動物考古學的成果,即在淅川下王崗仰韶文化地層中發現蘇門答臘犀的牙齒,來證明商代人是可以見到這類犀牛并以之爲原型鑄造銅器的(《綜覽二》第 102－103 頁)。通過親力親爲的考察實踐,其得出的結論自然多堅實可信。

3. 研究的通貫與全面

讀林先生的著作,另一個直觀的感受是林先生的知識極爲淵博。正如松丸道雄先生在序言中所説的那樣(《綜覽一》前言第 1 頁):

> 林先生的研究對象可以説大致是商周秦漢時代的文物,他研究方法的很大特徵之一是不僅研究文物本身,還在中國古文獻中尋找根據,尤其把文物上多見的各種各樣的紋飾和文獻記載結合起來研究那些紋飾的含義。他對古文獻也具有淵博的知識,而且還十分關注古文字。這樣的研究中國考古的學者,除了林先生以外,我不知道在日本還有第二位。

林先生的青銅器研究,首先是强調横向上的通貫性,即林巳奈夫先生不會局限在銅器或玉器本身,還會引入其他材質、其他種類的器物或文獻材料爲其研究提供佐證。他利用這些方法得出的結論未必全部可靠,但這種思路無疑是值得借鑒的。如爲了考證青銅器中一種亞腰形筒狀杯的定名,林先生援引安陽殷墟出土同造型的大理石杯、象牙杯,國外博物館收藏的東周時期的同造型黑陶杯、玉杯,以及戰國刻紋青銅器上的紋飾,證明這種形制的器物從商代一直延續到戰國;爾後又根據《韓詩外傳》《新定三禮圖》等晚期文獻的記述,認爲這種杯子其實就是古書中的"爵",而古書中的觚、觶、散、角之類的器名,無非是爵的異稱或爵的一種(《綜覽一》第 153－160 頁)。今按,根據近來學者們的研究,這類器物當非林先生認爲的爵,然定名作觶則可能是正確的。[1]

林先生的研究同時也注重縱向的通貫性,即將青銅器納入長時段的考察,通過與前段和後段材料的比較得出結論。如考證紋飾的意義時,林先生大量利用文獻資料豐富、有些圖像

---

[1] 謝明文:《談談金文中宋人所謂"觶"的自名》,氏著:《商周文字論集》,上海古籍出版社,2017 年,第 344－353 頁;樊波成:《東周銅箪銅筥考——兼論"樽"與"觶"》,《考古與文物》2020 年第 2 期。

具有題記的漢代資料，"確認漢代稱爲龍、鳳等的圖像，由此追溯其祖先"，同時又"把甲骨金文中所見的幻想動物的象形文字——龍、鳳、嬴、勹等，和商、西周時代的青銅器或玉器上所見的圖像聯繫起來，據此確定這些幻想動物當時的名稱，并參考後代文獻中被稱爲這些名字的動物的特性，以此類推商、西周時期的這些動物圖像的特性"（《綜覽二》第18頁）。這種研究方法無疑需要極爲開闊的視野，要向前對新石器、向後對漢代的材料都十分熟悉，才能做貫通的研究。然而需要引起我們警醒的是，有時林先生會有喜歡過度向上或向下追溯的缺點。如討論商周時期人首龍身或人首蛇身神紋飾時，林先生引仰韶文化彩陶證明史前就有這類紋飾（《綜覽二》第159頁），顯示了他通貫的眼光和淵博的學識。但他認爲這兩者之間存在繼承關係，則有過度上溯之嫌。

　　除了研究視野的通貫，林巳奈夫先生的知識範圍也相當全面，不僅僅是對其專業考古學，林先生對古文獻學、古文字學都有很高的修養。如在講到青銅鐘的各部分名稱時，脚注以近三分之二頁的篇幅考證鐘甬上旋和旋蟲的形制和功能（林先生以另一個較長的脚注指出旋蟲當定名作斡而非幹），批駁程瑶田、王引之等大儒的看法，名物考證極見功力（《綜覽一》第114–115頁注579）。又如林先生引金文中䰜的異體又寫作"䉾"，認爲寫作"糎"者，"米"當是綴加的意符，批駁陳夢家先生認爲是聲符的觀點（《綜覽一》第57頁注166）。引高本漢的上古音構擬，批駁陳夢家先生將自名爲"箭"的銅器讀爲"籩"的看法（《綜覽一》第66頁），皆十分可信。考證婦好墓出土的"司母辛"銘文當讀爲"姛辛"，與裘錫圭先生釋文相合（然認爲"姛"是族名、"姛辛"是不同於婦好的另一位武丁的配偶，則是我們不同意的）[1]（《綜覽一》第169–171頁）。

　　正是由於林先生淵博廣泛的學識和通貫性的眼光，才使得他能在三代青銅器、玉器乃至

---

[1]　裘錫圭：《説姛（提綱）》，《裘錫圭學術文集·甲骨文卷》，復旦大學出版社，2012年，第523–526頁。

　　　另外，有一些早已有論的古文字學意見，林巳奈夫先生寫作時未及徵引。如他在考證鼎的分類時，已提到金文中常見"盂鼎"一詞，并引及一些學者的意見，但最終林先生仍皆意覺未安，不明"盂"的具體含義，列入存疑待考（《綜覽一》第42–43頁，又第43頁注43）。事實上他并未引及唐蘭先生早在上世紀三十年代考證壽縣銅器群銘文時業已指出"盂從于聲，有洿下之意"。許多鼎的自名稱"盂鼎"，是"以其窪下深中"（看唐蘭：《壽縣所出銅器考略》，收入《唐蘭先生金文論集》，紫禁城出版社，1995年，第17頁）。類似的例子，又如林先生在講蘁形紋時指出（《綜覽二》第152頁）：

　　中國古代有一個稱爲"萬"的舞蹈，一般被解釋爲干舞。干是盾，干舞是拿着盾牌跳的舞。這支舞和"萬"族或"萬"神之間是否有什麽關係，目前不明。

　　　事實上關於這一問題，裘錫圭先生在1980年發表的文章中已經考證出甲骨文中用爲"萬舞"之"万"的具體含義和用法了，更早時候屈萬里先生也已有過類似的意見。參看裘錫圭：《釋"万"》，《裘錫圭學術文集·甲骨文卷》，復旦大學出版社，2012年，第47–51頁。林先生没有引述這些意見，并不意味他不同意這些看法，可能是和查找相關資料不便，未及寓目有關。

漢代考古學等諸多方面都有極高的成就。張光直先生所謂"三代的研究是沒有學科的",[1]在林先生身上得到了很好的體現。

4. 敏鋭的問題意識與闕疑精神

前述林先生實事求是的態度又體現在他多聞闕疑的精神上。他覺得對於依據現有材料無法完全説清的問題,與其强作解人,不如審慎地以俟來日。如在討論西周王年時,林先生在引述諸家看法後於脚注中明確指出:"依筆者看,既然有疑點,不如闕疑。"(《綜覽一》第191 頁注 2)其後林先生分别檢討了傳世文獻的可靠性與金文曆譜復原的可行性,認爲在我們目前無法搞清楚西周月相的具體含義、金文曆日是否都是紀實而非虚擬等問題的情況下,無法精準地復原商周王年和曆法。這種反思是極爲有力的。又如針對戰國時代頭上帶有鹿角的鎮墓獸與商、西周時代青銅器鹿紋之間有什麽關聯,他認爲"目前由於缺乏足够的資料,無法得出任何可靠的結論"(《綜覽二》第 161 頁)。對於他青銅器紋飾的新研究方法,在提出這些方法有助於研究紋飾意義的同時也承認這種新方法"用得上的地方很有限,很多研究對象仍無從着手,有待今後深入研究"(《綜覽二》第 7 頁)、"用這個方法(引按,指利用比較商、西周時期青銅器紋飾和這個時代的圖像表現,據此確定像饕餮這種合成圖像的每個構成因素,進而弄清圖像特性的方法)得出來的解釋也只不過是一種可能性而已"(《綜覽二》第 19 頁)。這些都是林先生審慎、客觀的闕疑態度的具體體現。

與此同時,林先生也往往會在他人不疑處有疑。提出許多有價值的問題。如西周中期以後金文常見"子孫永寶用"之類的嘏辭,從字面上看這句話并無難解之處,林先生却對這句話產生了疑問,如果是作器者希望他的子孫能一直珍藏保護好這件器物的話,這種器物又爲什麽會違背銘文的囑咐被埋入作器者的墓中(《綜覽一》第 167 - 168 頁)?又如在研究器表紋飾時,林巳奈夫先生指出器表獸面的菌狀角與器物鋬手上裝飾的菌狀角變化特徵不同步,據此林先生懷疑製作容器的工匠和負責圓雕的工匠是否有各自的系統(《綜覽一》第 383 頁)。上述這些問題都十分敏鋭且重要,但就目前我們學識所及,尚未見到針對這些問題有很好的研究。

有些問題是林先生注意到并在當時未能解決,經過學者的不懈努力,今日已有重大突破的,如林先生經過統計指出(《綜覽一》第 448 - 449 頁):

> "侯"的例子……從西周 I 到春秋都有少數例子,但公則不同。只説"公"的例子僅出現於西周 II,説"某公"的例子只出現於春秋。這究竟是偶然,還是需要解釋的現象?目前例子就這麽多,什麽也没法説。

---

[1] 李永迪:《與張光直先生談夏文化考古》,收入《四海爲家》,生活·讀書·新知三聯書店,2002 年,第 177 - 187 頁。

　　學者們新近的研究已經能在一定程度上回答林先生的困惑了。我們知道西周的公、侯大概不具有爵稱的性質,公是需要天子册命的執政公或是諸侯國首任國君死後的諡稱;而春秋以後它們才開始轉變爲爵稱,[1]這也就能解釋它們在不同時期分布的不均了。類似的例子,又如林先生指出魚紋中有一種身上裝飾"8"字形的魚,"不知道這8字形有什麼意思"(《綜覽二》第155頁)。事實上,這類寫法的魚也見於甲骨師組卜辭,今天的古文字學知識告訴我們,"8"很可能是加注的聲符(午聲)。

　　5. 不斷地自我糾正

　　林巳奈夫先生經常在書中隨文糾正自己先前的錯誤認識,實則也是其實事求是的具體表現。如在論及菌形角犧首頭部兩側都有身軀的型式時,指出自己先前認爲它代表一首雙身蛇的觀點是不正確的(《綜覽二》第99頁);《綜覽二》第七章作者自述大致引用自舊作《鳳凰圖像的譜系》一文,但又"增加了筆者的新看法"(《綜覽二》第134頁);在講到"披髮鬼神"時説"青銅器和玉器上所見的商、西周時代人形圖像中有長頭髮垂下來的一類。筆者曾指出這個髮型是披髮,進而認爲它是鬼,即死者鬼魂的形象,但現在筆者的看法與此不同"(《綜覽二》第166頁)等等,這樣的例子在《綜覽》中俯拾皆是。

　　就是在林巳奈夫先生其後的著述中,也在不斷地更新和糾正自己的舊有認知。如後來在《紋樣學》一書中,林先生就把在《綜覽二》中稱謂"篦形"的裝飾改稱爲"菰",并將有無"菰"的饕餮和犧首都劃入"獸面"之中(《紋樣學》第9頁)。又如《綜覽二》中"附帶小枝的菌形角犧首"林巳奈夫先生一開始認爲"現實中當然没有戴這種角的動物。這個很有特色的角以什麼爲原型,目前不明"(《綜覽二》第104頁)。後來經過林先生多次前往各地動物園的不斷觀察,在《紋樣學》中指出其所象是"麂"(《紋樣學》第29頁)。對作者認爲自河姆渡以來的太陽神形象頭頂發出的射綫,直到良渚的放射狀羽冠,《綜覽二》中本以爲是太陽的光輝(或言火焰),後來作者在《古玉》中改認爲其表現的是"氣",并且和古玉的鉬牙以及銅器的扉棱、羽紋相聯繫,認爲它們都是"氣"的形象化表現(《古玉》第170-231頁)。諸如此類的認識改變還有很多,可見要想完整了解林巳奈夫先生的青銅器理論,還需要將《綜覽》與林先生的其他著作對讀合觀。

四、兼評中文版譯文及相關問題

　　最後我們想簡要對《綜覽》中譯本的質量做一點評價。毫無疑問,《綜覽》的翻譯團隊爲翻譯此書付出了辛苦的勞動,《綜覽》由兩名日籍學者譯文,中國學者則在不看原文的基礎上

---

[1]　朱鳳瀚:《關於西周封國君主稱謂的幾點認識》,《兩周封國論衡》,上海古籍出版社,2014年,第272-285頁;李峰:《論"五等爵"稱的起源》,《古文字與古代史》第三輯,(臺北)中研院史語所,2012年,第159-185頁。

潤文,最後再由日本學者對照原文修改潤文的做法(《綜覽一》譯者前言第 11 頁),也是最大
程度地兼顧了原書的準確性和漢語的閱讀習慣。

當然白璧微瑕,原書的譯文中偶有筆誤,但已數量極少,如《綜覽一》第 16 頁"著録"寫作
"箸録";《綜覽二》第 99 頁"3－175"訛爲"3－174"等,基本不會影響閱讀。另外,《綜覽一》
第 173－181 頁的大表大約是影印自日文原書,字號較小,影印并不太清晰,查閱起來略有不
便。從便利讀者的角度,或可考慮根據林先生的圖例原意重新排版。

我們這裏想着重評價一下中譯本中的"譯按"。《譯者前言》裏已經指出了此書出譯按的
體例(《綜覽一》譯者前言第 11 頁,爲閱讀方便引者加以分段):

(1) 原書中有些論述在行文上明顯有問題(例如前後説法有矛盾),但我們不
能擅改原文的意思,因此出注説明原文的情況。

(2) 有時候無法按照原文的説法直接翻譯(例如林先生使用日語固有的語詞
的時候),因此出注説明我們的翻譯和原文説法不同之處。

(3) 林先生經常用日本傳統物品作比喻,但這種比喻恐怕只有日本人才能看
懂,因此出注説明這些比喻的意思。

(4) 如果本書引用的器影、拓本、論文等的著録情況在原書出版後有了新的情
況(例如外文論著後來有了中文翻譯,當時未刊的論著後來正式出版等),儘量出注
加以介紹。

(5) 如果原書的説明不够詳細,出注補充一些説明(例如,本書有些地方的論
述只有了解林先生的以往研究才能看懂,而林先生也并未在本書中仔細交代他以
往研究的内容。考慮本書的主要對象是不懂日語的人,我們出注簡單介紹林先生
的主要意思)。

總而言之,加譯按的目的是對翻譯中的技術性問題作解釋説明,譯按基本不涉
及學術性問題。換句話説,即便林先生的看法有值得商榷之處,或原書出版後出現
了嚴重影響林先生結論的新材料和新研究成果,我們也没有加譯按。

這種譯按體例無疑是極大地便利讀者的。實際情況也的確如此,許多地方譯按起到了
校勘的作用,對林先生引用古籍徑改之處(如《綜覽一》第 96 頁譯按)、出處有誤之處(如《綜
覽一》第 110 頁譯按)等加以説明。且譯按只指出這些問題,對致誤原因不做過多推測,這當
然是很正確審慎的做法。

譯按還在許多細節之處都體現出爲讀者考慮的良苦用心。如對於一些林先生書中引及
當時尚未見到、後來發表的材料,譯按也加以指出,便於我們查考(如《綜覽一》第 124 頁譯
按);對林先生所説的許多中國人不太了解的詞彙進行解釋時還經常附以照片,便於讀者直

觀理解(如《綜覽二》第 148 頁譯按)。

對於書中涉及的林巳奈夫先生此前的重要觀點,有必要時譯按也加以補充簡介,如《綜覽一》第 128 頁譯按用較多篇幅介紹林先生關於"物"的看法,就是十分必要的做法。對於此前不了解林先生學術思想的讀者來說,如果没有這則譯按,《綜覽二》的大部分内容都是難以讀懂的。[1]

然則對於另一些問題是否有必要出譯按,似可再做斟酌。有一些地方譯者認爲林先生原文有誤,加以批評的,即使批評有據,似乎也不應該加譯按。如《綜覽一》第 224 頁説:"此'簋Ⅲ型'當有誤。按理説'簋Ⅲ型'最有可能是'簋第三型'之誤,但簋第三型的器形演變只不過是根據第一型、第二型推測而已,没有任何可以參考之處。"這條譯按最多只有必要保留第一句,後面的推測和批評皆無必要。

有一些譯者認爲原書表述并不清晰的,也在譯按中對原文觀點進行了解釋。這其實也違背了譯按的編纂體例。如《綜覽二》第 135 頁譯按對林先生的論證邏輯進行"揣摩",這并不必要,因爲譯者的揣摩實際上也未必代表作者的本意。如《綜覽二》第 106 頁譯按:

> 略綬是勳章的受章者在不佩戴勳章的時候戴的綬帶,以此代替勳章。也就是説,略綬是在不太正式的場面使用的勳章替代品,因此叫略綬。林先生的意思是,這種平面犧首是饕餮的簡略形式。有時候由於施加紋飾空間的原因,不能裝飾饕餮紋,就用這種平面犧首來代替。因此林先生説這種平面犧首和饕餮的關係如同略綬和勳章的關係。

查林先生原文:"這件器蓋的長邊兩面裝飾普通的羊角饕餮,前者的等級應該比後者低一等。若果真如此,像圖版 3－320~322 那種很小的平面犧首和饕餮的關係如同略綬和勳章的關係。"(《綜覽二》第 106 頁)似乎還是認爲平面犧首和饕餮(即比作略綬和勳章)之間是有等級差異的,譯按的推測未必妥當。因此諸如此類存在爭議甚至反而易對讀者産生誤導的譯按實則不必注出。

當然,書中絕大部分的譯按,都是十分必要的。而且就我閱讀體驗而言,《綜覽》的翻譯質量,無疑也是現有幾種漢譯林先生著作中水平最高的。譯者辛勤的工作值得我們感謝。

總之,《綜覽》作爲研究商周青銅器的皇皇巨著,在閱讀過程中經常給我極大的啟迪,讓

---

[1] 相較而言,《古玉》和《紋樣學》都缺乏譯按及對背景知識的足够介紹,我先前閱讀這兩部書時,常苦於其屢次直接徵引作者此前觀點而不加論證,導致文義艱深難懂。看完《綜覽》中譯本後,才有恍然大悟之感。

我了解到了許多此前未學習到的知識。這部近四十年前出版的大書，今日讀來仍覺毫不過時。李學勤先生在《紋樣學》的跋尾中提到，早在上世紀八十年代他就早已提議過及時翻譯《綜覽》這部巨著（《紋樣學》第 244 頁代跋），現在距李先生提議已逾卅載，這部書仍差一卷未能譯出，而林巳奈夫先生、李學勤先生均已作古，每念於此，不禁扼腕。好在"雖遲但到"，願這部書中譯本早日出版齊全，既是讓我們得以窺探林先生學術的重要門徑，也是對林、李二先生最好的告慰。而今《古玉》、《紋樣學》的初版譯本，已較難索尋；這兩本書中譯本的文辭、排版，也有諸多不便閱讀使用之處。林先生的其他大量著作，更是連中譯本都沒有。寫至最後，我們也殷切盼望能有中國學者對林先生的著述早日進行全面的整理、翻譯，好讓我們對林先生的學術體系和研究貢獻，能有更多的理解和利用。

圖書在版編目（CIP）數據

青銅器與金文. 第六輯／北京大學出土文獻研究所編. —上海：上海古籍出版社，2021.6
ISBN 978-7-5732-0009-9

Ⅰ.①青… Ⅱ.①北… Ⅲ.①青銅器（考古）-研究-中國②金文-研究-中國 Ⅳ.①K877.3

中國版本圖書館 CIP 數據核字（2021）第 145347 號

青銅器與金文（第六輯）

北京大學出土文獻研究所　編

上海古籍出版社出版發行

（上海瑞金二路 272 號　郵政編碼 200020）

（1）網址：www.guji.com.cn

（2）E-mail：guji1@guji.com.cn

（3）易文網網址：www.ewen.co

上海天地海设计印刷有限公司印刷

開本 787×1092　1/16　印張 14.75　插頁 5　字數 304,000

2021 年 6 月第 1 版　2021 年 6 月第 1 次印刷

印數：1—1,200

ISBN 978-7-5732-0009-9

K·3017　定價：88.00 元

如有質量問題，請與承印公司聯繫